ESTUDOS DE DIREITO DA BIOÉTICA

APDI – ASSOCIAÇÃO PORTUGUESA DE DIREITO INTELECTUAL

ESTUDOS DE DIREITO DA BIOÉTICA

VOL. IV

Coordenador: Prof. Doutor José de Oliveira Ascensão

André Gonçalo Dias Pereira
Daniel Serrão
Fernando Martins Vale
João Marques Martins
José de Oliveira Ascensão
José Roberto Goldim
Judith Martins-Costa
Mafalda Ascensão Marques Videira
Márcia Santana Fernandes
Michel Renaud
Vítor Coutinho

ESTUDOS DE DIREITO DA BIOÉTICA

COORDENADOR
JOSÉ DE OLIVEIRA ASCENSÃO

EDITOR
EDIÇÕES ALMEDINA, S.A.
Rua Fernandes Tomás, nºs 76, 78, 80
3000-167 Coimbra
Tel.: 239 851 904 · Fax: 239 851 901
www.almedina.net · editora@almedina.net

DESIGN
FBA.

PRÉ-IMPRESSÃO
G.C. GRÁFICA DE COIMBRA, LDA.
producao@graficadecoimbra.pt
IMPRESSÃO E ACABAMENTO
PAPELMUNDE, SMG, LDA.
V. N. de Famalicão

Abril, 2012
DEPÓSITO LEGAL
300646/09

Os dados e as opiniões inseridos na presente publicação
são da exclusiva responsabilidade do(s) seu(s) autor(es).

Toda a reprodução desta obra, por fotocópia ou outro qualquer
processo, sem prévia autorização escrita do Editor, é ilícita
e passível de procedimento judicial contra o infractor.

Biblioteca Nacional de Portugal – Catalogação na Publicação

ASSOCIAÇÃO PORTUGUESA DE DIREITO INTELECTUAL

Estudos de direito da bioética. – v.
4º v.: p. - ISBN 978-972-40-4688-4

CDU 340
     57
     17

ÍNDICE

Nota Prévia 7

ANDRÉ GONÇALO DIAS PEREIRA – *Medicina na era da cidadania: propostas para pontes de confiança* 9

ANDRÉ GONÇALO DIAS PEREIRA – *Valor do consentimento num estado terminal* 33

DANIEL SERRÃO – *Emocionalidade e Racionalidade: Uma leitura pessoal, com Damásio* 63

FERNANDO MARTINS VALE – *Experimentação humana, factores de erro, sua mitigação pelo método científico e Ética* 79

JOÃO MARQUES MARTINS – *Ensaios clínicos – uma perspectiva ético-jurídica* 99

JOSÉ DE OLIVEIRA ASCENSÃO – *A terminalidade da vida* 153

JOSÉ DE OLIVEIRA ASCENSÃO – *O casamento de pessoas do mesmo sexo* 175

JOSÉ DE OLIVEIRA ASCENSÃO e MAFALDA DE CASTRO ASCENSÃO MARQUES VIDEIRA – *"Boas práticas" e Ética nos ensaios clínicos* 193

JOSÉ ROBERTO GOLDIM – *O uso de drogas ainda experimentais em assistência: extensão de pesquisa, uso compassivo e acesso expandido* 231

JUDITH MARTINS-COSTA e MÁRCIA SANTANA FERNANDES – *Os biobancos e a doação de material biológico humano: um ensaio de qualificação jurídica* 253

MÁRCIA SANTANA FERNANDES – *Células-tronco humanas e as patentes* 291

MICHEL RENAUD – *Ética e fé nas religiões do livro* 311

VITOR COUTINHO – *Bioética comum em contextos pluralistas* 331

NOTA PRÉVIA

A APDI tem a satisfação de trazer a público um novo volume dos "Estudos de Direito da Bioética".

Se há um ramo que possa ser qualificado "vital", será antes de mais este. Porque é realmente a **vida** que está em causa, na sua verdade biológica, para sobre ela recair a reflexão simultaneamente ética e jurídica. E esta é, na sua complexidade e riqueza, a reflexão que propomos.

É também um domínio premente. Em Portugal temos o recentíssimo, ao tempo em que escrevemos, lançamento do debate pré-legislativo sobre questões de terminalidade da vida. Trata-se de legislar sobre as disposições antecipadas de vontade. É um domínio de extrema delicadeza, em que a cada passo haverá que confrontar uma válida preservação da autonomia com as sombras de uma cultura da morte.

O presente número contém escritos de grande valia, o que só pode ser atribuído aos distintos especialistas que nos honraram com a sua participação. Houve um acento particular na matéria dos ensaios clínicos, tão relevante mas também tão espinhosa, pela necessidade de valoração de interesses variados e mesmo contrastantes. Por isso, uma matéria tão carecida de atenção.

Os "Estudos de Direito da Bioética", na sua simbiose ético-jurídica, são uma publicação única em Portugal. Com crise ou sem crise, cabe-nos garantir que a continuidade seja possível e inspiradora.

O Presidente da Direcção da APDI
Prof. Doutor José de Oliveira Ascensão

MEDICINA NA ERA DA CIDADANIA: PROPOSTAS PARA PONTES DE CONFIANÇA[1]

Conflitos da Profissão Médica (Gestão de Conflitos de Interesse, Racionamento de Cuidados, Segredo Profissional, Objecção de Consciência)

ANDRÉ GONÇALO DIAS PEREIRA[2]

Assistente da Faculdade de Direito de Coimbra;
Membro da Direcção do Centro de Direito Biomédico;
Membro do Board of Governors *da Associação Mundial de Direito Médico.*

ÍNDICE: 1. "A sociedade medicalizada", racionamento e racionalidade num contexto democrático. 2. Racionamento e responsabilidade civil. 3. Gestão de conflitos de interesse. 4. Segredo Profissional. 5. Acesso à informação de saúde. 6. Objecção de Consciência. 7. Conclusão.

---

[1] Texto da conferência proferida no dia 24 de Outubro de 2009, no Auditório da sede da Ordem dos Médicos, em Lisboa, no painel sobre *Conflitos da Profissão Médica (Gestão de Conflitos de Interesse, Racionamento de Cuidados, Segredo Profissional, Objecção de Consciência)*, no âmbito do *Seminário de Bioética, organizado pelo Conselho Geral da Ordem dos Médicos, pela Faculdade de Direito de Lisboa e pela Associação Portuguesa de Direito Intelectual*, sob coordenação do Dr. Pedro Ponce, do Prof. Doutor José de Oliveira Ascensão e do Prof. Doutor Fernando Araújo. Manteve-se o tom coloquial do texto que orientou a nossa comunicação.

[2] E-mail: andreper@fd.uc.pt

1. "A sociedade medicalizada", racionamento e racionalidade num contexto democrático

Afirma o bioeticista Daniel Callahan: *"A medicina é vítima do seu próprio sucesso."*[3] Com efeito, "a sociedade medicalizada" em que nos inserimos criou grandes expectativas face aos avanços da medicina e da farmácia. Esse progresso tem sido extraordinário, sendo recorrente a afirmação de que a medicina evolui "a cada mês", se não mesmo a cada semana que passa. As melhorias notáveis nos cuidados de saúde, a qualidade e eficácia de muitos medicamentos e o rigor e a precisão do diagnóstico são uma utopia que se está fazendo, nas nossas Faculdades, nos nossos Hospitais, nos nossos centros de investigação e na nossa indústria farmacêutica – pelo menos no nosso *"Norte Global"* (na expressão de Boaventura Sousa Santos) em que nós, os presentes nesta sala, vivemos.

A sociedade medicalizada de que falamos insere-se no contexto da *sociedade de hiperconsumo* definida por Gilles Lipovetsky, como: "aquela em que as despesas de saúde se desenvolvem em todas as direcções, progredindo mais rapidamente que o consumo no seu todo. O *Homo consumericus* aproxima-se cada vez mais do *Homo sanitas*: consultas, medicamentos, análises, tratamentos, todos estes consumos surgem num processo acelerado que parece não ter fim."[4]

Este rodopio clínico em que os cidadãos são envolvidos produziu a chamada "indústria da saúde", com as conhecidas consequências sobre o erário público, lançando, em definitivo, o debate sobre a sustentabilidade do "modelo social europeu," designadamente nesta importante área da saúde. Donde são recorrentes os estudos que nos explicam que: "os gastos com a saúde, em Portugal, como nos países da UE e da OCDE, têm crescido a um ritmo superior ao do crescimento económico, assumindo uma importância crescente face ao PIB." E avisam: "Se não forem assumidas medidas de contenção dos gastos pelos governos, a [*in*]sustentabilidade financeira dos sistemas de saúde é inevitável, com a percentagem das despesas públicas com saúde no PIB a quase duplicar até 2050, quer em Portugal, como na média da OCDE."[5]

---

[3] D. CALLAHAN, What Kind of Life. The Limits of Medical Progress., Georgetown University Press, Washington, 1994, p. 1.

[4] Gilles LIPOVETSKY, *A Felicidade Paradoxal. Ensaio sobre a Sociedade do Hiperconsumo*, Edições 70, 2007.

[5] Ana FERREIRA, Ana HARFOUCHE, CORREIA DE CAMPOS e Francisco RAMOS, *Anuário da Economia Portuguesa,* 2006.

Medicina na Era da Cidadania: Propostas para Pontes de Confiança   11

Desta constatação ao debate acerca "do racionamento e da racionalização no acesso à saúde"[6] foi um passo. Com efeito, este debate tem já mais de uma geração e no limite revela o esplendor do debate democrático. Passo a explicar: entendemos hoje que os fenómenos de escolha, de opção, de decisão, designadamente na política da saúde, devem passar pelo crivo da publicidade, da discussão aberta, da argumentação e do debate. É aliás essa uma das mensagens principais do seminal Parecer sobre as Questões Éticas na Distribuição e Utilização dos Recursos para a Saúde (14/ /CNECV/95), publicado pelo Conselho Nacional de Ética para as Ciências da Vida em 1995, relatado pela saudosa Sr.ª Eng.ª Maria de Lourdes Pintasilgo. Atentemos em duas das conclusões deste documento:

> *"1.ª – O "direito à saúde" é hoje, em conjunto com o "direito à educação", um elemento decisivo da democracia e do desenvolvimento. Em cada sociedade, a sua salvaguarda é tão importante como o foi a liberdade em períodos de ditadura ou a igualdade entre os homens perante a escravatura.*
>
> *2.ª – Para que se possam equacionar em cada circunstância as questões éticas, é indispensável ter em linha de conta as exigências práticas que se situam a montante:*
> *– culturalizar a saúde;*
> *– democratizar as decisões sobre a saúde;*
> *– racionalizar os cuidados de saúde;*
> *– garantir, em cada exercício orçamental, uma percentagem do PIB que "assegure o direito à saúde" a todos os cidadãos."*

Democratizar as decisões sobre a saúde é o grande passo do debate sobre racionamento e esse caminho vai sendo paulatinamente trilhado na sociedade portuguesa.

Como primeira dimensão da democratização das decisões em saúde colocaria forte ênfase na opção constitucional definida no artigo 64.º da Lei Fundamental. Esta norma não se contenta com a exigência de um *acesso à saúde equitativo*, como por exemplo afirma o artigo 3.º da Convenção sobre os Direitos do Homem e a Biomedicina do Conselho da Europa de 1997. A leitura que melhor satisfaz o comando da Constituição Portuguesa parece ser a que elege o *modelo de Beveridge* como o adequado para um país – que

---

[6] Cfr. o título da tese de Mestrado de Luís MENESES DO VALE, *Racionamento e racionalização no acesso à saúde. Contributo para uma perspectiva jurídico-constitucional*, Coimbra, FDUC, 2007.

era o de 1976 – com carestias de toda a ordem, como bem aponta António Arnaut[7] nos seus textos "revolucionários" – porque de uma verdadeira revolução democrática se tratou.

Assim, afirma a Lei Fundamental:

> *"(n.º 2) O direito à protecção da saúde é realizado: a) Através de um serviço nacional de saúde universal e geral e, tendo em conta as condições económicas e sociais dos cidadãos, tendencialmente gratuito."*

Esta opção político-constitucional veio trazer o debate directamente para a sede do Orçamento de Estado, que representa o mais apelativo debate parlamentar e político desde o liberalismo.

Este facto não é indiferente e não tem sido devidamente sublinhado. Ao colocar nas mãos do Estado um Serviço Nacional de Saúde que opera através de hospitais públicos *lato senso* ou de convenções com privados, a Constituição impõe o compromisso perante a sociedade e perante os cidadãos de que seja assegurado um determinado "pacote" de prestações em saúde, até agora entendido como "universal e geral". E os que pretenderem reduzir esse cabaz de prestações de saúde terão que o fazer sob o crivo, sob a fiscalização e o controle do Parlamento.

Talvez por isso os países escandinavos – cujos sistemas de saúde se filiam também no modelo de Beveridge – tenham sido pioneiros no estudo do tema do racionamento; designadamente porque a cultura cívica destes povos não admitiria que um determinado tratamento estivesse disponível para um grupo de cidadãos e não para outro. Já não acontece assim, por exemplo, na Alemanha, herdeira do sistema de Bismark com diversidade de seguros e com diferentes prestações em função do que for *contratualizado*.

Um segundo passo trilhado no sentido do debate democrático sobre a racionalização do acesso à saúde foi a consagração das chamadas *taxas moderadoras*. Vale a pena atermo-nos um tempo sobre a jurisprudência do Tribunal Constitucional que ao longo dos anos foi decantando o entendimento que Gomes Canotilho, no seu magistério, sintetiza da seguinte forma:

> "Ao colocar-se ao Tribunal o problema das "taxas moderadoras" ou o "problema das propinas", pretendia-se, no fundo, que ele emprestasse a

---

[7] António ARNAUT, *Serviço Nacional de Saúde, 30 Anos de Resistência*, Coimbra, Coimbra Editora, 2009.

Medicina na Era da Cidadania: Propostas para Pontes de Confiança   13

bênção constitucional a um problema central da teoria económica e de políticas públicas – o problema de racionamento do acesso a um bem essencial. (…) As soluções a que o TC chegou "passaram a constituir a medida jurídico-constitucional do racionamento. *Elas anteciparam, em certa medida, a revisão dos critérios de justiça social ao admitir como constitucionalmente conforme o pagamento de um preço pela prestação de serviços garantidores de direitos sociais por parte daqueles que revelem capacidade económica.*"[8]

Em terceiro lugar, vivemos ao longo da última década um insistente debate político em torno das questões da saúde. Com efeito, o crescimento "devorador" do orçamento da saúde preocupa os economistas e os governantes, sendo que mesmo o Presidente dos EUA, Barack Obama, fundamenta em parte o seu projecto de reforma do acesso à saúde nos EUA com base nos custos crescentes do *Medicaid* e do *Medicare* – os sistemas de protecção da saúde públicos.

Não entrando no detalhe,[9] merece contudo referência a criação da *Entidade Reguladora da Saúde*, com objectivos de promover uma mais eficiente regulação da saúde,[10] bem como a transformação de muitos hospitais em entidades públicas empresariais (EPE), mudança esta que terá como escopo uma maior responsabilização da gestão e uma promoção da prestação de cuidados de saúde com maior eficiência.

Racionalização, eficiência, custo-benefício… Enfim um jargão que poderá não se coadunar com uma visão mais conservadora e estática do Serviço Nacional de Saúde… Para outros, porém, que acolhem a principiologia da bioética sugerida por Beauchamp e Childress na sua globalidade, incluindo o princípio da justiça, trata-se de linguagem que importa reconhecer e introduzir no léxico da ética e do direito da saúde, sem preconceitos e com frontalidade.

---

[8] GOMES CANOTILHO (Tribunal Constitucional; Jurisprudência; Políticas públicas, 2003, apud Luís Meneses do Vale, *Do racionamento e da racionalização no acesso à saúde*, Coimbra, 2007, não publicado, disponível na Biblioteca da FDUC.

[9] Cfr. Jorge SIMÕES, *Retrato Político da Saúde*, Coimbra, Almedina, 2004 e Rui NUNES, *Regulação da Saúde*, 2.ª Edição, VidaEconómica, 2009.

[10] Decreto-Lei n.° 309/2003, de 10 de Dezembro. A ERS tem por objecto a regulação, a supervisão e o acompanhamento, nos termos previstos no presente diploma, da actividade dos estabelecimentos, instituições e serviços prestadores de cuidados de saúde.

2. Racionamento e responsabilidade civil

Se a análise *macro* é fascinante e mereceria maior desenvolvimento, a minha formação de civilista aconselha-me a dar um rumo diferente a esta partilha de inquietações com a distinta audiência: parto agora para uma análise *micro*, que atenda à influência que a racionalização e o racionamento podem ter na concreta relação médico-paciente, designadamente ao nível da responsabilidade civil.

Um dos instrumentos utilizados, em vários países, para promover a racionalização dos recursos é a definição de directrizes ou *guidelines*,[11] na medida em que permitem uma contenção de custos, melhorias terapêuticas e a concretização de uma medicina baseada na evidência.

Se do lado clínico se verificam todas estas vantagens, do ponto de vista jurídico, as directrizes podem implicar algum risco. Um caso holandês, o Acórdão do *Hoge Raad* de 2 de Março de 2001, ilustra esta situação.[12] Vejamos: o paciente submeteu-se a uma cirurgia no seu joelho esquerdo e após algum tempo sofreu uma trombose. De acordo com o protocolo, deveria ter sido administrado ao paciente um determinado produto anti-trombólico, mas neste caso os médicos esqueceram-se de o administrar. Provou-se, pois, a violação de um protocolo de actuação clínica aprovado no próprio hospital.

O hospital alega que o dano teria ocorrido mesmo que se tivesse administrado o dito produto, nos termos do protocolo. Todavia, o *Hoge Raad* considera que seria de esperar que o hospital seguisse as regras que ele próprio se auto-impôs. *Um desvio destas regras do protocolo só seria aceitável se isso fosse desejável do ponto de vista do paciente. Assim, o protocolo devia ter sido seguido. Afirma o tribunal: "É possível que haja desvios, mas têm que ser motivados."* Isto não significa que cada protocolo tenha automaticamente o mesmo valor ou que os desvios ao protocolo tenham que

---

[11] Fabio B. JATENE, Wanderley Marques BERNARDO, Rosangela MONTEIRO-BONFÁ, "O processo de implantação de diretrizes na prática médica, RBCCV, Volume: 16 Edição: 2 – Abr/Jun – 2001: "As diretrizes têm surgido para atender às necessidades das Sociedades Médicas, com o intuito de minimizar a variação da prática médica, diminuir os custos, monitorar os cuidados inapropriados, auxiliar os médicos actualizados com as novas informações, estabelecer pesquisas prioritárias e promover melhores resultados no atendimento ao paciente. Métodos baseados em evidências garantem que diretrizes proporcionam recomendações válidas baseadas em uma avaliação crítica da melhor evidência disponível, em detrimento ao processo baseado em opinião informal."

[12] Albert VERMAAS, Liability in Relation to the Use of Professional Medical Guidelines, 14th World Congress on Medical Law, *Book of Proceedings I*, Maastricht, 2002, p. 123 e ss.

ser excepcionais. A jurisprudência aceita os desvios aos protocolos, apenas exige que esses desvios sejam motivados ou fundamentados.

Segundo a melhor doutrina,[13] esta decisão não deve levar os hospitais a abster-se de redigir os protocolos. Eles têm em primeira linha a função de proteger os pacientes e o médico também tem interesse nesses protocolos: ajuda a sua posição em caso de litígio se ele mostrar que seguiu as regras internas do hospital, tal como constam do protocolo. Por outro lado, esta decisão vem colocar em evidência a necessidade – também para garantir a defesa do médico – de um bom registo clínico.

Muitas vezes a consciência da necessidade de racionalização na saúde, leva os tribunais a um resultado distinto, ou seja, à *absolvição*, quando o erro de diagnóstico se fica a dever à *insuficiência de exames complementares*.

Nesse sentido, veja-se a decisão do Supremo Tribunal da Irlanda de 20 de Fevereiro 2002 (Wolfe v St James' Hospital & Bunckley, Supreme Court (SC)).[14] O marido da autora faleceu devido a um *tumor que não foi devidamente diagnosticado* em nenhuma das duas ocasiões em que ele foi consultado no hospital. O tribunal de 1.ª instância considerou o hospital *responsável por não ter detectado o tumor.*

Porém, segundo a tese que obteve vencimento junto do Supremo Tribunal, havia outras causas que permitiam explicar os sintomas: uma úlcera explicava as dores, a perda do emprego explicava os ataques de pânico. Nestas circunstâncias não era exigível aos médicos que procedessem a mais exames do que os normais, ao contrário do que sugeria o tribunal recorrido. De algum modo, o Supremo Tribunal revela sensibilidade face às dificuldades da profissão médica e traça uma linha da ilicitude que tem conexão com critérios de racionamento, ou pelo menos, de racionalidade. Perante um caso tão raro, como era o da vítima, cujo diagnóstico correcto importaria um *conjunto desproporcional de exames*, não se pode censurar os médicos por não haverem levado a cabo toda essa panóplia de exames.

A nossa jurisprudência de responsabilidade médica ainda é escassa, mas o Supremo Tribunal de Justiça já começa a afirmar alguns critérios orientadores. Por um lado, há diagnóstico de baixa complexidade ou de margem de risco muito reduzida cujo erro deve ser sancionado; por outro, a generalidade das intervenções médicas estão sujeitas ao regime das obrigações de meios e o juízo de censura jurídico revela-se muito mais difícil.

---

[13] Cfr. Michael FAURE/ Ton HARTLIEF, "The Netherlands", H. KOZIOL/ B. STEININGER, *European Tort Law 2001*, Wien-New York, Springer, 2002, pp. 362-363.

[14] Cfr. Eoin QUILL, "Ireland", H. Koziol/ B. Steininger, *European Tort Law 2001*, Wien-New York, Springer, 2002.

O Acórdão do Supremo Tribunal de Justiça de 4 de Março de 2008 condena um médico anatomopatologista por erro de diagnóstico – *falso positivo* – numa análise da uma biopsia prostática. Note-se que neste caso não se invoca a inexistência de exames complementares, antes a existência de um erro médico, numa especialidade que o STJ considerou, em regra, sujeita ao regime das *obrigações de resultado*. O Supremo Tribunal distingue as especialidades que envolvem uma margem de risco maior, que estariam sujeitas a uma mera obrigação de meios, das especialidades em que *"o acto médico não comporta, no estado actual da ciência, senão uma ínfima margem de risco", que estariam sujeitas ao regime da obrigação de resultado.*

Nestes casos, "até por razões de justiça distributiva, haveremos de considerar que assumiu um compromisso que implica a obtenção de um resultado, aquele resultado que foi prometido ao paciente." O STJ refere-se a especialidades que se prendam com os exames médicos realizados, por exemplo, nas áreas da bioquímica, radiologia e, sobretudo, nas análises clínicas. Assim, e aplicando ao caso decidendo: "se se vier a confirmar *a posteriori* que o médico analista forneceu ao seu cliente um resultado cientificamente errado, então, temos de concluir que actuou culposamente, porquanto o resultado transmitido apenas se deve a erro na análise."

Pela dimensão – um tanto extraordinária – do montante da compensação por danos não patrimoniais, refiro ainda que o STJ arbitrou no montante de € *224.459,05.*

Por outro lado, devo referir que não subscrevo a afirmação genérica de qualquer intervenção das especialidades referidas estejam sujeitas ao regime das obrigações de resultado. Com efeito, algumas técnicas no âmbito da bioquímica, da radiologia e mesmo das análises clínicas podem ser de grande complexidade e de resultado imprevisível em função de certas características do doente. Donde, só casuisticamente podemos decidir que uma determinada intervenção médica deve ser sujeita ao regime das obrigações de resultado.

Um outro caso em que se prova um *erro de diagnóstico* de cancro verifica-se no **Acórdão da Relação de Lisboa de 19 de Abril de 2005**, no qual se provou a existência de erro culposo no diagnóstico do cancro da mama que acarretou a perda de esperança de vida e sofrimento, e deu-se por estabelecido o nexo de causalidade, concluindo por uma condenação em € 50.000 por danos não patrimoniais e € 495 por danos patrimoniais.

A escassez de recursos/racionamento pode conduzir ainda à existência de serviços sem os recursos humanos apropriados. Nesse sentido, o **Acórdão do Supremo Tribunal Administrativo de 4 de Outubro de 1990** condenou o Hospital apresentando a seguinte fundamentação: *"A circunstância de um hospital não dispor de serviços nem de médicos de certa especialidade não*

Medicina na Era da Cidadania: Propostas para Pontes de Confiança 17

o isenta de responsabilidade civil pela não prestação de assistência dessa especialidade a um doente que dela carecia e que não foi atempadamente encaminhado para estabelecimento hospitalar apto a prestá-la."

3. Gestão de Conflitos de Interesse

O tema enunciado – gestão de conflitos de interesses – pode remeter--nos, pelo menos, para duas dimensões:

A gestão de conflitos éticos, o que nos levaria à enunciação de casos limite descritos na literatura bioética[15] e que se verificam, na sua trágica imediaticidade, no quotidiano dos nossos hospitais e que vêm merecendo uma aprofundada reflexão por parte das *Comissões de Ética para a Saúde*, cujo papel deve ser enaltecido e valorizado. Situações limite que os juristas trabalham sobretudo na disciplina do direito penal, onde são por sobremaneira salientes os institutos do direito de necessidade, do *conflito de deveres e do estado de necessidade desculpante* (arts 34.º e ss. do Código Penal). Institutos esses que ora permitem justificar um comportamento *prima facie* antijurídico ou ilícito, ora permitem apenas desculpar o agente, ou mesmo dispensar de pena, tomando em conta a dramaticidade do caso concreto e *"quando não for razoável exigir-lhe, segundo as circunstâncias do caso, comportamento diferente"* (art. 35.º, n.º 1 do Código Penal).

A deusa Diké,[16] filha de Thémis, da Grécia e a deusa Iustitia de Roma diferem uma da outra pelo facto de a segunda estar de olhos vendados. Mas em todas estas deusas encontramos uma balança e um fiel, procurando o equilíbrio, a exacta medida do justo e do correcto. É esta uma imagem que me parece expressiva do processo de pensamento jurídico das causas de justificação da ilicitude. Embora um comportamento se revele *prima facie* ilícito, porque atenta contra o dever de sigilo médico, pode ser justificado e a sua ilicitude dirimida.

O Conselho Nacional de Ética para as Ciências da Vida vem produzindo várias reflexões e importantes opiniões, devidamente publicitadas na internet, de grande valia intelectual e científica e que têm permitido orientar a actuação prática dos profissionais da saúde em casos tão delicados quanto

---

[15] Veja-se a título de mero exemplo a obra de James RACHELS, *Elementos de Filosofia Moral*, Lisboa, Gradiva Editores, 2004.

[16] Diké (ou Dice) filha de Zeus com Têmis, é a deusa grega dos julgamentos e da justiça (a deusa correspondente, na mitologia romana, é a *Iustitia*), vingadora das violações da lei.

o <u>Procedimento a Adoptar em caso de Fetos Vivos Resultantes de Aborta-</u><u>mento (28/CNECV/99)</u> ou as <u>Medidas terapêuticas a tomar perante doentes</u><u>em Estado Vegetativo Persistente (Parecer 45/CNECV/05)</u>,[17] apenas para citar dois Pareceres que se versam sobre os pólos opostos da vida humana: o nascimento e o estado de (quase) moribundo.

A gestão de conflitos de interesse económico/profissional, os quais são dirimidos em alguns casos pela lei, noutros casos também por comissões de ética ou pela Ordem dos Médicos. Enunciando algumas normas legais que regulam situações de potenciais conflitos de interesse, apontaria três situações:

a. Os profissionais de saúde prescritores de medicamentos não podem deter ou exercer, directa ou indirectamente, a propriedade, a exploração ou a gestão de farmácias (art. 16.° do Decreto-Lei n.° 307/2007, de 31 de Agosto). No mesmo sentido estabelece o artigo 153.°, n.° 2 do Código Deontológico: "É considerado particularmente grave do ponto de vista ético qualquer forma de retribuição como contrapartida da prescrição.

b. No âmbito da experimentação humana, prescreve o art. 76.° do Código Deontológico da Ordem dos Médicos que: "e) O médico que participe em qualquer experimentação tem o dever de comunicar à Ordem dos Médicos todos os conflitos de interesse que possam ser invocados, nomeadamente relacionamento actual ou passado com empresas produtoras de produtos farmacêuticos ou dispositivos médicos;"

c. O médico pode desempenhar o relevante papel de perito. Ora, como afirma o Código de Processo Civil, "o perito é obrigado a desempenhar com diligência a função para que tiver sido nomeado". Por seu turno, o art. 120.° do Código Deontológico estabelece uma *incompatibilidade entre as funções de médico assistente e médico perito, não devendo ser exercidas pela mesma pessoa.*

---

[17] Cfr. sobre este Parecer, Teresa QUINTELA DE BRITO, "Interrupção de Alimentação e Hidratação Artificias de Pessoa em Estado Vegetativo Persistente", in Teresa QUINTELA DE BRITO/ Paulo SARAGOÇA DA MATA/ João CURADO NEVES/ Helena MORÃO, *Direito Penal Parte Especial (Lições, Estudos, Casos)*, Coimbra Editora, 2007, 119 e ss.

Medicina na Era da Cidadania: Propostas para Pontes de Confiança   19

4. Segredo Profissional

Após quase 2500 anos depois de Hipócrates,[18] a obrigação do médico de guardar segredo mantém toda a actualidade e assume-se como cada vez mais – designadamente nesta era da *medicina genética* e das *tecnologias da informação* – uma necessidade.

O sigilo médico está no cerne da relação médico-paciente e é o pilar sobre que assenta esta relação pessoalíssima que exige, necessariamente, *confiança*. Com efeito – como escreveu Louis Portes[19] – *"não existe medicina sem confiança, tal como não existe confiança sem confidências nem confidências sem segredo."*

Reiteradamente consagrado em Declarações internacionais, designadamente no âmbito da UNESCO, da Organização Mundial de Saúde, da Associação Médica Mundial, plasmado em Convenções e Recomendações do Conselho da Europa – destacando-se a *Convenção sobre os Direitos do Homem e a Biomedicina*[20] (Artigo 10.º Vida privada e direito à informação);[21] e a Convenção para a Protecção das Pessoas relativamente ao Tratamento Automatizado de Dados de Carácter Pessoal;[22] bem como o labor pretoriano do Tribunal Europeu dos Direitos Humanos, na interpretação do artigo 8.º (Direito ao respeito pela vida privada e familiar)[23] *da Convenção Europeia*

---

[18] Hipócrates é considerado o mais ilustre médico da Antiguidade, nascido na ilha de Cós, viveu aproximadamente entre 460 e 377 a. C.

[19] Apud Gilbert HOTTOIS/ Marie-Hélène PARIZEU, *Dicionário de Bioética*, Lisboa, p. 330.

[20] Convenção para a Protecção dos Direitos do Homem e da Dignidade do Ser Humano relativamente às Aplicações da Biologia e da Medicina: Convenção sobre os Direitos do Homem e a Biomedicina. Adoptada e aberta à assinatura em Oviedo, a 4 de Abril de 1997. Ratificada por Portugal e Publicada no Diário da República – I Série-A N.º 2, de 3 de Janeiro de 2001.

[21] Artigo 10.º: 1 – Qualquer pessoa tem direito ao respeito da sua vida privada no que toca a informações relacionadas com a sua saúde. 2 – Qualquer pessoa tem o direito de conhecer toda a informação recolhida sobre a sua saúde. Todavia, a vontade expressa por uma pessoa de não ser informada deve ser respeitada. 3 – A título excepcional, a lei pode prever, no interesse do paciente, restrições ao exercício dos direitos mencionados no n.º 2.

[22] Adoptada e aberta à assinatura em Estrasburgo, a 1 de Fevereiro de 1981. Aprovada, para ratificação, pela Resolução da Assembleia da República n.º 42/2001, de 25 de Junho.

[23] Artigo 8.º: 1. Qualquer pessoa tem direito ao respeito da sua vida privada e familiar, do seu domicílio e da sua correspondência. 2. Não pode haver ingerência da autoridade pública no exercício deste direito senão quando esta ingerência estiver prevista na lei e constituir uma providência que, numa sociedade democrática, seja necessária para a segurança nacional, para a segurança pública, para o bem-estar económico do país, a defesa da

dos Direitos do Homem,[24] e regulado a nível da União Europeias por vários documentos jurídicos, destacando-se a Directiva 95/46/CV do Parlamento Europeu e do Conselho, de 24 de Outubro, relativa à protecção das pessoas singulares no que diz respeito ao tratamento de dados pessoais e à livre circulação desses dados,[25] o direito fundamental à intimidade da vida privada e familiar goza de consagração constitucional (artigo 26.°, n.°1), acompanhado aliás pelo *direito à autodeterminação informacional*[26] e pelas regras básicas de protecção dos dados pessoais no artigo 35.° da nossa Lei Fundamental.[27]

Não iremos referir, neste texto, as diversas leis que prevêem e densificam o dever de sigilo e confidencialidade do médico e/ ou o direito ao segredo do paciente.

Situemo-nos directamente no tipo legal de crime fundamental a este respeito:

ARTIGO 195.° (Violação de segredo):

Quem, sem consentimento, revelar segredo alheio de que tenha tomado conhecimento em razão do seu estado, ofício, emprego, profissão ou arte é punido com pena de prisão até um ano ou com pena de multa até 240 dias.

O tipo legal com crime previsto no artigo 195.° do Código Penal protege o bem jurídico individual *privacidade* e também o bem jurídico supra-individual *prestígio e confiança em determinadas profissões.*[28]

---

ordem e a prevenção das infracções penais, a protecção da saúde ou da moral, ou a protecção dos direitos e das liberdades de terceiros.

[24] Convenção para a Protecção dos Direitos do Homem e das Liberdades Fundamentais. Aprovada para ratificação pela Lei n.° 65/78, de 13 de Outubro, publicada no Diário da República, I Série, n.° 236/78 (rectificada por Declaração da Assembleia da República publicada no Diário da República, I Série, n.° 286/78, de 14 de Dezembro).

[25] Esta Directiva foi transposta para o direito português, pela Lei n.° 67/98, de 26 de Outubro.

[26] Este direito – que brota do *direito geral de personalidade* – foi enunciado pelo Tribunal Constitucional alemão (*Bundesverfassungsgericht*) na decisão de 15 de Dezembro de 1983, que caracterizou este direito como a "faculdade de o indivíduo, a partir da autodeterminação, decidir basicamente sobre si mesmo quando e dentro de que limites pode revelar situações referentes à sua vida" e afirmou que se trata de "um direito fundamental que garante ao indivíduo a competência para em princípio ser ele próprio a decidir sobre a utilização e divulgação dos seus dados pessoais."

[27] Artigo 35.° (Utilização da informática)

[28] Cfr. Manuel da COSTA ANDRADE, Comentário ao artigo 195.° do Código Penal, in *Comentário Conimbricense ao Código Penal*, (dirigido por Jorge de Figueiredo Dias), Parte Especial, Tomo I, Coimbra, Coimbra Editora, 1999, 771-802, (771-783).

Relativamente à factualidade típica, isto é, os factos que se devem verificar para se poder afirmar estarmos perante o tipo legal de crime, a doutrina enuncia os seguintes:

1) Terá que se tratar de um *segredo*, isto é: a) Tratar-se de factos conhecidos de um número circunscrito de pessoas (que não sejam do conhecimento *público* ou de um *círculo alargado de pessoas* ou que não seja um facto *notório*); b) Que haja vontade de que os factos continuem sob reserva e c) Existência de um *interesse legítimo*, razoável ou justificado na reserva;[29]

2) Terá que ser um segredo *alheio* (do paciente ou de terceiro);

3) Obtido *no exercício da profissão*: "só é segredo médico aquilo que o médico sabe de outra pessoa, apenas porque é médico;" "não é segredo penalmente relevante aquilo que o agente conhece em veste puramente "privada".

Os bens jurídicos protegidos

No plano clínico, o segredo é necessário ao procedimento e ao diagnóstico. O médico precisa de saber tudo para intervir com competência. "Donde seja indispensável que ao paciente seja assegurado que as confidências permanecerão no segredo, para que possa falar livremente. Semelhante compromisso permite estabelecer uma relação de confiança necessária a uma acção terapêutica rigorosa e coerente. Assim, a regra do segredo pode ser entendida como um valor instrumental visando a realização de fins imediatos (a saúde) e remotos (a humanidade no homem)."[30]

O segredo médico também visa promover interesses colectivos de saúde pública e de prestígio da medicina. Se houvesse falta de confiança na discrição dos médicos ou se não houvesse garantias de confidencialidade, muitos doentes, nomeadamente os portadores de doenças transmissíveis, poderiam abster-se de procurar cuidados de saúde, assim causando, consciente ou inconscientemente, o contágio de familiares e outros cidadãos.

---

[29] O interesse na protecção da reserva não tem que ser um interesse público, nem um interesse eticamente positivo, nem um interesse juridicamente louvável; "também as fraquezas humanas, as condutas imorais e mesmo os crimes podem valer como segredo." COSTA ANDRADE, *Comentário*, I.

[30] Gilbert HOTTOIS/ Marie-Hélène PARIZEU, *Dicionário de Bioética*, Lisboa, p. 331.

Perante estes dois fundamentos, um de carácter mais *personalista* outro mais *comunitarista*, a doutrina moderna defende a primazia do primeiro. O dever de sigilo médico é o reverso do direito fundamental à intimidade da vida privada do paciente, por outro lado, este dever é estruturante e fundante da relação jurídica médico-paciente.[31]

Nas palavras do Código Deontológico:

> *O segredo médico é condição essencial ao relacionamento médico--doente, assenta no interesse moral, social, profissional e ético, e pressupõe e permite uma base de verdade e de mútua confiança.*

Constitui **objecto do dever de sigilo**, resumidamente, os seguintes elementos: o diagnóstico; o prognóstico; as alternativas e os métodos de tratamento; características físicas e psicológicas do doente; hábitos de vida; factos da vida íntima e familiar do paciente; a situação económica ou profissional do paciente.[32]

Recorrendo a exemplos da jurisprudência alemã: o *nome* do paciente; o *facto da própria consulta ou tratamento*; as *circunstâncias (hora, acompanhantes, tipo de viatura) em que um paciente chega ao hospital e que permitam identificá-lo*; capacidade para fazer testamento; doença venérea; consumo de estupefacientes; seropositividade.

Por seu turno, o ***conteúdo* do dever** de segredo inclui uma obrigação *negativa*: a obrigação de não revelar as informações cobertas pelo sigilo profissional a terceiros e uma obrigação *positiva*: adopção de precauções necessárias para que os mesmos terceiros não tenham acesso aos elementos sigilosos, por exemplo no que se refere à organização das instalações, do consultório. Esta obrigação positiva é posta em destaque na legislação relativa à protecção de dados pessoais e à informação de saúde pessoal.[33]

---

[31] Cfr. Luís VASCONCELOS ABREU, O segredo médico no direito português vigente, 2005, p. 270.

[32] Cfr. A. LAUFS/ W. UHLENBRUCK, *Handbuch des Arztrechts*,[3] p. 550 e Manuel da COSTA ANDRADE, *Direito Penal Médico*, Coimbra, Coimbra Editora, 2004, p. 184-185.

[33] Cfr. a Lei de protecção de dados pessoais (Lei n.º 67/98, de 26 de Outubro), especialmente os artigos 14.º (Segurança do tratamento), 15.º (Medidas especiais de segurança) e 17.º (Sigilo profissional) e à Lei de informação genética e informação pessoal de saúde (Lei n.º 12/2005, de 26 de Janeiro), especialmente o art. 4.º (Tratamento da informação de saúde).

Medicina na Era da Cidadania: Propostas para Pontes de Confiança 23

"Portador ou titular do segredo – diz-nos Costa Andrade – é a pessoa a cuja esfera privada pertencem os factos que o integram."[34] Pode ser o paciente ou um terceiro.

Por seu turno, sujeitos do dever de confidencialidade são em razão do seu estado, ofício, emprego, profissão ou arte tenham tomado conhecimento de um segredo alheio, a saber: Médicos; Médicos dentistas; Enfermeiros; Farmacêuticos; Terapeutas não convencionais (acupunctura, homeopatia, osteopatia, naturopatia, fitoterapia e quiropráxia); Técnicos de tratamento de dados e mesmo *todo o pessoal hospitalar*, segundo o artigo 57.º do Estatuto Hospitalar (Decreto n.º 48357, de 27 de Abril de 1968).

Causas de justificação: a balança e o prumo

A doutrina identifica diversas causas de justificação ou causas legítimas de quebra do sigilo médico, a saber: consentimento, o consentimento presumido, o estado de necessidade e a regulação especial do sigilo médico no âmbito do processo penal, segundo a qual os tribunais podem impor a quebra de sigilo em nome do princípio da prevalência do interesse preponderante.

Neste espaço, apenas se fará referência a um aspecto que se prende com o *direito de necessidade*, na dimensão de *protecção de interesses de terceiros*. Esta justificação aparece enunciada no próprio *Código Internacional de Ética Médica*, que afirma:

"É ético revelar informação confidencial quando o paciente consinta ou quando haja uma ameaça real e iminente para o paciente ou para terceiros e essa ameaça possa ser afastada pela quebra da confidencialidade."

Por seu turno no famoso Parecer do CNECV sobre o sigilo médico (32/CNECV/2000), advoga que

"1. A médica assistente deve continuar a envidar todos os esforços para rapidamente persuadir o seu doente da obrigação grave que sobre ele impende de comunicar à sua mulher a seropositividade que apresenta e os riscos da sua transmissão. (...)

2. (...) a médica deve informá-lo que irá cumprir a sua obrigação de comunicar à mulher a seropositividade do seu marido e os riscos da sua transmissão (...)."

---

[34] Costa Andrade, *Direito Penal Médico*, 2004, p. 188.

Mas, *no limite*, o CNECV admitiu a quebra legítima do segredo quando "3. ... comunicação é indispensável para que a mulher do doente possa fazer os testes de diagnóstico e iniciar tratamento, caso já tenha sido infectada."

Com efeito, tem sido maioritariamente aceite a licitude, através do direito de necessidade, da revelação de segredo relativo a doença grave e transmissível para a salvaguarda da vida e da saúde de terceiros, nomeadamente no caso da SIDA.

Todavia, alguns autores vão mais longe e advogam que o médico tem não apenas o poder de quebrar o sigilo, mas o *dever (jurídico) de o fazer.* Nas palavras de Costa Andrade: "Já se questiona inclusivamente, se para além do direito (de informar) não haverá casos em que o médico tem o *dever de* o fazer. Por exemplo, no caso de um casal em que o médico é simultaneamente médico de ambos, tendo portanto o dever de informar um dos seus consulentes sobre os riscos de saúde em que incorre, mesmo violando outro dever, o de manter sigilo sobre o estado clínico de outro dos seus doentes."[35] Se afirmarmos a existência de um dever de informar,[36] estando o médico na posição de garante face ao cônjuge lesado, pode incorrer em responsabilidade criminal por prática de *homicídio* ou *ofensas à integridade física por omissão* (art. 10.º Código Penal, que regula a omissão impura).

Note-se que muitos autores em vários países continuam a afirmar a ilicitude da quebra do sigilo médico neste caso.

Outros autores ainda, defendem que o médico pode valer-se, em casos devidamente fundamentados, da justificação *direito de necessidade,* mas que a afirmação da existência de um *dever de garante* que conduziria o médico a ser condenado por homicídio ou ofensa à integridade física por omissão deve ser ponderada com a máxima prudência. Com efeito incriminar o médico por homicídio por omissão pode destruir as bases da confiança que devem reger a relação médico-paciente.

---

[35] Jornal Tempo Medicina, de 13 de Maio de 2002, reproduzindo palavras de Costa Andrade numa Conferência no Hospital de São José.

[36] Nesse sentido, Peter HÜNERFELD, Esfera Privada e Segredo, *Revista Portuguesa de Ciência Criminal*, 2004, p. 212. Afirma este autor alemão: "deve-se, em princípio, considerar que o médico está obrigado a informar o parceiro em perigo, quando ambos os parceiros se encontram em tratamento no mesmo médico e este for o único meio fiável que permita informar o parceiro da existência de uma infecção VIH.

Contudo, o Código Deontológico da Ordem dos Médicos, na sua versão de Novembro de 2008 trouxe relevantes novidades nesta matéria. Aí se afirma, no artigo 89.º que:

"2. Sendo a preservação da vida o valor fundamental, deverá o médico, em circunstância em que um doente tenha um comportamento que traga um risco real e significativo para a vida de outra pessoa, tentar persuadi-lo a modificar este comportamento, nomeadamente declarando que irá revelar a sua situação às pessoas interessadas. *Se o doente não modificar o seu comportamento, apesar de advertido, o médico deve informar as pessoas em risco, caso as conheça, após comunicar ao doente que o vai fazer.*"

Ora, o Código vem pois estabelecer um dever *(dever deontológico?)* de informar as pessoas em risco. A Ordem dos Médicos opta, pois, pela consagração da chamada doutrina Tarasoff. Esta tese foi primeiro aplicada pelo Supremo Tribunal da Califórnia no caso *Tarasoff v. Regents of the University of California* (17 Cal.3d 425 [1976]) e em 1985 plasmada em lei nesse mesmo Estado americano. Segundo essa lei californiana, um psicoterapeuta tem o dever de proteger ou avisar uma terceira pessoa se o terapeuta acreditar ou prever que o paciente representa um perigo sério de ofensa grave à integridade física de uma vítima razoavelmente identificável.[37]

Qual o significado para o direito português da consagração desta norma na parte final do n.º 2 do artigo 89.º do Código Deontológico? Terá relevância meramente interna, em processos disciplinares, ou pode ter relevância externa, designadamente num processo criminal.

Tendo em conta que se trata de um Código afirma claramente a diferença entre a Deontologia e o Direito/ lei, considerando ainda que foi publicado sob a forma de um Regulamento da Ordem dos Médicos, publicado na II.ª Série do Diário da República e que, consequentemente e coerentemente, não seguiu os exigentes trâmites de publicidade e controlo a que se submete a legislação, temos que concluir que não deve um tribunal sentir-se vinculado a punir o médico que não cumpra esse "dever" (deontológico) de "**informar as pessoas em risco, caso as conheça, após comunicar ao doente que o vai fazer.**"

---

[37] Apesar de a lei pretender restringir o alcance desse dever de violação do sigilo profissional, em 2004 o Tribunal de Apelação da Califórnia (nas decisões *Ewing v. Goldstein* (120 Cal. App. 4th 807 [2004]) e *Ewing v. Northridge Hospital Medical Center* (120 Cal. App. 4th 1289 [2004]) voltou a ampliar esse dever.

Ou seja, em síntese, apesar da alteração ocorrida em sede do Código Deontológico, entendo que o debate sobre se o médico tem o direito de quebrar o segredo médico ou se tem mesmo o *dever de violar o sigilo* e consequentemente se pode/ deve ser punido por ofensa à integridade física ou homicídio (de terceiro) não se encontra definitivamente concluído, mantendo a força dos argumentos aqueles que – como julgamos mais razoável – se opõem à punibilidade do médico nestas circunstâncias.

5. Acesso à informação de saúde

Ainda no domínio do "poder sobre a informação", merece alguma reflexão a situação paradoxal que se verifica no direito português, no que respeita ao acesso à informação de saúde.

Com efeito, a nossa tradição vai no sentido de se consagrar o direito de *acesso indirecto ou mediatizado* à informação de saúde. Nesse sentido estão redigidas quer a a Lei n.º 67/98, de 26 de Outubro (Lei de Protecção de Dados Pessoais),[38] quer a Lei 12/2005, de 26 de Janeiro (informação genética pessoal e informação de saúde)[39]

Porém, em 2007, a Lei n.º 46/2007 de 24 de Agosto (LADA: Lei de Acesso aos Documentos Administrativos e a sua Reutilização), veio consagrar a seguinte norma:

Artigo 7.º Comunicação de dados de saúde: "A comunicação de dados de saúde é feita por intermédio de médico se o requerente o solicitar."

A interpretação mais correcta, quer pelo *elemento gramatical*, quer pelo *elemento sistemático* (a regra geral no âmbito desta lei – segundo o art. 5.º – é o *acesso directo*, incluindo a consulta e reprodução)[40] é a de considerar que o médico apenas intermedeia o acesso aos dados de saúde *se o requerente o desejar.*

---

[38] Art. 11.º: 5 – O direito de acesso à informação relativa a dados da saúde, incluindo os dados genéticos, *é exercido por intermédio de médico escolhido pelo titular dos dados.*

[39] Art. 3.º: 3 – O acesso à informação de saúde por parte do seu titular, ou de terceiros com o seu consentimento, *é feito através de médico*, com habilitação própria, escolhido pelo titular da informação.

[40] Artigo 5.º Direito de acesso: "Todos, sem necessidade de enunciar qualquer interesse, têm direito de acesso aos documentos administrativos, o qual compreende os direitos de consulta, de reprodução e de informação sobre a sua existência e conteúdo."

Medicina na Era da Cidadania: Propostas para Pontes de Confiança 27

Não deve vingar a leitura segundo a qual, se o requerente solicitar a comunicação de dados de saúde, estes são comunicados por intermédio de um médico.

A ser válida esta exegese, o direito português revela-se nesta matéria também bicéfalo. Ele já é consabidamente bifronte no que respeita ao regime da responsabilidade civil dos médicos e estabelecimentos de saúde, consoante se esteja perante medicina pública ou medicina privada: ali são competentes os tribunais administrativos e aplica-se a Lei n.º 67/2007, de 31 de Dezembro, aqui tramita-se junto dos tribunais judiciais e aplica-se o Código Civil.

O direito de acesso à informação de saúde revela-se, portanto, como Jano, com um rosto voltado para os hospitais públicos, em que o acesso passou a ser, desde 2007, *directo*, e com a outra face mirando as clínicas privadas, nas quais se mantém o regime de acesso *indirecto*.

Sobre a questão do acesso à informação de saúde, a Comissão Nacional de Protecção de Dados exprimiu-se no *Relatório de auditoria ao tratamento de informação de saúde nos hospitais* (CNPD, aprovado a 9.Nov.2004), afirmando o seguinte:

> "Apresentando-se as limitações ao direito de acesso como excepcionais, será de admitir que a regra geral contida no art. 11.º, n.º 5 da Lei 67/98 pode ter de sofrer uma inflexão. <u>Daí que se considere adequado ponderar, em termos legislativos, se deve continuar a manter-se a regra do «acesso por intermediação»</u>".

E nem se julgue que isso seria surpreendente no panorama europeu, visto que o acesso directo constitui o regime claramente dominante na Europa.

Todavia, toda esta desordem normativa não é isenta de problemas, porquanto, a dita LADA de 2007 não terá acautelado devidamente as exigências que em matéria de prestação de cuidados de saúde se fazem sentir, designadamente: a preservação do carácter reservado das "anotações pessoais do médico", ou nas palavras do Projecto de Lei n.º 788/X sobre Direitos dos doentes à informação e ao consentimento informado: *"as anotações subjectivas feitas pelo profissional para sua orientação particular."*

Estes legítimos interesses dos médicos (e da prestação de cuidados de saúde!) não parecem estar assegurados na LADA, a menos que se entenda que estamos perante a excepção prevista no artigo 3.º n.º 2 , al. a) que reza: "Não se consideram documentos administrativos, para efeitos da presente lei: *a) As notas pessoais, esboços, apontamentos e outros* registos de natureza semelhante." Mas não estamos seguros de que assim seja.[41]

Por outro lado, esta mesma LADA não acautela devidamente os segredos de terceiros, a menos que se faça uma restrição em nome da interpretação conforme à constituição, que impõe o respeito pela intimidade da vida privada e familiar de terceiros cujas informações de saúde eventualmente constem do processo clínico do requerente. E finalmente, não vemos que esteja prevista qualquer *cláusula de excepção* (privilégio terapêutico) que permita não transmitir a informação ao requerente quando esta informação a ser conhecida pelo doente, poria em perigo a sua vida ou seria susceptível de lhe causar grave dano à saúde, física ou psíquica.

Donde, esta é uma matéria cujo aprimoramento legal não se nos afigura despiciendo ou bizantino. Refira-se ainda que todas estas cautelas estavam previstas e reguladas no referido Projecto de Lei, aprovado na generalidade pela Assembleia da República a 28 de Maio de 2009.

6. Objecção de Consciência

Não terminaremos ainda sem cumprir este trilho longo e difícil que o Senhor Professor Oliveira Ascensão nos sugeriu, quando nos distinguiu ao convidar-nos para partilhar com V.ªs Ex.ªs algumas dúvidas e inquietações.

A objecção de consciência constitui um instituto dinâmico que revela os conflitos que o pluralismo ético de uma sociedade aberta e democrática deixa florescer. Trata-se de um direito fundamental, que se radica na *liberdade de consciência, de religião e de culto*, uma das liberdades mais significativas e que foi uma das grandes conquistas da Revolução Republicana de 5 de Outubro de 1910, que agora comemoramos.

Com efeito, perante os graves dilemas éticos que já atrás fizemos referência, ou mesmo perante a consagração legal de algumas intervenções médicas não isentas de polémica, como a interrupção da gravidez, o transexualismo, algumas técnicas de procriação medicamente assistida, ou mesmo a colheita de órgãos em vivos num sistema tão liberal como o que, desde 2007, vigora entre nós,[42] não é difícil imaginar as inúmeras situações em que

---

[41] Cfr. André Gonçalo DIAS PEREIRA, "Dever de Documentação, Acesso ao Processo Clínico e sua Propriedade. Uma perspectiva europeia", *Revista Portuguesa do Dano Corporal* (2006), Ano XV, N.º 16, pp. 9-24.

[42] Actualmente, um nacional ou residente em Portugal pode *consentir* na colheita de órgãos não regeneráveis para doação a qualquer pessoa, apenas estando sujeita ao controle

Medicina na Era da Cidadania: Propostas para Pontes de Confiança 29

alguns médicos podem sentir que a sua consciência esteja a ser violentada e que solicitem a "escusa" e que não intervenham.

Porém, não podemos olvidar que o acesso à carreira médica é livre, no sentido em que ninguém é obrigado a cursar esse nobre magistério e a exercer essa honrada profissão. E do outro lado da relação dialógica – sempre densa e normalmente com desequilíbrio estrutural, quer pela formação, quer pelo estado de vulnerabilidade, quer pelo papel que médico e paciente desempenham na sociedade – do outro lado da relação – dizíamos – encontra-se um sujeito (ou um casal) que solicita uma intervenção médica, a mais das vezes em estado de grande angústia e necessidade.

Por isso, também aqui temos que acautelar os interesses legítimos de ambas as partes, designadamente criando um procedimento que imponha a *notificação*[43] da objecção de consciência e obrigando o médico a assegurar

---

da Entidade de Verificação da Admissibilidade da Colheita para Transplante. Assim afirma o n.º 3 do art. 6.º: "No caso de dádiva e colheita de órgãos ou tecidos não regeneráveis, a respectiva admissibilidade fica dependente de parecer favorável, emitido pela Entidade de Verificação da Admissibilidade da Colheita para Transplante (EVA)." A Lei n.º 22/2007, de 29 de Junho alterou a Lei n.º 12/93, de 22 de Abril, neste aspecto de grande relevância ética, pondo fim às limitações tradicionais, segundo as quais a colheita em vivos apenas podia ser feita com vista a doação a pessoa com "...relação de parentesco até ao 3.º grau." Embora esta solução tão aberta, e filiada no *princípio da autodeterminação bioética,* seja compatível com as normas do Conselho da Europa, julgo que o primeiro caminho apontado pelo artigo 10.º do *Protocolo Adicional à Convenção de Biomedicina relativo à colheita e transplante de órgãos* (assinado pela República Portuguesa em 21/2/2002, mas ainda não ratificado) seria mais prudente. Com efeito, proclama este diploma internacional, no seu artigo 10.º: "Organ removal from a living donor may be carried out for the benefit of a recipient with whom the donor has a *close personal relationship as defined by law,* or, in the absence of such relationship, *only under the conditions defined by law and with the approval of an appropriate independent body."* Ou seja, o Estado Parte naquele Protocolo deve prever que só pode ser admitido como dador de órgãos pessoas com uma relação pessoal próxima, ou, se o Estado quiser ser mais liberal, deve ser criada uma entidade independente que irá aprovar essa doação. Como vimos, a lei portuguesa seguiu o segundo caminho, com a criação da EVA.

Seria mais prudente exigir uma relação pessoal próxima, visto que há boas razões para recear que os membros dessa Entidade, regra geral, não detêm experiência, nem competências na investigação de possíveis casos de tráfico de órgãos simulados de doação. O próprio legislador, tendo consciência dos reais riscos de tráfico e da possível dificuldade da EVA em fiscalizar a seriedade do consentimento, foi mais exigente quando o doador é estrangeiro não residente em Portugal. Com efeito, o art. 6.º, n.º 6 da mesma Lei prescreve: "A dádiva e a colheita de órgãos ou tecidos não regeneráveis, que envolvam estrangeiros sem residência permanente em Portugal, só podem ser feitas mediante *autorização judicial."*

[43] Questão interessante é a de saber se essa notificação carece de fundamentação/ justificação. Em nome do respeito pela liberdade de consciência e do direito à intimidade em sentido estrito (o absoluto sigilo acerca dos valores filosóficos profundos) entendo que *não.*

que um colega – naturalmente com um diferente "sistema de valores" – assista o referido paciente e, por outro lado, a objecção de consciência não deve poder ser invocada em casos de urgência. Estas ideias força resultariam já da regulação do *direito de recusa de assistência* (art. 41.º do CDOM) e do *crime de recusa de médico* (art. 284.º do Código penal). Todavia, o CDOM foi mais longe e prevê, no art. 37.º, as seguintes normas:

> "2. O exercício da objecção de consciência deverá ser comunicado à Ordem, em documento registado, sem prejuízo de dever ser imediatamente comunicada ao doente ou a quem no seu lugar prestar o consentimento."
> 3. A objecção de consciência não pode ser invocada quando em situação urgente e com perigo de vida ou grave dano para a saúde, se não houver outro médico disponível a quem o doente possa recorrer, nos termos do número 1 do artigo 41.º."

Sendo este um assunto especialmente sensível no que respeita à prática da Interrupção Voluntária da Gravidez, justifica-se que o legislador tenha regulado, com algum detalhe, os processos associados à objecção de consciência, na Lei n.º 16/2007, de 17 de Abril e na Portaria n.º 741-A/2007, de 21 de Junho.

7. Conclusão

Intitulei esta conferência: *Medicina na era da cidadania: propostas para pontes de confiança.*

Em tempos de grande angústia e decisão para a medicina, para os doentes e para a sociedade, urge criar pontes mais largas e mais fortes entre os diversos actores da relação clínica.

A parafernália tecnológica e farmacológica, os abalos sistémicos na estrutura social, as rupturas éticas que a todo o passo são sugeridas e a consolidação da cidadania como núcleo central da ordem jurídica, devem impor uma estrutura sólida, assente em colunas de aço, que garantam uma *boa medicina* para *cidadãos livres e responsáveis.*

Donde, em tempos de *racionamento e racionalização*, se exige mais informação, mais transparência e mais debate democrático em torno do problema decidendo. E impõe-se a aplicação de estratégias de sustentabilidade e modernização do "modelo social europeu" e o desenvolvimento do Sistema Nacional de Saúde.

A *gestão de conflitos de interesse* deve ser feita com recurso à multidisciplinaridade, à filosofia prática e à prudência de *Diké* ou de *Iustitia*: a justa ponderação – não dogmática – de argumentos, os quais devidamente filtrados por um procedimento plural, transparente e participado permitirão o construir de uma decisão *recta*.

O *sigilo profissional* continua a ser o pilar central nesta ponte triangular entre o médico, o doente e a sociedade. Já assim com Hipócrates, redobradamente com os discípulos de Watson e Crick. Os avanços que se registam aqui e ali de uma perspectiva voluntarista que afasta o médico do seu objecto principal – cuidar do doente – e que o empurram para um papel de "quase-polícia" ou "protector de terceiros" merecem uma reflexão ponderada e cautelosa.

Finalmente, a *objecção de consciência* é a face personalizadora do médico: este profissional que antes de o ser é uma pessoa, uma fonte de liberdade, uma personalidade que também busca – como os outros, com as suas *náuseas* (Sartre), as suas hesitações e as suas audácias – o que Orlando de Carvalho designava por "liberdade de desabrochar", ou numa terminologia de teor constitucional, o *direito ao desenvolvimento da personalidade*, respeitando o seu quadro ético, o seu sistema de valores. Só com este actor – o médico – devidamente respeitado e dignificado se pode, decididamente, lançar *pontes de confiança*.

VALOR DO CONSENTIMENTO NUM ESTADO TERMINAL[1]

ANDRÉ GONÇALO DIAS PEREIRA[2]

Assistente da Faculdade de Direito de Coimbra;
Membro da Direcção do Centro de Direito Biomédico;
Membro do Board of Governors *da Associação Mundial*
de Direito Médico

ÍNDICE: 1. A pessoa em estado terminal como titular de direitos fundamentais. 2. O consentimento informado numa sociedade envelhecida. 3. O papel da família e dos próximos nos cuidados de saúde. 4. A recusa de hidratação e nutrição como zénite de conflito ético. 5. A importância das Declarações Antecipadas de Vontade. 6. Conclusões ou questões em aberto.

1. A pessoa em estado terminal como titular de direitos fundamentais

A aspiração de conhecer e controlar o tempo da partida é antiga. Para os estóicos, deveríamos ser responsáveis pela escolha do tempo e da forma de morrer.

Séneca escrevia: "Assim como escolho o barco em que navego ou a casa em que viverei, assim escolho a hora em que parto desta vida. Além

---

[1] Texto baseado na conferência apresentada no VI Curso de Verão de Direito da Bioética e da Medicina, organizado pela Associação Portuguesa de Direito Intelectual, na Faculdade de Direito de Lisboa, no dia 13 de Julho de 2010.

[2] E-mail: andreper@fd.uc.pt

34 *André Gonçalo Dias Pereira*

disso, se uma vida que se prolonga não é necessariamente melhor, uma morte prolongada é necessariamente pior."[3]

Por seu turno, Nietzsche, pela voz de Zaratustra, declarava: "Muitos morrem demasiado tarde, e uns poucos demasiado cedo. A doutrina certa será um pouco estranha: *'Morrer no tempo certo'*".[4]

Neste percurso que o ser humano faz para a morte define-se o seu projecto. *O caminho, não o destino,* faz dos homens seres inteiros.[5]

Recordemos Martin Heidegger, em *Ser e Tempo,* quando afirma: *"Precisamente porque sabe antecipadamente da sua morte, o homem ouve o apelo a uma existência na dignidade, e é na configuração ética da vida que sabe que não morre como gado. Pela consciência antecipada da morte, o Homem é arrancado à inautenticidade e convocado para a existência autêntica."*

O aproximar da morte não retira direitos às pessoas. A diminuição das capacidades físicas não limita a capacidade jurídica. A diminuição ou a extinção da *"esperança"* (Laín Entralgo) não apagam a plenitude e o vigor da personalidade humana.

Até ao último suspiro, até ao último raio de luz no encéfalo,[6] a pessoa humana é![7] E porque *é* goza de *dignidade*, estatuto qualitativo e não gradativo, pelo qual os membros da comunidade juridicamente organizada se revêem no outro.

Alteridade que se afirma como condição da própria existência do Direito.[8]

---

[3] Lúcio Aneu SÉNECA, *Cartas a Lucílio,* Fundação Calouste Gulbenkian.

[4] Apud João LOBO ANTUNES, "A Morte Como Opção", *Inquietação Interminável,* gradiva, 2010, p. 164.

[5] Tome-se, como inspiração, o poema de António Machado, *"Caminante, no hay camino..."*

[6] A definição de morte cerebral foi proposta pela primeira vez em 1968: "A definition of irreversible coma. Report of the Ad Hoc Committee of the Harvard Medical School to Examine the Definition of Brain Death", JAMA, 1968 Aug 5; 205(6):337-40.

[7] Os critérios da morte na *Declaração da Ordem dos Médicos de 1 de Setembro de 1994* que estabelece os Critérios de Morte Cerebral. Esta Declaração, prevista no art. 12.º da Lei n.º 12/93, de 22 de Abril, foi publicada no DR, I-B, n.º 235/94, de 11 de Outubro de 1994.

[8] Paul Ricoeur é um dos filósofos contemporâneos que colocam em evidência o conceito de alteridade. Um dos seus livros detém um título particularmente ilustrativo desta dimensão polarizada da alteridade: *Soi-même comme un autre.* A propósito do que está em jogo em tal título, Ricoeur faz o seguinte esclarecimento: *"Soi-même comme un autre* sugere, imediatamente, que a ipseidade do si mesmo implica a alteridade num grau tão íntimo, que uma não se deixa pensar sem a outra, que, de preferência, uma passa na outra,

Valor do Consentimento num Estado Terminal 35

Donde, a pessoa em estado terminal é titular *plena* de direitos fundamentais e, no plano juscivilístico, de direitos de personalidade.[9]

Lançando mão dos coevos conceitos romanistas, arriscamos as seguintes asserções:

- O moribundo é (ainda) ***ingénuo***![10] "Ingénuos – ensina Santos Justo – são os cidadãos romanos que nascem e vivem livres, sem nunca terem sido escravos."[11]
- O doente terminal é um ***cidadão da República***. Qual romano em Roma, a pessoa humana, mesmo em fase terminal, goza de personalidade jurídica plena e, em regra, de plena capacidade jurídica.
- A pessoa em estado terminal é ***sui iuris***! "É *sui iuris* a pessoa que não se encontra sujeita à *potestas* familiar de outra."[12]

O progresso do espírito humano apartou-nos do direito antigo, de Roma, em que só tinha plena capacidade jurídica quem possuísse os três *status: familiae, civitatis* e *libertatis,* variando os direitos das demais pessoas em função do peso específico do seu *status,* com as inerentes *capitis deminutiones.*[13]

Mas a revisão da lição romanista permite reequacionar alguns dos pré-juízos de facto e de direito que atravessam toda a narrativa em torno da *pessoa moribunda.* Com efeito, revela-se necessária a reafirmação de que a pessoa em estado terminal não perdeu a sua personalidade e a sua capacidade, ou seja, *não se reificou!, nem mesmo se objectivou;* que não é

---

como se diria em linguagem hegeliana. Ao "como" queríamos ligar a significação forte, não apenas de uma comparação – o si-mesmo como sendo semelhante à alteridade –, mas mais de uma implicação: o si-mesmo enquanto ... outro." Cf. Paul RICOEUR, *Soi-même comme un autre*, Paris, Seuil, 1990. Cfr. Fernanda HENRIQUES, *Alteridade como Mediação Irrecusável Uma Leitura de Paul Ricoeur*, Universidade de Évora (http://home.uevora.pt/~fhenriques/textos-filocont/alteridadeempaulricoeur.pdf).

[9] Para a distinção entre direitos fundamentais e direitos de personalidade, CAPELO DE SOUSA, *O Direito Geral de Personalidade*, Coimbra, Coimbra Editora, 1995, p. 581.

[10] Cfr. António dos SANTOS JUSTO, *Direito Privado Romano – I, Parte Geral*, Coimbra, Coimbra Editora, 3.ª edição, 2006, p. 110.

[11] Pelo contrário, "'liberto' (*libertus*) é o escravo a quem foi concedida a liberdade e se encontra numa relação de dependência ao seu antigo dominus, agora denominado *patronus.*" – SANTOS JUSTO, *Direito Privado Romano – I, Parte Geral*, p. 111.

[12] SANTOS JUSTO, *Direito Privado Romano – I, Parte Geral*, p. 136.

[13] Cfr. BRAGA DA CRUZ/ ALMEIDA COSTA, *Lições de Direito Romano*, I, pp. 355 e ss. e 442 e ss. apud CAPELO DE SOUSA, *Teoria Geral do Direito Civil*, Volume I, Coimbra Editora, 2003, p. 50.

um *estrangeiro* na sua própria cidade!; e que é senhor do seu destino e não objecto de tutela da família ou de outros poderes de facto.

É esta a consequência de levarmos a sério o princípio personalista inscrito no art. 1.º da Constituição da República, que eleva à categoria de *axioma-fundamento* da nossa organização político-social e existencial: a *dignidade* da pessoa humana.[14]

A pessoa adquire personalidade jurídica no momento do seu nascimento completo e com vida. A partir desse instante, independentemente das capacidades em concreto reveladas, a pessoa detém a necessária idoneidade para ser titular autónomo ou sujeito de relações jurídicas. Isto confere e assegura à pessoa aptidão de ser ela própria, por si, a determinar os objectivos e os fins da sua actuação. Consagra-se expressamente o personalismo ético, significando que apenas se pode limitar a liberdade de acção pessoal nos limites impostos pelo interesse público.[15]

Orlando de Carvalho defende que a condição de pessoa, na sua *autonomia ética*, conduz a uma personalidade jurídica com capacidade plena, o que implica a verificação de uma "ilimitabilidade das prerrogativas jurídicas que se ligam ao simples facto de cada homem ser homem."[16] Daqui se induz a existência do *princípio da plenitude da capacidade jurídica humana*: "a dignidade da pessoa humana postula uma plenitude da capacidade jurídica de qualquer homem."[17]

E essa plenitude mantém-se até à morte! Excepção feita ao caso de o doente se encontrar numa situação de *incapacidade*. "A tutela da personalidade humana individual implica a protecção da vida humana pós-natal, não só do apogeu físico e racional da vida de um indivíduo mas também do seu decaimento em situações de vida humana dita vegetativa."[18]

---

[14] A dignidade da pessoa humana representa uma "capacidade abstracta e potencial de autodeterminação, independentemente da capacidade ou vontade concreta da sua realização que pode mesmo nem sequer existir facticamente, como acontece quando se reconhece necessariamente a dignidade da pessoa humana dos doentes mentais." – Jorge Reis Novais, *Princípios Constitucionais Estruturantes da República Portuguesa*, Coimbra, Coimbra Editora, 2004, p. 59.

[15] Cf. Karl Larenz/ Manfred Wolf, *Allgemeiner Teil des Bürgerlichen Rechts*, 9.º edição, Verlag C. H. Beck, 2004, p. 24. Cf. Geraldo Ribeiro, "Quem decide pelos menores? (Algumas notas sobre o regime jurídico do consentimento informado para actos médicos), *Lex Medicinae – Revista Portuguesa de Direito da Saúde*, Ano 7, n.º 14 (2010), p. 106.

[16] Orlando de Carvalho, *Os direitos do Homem no Direito Civil*, policopiado, Vértice, 1973, p. 25.

[17] Capelo de Sousa, *Teoria Geral do Direito Civil*, Volume I, Coimbra, Coimbra Editora, 2003, p. 49.

[18] Capelo de Sousa, *Direito Geral de Personalidade*, p. 204.

A lei portuguesa não define o que seja o "estado terminal". Porém, o Projecto de Lei N.º 428/XI, apresentado pelo PSD à Assembleia da República, no art. 2. Al. c) define *"Doença terminal"* como *"a condição de saúde irreversível, incurável, avançada e progressiva, causada, designadamente por uma doença ou traumatismo físico, em que a morte ocorrerá num período de tempo relativamente curto, salvo se à pessoa forem administrados tratamentos artificiais de sustentação das funções vitais."*

Tomemos um momento de pausa, de reflexão e avancemos um pouco mais no nosso discurso.

Afirmamos peremptoriamente que *a pessoa doente em estado terminal continua a ser titular pleno de direitos fundamentais.* Com todas as consequências que tal implica, ao nível do respeito pela sua dignidade, pela integridade pessoal, privacidade e demais direitos fundamentais, incluindo os direitos económicos, sociais e culturais.[19]

Porém, urge reconhecê-lo, a pessoa doente em estado terminal encontra-se numa situação de *vulnerabilidade*[20] – "vulnus" esta que afecta a capacidade para consentir em doentes em estado terminal, a sua liberdade e a possibilidade de esclarecimento em doentes em estado terminal, podendo intensificar a dúvida ética relativa ao direito à recusa de tratamento. Assim afirma a bioeticista Ana Sofia Carvalho: *"a etapa final do percurso terreno é especialmente atreita a agressões, angústias e até maus tratos."*[21]

2. O consentimento informado numa sociedade envelhecida

Desde a antiguidade grega predominou o mito da origem divina das doenças. Tudo se desenvolveu em torno de um mito que Hesíodo descreve nos *Trabalhos e Dias*: Zeus teria enviado do Olimpo para a Terra uma caixa para Epimeteu através da mensageira *Pandora*. Esta caixa retinha todas as pragas de doenças e malefícios que acabaram por se espalhar quando Epime-

---

[19] Afirma Daniel SERRÃO, no *XVIII Encontro Nacional da Pastoral da Saúde*: "O sofrimento do adoecer torna a pessoa mais vulnerável e, na medida da sua vulnerabilidade, torna-a incapaz para exigir/decidir pelo que, por direito, lhe deve ser dado que é o cuidado de saúde geral, universal e tendencialmente gratuito, como diz a lei de Bases da Saúde, o Estatuto do Serviço Nacional de Saúde e o novo Plano de Saúde."

[20] Este conceito foi sabiamente introduzido pela Declaração Universal de Bioética e Direitos Humanos, em 2005, no art. 8: *respeito pela vulnerabilidade humana e integridade pessoal.*

[21] Ana Sofia CARVALHO, *Bioética e Vulnerabilidade*, Coimbra, Almedina, 2008.

teu decidiu abrir a caixa. As doenças espalharam-se por todas as direcções, tendo começado a afectar os homens através de guerras, epidemias, etc..[22] Radicava assim num gesto de imprudência o aparecimento de muitos males. Com o Cristianismo, viria a simbolizar-se este acontecimento sob o nome das pragas divinas do Apocalipse.

A *Aufklärung* abriu as portas ao desenvolvimento da ciência e o século XIX e XX testemunharam o sucesso do Higienismo e da Saúde Pública (saneamento, água potável), das Ciências Agrárias e da Alimentação (novos alimentos, melhor exploração dos campos, melhorias na criação de gado), bem como da Medicina e da Farmácia, que transformaram decisivamente a presença do ser humano no planeta Terra. Com efeito, no curto espaço de duzentos anos passamos de mil milhões de seres humanos para cerca de 7 mil milhões...

O mundo ocidental entra no século XXI com a morte hospitalizada. Mais de 70% das pessoas em França e 80% nos Estados Unidos[23] conhecem o ómega da sua vida entre quatro paredes brancas, rodeados de uma parafernália de tecnologia, intoxicados em produtos farmacêuticos e muitas vezes afastados dos seus próximos.[24]

Ao virar do século XIX para o século XX, a esperança de vida na Europa rondava os 42 anos,[25] agora calcula-se que uma em cada duas meninas, nascidas hoje, chegará aos 100 anos de idade. O morrer, por seu turno, está cada vez mais hospitalizado, institucionalizado e desumanizado. Já não se morre mais no lar, em família. Esse acto último da vida é travado em batalha com e contra máquinas e baterias de medicação, que tornam o sujeito algo indefeso perante o instrumentário terapêutico que lhe é proposto ou mesmo imposto. Fala-se na desapropriação do moribundo da sua própria morte.

---

[22] Cfr. Lia Raquel RIBEIRO DAS NEVES, *A Saúde como Autêntico Problema de Saúde Pública*, Faculdade de Medicina da Universidade de Coimbra, polic., 2011.

[23] LOPES BRITO/ LOPES RIJO, *Estudo Jurídico da Eutanásia em Portugal*, Coimbra, Almedina, 2000, p. 19 afirmam que 90% da população, nas sociedades ocidentais, morre em hospitais. Segundo Jean-Pierre DUPRAT, "Le consentement anticipé aux soins pour malades graves, un aspect de la protection des personnes agées dependants", *JCP*, n.º 50, 12 décembre 2001, p. 2289, 300.000 pessoas em França padecem de uma demência ligada à velhice.

[24] Segundo Isabel BORGES MOREIRA, *O Doente Terminal em Contexto Familiar*, Coimbra, Formasau: Formação e Saúde Lda., p. 13, cerca de 70 a 80% dos doentes em fase terminal morrem em meio hospitalar.

[25] Jens KUHLMANN, *Einwilligung in die Heilbehandlung alter Menschen*, Peter Lang, 1994. p. 1.

Valor do Consentimento num Estado Terminal 39

A morte, por sua vez, num plano mais geral, tornou-se no último tabu. Os próprios rituais da morte, como o luto, começam a desvanecer-se.[26] São realidades que apelam à intervenção e à criatividade dos juristas. Merece destaque, a este propósito, a *Recomendação 1418* (1999), sobre a *Protecção dos direitos humanos e a dignidade dos doentes terminais e moribundos*[27] que se propõe adoptar medidas necessárias para dar eficácia ao direito da pessoa em fase terminal ou moribunda a uma informação verdadeira e completa, porém proporcionada com compaixão, sobre o seu estado de saúde, respeitando, se for o caso, o desejo do paciente a não ser informado. Este importante documento recomenda que deve ficar plenamente garantido que *nenhum doente terminal ou moribundo seja tratado contra a sua vontade*, garantindo que esta não seja limitada por pressões económicas, e respeitando a *recusa* a um tratamento específico recolhido nas *directivas antecipadas* ou *testamento de vida* destes pacientes.[28]

Os *Princípios de Ética Médica Europeia*[29] apontam caminhos no que respeita à assistência aos moribundos. Afirma o artigo 12 que o médico pode, em caso de doença incurável e em fase terminal, limitar-se a atenuar o sofrimento físico e moral do paciente, fornecendo-lhe os tratamentos apropriados e conservando o mais possível a sua qualidade de vida.[30]

Efectivamente, há hoje um consenso generalizado: a mera sobrevivência, independentemente das condições e da qualidade de vida do paciente,

---

[26] E, contudo, deveríamos recordar a lição da Antropologia, de Edgar Morin, que em *O Homem e a Morte*, escreve: *"A sociedade funciona não apenas apesar da morte e contra a morte, mas também só existe enquanto organização pela morte, com a morte e na morte."*

[27] Adoptada pela Assembleia Parlamentar do Conselho da Europa, de 25 de Junho de 1999.

[28] A *Recomendação 779/1976* da Assembleia do Conselho da Europa sobre os direitos dos doentes e dos moribundos, afirmava já os seguintes direitos: a) direito ao respeito da vontade do paciente acerca do tratamento; b) direito do doente à dignidade e à integridade; c) direito à informação; d) direito à cura apropriada; e) direito a não sofrer inutilmente. Cfr. Lucilla IAPICHINO, Lucilla, *Testamento Biologico e Direttive Anticipate – Le Disposizioni in Previsione dell'Incapacità*, IPSOA, 2000., p. 20. Cfr. sobre os direitos das pessoas no fim de vida, cfr. o estudo de Helena PEREIRA DE MELO, O Direito a Morrer com Dignidade, *Lex Medicinae – Revista Portuguesa de Direito da Saúde*, Ano 3, n.º 6, 2006, pp. 69 e ss.

[29] Aprovados em 1987 pela Conferência internacional das ordens dos médicos e de organismos com atribuições similares

[30] AIDE AUX MOURANTS Article 12 : « La médecine implique en toutes circonstances le respect constant de la vie, de l'autonomie morale et du libre choix du patient. Cependant le médecin peut, en cas d'affection incurable et terminale, se limiter à soulager les souffrances physiques et morales du patient en lui donnant les traitements appropriés et en maintenant autant que possible la qualité d'une vie qui s'achève. Il est impératif d'assister le mourant jusqu'à la fin et d'agir de façon à lui permettre de conserver sa dignité.»

não é um objectivo em si. Por outro lado, exige-se uma refundamentação do princípio da autonomia, que atenda ao ser humano global e ao longo de todo o seu percurso de vida. As situações limite, isoladamente consideradas, que vêm sendo o ponto de debate jurídico e ético, devem ser inseridas numa concepção holística da doença prolongada e do idoso.[31]

O Conselho da Europa produziu documentos normativos de grande importância relativos aos doentes em estado terminal, designadamente a *já referida Recomendação 779 (1976) sobre os direitos dos doentes e dos moribundos*[32] e, posteriormente, a *Recomendação 1418 (1999) sobre a protecção dos direitos do homem e a dignidade dos doentes incuráveis e dos moribundos*, que realça que (7: v): "a atenção e o apoio insuficiente conferidos aos familiares e aos amigos dos doentes incuráveis e moribundos que, se feito de outro modo, *aligeiraria o sofrimento humano em todas as suas dimensões*." Ou seja, impõe-se uma visão mais englobante do estado terminal, abrangendo os aspectos sociais e familiares da pessoa doente, que respeite o seu quadro de valores e referentes existenciais, nesses "momentos fortes" da existência.

Num sentido mais amplo e abrangente, afirma o art. 72.º da Constituição:

"1.º As pessoas idosas têm direito à segurança económica e a condições de habitação e de convívio familiar e comunitário que evitem e superem o isolamento ou a marginalização social."

Por outro lado, emerge nesta sede com toda a propriedade o direito aos cuidados paliativos.

Assim o afirma a Recomendação n.º 1418 (1999) sobre a "Protecção dos Direitos Humanos e da Dignidade dos Direitos dos Pacientes Incuráveis e Terminais", que visa assegurar aos doentes incuráveis e aos moribundos o *direito aos cuidados paliativos*, posteriormente reforçada pela Recomendação 24 (2003) do Comité de Ministros para os Estados Membros sobre a organização dos Cuidados Paliativos (adoptada pelo Comité de Ministros em 12 de Novembro de 2003).

---

[31] Neste sentido, *vide* George AGICH, *Autonomy and Long-Term Care*, New York – Oxford, Oxford University Press, 1993, *passim*.

[32] Adoptada pela Assembleia Parlamentar do Conselho da Europa na sua XXVII Sessão Ordinária.

Também a *Declaração dos Direitos dos Pacientes* (Organização Mundial de Saúde – Europa, 1994) estatui: (5.11.) "Os pacientes têm o direito de receber cuidados paliativos humanos e morrer com dignidade"

A Organização Mundial de Saúde define os *cuidados paliativos* como: *"cuidados activos totais de doentes em que a doença não responde ao tratamento curativo. O controlo da dor, de outros sintomas, e ainda de problemas de ordem psicológica, social ou espiritual, é primordial. O objectivo dos cuidados paliativos é a consecução da melhor qualidade de vida dos doentes e das suas famílias."*

Todavia, o debate sobre os cuidados paliativos tem de deixar o mero campo dos cuidados de saúde, da bioética e do direito da saúde, devendo mesmo ser prioridade no campo do *direito social*: do direito do trabalho e do direito da segurança social. Nesse sentido, e revelando também aqui a evolução do Estado Social da República francesa, a lei sobre os *cuidados paliativos*, de 9 de Junho de 1999, prevê alguns direitos da máxima relevância. Os trabalhadores gozam do direito de, *durante o horário de trabalho, acompanharem um paciente em fim de vida*. E isto quer o doente seja um parente, seja numa base de mero voluntariado. Neste último caso exige-se que a pessoa tenha formação específica e pertença a uma associação reconhecida.

Três pilares erguem o edifício do consentimento informado: 1) a capacidade para consentir; 2) a informação adequada à pessoa doente (ou a um seu representante); e 3) o direito a consentir ou a recusar um tratamento.[33]

A pessoa em estado terminal coloca redobradas dificuldades na sedimentação de cada uma destas estruturas. Porém, a estrutura e o princípio do direito à informação e ao consentimento mantém-se, na medida em que a pessoa tenha capacidade.

Portugal tornou-se uma sociedade envelhecida.[34] De acordo com as estatísticas oficiais,[35] desde 1995, o número de mulheres com mais de 65 anos é maior que o número de mulheres com menos de 15 anos e, em 1997,

---

[33] Cfr. André Gonçalo DIAS PEREIRA, *O Consentimento informado na Relação Médico-Paciente*, Coimbra, Coimbra Editora, 2004, *passsim*.

[34] Sobre os desafios que o envelhecimento das sociedades europeias lançam ao Direito da Medicina, cfr. Elisabeth RYNNING, "The Ageing Populations in Europe – Implications for the Health Care systems and Patient's Rights," *European Journal of Health Law* 15 (2008), pp. 297-306.

[35] www.ine.pt

15,1% da população total residente no país tinha mais de 65 anos, dos quais 59% eram do sexo feminino.

Em 2008, para uma população total de 10 627 250 pessoas, havia, com idade compreendida entre os 0 e os 15 anos, 1 622 991 pessoas e com idade superior a 65 anos, 1 875 209 pessoas, das quais 782 521 são homens e 1 091 688 mulheres, ou seja, 58,24%.

Assim, a "velhice" é em grande medida feminina. Por seu turno, a pobreza é mais forte na terceira idade.[36] Isso significa uma *dupla vulnerabilidade*: trata-se de cidadãos idosos, sobretudo de mulheres, das quais uma parte importante é pobre. Consequentemente, a família ocupa ainda um papel fundamental do ponto de vista da estrutura económica e social nos cuidados de saúde dos idosos.

Neste contexto, a importância da família nos cuidados de saúde ganha uma relevância prioritária, à qual se acrescenta uma questão prévia: *"o que é a família?"*

A atenção à família e aos "próximos" – numa perspectiva jurídica – é o que ensaiaremos nas breves linhas que se seguem.

3. O papel da família e dos próximos nos cuidados de saúde

Grande parte dos autores tem dificuldade em adoptar um conceito único de família. Por isto, família designará, um *conjunto de elementos emocionalmente ligados*, compreendendo pelo menos três gerações, mas não só: de certo modo fazem parte da família, elementos não ligados por traços biológicos, mas que são significativos no contexto relacional do indivíduo ou indivíduos que solicitam a intervenção. Assim, fala--se da família nuclear tradicional (pais e filhos), da família extensa (família alargada com várias gerações) e de *elementos significativos* (amigos, professores, vizinhos, etc.). Adoptando esta noção, fará sentido entender que a família opera como unidade de cuidados, como recurso para a saúde e para o apoio em situação de doença.[37]

Impende sobre a família um dever e um direito de assistência e de socorro. Todavia, no plano específico do direito à informação e a consentir

---

[36] Luís CAPUCHA, "Envelhecimento e Políticas Sociais: novos desafios aos sistemas de protecção. Portecção contra o "risco de velhice": que risco?," *Sociologia*, n.º 15, Porto, 2005, pp. 337 e ss.

[37] Vilaça RAMOS, "O acompanhamento familiar", in Luís ARCHER/ Jorge Biscaia/ Walter OSSWALD, *Bioética*. Lisboa, Editorial Verbo, 1996, p. 401.

Valor do Consentimento num Estado Terminal 43

ou recusar um determinado tratamento, o ordenamento jurídico não estatui normas legitimadoras para que os familiares se substituam ao paciente na tomada de decisões, nem sequer para os representar em caso de incapacidade deste.

Temos defendido, porém, que o papel da família consiste, por um lado, em ajudar a apurar a vontade hipotética do doente (art. 340.º, n.º 3 do Código Civil e art. 39.º do Código Penal), *acompanhar* o doente e *cuidar* do doente.

Em vários países europeus, uma lei, normalmente uma lei sobre os direitos dos pacientes ou sobre o consentimento informado, atribui aos familiares (cônjuge, companheiro, filhos, pais, etc.) o direito de representar a pessoa que se encontra em estado de incapacidade. Assim se verifica em Espanha[38], na França[39] e na Bélgica.[40] [41]

Em todos os países europeus, o paciente tem o direito a ser informado, a fazer uma *escolha esclarecida* em relação ao tratamento e a consentir ou a recusar um tratamento proposto. Este direito ao consentimento informado constitui a expressão mais clara do princípio da autonomia que marca a bioética dos nossos dias.[42] Desde os anos 90, deu-se uma forte implementação do direito ao consentimento informado na Europa, com a seguinte cronologia: Finlândia, 1992; Países Baixos, 1994; Lituânia, 1996; Islândia, 1997; Letónia, 1997; Hungria, 1997; Grécia, 1997; Dinamarca, 1998; Noruega, 1999; Geórgia, 2000; França, 2002; Bélgica, 2002; Espanha, 2002; Suíça, 2003; Rússia, 2003; Roménia, 2003 e Chipre, 2005.

Fora da Europa, podemos destacar, a título de exemplo, a lei de Israel (*Patient's Rights Act*, de 1996) e na Nova Zelândia (*The HDC Code of Health and Disability Services Consumers' Rights Regulation*, 1996). Nos Estados Unidos da América, quase todos os Estados têm uma lei sobre

---

[38] Ley 41/2002, de 14 de noviembre, Básica Reguladora de la Autonomía del Paciente y de Derechos y Obligaciones en Materia de Información y Documentación Clínica. Boletín Oficial del Estado *de 15.11.02.*

[39] Lei de 4 de Março de 2002 sobre os direitos dos pacientes e a qualidade do sistema de saúde (LOI n.º 2002-303 du 4 mars 2002 relative aux droits des malades et à la qualité du système de santé).

[40] Lei relativa aos direitos dos pacientes, de 22 de Agosto de 2002.

[41] Cfr. Ainda um importante trabalho de direito comparado realizado pelo *Study Group on a European Civil Code*, que apresenta uma proposta para um hipotético Código Civil europeu, incluindo um contrato de cuidados de saúde.BARENDRECHT/ JANSEN/ LOOS/ PINNA/ CASCÃO/ VAN GULIJK, *Principles of European Law*, Study Group on a European Civil Code, *Service Contracts*, Chapter 7, Sellier, 2007, pp. 781 e ss.

[42] Tom BEAUCHAMP/ James CHILDRESS, *Principles of Biomedical Ethics*, 5th edition, Oxford University Press, 2001.

44   André Gonçalo Dias Pereira

direitos dos pacientes e a nível federal está em discussão, desde 2006, uma Lei de Direitos dos Pacientes. E, na Argentina, foi promulgada, em 2009, a *Ley sobre Derechos de los Pacientes*.[43]

Na ausência de uma lei dos direitos dos pacientes, teremos que fazer uma pesquisa pelo ordenamento jurídico português, no sentido de discernir quais as pessoas próximas relevantes para o cuidado da pessoa em estado terminal. Os próximos podem ser os membros da família legal ou podem ser pessoas exteriores a essa família.

a. A família (legal)

A família é, nos termos do Código Civil[44] constituída pelas seguintes fontes: o casamento, o parentesco, a afinidade e a adopção.

O **casamento** continua a assumir-se como a principal forma de socialização íntima na sociedade contemporânea. Este abrange quer a formas de casamento de duas pessoas de sexo diferente, quer de casamento de duas pessoas do mesmo sexo (Lei n.º 9/2010, de 31 de Maio de 2010). Em ambos os casos, compete ao cônjuge um *dever (e um direito) de assistência e de socorro*.[45]

A **união de facto**, numa leitura literal do artigo 1576.º do Código Civil, não resulta ser uma relação familiar. Assim, Pereira Coelho e Guilherme de Oliveira classificam a união de facto como uma *relação para-familiar*.[46]

Contudo, esta não é uma posição unânime na doutrina nacional. Os constitucionalistas Gomes Canotilho e Vital Moreira partilham da opinião que a união de facto é uma relação familiar.[47] A Lei n.º 23/2010, de 30

---

[43] B.O. 20/11/09 – Ley 26.529 – Salud Publica – Derechos del Paciente en su Relación con los Profesionales e Instituciones de la Salud.

[44] Cfr. art. 1576 do Código Civil: fontes das relações familiares.

[45] Cfr. Art. 1674.º (Dever de cooperação): "O dever de cooperação importa para os cônjuges a obrigação de socorro e auxílio mútuos e a de assumirem em conjunto as responsabilidades inerentes à vida da família que fundaram."

[46] Pereira Coelho/ Guilherme de Oliveira, *Curso de Direito da Família*, Volume I, 3.ª Edição, 2003, p. 99.

[47] Baseiam este seu pensamento no artigo 36.º, n.º 1 da Constituição da República Portuguesa por este estabelecer que "Todos têm o direito de constituir família e de contrair casamento em condições de plena igualdade." Gomes Canotilho/ Vital Moreira, *Constituição da República Portuguesa Anotada*, I, 4.ª edição, Coimbra Editora, 2007, p. 561:

de Agosto, acrescenta alguns argumentos nessa direcção, designadamente no que respeita ao direito a receber uma compensação pelos danos não patrimoniais decorrentes da morte do companheiro,[48] o que vem reforçar a tutela jurídica desta relação, designadamente nos aspectos pessoais e do relacionamento existencial entre os companheiros, pelo que nos parece que, em regra, *para fins de direito da medicina, a união de facto deve ser considerada como uma relação familiar.*[49]

Nas relações de parentesco destaca-se a relação de **filiação**, na qual impende o papel dos pais de velar pela segurança e saúde dos *filhos*[50] (artigo 1878.º), e de promover o desenvolvimento físico, intelectual e moral dos mesmos (artigo 1885.º).

O art. 2009.º prescreve que os descendentes estão vinculados à *prestação de alimentos* aos seus ascendentes. Por alimentos entende-se tudo o que é indispensável ao *sustento, habitação e vestuário* (art. 2003.º CC). Se não se pode afirmar que os filhos ou os netos têm a obrigação de praticar cuidados de enfermagem e higiene aos seus pais ou avós, podemos, pelo menos, concluir que a obrigação de alimentos inclui o dever de prestar habitação, alimentação e vestuário condigno com uma pessoa idosa, designadamente em estado terminal, sob pena de ilicitude civil e mesmo, nos casos mais graves, de possível ilicitude criminal, nos termos do artigo 152.º-A do Código Penal.[51]

Mais distante, *mas ainda assim relevante*, é a participação dos *irmãos* e mesmo dos *sobrinhos*, se tomarmos em consideração o disposto no art. 71.º, n.º 2[52]

"Constitucionalmente, o casal nascido da união de facto juridicamente protegida também é família..." Cfr. ainda José FRANÇA PITÃO, *União de Facto no Direito Português, Almedina,* 2006.

[48] O actual n.º 3 do art. 496 do Código Civil estatui: "3 – Se a vítima vivia em união de facto, o direito de indemnização previsto no número anterior cabe, em primeiro lugar, em conjunto, à pessoa que vivia com ela e aos filhos ou outros descendentes."

[49] Também a Lei n.º 32/2006, de 26 de Julho, relativa à Procriação Medicamente Assistida, equipara a união de facto ao casamento, para efeitos de acesso às técnicas de PMA.

[50] Na adopção plena, "o adoptado adquire a situação de filho do adoptante e integra-se com os seus descendentes na família deste..." (art. 1986.º). Já o *adoptado restritamente* não adquire a situação de filho do adoptante, nem se integra com os seus descendentes na família deste. Mantém, em relação à sua família natural, todos os direitos e deveres (art. 1994.º CC).

[51] Cfr. Isabel DIAS, "Envelhecimento e violência contra idosos," *Sociologia*, n.º 15, Porto, 2005, pp. 249-273.

[52] Artigo 71.º (Ofensa a pessoas já falecidas) 1. Os direitos de personalidade gozam igualmente de protecção depois da morte do respectivo titular. 2. Tem legitimidade, neste

caso, para requerer as providências previstas no n.º 2 do artigo anterior o cônjuge sobrevivo ou qualquer descendente, ascendente, irmão, sobrinho ou herdeiro do falecido. Interpretando o art. 71.º do Código Civil, Oliveira Ascensão reafirma que a personalidade cessa com a morte, mas "a protecção do valor pessoal prolonga-se ainda depois da morte. Prolonga-se, como vimos já, no que respeita ao cadáver, pois este é tutelado como emanação da pessoa, e não como coisa. Pois também tem de se prolongar no que respeita ao espírito." (…) "Mas chegados a este ponto, já não podemos falar da tutela de direitos de personalidade. *O bem jurídico em causa passou a ser a memória do falecido.* Banem-se condutas que a possam atingir." Oliveira Ascensão, *Direito Civil – Teoria Geral*, p. 101. Para o ilustre Professor, "O que terá necessariamente por consequência que a tutela dos direitos de personalidade não é em globo aplicável; *só temos estas restritas providências destinadas a proteger a memória dos defuntos.*"

Uma tese muito difundida entre os Autores portugueses é a de que os direitos a que se refere o art. 71.º seriam, na verdade, direitos próprios dos herdeiros/ familiares do falecido aí enumerados (cônjuge sobrevivo, descendente, ascendente, irmão, sobrinho, ou herdeiro do falecido). É essa a tese sustentada por Carlos Alberto Mota Pinto, *Teoria Geral do Direito Civil*, Coimbra, 2005, páginas 206 a 213, Pedro Pais de Vasconcelos, *Teoria Geral do Direito Civil*, Coimbra, 2007, páginas 86 e 87 e *Direito de Personalidade*, Coimbra, 2006, páginas 118 a 123, António Menezes Cordeiro, *Tratado de Direito Civil Português*, I, Parte Geral, Tomo III, Pessoas, Coimbra, 2004, páginas 461 a 467, e João de Castro Mendes, *Teoria Geral do Direito Civil*, volume I, Lisboa, 1978 páginas 109 a 111. Resumido essa teoria, Luísa Neto defende "a opinião da doutrina maioritária, no sentido de que *não pode haver direitos sem sujeito*, nomeadamente quando se trata de direitos fundamentais e/ ou de personalidade, que por definição se prendem com a determinação essencial do que seja o conceito de pessoa." Donde, "o art. 71.º Código Civil atribui um direito *ex novo* às pessoas referidas no seu n.º 2, fundamentado no facto de serem atingidos através de um *interesse indirecto ou mediato* na personalidade moral do falecido." Luísa Neto, *O direito fundamental à disposição sobre o próprio corpo (A relevância da vontade na configuração do seu regime)*, Coimbra, Coimbra Editora, 2004, p. 826.

Com entendimento diverso, leia-se Capelo de Sousa, *Direito Geral de Personalidade*, p. 217, segundo o qual há uma projecção da personalidade humana *post-mortem*: "após a morte, o corpo humano transforma-se em cadáver, sem que isso deixe de constituir um *bem da personalidade*, na medida em que passa a ser um elemento básico da ideia também jurídica de pessoa falecida, relativamente à qual, e apesar da extinção da respectiva personalidade jurídica, *subsistem direitos de personalidade nos termos do art. 71.º do Código Civil*, nomeadamente no que concerne ao seu corpo sem vida." E para Capelo de Sousa, a remissão do artigo 71.º para o n.º 2 do artigo 70.º inclui quer as providências *stricto senso*, quer a responsabilidade civil.

Uma outra posição é a sufragada por Pires de Lima e Antunes Varela, *Código Civil Anotado*, volume I, Coimbra, 1987, página 105, e Diogo Leite de Campos, "Lições de Direitos de Personalidade", Coimbra, 1995, páginas 44 e 45. Entendem os primeiros que *em certa medida a protecção em causa constitui um desvio à regra do art. 68.º do Código Civil*, e o último que a personalidade se prolonga para depois da morte, e defenderem os parentes e herdeiros do falecido um interesse deste, em nome dele, e não um interesse próprio.

Valor do Consentimento num Estado Terminal 47

e o art. 496.º, n.º 2 e 4,[53] ambos do Código Civil. Com efeito a primeira destas disposições permite que irmãos ou sobrinhos recorram às vias judiciais em ordem a tutelar expressões da personalidade do defunto protegidas pelo Direito. Já o segundo legitima a compensação por danos não patrimoniais resultantes da *morte* da vítima, permitindo que os irmãos ou sobrinhos que os representem acedam à compensação pelo dano da morte em sentido estrito, quer aos danos morais por eles próprios sofridos.[54] Daqui se infere que os irmãos e os sobrinhos mantém uma *proximidade jurídica relevante* para efeitos de protecção dos direitos de personalidade da pessoa, mesmo após a morte. Por maioria de razão, pensamos que, em regra, os mesmos poderão zelar pela personalidade da pessoa em estado terminal, através da concessão de um *direito de visita* aos estabelecimentos de saúde e, na ausência de familiares mais próximos e perante a incapacidade do doente, do *direito a serem ouvidos*, no âmbito de uma *decisão da equipa médica no processo do consentimento presumido*, salvo recusa prévia do próprio moribundo.

Já os *primos* e os *afins*, embora formalmente familiares[55], parecem não ter uma relação de proximidade que justifique em abstracto a sua consideração em matéria de cuidados de saúde, embora, em concreto, possam ser determinantes, se houverem sido designados pelo próprio doente. Mas esse já será um caso que nos conduz à ponderação de membros exteriores à família.

b. Pessoas designadas pelo paciente

Duas Leis da Assembleia da República foram publicadas em Diário da República em 2009 e merecem alguma reflexão pelo significado e alcance

---

[53] Artigo 496.º (Danos não patrimoniais) 2. Por morte da vítima, o direito à indemnização por danos não patrimoniais cabe, em conjunto, ao cônjuge não separado judicialmente de pessoas e bens e aos filhos ou outros descendentes; na falta destes, aos pais ou outros ascendentes; e, por último aos irmãos ou sobrinhos que os representem.
4. O montante da indemnização será fixado equitativamente pelo tribunal, tendo em atenção, em qualquer caso, as circunstâncias referidas no artigo 494.º; no caso de morte, podem ser atendidos não só os danos não patrimoniais sofridos pela vítima, como os sofridos pelas pessoas com direito a indemnização nos termos número anterior.

[54] A própria tabela dos danos corporais, para efeitos de proposta razoável a efectuar pelas companhias de seguros aos lesados na sequência de acidentes de viação prevê a compensação aos irmãos e aos sobrinhos, nos termos da Portaria n.º 679/2009, de 25 de Junho, Grupo IV do Anexo 2, prevendo compensações até 7695 € por irmão e de 2565 € por sobrinho que represente o irmão.

[55] Art. 1576.º do Código Civil.

que acarretam. Trata-se da Lei n.º 33/2009 de 14 de Julho (*Direito de acompanhamento dos utentes dos serviços de urgência do Serviço Nacional de Saúde*) e da Lei n.º 106/2009 de 14 de Setembro (*acompanhamento familiar em internamento hospitalar*).

Também o art. 54.º do Código Deontológico da Ordem dos Médicos, publicado como Regulamento n.º 14/2009, de 13 de Janeiro, regula o direito a ser acompanhado e a receber visitas durante o internamento.

Esta legislação insere-se num contexto sociológico que se caracteriza por uma evolução demográfica de *solidão* na velhice. Segundo o Instituto Nacional de Estatística, há 321 mil idosos a morar sozinhos em Portugal; na sua maioria, mulheres viúvas.[56]

Segundo essas leis a pessoa internada pode então receber a visita de uma *pessoa próxima por si designada*. O motivo de relevo é o de que quaisquer pessoas, desde que *designados* pelo doente, gozam do direito de acompanhamento dos utentes dos serviços de urgência do Serviço Nacional de Saúde (SNS) (Lei n.º 33/2009 de 14 de Julho).[57]

O acompanhamento de pessoas em estado terminal em internamento hospitalar é regulado pela Lei n.º 106/2009, de 14 de Setembro.[58]

O artigo 2.º prescreve:

1 – A criança, com *idade até aos 18 anos*, internada em hospital ou unidade de saúde tem direito ao acompanhamento permanente do pai e da mãe, *ou de pessoa que os substitua.*

2 – A criança com idade superior a 16 anos poderá, se assim o entender, designar a pessoa acompanhante, ou mesmo prescindir dela, sem prejuízo da aplicação do artigo 6.º.

---

[56] Merece referência o *acolhimento familiar de pessoas idosas ou de pessoas adultas com deficiência* é uma resposta social que consiste em integrar, temporária ou permanentemente, em famílias consideradas idóneas e no seu domicílio, pessoas idosas ou pessoas adultas com deficiência.

[57] Assim afirma o artigo 2.º da referida lei: 1 – Todo o cidadão admitido num serviço de urgência tem direito a ser acompanhado por uma *pessoa por si indicada* e deve ser informado desse direito na admissão pelo serviço. 2 – Os serviços de urgência devem, através de serviços técnicos adequados, promover o direito referido no número anterior sempre que a situação clínica do doente não permita a declaração da sua vontade, *podendo para esse efeito os serviços solicitar a demonstração do parentesco ou da relação com o paciente invocados pelo acompanhante, mas não podem impedir o acompanhamento.*

[58] Art. 1.º: "A presente lei estabelece o regime do *acompanhamento familiar* de crianças, pessoas com deficiência, pessoas em situação de dependência e pessoas com doença incurável em estado avançado e em estado final de vida em hospital ou unidade de saúde."

Este número dois representa mais um contributo no sentido de respeitar a autonomia do adolescente, sobretudo a partir dos 16 anos. Em linha com a *Convenção Internacional sobre os Direitos da Criança*,[59] a *Convenção sobre os Direitos do Homem e a Biomedicina* (art. 6.º) e com algumas normas do Código Civil (escolha da religião a partir dos 16 anos, nos termos do art. 1886.º) e do próprio Código Penal (art. 38.º, n.º 3), o adolescente tem o direito de prescindir da presença dos seus familiares, e pode solicitar a presença de *outra pessoa acompanhante*.

Esta solução pode dar azo a conflitos familiares importantes no seio da instituição hospitalar, mas a opção da lei é clara: prevalece a vontade dos adolescentes, no que respeita ao acompanhamento hospitalar.

c. O caso especial do consentimento informado do adolescente e as pessoas por si designadas

Assunto distinto é o do direito ao consentimento informado, que não está ainda devidamente regulado no direito português. Embora alguma doutrina[60] venha defendendo a existência de uma "maioridade para efeitos de cuidados de saúde" a partir dos 16 anos, nenhuma norma legal o afirma com clareza.

---

[59] A *Convenção Internacional sobre os Direitos da Criança* é um tratado que visa à protecção de crianças e adolescentes de todo o mundo, aprovada na Resolução 44/25 da Assembleia Geral das Nações Unidas, em 20 de novembro de 1989. Ratificada por Portugal pelo Decreto do Presidente da República n.º 49/90, de 12 de Setembro, publicado no Diário da República, I Série A, n.º 211/90

[60] A doutrina baseava-se na norma do artigo 38.º, n.º 3 do Código Penal, segundo a qual o consentimento seria eficaz se for "prestado por quem tiver mais de 14 anos e possuir o discernimento necessário para avaliar o seu sentido e alcance no momento em que o presta." Cfr. Orlando de Carvalho, *Teoria Geral do Direito Civil*, 1981, pp. 95 e ss.; Figueiredo Dias/ Sinde Monteiro, *Responsabilidade Médica em Portugal*, 1984, p. 38; Capelo de Sousa, *Direito Geral de Personalidade*, p. 412; Paulo Mota Pinto, "Limitação Voluntária do Direito à reserva sobre a Intimidade da Vida Privada," Figueiredo Dias/ Cabral Barreto/Pizarro Beleza/Paz Ferreira (org.), *Estudos de Homenagem a Cunha Rodrigues*, Vol. II, p. 502 e Guilherme de Oliveira, *Temas de Direito da Medicina*, 2ª Edição aumentada, Colecção do Centro de Direito Biomédico n.º 1, Coimbra: Coimbra Editora, 2005, p. 244. Actualmente, a norma remete para os 16 anos, pelo que a doutrina anteriormente expressa ainda ganha redobrada força, na medida em que os 16 anos são a idade proposta pelo Código Civil para vários actos cruciais da vida pessoal (casar, perfilhar, testar) e pelo Código do Trabalho, como a idade a partir da qual se pode trabalhar.

Este é mais um dos aspectos que merecem regulamentação numa eventual lei sobre o consentimento informado.

O Projecto de Lei do Partido Socialista,[61] apresentado em Outubro de 2010, prevê a seguinte solução:

"ARTIGO 12.º (Representação de crianças e jovens)

1. As crianças e jovens são representadas pelos seus representantes legais, salvas as excepções previstas na lei.
2. No âmbito da presente lei, a partir dos doze anos, o jovem deve ser informado, na medida das suas capacidades de entendimento, e a sua opinião deve ser tomada em consideração como um factor cada vez mais determinante, em função da sua idade e do seu grau de maturidade.
3. Sem embargo do que está previsto em legislação especial, o jovem com idade igual ou superior a dezasseis anos, que possua capacidade de entendimento do sentido e alcance da sua decisão, tem o direito de consentir ou de recusar a intervenção clínica, desde que esta não implique risco elevado de incapacidade grave ou de morte.
4. Quando a intervenção implicar risco elevado de incapacidade grave ou de morte, os representantes legais do menor participam no processo de decisão, que será tomada por acordo entre eles e o menor."

Esta proposta insere-se, pois, no contexto europeu e internacional de tendencial autonomia dos adolescentes, mas mantém uma posição cautelosa e prudente, não abandonando o jovem no momento da tomada de decisões, seja de consentimento, seja de recusa, que possam implicar risco elevado de incapacidade grave ou de morte.

Com efeito deparamo-nos assim com um conflito de interesses e de princípios. Por um lado, o Direito deve reconhecer o livre desenvolvimento da personalidade, designadamente das pessoas que já tenham capacidade para se auto-determinar; por outro lado, é dever do Estado proteger a infância e, neste caso, a juventude, perante comportamentos lesivos da sua vida e da sua integridade física. Donde, num exercício de "concordância prática" parece ser a melhor solução a de uma *decisão acompanhada*,[62] um

---

[61] Projecto de Lei n.º 413/XI/2 – Direito dos doentes à informação e ao consentimento informado

[62] No mesmo sentido doutrinal, Dieter GIESEN, *International Medical Malpractice Law*, J.C.B. Mohr (Paul Siebeck), Tübingen, Dordrecht, Boston, London, Martinus Nihoff Publishers, 1988, p. 475.

acompanhamento que passa pelo triângulo de diálogo e compreensão entre a equipa médica, os titulares das responsabilidades parentais e o próprio jovem, ocupando o vértice do processo da tomada de decisão, designadamente em momentos tão radicais como um *estado terminal*, que também pode afectar uma criança ou um adolescente.[63]

d. Pessoas com deficiência ou em situação de dependência, designadamente em estado final de vida

Relativamente ao acompanhamento familiar de pessoas com deficiência ou em situação de dependência, prescreve o artigo 3.º da referida Lei n.º 106/2009, de 14 de Setembro:

1 – As pessoas deficientes ou em situação de dependência, as *pessoas com doença incurável em estado avançado* e as *pessoas em estado final de vida*, internadas em hospital ou unidade de saúde, têm direito ao acompanhamento permanente de ascendente, de descendente, do *cônjuge ou equiparado* e, na *ausência* ou *impedimento* destes ou *por sua vontade*, de *pessoa por si designada*.

Esta norma versa precisamente sobre as pessoas em estado final de vida ou estado terminal. Importa notar na sensibilidade da lei de permitir que precisamente nesse momento – que é um *momento forte da vida* – a pessoa doente possa escolher com quem quer ser acompanhado. É uma expressão de autonomia existencial que merece a nossa concordância.

---

[63] Assim decidiu o legislador espanhol e austríaco. Cfr. A Ley 41/2002, de Espanha, que afirma no art. 9/3-c): "(…) Cuando se trate de menores no incapaces ni incapacitados, pero emancipados o con dieciséis años cumplidos, no cabe prestar el consentimiento por representación. *Sin embargo, en caso de actuación de grave riesgo, según el criterio del facultativo, los padres serán informados y su opinión será tenida en cuenta para la toma de la decisión correspondiente.*"

Na Áustria rege, desde 2001, o §146c (2) ABGB que prescreve um *dever de participação* por parte dos detentores das responsabilidades parentais, no caso de intervenções com riscos graves para o *adolescente maduro*: ("(2) Willigt ein einsichts- und urteilsfähiges minderjähriges Kind in eine Behandlung ein, die gewöhnlich mit einer schweren oder nachhaltigen Beeinträchtigung der körperlichen Unversehrtheit oder der Persönlichkeit verbunden ist, so darf die Behandlung nur vorgenommen werden, wenn auch die Person zustimmt, die mit der Pflege und Erziehung betraut ist")

No mesmo sentido, o Código Deontológico da Ordem dos Médicos, na nova versão de 2009, prevê no artigo 54.º:

"1. O médico respeitará o desejo do doente de fazer-se acompanhar por *alguém da sua confiança*, excepto quando tal possa interferir com o normal desenvolvimento do acto médico."

Em sentido semelhante, o Código Deontológico do Enfermeiro prescreve no seu artigo 87.º, com a epígrafe: *Do respeito pelo doente terminal:*

"O enfermeiro, ao acompanhar o doente nas diferentes etapas da fase terminal, assume o dever de:

a) Defender e promover o direito do doente à escolha do local e das pessoas que deseja que o acompanhem na fase terminal da vida;
b) Respeitar e fazer respeitar as manifestações de perda expressas pelo doente em fase terminal, pela família ou pessoas que lhe sejam próximas;
c) Respeitar e fazer respeitar o corpo após a morte."

e. O papel da família e dos próximos

Se a presença da família e dos próximos tem um elevado significado antropológico e merece a protecção do direito, importa estar ciente de que surge um potencial conflito com os princípios do segredo médico.

Nesse sentido, o artigo 50 n.º 4 do CDOM, prescreve correctamente:

"A revelação da verdade só pode ser dada a terceiros, nomeadamente familiares, *sem prejuízo do disposto no artigo 89.º deste Código [caso de necessidade), com o consentimento expresso do doente*, a menos que este seja menor ou cognitivamente incompetente."

Na mesma senda, o Projecto de Lei n.º 413/XI/2 afirma, no art. 6.º:

"1. O doente é o único titular do direito à informação adequada para a prestação do seu consentimento.
"2. Os familiares ou outras pessoas só têm acesso à informação no caso de o doente o consentir, expressa ou tacitamente."

A partilha da informação relativa ao estado de saúde do doente apenas pode ser feita se este der o seu consentimento expresso ou tácito.[64] No caso de o doente já estar incapaz, um consentimento ou recusa antecipada de partilha da informação deve ser tomado em conta.

Contudo, os familiares podem ser chamados a colaborar com a equipa médica na tomada de decisões, no âmbito de um processo de consentimento informado, caso o doente se encontre incapaz. Podem ainda ter o direito de *acompanhar* e de *visitar* o seu ente querido, inclusivamente na fase terminal. E tomamos nota de que a lei expande essas faculdades às *pessoas designadas* pelo próprio paciente.

Todavia, nenhuma lei confere aos familiares ou aos próximos o poder de *representar* ou mesmo de *assistir* a pessoa doente.

Isto não afasta que aceitemos nos termos gerais do direito civil, uma nomeação de um procurador de cuidados de saúde, aplicando, com as necessárias adaptações, o previsto nos artigos 262.º e ss. do Código Civil.

Por outro lado, está sempre aberta o expediente clássico da nomeação de um *tutor* (incluindo um *tutor provisório*) que represente o *interdito* por anomalia psíquica. Segundo o art. 142.º do Código Civil: "Pode também ser decretada a interdição provisória, se houver necessidade urgente de providenciar quanto à *pessoa* e bens do interditando." Mas é preciso que se prove a existência de "anomalia psíquica" (art. 138.º) e que nesse conceito se incluam as demências e os estados comatosos, o que não estará isento de dúvidas.[65]

Em regra, portanto, o papel dos familiares (e eventualmente de outras pessoas próximas) é apenas de *consulta*. A decisão médica deverá ser uma decisão partilhada que tome em consideração a opinião que o doente teria se se pudesse exprimir, uma opinião que respeite o seu sistema de valores, as suas convicções, a sua biografia.

O fim de vida medicalizou-se e a compreensão do papel das "pessoas próximas" mudou nas últimas décadas. A urbanização, o reconhecimento das novas famílias, incluindo as *famílias recombinadas*, um sistema social e económico que afasta as pessoas da família, impelindo-as à mobilidade dentro do país e mesmo para o estrangeiro, um conjunto de novos valores em que avulta a soberania do individualismo, acompanhando o envelhecimento

---

[64] Sobre o dever de sigilo, cfr. André Gonçalo DIAS PEREIRA, "O Dever de sigilo do médico: um roteiro da lei portuguesa", *Revista Portuguesa do Dano Corporal* (19), 2009, p. 9-50.

[65] Cfr. Acórdão do Supremo Tribunal de Justiça de 22-01-2009. Os artigos 944.º e ss. do Código de Processo Civil regulam os aspectos processuais.

da sociedade, entre outros factores, estão a transformar a dinâmica social e familiar e os problemas do fim de vida e o papel que os *próximos* na vida da pessoa em estado terminal.[66]

4. A recusa de hidratação e nutrição como zénite de um conflito ético

Antes de avançar na delicada problemática do Estado Vegetativo Persistente propomos a leitura de Fernando Araújo:

"(...) a sacralização do simples suporte biológico que determina a pertença à nossa espécie, se é um critério tão intuitivo como nobre, revela a sua insuficiência perante aquelas situações extremas em que a escassez dita a necessidade de escolha: ela é, insistamos, um atavismo de uma época pré-tecnológica em que, com maior impotência da medicina, era mais difícil nascer e mais fácil morrer, e em que, portanto, era maior a coincidência entre a vida que sobrevivia e o conceito de vida "com qualidade".

Ou, dito de outro modo, quando inventámos métodos para instrumentalizar os sinais de vida para além dos limites da vida com qualidade – da vida com personalidade – perdemos colectivamente o direito de vivermos de acordo com um código moral mais simples."[67]

Uma das matérias mais controversas da ética em final de vida é o do tratamento/ recusa de tratamento das pessoas em estado vegetativo persistente, designadamente a recusa de hidratação e nutrição. Registaremos aqui apenas duas breves notas.

Se, por um lado, o *Parecer sobre o Estado Vegetativo Persistente* (45/ /CNECV/2005) aponta no sentido de permitir a prova de um consentimento presumido no sentido de recusa de tratamentos médicos, incluindo a hidra-

---

[66] Note-se que não falamos em *"crise de valores"*, visto que, como explica a Professora Laura Santos, esse conceito tem em si a afirmação de que os tempos anteriores seriam melhores, no sentido de eticamente mais fundados, o que está muito longe de corresponder à nossa forma de analisar a sociedade. Lembremos os avanços nos direitos das mulheres e nos direitos das crianças para perceber o que vai dito.

[67] Fernando ARAÚJO, *A Procriação Assistida e o Problema da Santidade da Vida*, Coimbra, Almedina., 1999, p. 174.

Valor do Consentimento num Estado Terminal

tação e nutrição, o recentemente alterado art. 59.º, n.º 5 do Código Deontológico da Ordem dos Médicos vem contrariar esse parecer.[68]

Afirma o Parecer sobre o Estado Vegetativo Persistente (45/CNECV/2005), nos seus considerandos:

> "(...) e) que não existe um entendimento uniforme relativamente a considerar nos casos concretos se a alimentação e hidratação artificiais são tratamentos ou simplesmente cuidados básicos.
>
> f) que existem discrepâncias sobre o que, para cada caso particular, se considera tratamento proporcionado ou desproporcionado, de modo a que possam ser aplicadas soluções uniformes às pessoas em Estado Vegetativo Persistente, gerando divergências sobre o que, para o caso concreto, é considerado tratamento fútil.

Já em fase de parecer, destacamos as seguintes conclusões:

> 3. toda a decisão sobre o início ou a suspensão de cuidados básicos da pessoa em Estado Vegetativo Persistente *deve respeitar a vontade do próprio*;
>
> 4. *a vontade pode ser expressa ou presumida* ou *manifestada por pessoa de confiança* previamente designada por quem se encontra em Estado Vegetativo Persistente.
>
> 5. todo o processo de tratamento da pessoa em Estado Vegetativo Persistente deverá envolver toda a equipa médica assim como a família mais próxima e/ou a *pessoa de confiança anteriormente indicada* e pressupor a disponibilização da informação conveniente a todo o processo decisório, tendo em consideração a vontade reconhecível da pessoa em Estado Vegetativo Persistente nos limites da boa prática médica, e tendo em conta a proporcionalidade dos meios que melhor se adequem ao caso concreto."

---

[68] Afirma o art. 59.º do CDOM: 4. O uso de meios extraordinários de manutenção da vida não deve ser iniciado ou continuado contra a vontade do doente. 5. Não se consideram meios extraordinários de manutenção da vida, mesmo que administrados por via artificial, a hidratação e a alimentação; nem a administração por meios simples de pequenos débitos de oxigénio suplementar.

Por seu turno, o art. 59.º do Código Deontológico da Ordem dos Médicos afirma:

"4. O uso de meios extraordinários de manutenção da vida não deve ser iniciado ou continuado contra a vontade do doente.
5. *Não se consideram meios extraordinários de manutenção da vida*, mesmo que administrados por via artificial, *a hidratação e a alimentação*; nem a administração por meios simples de pequenos débitos de oxigénio suplementar."

A divergência e o debate atingem várias latitudes e longitudes. Desde o caso *Nancy Cruzan* (1990) no Supremo Tribunal dos Estados Unidos ao caso *Terri Schiavo* no Supremo Tribunal da Florida (2005), até ao mais recente caso italiano da *Eluana Englaro* decidido pela *Corte Suprema di Cassazione,* em 13.11.2008.

Após complexos e polémicos processos em todos os tribunais superiores referidos aceitou-se o instituto do consentimento presumido, mais exactamente da recusa presumida para tratamentos médicos, incluindo a hidratação e nutrição da pessoa em EVP.

Se este direito à recusa antecipada já parece consensual, a polémica em torno da recusa de hidratação e nutrição instalou-se e parece estar para durar no direito e na bioética.

Um instrumento da maior utilidade no sentido de apurar a vontade hipotética da pessoa em estado vegetativo persistente é o *testamento de paciente*, se existir.

5. A importância das Declarações Antecipadas de Vontade

O problema das declarações antecipadas de vontade não será objecto da nossa análise neste texto, visto ter sido versado pelo Prof. Doutor Menezes Leitão, na mesa em que o Autor destas linhas teve a honra de participar.[69]

Apenas deixaremos as seguintes notas sintéticas, enquanto propostas de debate. Na nossa opinião deveremos alcançar um equilíbrio dinâmico entre a titularidade dos direitos e a protecção das pessoas em situação de vulnerabilidade. Donde se deve advogar quer a recusa de um *solipsismo*

---

[69] Sobre este tema cfr. tb. Laura FERREIRA DOS SANTOS, *Testamento Vital, O que é? Como elaborá-lo?*, Sextante Editora, 2011.

radical, quer da perda da subjectividade da decisão. Nesse sentido, dos vários modelos disponíveis no direito comparado europeu, afastamo-nos quer do hiper-autonomista modelo alemão, que com a *Patientenverfügungsgesetz,* em vigor desde 1 de Setembro de 2009, confere valor *vinculativo* a uma declaração lavrada em documento escrito, sem limite de tempo e sem consulta médica prévia, quer do limitador modelo francês, que, pela lei de 22 de Abril de 2005, relativa aos direitos dos doentes e ao fim de vida regula os *"testament de fin de vie"* ou *"directives anticipées"* como um documento não vinculativo, com um prazo de validade de 3 anos, que impõe ao médico o dever de justificar uma decisão contrária à *instrução prévia.* Ou seja, o médico deve *"ter em conta* em toda a decisão de investigação, de intervenção ou de tratamento relativo ao doente."

Parece-nos que o modelo austríaco, plasmado na lei de 8 de Maio de 2006, que institui um sistema binário, deveria ser acolhido. Aí são permitidas quer as *directivas vinculativas* (como na Alemanha), quer as *directivas não vinculativas* (como em França). Mas para que a declaração antecipada de vontade seja vinculativa exige-se que esta seja precedida de uma consulta médica e que o testamento de paciente seja redigido e assinado perante Notário, Advogado ou uma Associação de pacientes. Este modelo aposta no chamado controlo através do procedimento (Habermas, Luhmann), ao impor uma consulta médica, que garante a informação e capacidade da pessoa, e a redacção junto de um Notário (ou Advogado), por definição o garante da liberdade, neste caso da ausência de coacção no momento da emissão da declaração.[70]

Foi neste sentido que o Conselho Nacional de Ética para as Ciências da Vida se pronunciou, no Parecer 59/CNECV/2010, Parecer sobre os Projectos de Lei Relativos às Declarações Antecipadas de Vontade:

"7. O CNECV recomenda que, atendendo a que uma *declaração antecipada de vontade* pode conter disposições de recusa e disposições onde se fazer pedidos concretos, a legislação encare, de forma explícita e dis-

---

[70] Cfr. André Gonçalo DIAS PEREIRA, "Declarações Antecipadas de Vontade: vinculativas ou apenas indicativas?", in ANDRADE, Manuel da Costa / ANTUNES, Maria João / SOUSA, Susana Aires de (Org.), *Estudos de Homenagem ao Prof. Doutor Jorge de Figueiredo Dias,* Volume IV, Coimbra, Coimbra Editora, 2010, 823-831; IDEM, "Advance Directives: Binding or Merely Indicative? Incoherence of the Portuguese National Council of Ethics for the Life Sciences and Insufficiencies of Newly Proposed Regulation," *European Journal of Health Law 16,* Number 2, 2009, pp. 165-171, IDEM, "Cidadania no fim de vida: o Testamento de Paciente e o Procurador de Cuidados de Saúde, *Revista Brasileira de Direito Médico e da Saúde,* Editora Livro Rápido, Recife, 2011.

tinta, essas variantes declarativas, nomeadamente quanto à respectiva força vinculativa, uma vez que, considerando o princípio da autonomia e outros factores igualmente relevantes do ponto de vista ético:

7.1. no caso de recusas de intervenções ou terapêuticas, estas recusas terão carácter vinculativo desde que observados os requisitos de garantia da genuinidade da declaração adiante indicados;

7.2. no caso de pedidos de intervenções ou terapêuticas, o seu respeito deverá ser ponderado com a necessidade de observância e respeito das leis em vigor, das boas práticas clínicas e da independência técnica dos profissionais envolvidos, assim como com a própria exequibilidade do pedido."

"8. O CNECV recomenda que a legislação seja clara no que se refere aos requisitos formais que possam dar eficácia às disposições de recusa. Deste modo, a formalização por escrito da *declaração antecipada de vontade* perante notário ou autoridade equivalente deverá ser factor de garantia de validade do documento, desde logo pela atestação da capacidade e da liberdade do declarante e pela respectiva datação efectiva."

No momento em que escrevemos, Portugal ainda não conta com uma regulamentação legal deste instituto, tendo estado, porém, quatro projectos de lei em análise na Comissão de Saúde da Assembleia da República.

Não obstante, podemos afirmar, com segurança, que já hoje tais documentos são *válidos*, embora a sua eficácia (vinculativa ou indiciária) ainda não esteja determinada pelo legislador. Esta afirmação decorre da Convenção sobre os Direitos do Homem e a Biomedicina, cujo artigo 9.º afirma: "A vontade anteriormente manifestada no tocante a uma intervenção médica por um paciente que, no momento da intervenção, não se encontre em condições de expressar a sua vontade, será tomada em conta." Por seu turno, o Conselho da Europa – organização internacional de que Portugal faz parte – reforçou a necessidade de os Estados-Parte regrarem este instituto, como resulta da *Recomendação (2009) 11* do Comité de Ministros,[71] revelando que tais institutos são acarinhados pelo Direito Europeu dos Direitos Humanos.

---

[71] Recommendation CM/Rec (2009) 11 of the Committee of Ministers to member states on principles concerning continuing powers of attorney and advance directives for incapacity Recommends that governments of member states promote self-determination for capable adults by introducing legislation on continuing powers of attorney and advance directives ...

Principle 15 – Effect: 1. States should decide to what extent advance directives should have *binding effect*. Advance directives which do not have binding effect should be treated as statements of wishes to be given *due respect*.

Acresce que os *testamentos de paciente* e a *procuração de cuidados de saúde* são aceites pela prática notarial portuguesa, pelo Código Deontológico da Ordem dos Médicos (art. 46.°, n.°2), e vão de encontro ao espírito da Lei n.° 33/2009 de 14 de Julho e da Lei n.° 106/2009 de 14 de Setembro, acima analisadas, bem como das orientações éticas do Conselho Nacional de Ética para as Ciências da Vida.

6. Conclusões ou questões em aberto...

É tempo de terminar. Mas de deixar pontas soltas, propostas de debate para um tema que acompanhará o direito biomédico nos anos que se seguem...

A vulnerabilidade do paciente e a natureza assimétrica da relação médico--paciente são bem evidenciadas neste testemunho que não resistimos a transcrever. Um depoimento de David Servan-Schreiber, um jovem médico com uma brilhante carreira, a quem subitamente é detectado um cancro no cérebro:

> "Quando soube que tinha um tumor no cérebro, descobri, da noite para o dia, um mundo que me parecia familiar, mas que, na realidade, eu conhecia muito mal – o mundo do paciente. Conhecia vagamente o neurocirurgião que me foi imediatamente indicado. Tivéramos pacientes em comum, e ele interessava-se pelo meu trabalho de investigação. Após a descoberta do meu tumor, o teor das nossas conversas alterou--se completamente. Acabaram-se as alusões às minhas experiências científicas. Eu tinha de pôr a nu os pormenores íntimos da minha vida e descrever todos os meus sintomas. Conversávamos sobre as minhas dores de cabeça, os meus enjoos e a possibilidade de eu vir a sofrer ataques epilépticos. Despojado dos meus atributos profissionais, passei a pertencer à "classe" dos simples pacientes. Senti o chão fugir-me debaixo dos pés.
>
> Agarrei-me o melhor que pude ao meu estatuto de médico. De um modo algo lamentável, ia às consultas, de bata branca com o meu nome e os meus graus académicos bordados a azul. No meu hospital, onde era frequente dar-se muita importância à hierarquia, as enfermeiras e as auxiliares que conheciam a minha posição costumavam tratar-me respeitosamente por "Sr. Doutor". Mas, quando despia a bata branca e me deitava numa maca, passava a ser o "Sr. Fulano Tal" ou, as mais

das vezes, "querido". (…) Entrei num mundo incolor: um mundo em que as pessoas não tinham qualificações, nem profissão. Um mundo no qual ninguém estava interessado naquilo que fazemos na vida ou naquilo que nos possa passar pela cabeça. Muitas vezes, a única coisa que temos de interessante é a última radiografia que fizemos."[72]

Propomos um equilíbrio dinâmico entre a titularidade dos direitos e a protecção das pessoas em situação de vulnerabilidade.

Isso acarreta a recusa quer de um *solipsismo radical* quer da perda da subjectividade da decisão.

Donde, numa palavra, o direito ao consentimento informado no estado terminal deve ser respeitado. Deve assim ser respeitado o direito à informação, o direito ao consentimento e o direito à recusa de tratamento. E os próximos, em especial os familiares, serão portadores de uma relação de cuidado. O cuidado é "uma constituição ontológica sempre subjacente "a tudo o que o ser humano empreende, projecta e faz." (Martin Heidegger, *O Ser e Tempo*). E nestas horas fortes do estado terminal, a *Sorge* emerge na sua plenitude.

Pedro Laín Entralgo escreveu que nós somos *esperança* que nos faz mover e, por isso, somos activos, na medida em que estamos preocupados com o nosso projecto. Deste modo, aquilo que nos permite a "acção" (o estar lançado), de certo modo o cuidar, é a saúde. Ou seja, se nós vivemos para cuidar do nosso "projecto", a saúde acaba por ser o "projecto" de que tentamos cuidar ao longo da vida. O cuidado pelo outro, que pede ajuda, tem de ser, como salientou o eticista espanhol, um acto de amizade (empatia, respeito, curiosidade, afecto, benevolência, compreensão e verdade).[73]

Por outro lado, o sangue e o casamento não são mais as únicas fontes de *proximidade existencial*. O direito português, nos últimos anos, acompanhou as demandas da sociedade no sentido do reconhecimento dos casais do mesmo sexo, mesmo através do direito ao casamento civil, o papel dos próximos (não familiares) nas decisões do fim de vida e a importância das directivas antecipadas e de outros instrumentos que visam uma tomada de

---

[72] David SERVAN-SCHREIBER, *anti-cancro: uma nova maneira de viver*, caderno, 2010, pp. 45-46.

[73] Cfr. Pedro LAÍN ENTRALGO, *O que é o homem?*, Editorial Notícias; IDEM, *Corpo e Alma*, Almedina, 2003.

decisão mais conforme com o quadro axiológico do doente – indivíduo – em fim de vida.

A escrita do momento terminal da nossa vida – de uma "vida biográfica" (Dworkin)[74] – exige a afirmação da cidadania plena!

---

[74] Cfr. Ronald DWORKIN, *Life's Dominion: An Argument About Abortion and Euthanasia*, 1ST Vintage Books Edition, 1994.

EMOCIONALIDADE E RACIONALIDADE
UMA LEITURA PESSOAL, COM DAMÁSIO[*]

DANIEL SERRÃO

Prof. Cat. Jubilado da Universidade do Porto
Prof. Convidado do Instituto de Bioética da UCP

ÍNDICE: 1 – Introdução. 2 – Emocionalidade. 3 – Racionalidade. 4 – Proposta final. 5 – Bibliografia.

1. Introdução

Proponho-me neste texto, sintético mas abrangente, apresentar uma visão moderna e cientificamente sustentada da relação entre dois campos do psiquismo humano, tal como esse psiquismo se expressa no viver habitual dos seres humanos no Mundo. Que são a emocionalidade e a racionalidade.

Emoção e razão, afectos e ideias abstractas, são duas formas de apresentação externa e de vivência interior do psiquismo humano, no que ele tem de especificamente humano.

Uso esta palavra psiquismo para enquadrar todas as actividades mentais, no sentido da palavra inglesa *mind,* que os neurobiologistas actuais consideram dependentes ou, pelo menos, ligadas, à activação fisiológica de certas estruturas cerebrais.

---

[*] Este texto serviu de base à intervenção, com o título "Emocionalidade e Racionalidade – uma leitura com Damásio", realizada no âmbito do IV Curso Pós-Graduado de Direito da Bioética, na Faculdade de Direito de Lisboa, no dia 17-5-2011.

Não na forma radical enunciada pelo monismo materialista do século XIX – o cérebro segrega o pensamento como o fígado segrega a bílis – mas na expressão mais elegante de Elkhonon Goldberg que diz assim:

"The simple message I'm trying to convey is this: just as the slightest movement of your body depends on the work of a particular muscle group so too, even the most minute, seemingly elusive mental activity calls upon the resources of your brain.

"A mensagem bem simples que tento passar é esta: tal como o mais leve movimento do nosso corpo depende do trabalho de um certo grupo muscular também a nossa actividade mental, ainda que mínima ou quase elusiva, apela para as capacidades do nosso cérebro".

Tratarei primeiro da estrutura e depois das funções do cérebro humano moderno esquecendo, ou pondo entre parêntesis, a evolução archeobiológica desta, hoje, poderosa máquina corporal. Como, com apurado rigor, afirma Merlin Donald, o cérebro humano é o único cérebro da biosfera cujo potencial ele não pode realizar por si próprio. Ele tem de fazer parte de uma rede antes que exprima as suas capacidades. Como somos seres vivos e viventes as redes que criamos são complexas, difusas, sobrepostas em múltiplos planos e não magras e pobres ou conduzidas apenas pelas necessidades de comunicação simbólica".

Dou um exemplo simples, mas esclarecedor, desta tese de Donald. É assim:

O cérebro humano tem todas as estruturas anatómicas e funcionais para produzir a fala comunicativa. Mas nenhum de nós falou quando nasceu. A capacidade cerebral para a fala só se manifesta se o cérebro se ligar à comunidade dos outros falantes e se puder ouvi-los a falar.

Este facto, incontroverso, ilustra a afirmação de Donald que posso resumir assim: as capacidades cerebrais, em especial as mais elevadas e superiores, só se manifestam quando um cérebro individual se liga à rede dos cérebros humanos, presentes e passados.

Um cérebro humano isolado, como o suporte de uma mente humana isolada, é um mito, é um erro conceptual.

Para estar hoje, aqui, a proferir esta conferência, o meu cérebro e a mente que nele e por ele se manifesta e comunica, estão há 83 anos ligados a um incontável universo de outras mentes articuladas numa rede invisível mas incontestavelmente real. O mundo, à minha volta, esteve sempre prenhe de constructos de outras mentes humanas; e os outros seres humanos, desde o primeiro olhar da minha mãe (que não recordo, mas poderia recordar), invadiram-me pelos meus órgãos sensoriais, pelos olhos, pelos ouvidos, pelo nariz, pela boca e pela pele e instalaram-se no meu cérebro onde estão arquivados (para memória futura, como gostam de dizer os juristas). Assim fiquei conectado a uma rede de cérebros humanos. Li Aristóteles e quis ser virtuoso, li Pessoa e aprendi que posso tornar em vivência feliz, agora, o que vivi outrora, na infância, sem saber sentir-me feliz. E hoje, na minha biblioteca, estou ligado às inteligências que escreveram os milhares de livros que li e leio.

Por isso esta conferência não é um produto da minha mente isolada, do meu cérebro pessoal, mas da rede, à qual a minha mente, pelo meu cérebro, está desde sempre ligada. Quando todas estas conexões se desligarem e a minha mente não puder ligar-se a nenhuma outra mente, presente ou passada, estarei excluído do viver especificamente humano ainda que o coração se contraia, o pulmão respire, e o fígado segregue a bílis.

Enquanto esse tempo não chega, vou usar a minha mente, híbrida (Donald) porque é minha e dos outros, para expor como a emocionalidade e a racionalidade jogam no nosso cérebro uma complicada partida de xadrez, na qual o xeque-mate é imprevisível. Umas vezes ganham as pedras brancas, a emocionalidade, outras vezes ganham as pedras pretas, a racionalidade.

O árbitro, invisível mas presente, é a autoconsciência; que sempre está vigil e vigilante para que a racionalidade, mais hábil, não faça batota com a emocionalidade, mais ingénua e espontânea.

Tratarei primeiro da emocionalidade, depois da racionalidade, para terminar com o relacionamento entre estas duas expressões da mente humana.

2. Emocionalidade

Para nos entendermos transcrevo o sentido que Damásio dá à palavra emoção. Diz "É um conjunto complicado de respostas químicas e neurais que formam um padrão; todas as emoções desempenham um papel regulador que conduz à criação de circunstâncias vantajosas para o organismo; as emoções dizem respeito à vida de um organismo, mais precisamente ao seu corpo; a finalidade das emoções é a de ajudar o organismo a manter a vida".

Cito este texto do neurologista para mostrar que a emocionalidade não é a do romantismo lírico, embora possa lá chegar depois. Mas é, à partida, uma resposta neuroquímica à percepção de objectos do mundo exterior ou a conteúdos abstractos gerados pelo próprio cérebro a partir da memória e evocação de percepções que até podem ser percepções sem objecto (alucinações visuais, auditivas, olfactivas, etc.).

Apontam-se duas emoções elementares que são o cerne dos múltiplos componentes da emocionalidade humana; são elas, o medo e o prazer.

A rede neuronal e neuroquímica que faz aparecer a emoção medo está bem conhecida porque pode ser estudada no animal, mesmo no rato.

O animal tem medo e responde a esta emoção com comportamentos específicos como a fuga, o que implica a activação de redes neuronais desde a percepção do objecto externo ameaçador, visto ou ouvido ou cheirado por exemplo, até à resposta corporal: taquicardia, elevação da pressão sanguínea, contracção dos músculos dos membros para a fuga. Como diz Damásio esta emoção procura criar condições vantajosas para o organismo. E cria. Uma investigação recente (S. Ciochi et al., Nature, 468, 277, 2010) mostra, no Rato, que a resposta neuronal ao medo desenvolve as redes neuronais de aprendizagem e memória tornando o cérebro mais bem preparado para outras aprendizagens e memorizações futuras.

O que se passa é que um estímulo que irá provocar a emoção do medo, entra por um ou mais órgãos de percepção, é convertido num impulso "eléctrico" que em milésimos de segundo chega ao tálamo sensitivo daí ao córtex sensorial e depois à amígdala cerebral com um percurso complementar pelo hipocampo onde é modulado, ligado ao contexto (por exemplo nocturno ou diurno, ao local, à temperatura), memorizado e depois libertado para chegar igualmente à amígdala.[1]

E é a amígdala que ordena a resposta emocional, pedida pelo tronco cerebral que controla os órgãos viscerais vegetativos; e pelo hipotálamo que, pelo eixo hipófise / suprarrenal, modula a panóplia das respostas hormonais. Todos falam da descarga adrenalínica da emoção do medo mas as activações e inibições hormonais são bem mais complexas; nas perversas investigações dos médicos nazis, em Auschwitz, foi provado, na mulher, que a provocação intencional de uma forte emoção de medo causava uma menstruação quase imediata seguida depois de inibição da função ovárica.

---

[1] A amígdala cerebral é uma área de pequenas dimensões situada de um e outro lado, no fore brain, em forma de amêndoa (daqui a designação latina de amígdala que é amêndoa) e faz parte do sistema límbico cuja participação no processamento de estímulos geradores de estados emocionais é bem conhecida.

A função principal da amígdala, para a qual foi possível encontrar a raiz archeobiológica, é a de responder aos estímulos sensoriais ameaçadores com a resposta emocional do medo e consequentes actividades corporais de protecção da vida.

Joseph LeDoux, que foi o criador das metodologias para o estudo do correlato neuronal das emoções, afirma que a palavra emoção é usada para caracterizar estados cerebrais diversos e que não há uma função cerebral para a produção de estados emocionais.

As emoções elementares básicas – o medo e o prazer – resultam de diferentes activações cerebrais relacionadas com a porta de entrada do estímulo causador da emoção. Um som ameaçador ou a visão de um objecto ameaçador são processadas em redes neuronais diversas mas o receptor final é sempre a amígdala pois é esta estrutura cerebral basal que executa a resposta emocional.

Há aqui um problema difícil que LeDoux trata em profundidade: os sistemas neuronais de processamento dos estímulos geradores de emoções estão conservados e têm uma história archeobiológica, bem estudada a partir dos répteis, mas que lhes é anterior, e têm uma reconhecida função de conservação da vida dos seres vivos; evitar a predação mortal e fecundar as fêmeas são claros efeitos das emoções básicas, o medo e o prazer.

Mas há, no Homem, uma evidente consciência das emoções. Quando o estímulo para a provocação da emoção passa pelas estruturas do córtex sensorial há, seguramente, nos humanos, consciência; mas é uma consciência diria rudimentar, do Proto-Si, como Damásio chama a este nível cognitivo.

Esta cognição minimamente consciente é posterior – sempre em milésimos de segundo – à chegada do estímulo à amígdala e, pela via directa tálamo/amígdala, à construção, aí, da resposta orgânica emocional.[2]

Poderá no animal, em especial no Primata, haver consciência rudimentar deste nível cognitivo. Mas, no animal, tal consciência não será necessária para motivar os comportamentos resultantes da emoção do medo ou do prazer. Em relação a algumas emoções poderá, igualmente, não ser necessário um conhecimento consciente no Homem, como Freud sempre proclamou, com a sua teoria dos conteúdos não conscientes da memória humana para terem um papel na determinação dos comportamentos da libido do sexo e da morte.

Mas antes desta consciência primária da emoção parece haver um sistema neuronal que a detecta. É como se fosse certo, eu dizer: tenho medo,

---

[2] LeDoux mostrou, experimentalmente, que um estímulo acústico pela via tálamo amígdala demora 12 milésimos de segundo e pela via tálamo – córtex sensitivo amígdala quase o dobro.

Mas este benefício de 10 milésimos de segundo pode ser a diferença entre a vida e a morte; a amígdala recebe um estímulo não filtrado pelo córtex e reage imediatamente. 12 milésimos de segundo depois o córtex sensitivo interpreta o estímulo como não sendo perigoso e considera a resposta amígdaliana exagerada ou inútil. Mas se fosse mesmo perigoso?

antes de ter consciência da emoção do medo. Porque empalideço antes de ter consciência do perigo que conscientemente irei viver?

A experimentação animal mostra que a percepção, neste nível primário da consciência, não é diferente de conhecer um objecto e de o avaliar; a emoção manifestada pelas respostas orgânicas é "conhecida" pelo córtex como tal, como um objecto perceptivo, que será, a seguir, avaliado em função do que o hipocampo arquivou como memória convencional e de trabalho. Voltarei a este ponto.

Outro aspecto, também analisado por LeDoux é o da relação recíproca entre amígdala e córtex, entre emoção e razão.

Antes de Damásio, LeDoux tinha concluído que uma emoção forte suspende, ainda que só por momentos, a actividade cognitiva cortical. É como se a pessoa racional, a pessoa que pensa, desaparecesse face à pessoa emocional, que reage.

As emoções acontecem; podemos procurar situações emocionantes mas depois não controlamos, pelo córtex, as emoções que efectivamente aconteçam. Mas, em regra, as emoções não são desejadas e procuradas, acontecem sem que as possamos dominar com a actividade do córtex. Portanto, em síntese, a amígdala silencia o córtex mas o córtex não silencia a amígdala.

Por isto as emoções vividas e memorizadas, são motivadoras de comportamentos futuros. Alguém, por exemplo dirá: chorei tanto ao ver aquele filme que não vou voltar a vê-lo nem o recomendo a ninguém.

E é tal esta força motivadora dos nossos comportamentos actuais e futuros que pode até originar perturbações mentais como fobias e depressão.

Esta relação amígdala/córtex evoluiu nos 6 a 8 milhões de anos que tem a espécie Homo, sempre no sentido do aumento do número de neurónios das áreas corticais com relevo para o córtex frontal. A morfologia do crânio, que representa a morfologia do cérebro que nele se alberga, é particularmente marcada pela alteração progressiva da região frontal (não é, talvez, por acaso que a sabedoria popular atribui maior inteligência aos que têm uma "testa alta" em comparação com os de "testa curta"; mas não vou agora dissertar sobre archeomemória da espécie, como a concebeu Jung)[3].

De forma simplificada direi que o aumento do número de neurónios nas regiões frontal e parietal deu ao cérebro cortical uma maior capacidade

---

[3] Jung, nas suas análises das simbologias do espírito, em especial as que partem da fenomenologia do espírito nos antigos contos tradicionais das mais diversas culturas humanas, pensa ter descoberto uma linha de conservação mnésica ,na espécie, de figurações ou simbologias do espírito

Emocionalidade e Racionalidade: Uma Leitura Pessoal, com Damásio   69

para exercer efeito inibidor sobre a resposta amigdaliana, emocional, às percepções.

Esta evolução archeobiológica da relação amígdala – córtex, que se foi fazendo ao longo de milhões de anos, reproduz-se, em cada um de nós a partir do nascimento.

Cada ser humano que nasce é do ponto de vista cerebral (e não só), uma evolução cerebral em progresso.

A criança, acabada de nascer, é um ser puramente emocional: chora e grita em resposta ao medo do mundo à sua volta e acalma com o prazer do contacto com os outros corpos. E é a experiência emocional do medo e do prazer que vai criando conexões da amígdala, já bem activa, para um córtex que vai ter de aprender a conhecer e a interpretar os estímulos amígdalo/ corticais. Os primeiros anos de vida são gastos nesta aprendizagem difícil até ao controlo cortical, racional, das emoções.

Mas até ao final da vida de cada um as emoções amigdalianas podem sempre escapar ao controle cortical e motivar comportamentos. Cito a notícia de um jornal: "septuagenário matou a companheira por ciúme". Direi: a capacidade cortical foi vencida pela força da emoção. A emocionalidade foi mais poderosa a determinar uma decisão de maior gravidade, matar, do que a racionalidade que nem tempo teve para promover outro comportamento.

O comportamento racional, posterior, do assassino foi entregar-se à GNR para ser punido.

Por outro lado, nunca o córtex pode forçar a amígdala a sentir uma emoção; só acontece quando se "representa" uma emoção que não é sentida. Alguns actores, no Teatro e no Cinema, conseguem fingir as emoções que não sentem, com a ajuda de um texto memorizado e de um *décor* apropriado. Mas soa a falso, a fingimento.

Fernando Pessoa levou até uma extrema profundidade a relação entre emocionalidade e racionalidade; a análise dos seus textos poéticos e do "Livro do Desassossego", daria para muitas conferências. O Poeta, diz Pessoa, pode até fingir a dor que, efectivamente, sentiu, fazendo dela um poema para que os outros sintam em si próprios, dor, ao lerem o poema da dor que o outro, o poeta, de facto sentiu e memorizou.

Isto é possível

Mas não é possível que o meu córtex ordene à minha amígdala que não crie a emoção da ansiedade porque eu não a quero ter. Esta vontade cortical é sempre muito pouco eficaz. O resultado não será brilhante e até poderá ser contraproducente pois o resultado que poderá ocorrer é o da criação de uma ansiedade ainda maior. Porque o córtex é muito eficaz, em obrigar a amígdala a provocar emoções. Todos nós já muitas vezes o experimentamos.

As perturbações psicossomáticas são prova evidente de como a racionalidade pode distorcer a emocionalidade e provocar alterações somáticas que podem ser graves ou até fatais como a hemorragia por úlcera duodenal aguda resultante de uma emoção intensa desencadeada a partir de uma ideia abstracta de medo de uma situação imaginada mentalmente.

Mas não é eficaz a impedir a amígdala de construir estados emocionais em resposta a estímulos causadores de medo e também de prazer.

O êxtase emocional vivido com a súbita descoberta de uma paisagem de grandiosa beleza é anterior ao sentimento e à descrição verbal; quando digo: que beleza! ,já vivi a emoção estética básica e pré-consciente do prazer de ver.

A actividade cortical superior pode, depois, escrever um tratado sobre a maravilha daquela paisagem e encontrar uma explicação geológica muito científica mas que será completamente inútil para a explicação da vivência emocional.[4]

3. Racionalidade

A maioria dos neurocientistas – Damásio e LeDoux são as excepções – têm usado as novas tecnologias para o estudo da *mind,* como inteligência humana. Procurando responder a esta questão radical – como pensa quem pensa?

De que estruturas cerebrais emerge esta espantosa capacidade humana que é o pensamento abstracto?

Porque este problema não está resolvido, existem muitas teorias.

Para alguns pensar é usar uma linguagem falada e depois escrita.

---

[4] Na Poesia de Daniel Faria há vários poemas que intitula "explicação de ..."

No pequeno poema que chamou "Explicação do sorriso", escreveu: "A mãe disse-lhe escreve-me/De lá de longe para onde vais/E ela disse não é longe casar/E a mãe sorria cega de dor/E parecia de deslumbramento

A emoção de ver a filha sair da sua proximidade, por casar, levou o córtex da mãe a tentar encontrar um remédio – escreve-me – mas na emoção, na cegueira da dor da separação, o sorriso era, afinal, de deslumbramento.

A criação poética, sendo uma simbolização escrita de segundo grau, permite usar o córtex para sobrepor, uma segunda emoção estética à emoção primária sentida e analisada já pelo córtex sensitivo.

Daqui a afirmação de Pessoa: sinta quem lê.

E os que lerem sentirão bem diferentes emoções desde a cegueira da recusa à luz do deslumbramento

Mas esta teoria olha apenas para o homem actual que é ensinado a falar desde que nasce e aos dois três anos já fala, já vai aprendendo a usar uma língua flexional, com sujeito, predicado e complementos, com a qual aprende a representar a realidade exterior, que conhece pelas percepções sensoriais, e, depois, a realidade interior, o que lhe vai permitir colocar o eu como sujeito de todas as suas expressões flexionais verbais. A denominação de si próprio pela palavra monossilábica e apenas gutural e vocálica – EU –, que é hoje uma banalidade para as nossas crianças, foi (deve ter sido, digo eu) um deslumbramento emocional para o Homem que ainda não falava e que ao emitir este som vocálico EU, está a comunicar aos outros que teve a intuição de que ele e os outros são "coisas" diferentes.

É a descoberta da subjectividade.

É a criação de um misterioso "espaço interior" ao qual todas as decisões passarão a ser referidas.

Eu quero, eu faço, eu decido.

É o início do que chamarei racionalidade pessoal, pensamento reflexivo, crítico e criativo, pensamento decisório e pensamento utópico, inventor do futuro.

Se permitem a opinião de um leigo amador em neurociências direi que não faz sentido, afirmar que pensamento é apenas o exercício linguístico. Durante muitas centenas de milhares de anos o Homem pensou sobre os objectos do mundo exterior, avaliou-os no plano estético e racional e comunicou aos outros os sentidos, ou significações, que o seu córtex cerebral (em crescimento quanto ao número de células neuronais) lhes atribuiu com recurso a uma linguagem não verbal mas já representativa (a mimesis, segundo Donald).

A representação do pensamento por palavras aparece ou emerge (em rigor não sabemos como, nem quando) como um aperfeiçoamento evolutivo da representação do pensamento por mimesis comunicacional.

Não, claro está, como criadora do pensamento humano; tão só como capacidade acrescida de comunicação ao outro.

É bem evidente que, hoje, é tão curto, no desenvolvimento da criança, o período da comunicação mimética, e estamos, todos, tão incapacitados para o compreender, que acabamos por aceitar que os nossos filhos só começam a pensar depois de aprenderem a falar.

Mas os bons especialistas de psicologia evolutiva e de pedagogia sabem, com rigor, como as crianças pensam antes do início da fala e antes de irem para a escola aprender a ler e a escrever. Sabem que elas pensam a partir da actividade exercida pelo córtex sensitivo sobre as emoções e a partir das representações sensoriais mesmo que sejam emocionalmente neutras;

e como decidem os seus comportamentos a partir da reflexão mental sobre conteúdos da cognição, sem palavras ou com um vocabulário rudimentar memorizado e pouco rico de significações. Esta forma de pensar e comunicar é muito eficaz em relação às crianças do mesmo grupo etário de não falantes e na relação com os animais de companhia que, claramente, não falam.

As teorias hoje mais discutidas e, por muitos neurocientistas, aceites, são as que consideram o pensamento humano como uma função global que depende da activação de todas as áreas cerebrais.

Há cognição sensitiva e sensorial com avaliação e memorização – e são conhecidos os circuitos neuronais e os peptídeos mediadores e moduladores de toda esta informação.

Há respostas neurovegetativas, neuroendócrinas, neuromusculares – e sabemos como o cérebro as prepara e desencadeia.

Há evocação e manuseio de conteúdos memorizados, conscientes ou inconscientes, que alimentam novos exercícios cerebrais – e conhecem-se, pela ressonância magnética nuclear, que regiões cerebrais são activadas durante este trabalho mental.

Sabe-se muito e, todos os dias, se sabe mais

Mas Damásio escreveu, recentemente, que "nem as ideias discutidas neste livro (O Livro da Consciência) nem as ideias apresentadas por vários colegas que trabalham nesta área resolvem os mistérios em torno do cérebro e da consciência de forma conclusiva"

De facto, o que nenhum neurocientista sabe, de Jean-Pierre Changeux a C. Koch, é como uma excitação neuronal e reticular, electro-química, faz aparecer no interior da pessoa uma ideia abstracta.

Pergunto-me de que activações cerebrais saiu este texto que escrevi e vos estou apresentando? Que partes do meu cérebro encontraram sinais de conteúdos antigos memorizados; e em que partes do cérebro foram colocados para que eu reflectisse e escrevesse; e que áreas cerebrais tornaram possível a reflexão abstracta que produziu esta escrita?

Pergunto-me e fico perturbado

Pensei que encontraria uma boa explicação na teoria do cérebro executivo que Elkhonon Goldberg tem estudado a fundo e divulgou num livro recente intitulado "The executive brain".

Li-o de um fôlego mas não me deu a resposta que procurava.

É sedutora a metáfora do Maestro que dirige uma orquestra sinfónica; esta tem muitos instrumentos que produzem sons diversos e frases musicais sem sentido. Mas quando o Maestro levanta a batuta e ordena a sequência da performance de cada instrumento, ouvimos uma bela peça musical que nos dá prazer e nos pode, até, comover.

Assim será o cérebro; muitas células neuronais, muitos grupos celulares, muitas ligações sinápticas. Entregues a si próprias activam-se e nada acontece com sentido; uma activação do córtex motor dá uma crise epiléptica, uma activação do córtex occipital dá alucinações visuais, uma libertação excessiva de mediadores neuroquímicos dá lugar a estranhas percepções de prazer ou de dor, cólera inesperada, predação sexual, etc., etc.

Mas, felizmente há no Homem, o córtex pré-frontal supraorbitárico que recebe sinais de tudo o que se passa nos diversos territórios funcionais (na metáfora, os diversos instrumentos) e sabe como activar cada um deles para que se produza uma sequência com sentido.

Para tanto, dispõe de uma batuta que são as conexões dos filamentos axonais das suas células neuronais que chegam a todas as regiões cerebrais. Pelo que pode dar ordens de activação e ordens de inibição.

Esta região cerebral, pousada sobre o tecto das órbitas, é exclusiva dos humanos; não existe nos Primatas e o seu desenvolvimento depende de uma informação génica que só está presente no genoma humano.

Que capacidade própria têm os seres humanos que não existe nos Primatas?

Têm a capacidade de decidir, depois de uma deliberação abstracta ponderando todas as características da situação sobre a qual vão decidir.

É sedutor pensar que essa capacidade própria dos humanos está no córtex frontal supraorbitário que recebe e integra todas as informações que chegaram às diferentes áreas cerebrais por via dos sistemas perceptivos, e que será o córtex frontal supraorbitário a estrutura cerebral que constrói a resposta apropriada e ordena às adequadas diferentes regiões cerebrais que a executem. Com rapidez e com boa qualidade.

Por isto a esta região se chama cérebro "executivo".

Mas...

Sem outra informação factual para além da extrema riqueza de conexões aferentes e eferentes que tem esta área cerebral; para além da desorganização dos comportamentos em doentes com lesão desta área; para além das modificações importantes observadas em doentes mentais "tratados" com a psico-cirurgia, proposta por Egas Moniz, os quais passaram de agitados a hebefrénicos, quando as conexões aferentes e eferentes dos lobos frontais foram cortadas pelo cirurgião – sem mais nada de concreto, apesar de a investigação sobre o cérebro executivo ter crescido exponencialmente, continuo sem poder relacionar empiricamente a activação desta zona do cérebro com a emergência e exercício da racionalidade.

A resposta antiga era fácil

Toda a actividade mental dependia da alma

E Descartes localizou a alma na epífise ou glândula pineal por ser a única estrutura que era única e mediana, sem representação nos lados direito e esquerdo (deve ter pensado que não podia haver uma alma à direita e outra à esquerda).

Vale a pena fazer uma rapidíssima incursão nesta palavra alma e no seu entendimento ao longo da evolução da racionalidade.

A "alma" era a sede dos afectos e da inteligência – alma intelectual

Até aos nossos dias os afectos são também referidos ao coração, como metáfora do órgão do amor. Mas o coração é uma estrutura muscular que exerce sobre o líquido que circula nas artérias e nas veias as funções próprias de uma bomba aspirante premente. Nada mais.

A alma é uma palavra bem mais difícil de arrumar.

Numa simples conferência não posso ser mais pormenorizado já que exaustivo nunca poderia ser tão vasta é a literatura sobre este termo; literatura que não li na totalidade e nem lerei jamais.

Focarei apenas os marcos evolutivos essenciais dos vários sentidos dados no tempo e nas culturas a palavras que hoje traduzimos por alma, *anima,* na língua latina.

Na concepção hebraica, mítico – oral e que o texto bíblico escrito procurou fixar, o que hoje queremos significar com esta palavra, alma, é expresso, segundo Gluck pelo vocábulo *Leb* que é coração mas também pode ser mente ou vontade. *Nefesh* que, literalmente é respiração como sopro, passou mais tarde a significar alma como força vital; está relacionada com o sangue e é, muitas vezes utilizada com referência a animais e a outras coisas vivas. *Ruach* e *neshama* usados para sopro e vento são traduzidos por alma

Não é, contudo, seguro, diz Gluck, que no texto bíblico a autoconsciência seja identificada com o vento, a respiração, o coração ou as entranhas.[5]

Seguindo Gluck direi que no período pré-socrático a conceptualização da alma humana e da imortalidade é complexa e difícil de decifrar porque nos falta a possibilidade de pensar como pensavam as inteligências gregas no seu tempo real. Nem mesmo a concepção de Forma, em Platão, como uma entidade objectiva e não como equivalente a Ideia, é de um pacífico entendimento pelos pensadores modernos. Mas a Forma pode ser assimilada à alma no período platónico, sendo certo que no Timeu, descreve a alma

---

[5] Ramiro Menezes, em numerosos trabalhos, dá à questão das "entranhas" na génese de algumas decisões humanas, uma rica interpretação pessoal, a partir da exegese da Parábola do Samaritano, que resumo assim, pelas suas palavras e com vénia a este prolífico Autor: " Viu o que os outros não viram, nem entenderam....libertou-se pelo Outro pela "comoção das vísceras" (misericórdia), que fez em plena deliberação. Não passou à frente"

como sendo movida por forças físicas. Transcrevo Gluck *"In other words, Plato seems to have rejected the notion that body and soul are completely distinct phenomena while nevertheless recognizing some dissimilarity and the need for some superior principle (form) in* order *to understand both of them. He was not a materialist, idealist or dualist, but (to coin a new expression) a formalist"*

Por minha vez, tenho tentado elaborar uma significação diversa para um uso moderno da palavra alma e da palavra espírito.

Desde sempre a palavra alma foi usada para caracterizar o princípio organizador do corpo do Homem que o torna diferente do corpo do animal. Seria este princípio que daria ao corpo do Homem, recebido evolutivamente de um corpo biológico animal a forma essencial, não biológica, de corpo humano.

Em síntese diria que um certo corpo biológico é um corpo "humano" porque por ele se manifesta a "forma humana". Ou seja, essencialmente, porque por ele se manifesta o pensamento reflexivo e simbolizador.

Ora se o desenvolvimento da neurociência chegar um dia a encontrar um suporte orgânico para a actividade mental especificamente humana a noção de alma ficará, em grande parte, esvaziada de sentido.

Hoje afirmamos que a actividade mental é mais do que a organização do que resulta da cognição cerebral, porque a investigação da subjectividade não pode ser estudada em ratos. Mas o desenvolvimento de técnicas não invasivas para o estudo da actividade cerebral no Homem pode alargar e aprofundar o que já hoje sabemos, com as tecnologias actuais, sobre o desenvolvimento da capacidade linguística; e passar deste conhecimento à afirmação de que pensar é usar a capacidade linguística cerebral; o cérebro evoca as palavras memorizadas e articula-as em frases que serão a expressão do pensamento formal.

Se for atingido este patamar o conceito expresso pela palavra alma terá uma explicação puramente natural.

Então, o que é que fica por explicar?

Se não é o pensamento o que é que fica?

Para mim não é o pensamento; é "quem" pensa.

É o sujeito que falta explicar; é o misterioso "eu", ao qual tudo se refere; o que vê, ouve, palpa, saboreia e cheira, o que se emociona, o que pensa, critica, cria ou destrói; o que mata e o que ama.

Pôr-lhe um nome não resolve a dificuldade

É Alberto, foi Alberto; mas "quem" é Alberto.

É o corpo que vejo e que fala? Não é

Todos os corpos são visíveis e todos falam mas não são todos, o Alberto

O Alberto é único e o que o torna único é o espírito que se manifesta na autoconsciência

Só o Alberto sabe "quem" é o Alberto. Mais ninguém

Quando o corpo se desfizer, a alma que era o seu princípio organizador deixa igualmente de existir. E não mais havendo autoconsciência, o espírito, que nela misteriosamente se manifestava para que corpo e alma pudessem ser um certo eu, o Alberto, na sua mais pura e despojada intimidade, esse continuará como espírito. Necessariamente imortal por ser alheio à categoria formal da mortalidade.

Em conclusão: no Homem exprime-se um espírito que lhe é transcendente porque subsiste em si próprio como espírito, fora das categorias mentais de tempo e matéria.

Para a tradição hebraica quem subsiste em si próprio é Iavé que se manifesta nos Homens que criou à sua imagem, à sua semelhança.

Para Paulo de Tarso, um Judeu e para os cristãos em geral, os Homens são habitações do Espírito como presença de Iavé em cada um; como Cristo assinalou ao morrer: a ti, Espírito transcendente, Espírito subsistente, Iavé, entrego o meu espírito pessoal que fez de mim quem fui, enquanto vivi.

A autoconsciência é como a essência do Eu.

O Homem só descobre que é um[6] ser espiritual quando consegue "ver-se" a si próprio como um autêntico, real e absoluto eu autoconsciente.

4. Proposta final

A concluir esta reflexão sobre emocionalidade e racionalidade subscrevo, com esperança e alguma confiança, a previsão de Joseph LeDoux:

"... the struggle between thought and emotion may ultimately be resolved, not simply by the dominance of neocortical cognitions over emotional systems but by a more harmonious integration of reason and passion in the brain, a development that will allow future humans

---

[6] José Régio, um poeta hoje pouco estimado escreveu assim sobre o enigma da autoconsciência:"Senhor meu Deus em que não creio, porque és minha criação! /(Deus para mim sou eu chegado à perfeição)".

in better know their true feelings and to use them more effectively in daily life".

(A luta entre racionalidade e emocionalidade poderá finalmente ser resolvida não pelo domínio das cognições neo-corticais sobre os sistemas emocionais mas sim por uma integração mais harmoniosa de razão e paixão, no cérebro, e este desenvolvimento permitirá aos homens, no futuro, conhecer melhor os seus verdadeiros sentimentos e usá-los mais eficazmente na vida quotidiana.)

Se esta evolução anunciada vier a ser real, o primeiro e o mais grandioso resultado será o fim definitivo da morte do homem pelo homem.

Então não mais haverá nenhum ser humano que invoque motivos emocionais ou reflexões racionais para se defender do crime de ter matado o seu irmão. A metáfora de Caim e Abel fica esvaziada de sentido porque as relações entre os humanos não mais serão de ódio e inveja, mas sim de amor e compreensão. Acabará este mundo, o mundo terrível que nós conhecemos, para dar lugar a um mundo em que todos viverão sob o Império do Espírito.

O Quinto Império, o que António Vieira profetizou e que a actual neurociência me ajuda a acreditar que será, um dia, real.

5. BIBLIOGRAFIA

BORGES DE MENESES, Ramiro Délio – O Desvalido no Caminho. Santa Maria da Feira. Edições Passionistas. 2008

CHANGEUS, Jean-Pierre – L'Homme de Vérité. Odile Jacob. Paris. 2002

DAMÁSIO, António – O Sentimento de Si. O Corpo, a emoção e a neurobiologia da Consciência. Publicações Europa-América. 9.ª edição. 2000

DAMÁSIO, António – O Livro da Consciência. A construção do cérebro consciente. Temas e debates. Círculo de Leitores. Lisboa. 2010

DONALD, Merlin – A Mind So Rare. The Evolution of Human Consciousness. W. W. Norton Company. New York. 2001

FARIA, Daniel – POESIA. Edições Quasi. Porto. 2003

GLUCK, Andrew – Damasio's Error and Descartes Truth. An inquiry into Epistemology, Metaphysics and Consciousness. University of Scranton Press. 2007

GOLDBERG, Elkhonon – The Executive Brain. Frontal Lobes and the Civilized Mind.Oxford University Press. 2001

GOLDBERG, Elkhonon – The Wisdom Paradox. How your Mind can grow stronger as your Brain grows older. Gotham Books. New York. 2006

JUNG, Carl Gustav– L'Homme et ses Symboles. Robert Laffont. Paris. 1964

JUNG, Carl Gustav – Essais sur la symbologie de l'Esprit. Albin Michel. Paris. 1991

KOCH, Christof – The Quest for Consciousness. A Neurobiological Approach Roberts & Company Publishers. New York. 2004

LEDOUX, Joseph – The Emotional Brain. The Mysterious Underpinnings of Emotional Life. Simon Schuster Paperbacks. New York. 1996

LEDOUX, Joseph – Synaptic self. How Our Brian Becomes Who We Are. Penguin Books. New York. 2002

RÉGIO, José – As Encruzilhadas de Deus. Portugália. Lisboa. 3.ª edição. Sem data.

EXPERIMENTAÇÃO HUMANA, FACTORES DE ERRO, SUA MITIGAÇÃO PELO MÉTODO CIENTÍFICO E ÉTICA[1]

FERNANDO MARTINS VALE

Prof. Farmacologia da Faculdade de Medicina de Lisboa.

ÍNDICE: § Resumo. 1. – Breve viagem ao cemitério de verdades da História da Medicina. a) – As doenças e o sobrenatural. b) – A Escola Hipocrática e o experimentalismo de Galeno. c) – Renascimento, Iluminismo e método científico. 2. – Enviesamento na investigação e sua mitigação pelo método científico. 3. – Exigências do Método Científico e Ética. 4. – Regulamentação dos medicamentos.

§ Resumo

Embora a Medicina grega e romana tenham sido dominadas por grandes vultos intelectuais, o seu progresso sempre esteve limitado pela impossibilidade de estudar cadáveres (excepto em Alexandria). É muito curioso o facto de a escola aristotélica ter considerado que o corpo era comandado pelo coração (provavelmente por as emoções serem referidas a este órgão). Só alguns séculos mais tarde esta teoria foi contestada por Galeno (129-199 d.C.), que demonstrou o papel do sistema nervoso no comando do corpo, ao induzir paralisias nos animais pelo corte de diversos nervos. Galeno deve ser considerado o pai da Medicina experimental. Porém, após a sua morte,

---

[1] Texto baseado na aula apresentada no Mestrado de Bioética, na Faculdade de Direito de Lisboa, no dia 17 de Abril de 2008.

em vez do criticismo e da experimentação que ele cultivou, instalou-se a dogmatização das suas teorias e a consequente estagnação da Medicina que durou 14 séculos.

Este sono dogmático só foi quebrada com o Renascimento e sobretudo com o Iluminismo. Os estudos anatómicos do Renascimento, abriram a janela da morfologia que ao revelar a estrutura dos órgãos, permitiu compreender a sua função e abrir o caminho para as grandes descobertas da fisiologia (a descoberta das válvulas venosas por Aquapendente foi crucial para fundamentar a teoria da circulação do seu discípulo Harvey 1578-1657).

Porém, o principal responsável pelo progresso da Medicina foi sem dúvida o criticismo do Iluminismo, que ao quebrar velhos dogmas impulsionou de novo o experimentalismo e conduziu a Medicina aos grandes sucessos dos séculos XIX e XX.

As imagens (Rx, TAC, RMN e ECO) e dados laboratoriais objectivos de que hoje dispomos, não nos dispensam do criticismo na concretização do grande objectivo da Ciência que é o de compreender a Natureza. Nessa busca da verdade é fundamental ter a consciência de que a nossa observação e avaliação, pode ser parcelar (tomando a parte que conseguimos ver pelo todo que nos é inacessível), e/ou pode estar distorcida por preconceitos, desejos, sugestão (bem ilustrado pela eficácia do placebo) ou pelos artefactos gerados pelo método ou aparelhos. Só a consciência destas nossas limitações pode permitir mitigar o erro recorrendo ao método científico.

Ao avaliar e comparar tratamentos, é fundamental estarmos alerta para o possível enviesamento da informação, e tentarmos mitigá-lo pela metodologia mais adequada, que a Farmacologia Clínica criou no último quartel do século XX: concebendo grupos terapêuticos homogéneos com a distribuição aleatória dos doentes, nos quais se administram as terapêuticas em moldes duplamente ignorados para evitar a sugestão, e comparando (quando possível) resultados com controlos de placebo.

Estas exigências do método científico conflituam frequentemente com os princípios da Ética, são tema de frequentes debates, levaram à produção de novas regulamentações e alguns instrumentos como o consentimento informado.

Com o julgamento dos crimes de experimentação humana praticados por médicos Nazis surgiu o Código de Nuremberga (1947) a que se seguiram diversas convenções sobre os Direitos Humanos. Posteriormente, o caso da Talidomida foi determinante na rigorosa regulamentação para aumentar a segurança na introdução no mercado de novos produtos farmacêuticos, que paradoxalmente não tem equivalente na comercialização de produtos dietéticos ou de medicamentos à base de plantas.

É urgente rever a regulamentação das Terapêuticas Não Convencionais (TNC), já que muitas plantas podem ser tóxicas (ou mesmo letais) ou podem ter contaminantes. O uso tradicional não justifica a excessiva tolerância para com este mercado. Também as sangrias, sanguessugas e purgas foram aplicadas durante milénios e o seu uso já não é admissível.

É fundamental o respeito pela AUTONOMIA dos doentes, para que eles possam fazer escolhas esclarecidas, mas estas só podem ser feitas se existir informação fidedigna, a qual exige para as TNC o mesmo estudo criterioso da relação benefício/risco a que os produtos farmacêuticos também são submetidos. Atenção especial merece também a regulamentação da publicidade de produtos naturais, já que frequentemente são apresentados como produtos miraculosos, com excessivas virtudes e ocultação da sua toxicidade. Deve haver um controlo deste mercado, para que sejam respeitadas regras éticas de boa prática comercial, evitando os excessos de linguagem, e a venda de produtos adulterados.

> "A vida é curta, a arte longa, a ocasião fugidia, a experiência enganadora, e a decisão difícil"
> Hipócrates (450 ? – 377 ? a.C.)
> Medicina é a ciência da incerteza e a arte da probabilidade.
> William Osler (1849-1919).
> A ciência é incerta ...... A ciência não prova, apenas refuta falsas teorias.
> Não se podem evitar os erros, o importante é aprender através deles.
> Karl R. Popper (1902-1994)

Introdução

O grande objectivo da Ciência é compreender a Natureza, para interagir com ela da forma mais favorável para a Humanidade. Mas, para a Ciência ser útil à Humanidade deve aproximar-se da realidade, tentando obter informação objectiva e fidedigna, o que obriga para mitigar factores de enviesamento, a usar o rigoroso método científico que pode colidir com os Direitos do Homem.

Este choque das exigências do método científico com os princípios da Ética é o tema central desta conversa, e só a consciência dos factores de erro na investigação permite compreender a imprescindibilidade das exigências da metodologia científica. Por esse motivo propomos primeiro uma breve incursão na História da Medicina, que é sem dúvida a melhor ilustração das limitações e fragilidade do conhecimento humano.

1. Breve viagem ao cemitério de verdades da História da Medicina

a) As doenças e o sobrenatural

Nos comícios da antiga Grécia quando alguém tinha uma crise de grande mal epiléptico, tal facto era interpretado como um sinal de descontentamento dos Deuses em relação ao que se estava a passar no comício, e daí o nome de "mal comicial" ainda hoje usado para descrever estas crises epilépticas.

A relação entre a arte de curar e o sobrenatural é ainda hoje observável em muitas culturas primitivas, onde não é raro o feiticeiro ser também o curandeiro.

A própria palavra "terapêutica" (do grego therapeía) tem um significado de serviço ou cuidado religioso, encontrando-se o mesmo significado no termo "cura" de origem latina (curatio), que começou por ter também o sentido de cuidado (oposto a "incúria")[1], e que curiosamente é também usado para designar o pároco das nossas aldeias.

b) A Escola Hipocrática e o experimentalismo de Galeno

Hipócrates (450? – 377? a.C.) conhecido sobretudo como autor do primeiro código de Ética, foi quem iniciou uma abordagem científica da Medicina ao procurar causas naturais para as doenças. No entanto os seus estudos estavam fortemente limitados pela proibição de estudar cadáveres humanos no império grego com excepção de Alexandria (onde a tradição egípcia da mumificação facilitou as autópsias).

Baseado na teoria dos quatro elementos (terra, fogo, ar e água) que segundo a cultura grega governavam o macrocosmo, Hipócrates construiu a teoria dos quatro humores reguladores do microcosmo do nosso organismo. Segundo esta teoria o estado de saúde correspondia ao equilíbrio dos quatro humores (sangue, fleuma, bílis amarela e bílis negra), e as doenças resultavam do excesso ou deficiência de um ou mais desses humores. Esta teoria da "patologia humoral"[1,2,3] dominou a Medicina Ocidental durante séculos, e deu origem a termos ainda hoje usados como "bom ou mau humor", "colérico" (cole = bílis), "melancólico" (melos = negro + cóle = bílis), "fleumático", "sanguíneo" ou "maus fígados".

Limitada pela impossibilidade de estudar o corpo humano, a Medicina grega era mais uma Filosofia da Natureza que uma Ciência da Natureza.

É muito curioso o facto de Aristóteles (384-322 a.C.) ter considerado que o corpo era comandado pelo coração (provavelmente por muitas emoções serem "sentidas" neste órgão).

Só alguns séculos mais tarde esta teoria foi contestada pelo médico romano Galeno (129-199 d.C.), que demonstrou o comando do corpo pelo sistema nervoso ao induzir paralisias por secções de diversos nervos nos animais. Por estas experiências Galeno deveria ser considerado o pai da Medicina experimental.

Embora Galeno tenha induzido um grande desenvolvimento da Medicina, os seus conceitos anatómicos e fisiológicos são muito diferentes dos nossos: admitia que o sangue originado no fígado, era distribuído pelas veias a todo o organismo, em movimentos de fluxo e refluxo, e que parte do sangue passava por poros existentes no septo cardíaco, do ventrículo direito para o esquerdo onde era misturado com o "pneuma" proveniente dos pulmões[4]. Provavelmente, Galeno durante os seus estudos em Alexandria terá feito autópsia a algum doente com comunicação inter-ventricular, e poderá ter assumido esta patologia rara como o normal.

Após a morte de Galeno, em vez do criticismo e experimentação por ele preconizado, instalou-se a dogmatização das suas teorias e a consequente estagnação da Medicina que durou 14 séculos. Este sono dogmático só foi quebrada com o Renascimento e sobretudo com o Iluminismo.

c) Renascimento, Iluminismo, e método científico

O gosto pelo natural que caracterizou o Renascimento impulsionou fortemente os estudos anatómicos, que foram realizados não só por médicos como Andreas Vesalius (1514-1564), mas também por alguns artistas como Leonardo da Vinci (1452-1519). A análise da forma e estrutura dos órgãos revelada pela Anatomia, permitiu compreender melhor a sua função. A janela morfológica abriu o caminho para a Fisiologia, como é bem ilustrado pela descoberta da circulação sanguínea.

Os anatomistas não encontraram os poros que Galeno referiu no septo inter-ventricular. Por outro lado, a descoberta das válvulas venosas por Aquapendente, contrariava o conceito galénico de fluxo e refluxo do sangue nas veias, o que foi crucial para fundamentar a teoria da circulação de W. Harvey (1578-1657), que perante o Rei realizou uma pequena experiência no seu próprio braço: o esvaziamento das veias com a compressão dum dedo leva sempre ao seu preenchimento centrípeto e nunca à repleção centrífuga. Apesar destas evidências, esta teoria continuou a despertar muita oposição, e não conseguia explicar o principal argumento dos seus opositores: "como passava o sangue à periferia do sistema arterial para o venoso?".

A invenção do microscópio permitiu a descoberta dos capilares sanguíneos por Marcello Malphigi (1628-1694) e forneceu o elo que faltava para ligar o sistema arterial com o venoso e assim consolidar a teoria da circulação[5].

É espantoso o facto de a circulação sanguínea só ter sido descoberta em pleno século XVII, e de ainda no século seguinte Miguel Servedo (1715-53) ter sido condenado à morte pela inquisição espanhola, por negar a porosidade do septo cardíaco, e por afirmar a existência da circulação pulmonar, o que ilustra bem a força dos dogmas.

A teoria de Harvey obteve grande apoio no criticismo do Iluminismo, tão bem ilustrado pela "duvida metódica" de Descartes (1596-1659)[4]. Ao quebrar velhos dogmas o Iluminismo impulsionou de novo o experimentalismo e autocrítica que conduziram a Medicina aos grandes sucessos dos séculos XIX e XX[4].

A teoria da patologia humoral, para limpar os humores excedentários causadores de doença, propunha terapêuticas como sangrias, sanguessugas, ou purgas, que foram praticadas durante mais de dois milénios, e ainda no século XIX, durante uma epidemia de cólera em Londres, há relatos da aplicação de sangrias no "Middlesex Hospital", onde as mortes foram o triplo das registadas no "London Homoeopathic Hospital"[6]. Provavelmente, as sangrias agravaram a hipovolémia induzida pela diarreia colérica, e estes maus resultados das sangrias com a Medicina Halopática, poderão ter contribuído para o lançamento da **Homeopatia**, que ainda hoje tem muitos adeptos, embora a evidência científica da sua eficácia seja muito duvidosa.

Os "medicamentos" homeopáticos são feitos com tantas diluições seriadas, que matematicamente no preparado final já não há uma molécula da substância original, o que leva a maioria dos cientistas a considerá-los placebos aquosos[7]. O **placebo** (*"mica panis"*) é uma substância inerte que também pode exercer efeitos terapêuticos, sobretudo no alívio de sintomatologia subjectiva como a dor. Sabe-se que a analgesia induzida pelo placebo é revertida pela administração de antagonistas dos receptores da morfina (como a naloxona), o que sugere a participação do sistema analgésico endógeno das endorfinas (morfinas endógenas) neste efeito do placebo[8].

Quando a avaliação dos produtos homeopáticos é feita em ensaios clínicos com controlo de placebo e obedecendo a requisitos metodológicos rigorosos, verifica-se que a sua eficácia é semelhante à do placebo[9,10,11,12,13].

Experimentação Humana, Factores de Erro, sua Mitigação pelo Método ...   85

A História da Medicina está repleta de erros sobre a eficácia e segurança de tratamentos outrora consagrados como benéficos, e hoje considerados como nocivos.

2. Enviesamento na investigação e sua mitigação pelo método científico

Das qualidades básicas do espírito científico que são a curiosidade, a atenção, a imaginação criadora, a disciplina interna, a honestidade intelectual e o espírito crítico[14], talvez a mais importante seja esta última.

A Ciência procura compreender a Natureza, mas nessa busca da verdade tem como principal obstáculo o **enviesamento** da observação/avaliação. Na investigação é fundamental ter a consciência de que a nossa observação e avaliação dos fenómenos, pode ser parcelar (perigo de não equacionar factos desconhecidos, ou que ignoramos por excessiva especialização), ou estar distorcida por preconceitos e desejos (que podem afectar a nossa interpretação dos factos), ou artefactos (gerados pelo método ou instrumentos), ou pela simples sugestão (bem ilustrada pela eficácia do placebo)[15].

A Ciência tenta mitigar este enviesamento recorrendo não só a instrumentos de medição rigorosos (que contudo podem induzir artefactos), mas também ao espírito crítico que fundamenta o método científico, o qual pressupõe a *dúvida metódica* (cartesiana) sobre as teorias estabelecidas, e exige humildade para admitir o "erro"[15]. Esta dúvida metódica é extremamente saudável e só ela permite ver outras hipóteses quiçá mais próximas da verdade.

Ao avaliar e comparar a eficácia de tratamentos nos ensaios clínicos, é crucial estarmos conscientes destes possíveis factores de enviesamento da observação/avaliação, para que possamos mitigá-los por uma metodologia rigorosa (Fig. 1) que a Farmacologia Clínica concebeu no último quartel do Século XX: administrar as terapêuticas em moldes de **dupla ocultação** para evitar o efeito da sugestão (do doente e do investigador), administrar as terapêuticas a testar em grupos homogéneos obtidos pela **distribuição aleatória** dos doentes (não se pode concluir pela eficácia dum tratamento se os grupos comparados tiverem diferenças na patologia, idade ou outros factores), comparando resultados com controlos de placebo quando possível.

Fig. 1. **Principais factores de erro** que podem enviesar os resultados num ensaio clínico, e receitas da Farmacologia Clínica para os evitar.

Os **estudos retrospectivos de observação** de populações sujeitas a determinadas condições ou tratamentos, são muito úteis para levantar pistas sobre a possível relação de fenómenos associados, mas, fica com frequência a dúvida sobre o seu nexo casual ou causal. Os **estudos prospectivos**, embora mais difíceis de fazer, são mais fidedignos pois além de permitem definir os critérios de exclusão/inclusão dos doentes, pela sua **distribuição aleatória** criam grupos de comparação mais homogéneos (na idade, sexo, estilo de vida, patologia associada, etc.). O que se passou com a terapêutica estrogénica na menopausa ilustra bem toda esta problemática.

A menor incidência de doença coronária na mulher pré-menopáusica era até há pouco tempo atribuída aos efeitos benéficos dos estrogénios sobre as lipoproteínas/colesterol (redução das LDL e aumento das HDL). Esta hipótese era confirmada por diversos estudos de observação que mostravam uma menor incidência de doença coronária após a menopausa, nas mulheres medicadas com estrogénios.

Experimentação Humana, Factores de Erro, sua Mitigação pelo Método ...   87

No entanto, o "Women's Health Initiative"[16] que foi um estudo prospectivo, em que 16.000 mulheres menopáusicas foram aleatoriamente medicadas com placebo ou estrogénios, obteve resultados inversos: maior incidência de efeitos adversos cardiovasculares (sobretudo AVC) com a terapêutica estrogénica de substituição, o que motivou a suspensão do estudo.

O aparente benefício dos estrogénios nos estudos retrospectivos de observação pode ter resultado da heterogeneidade dos grupos em estudo: as mulheres que estavam com terapêutica hormonal podiam ter melhor assistência médica, melhor estilo de vida (diferenças nos hábitos alimentares, exercício físico, ou tabagismo), ou ser mais saudáveis. As causas dos fenómenos podem ser múltiplas, e à nossa visão e análise parcelar podem sempre escapar alguns factores desconhecidos pelo actual estado da arte ou por nossa ignorância, sobretudo quando existe uma excessiva especialização[17].

Outra lição importante deste estudo foi a revelação da importância de ter bem definido os resultados da evolução clínica ("**outcomes**") que vamos observar (neste caso, a inclusão dos efeitos adversos cardiovasculares como os AVCs). É fundamental definir os objectivos da nossa atenção (para onde vamos olhar). A chamada descoberta fortuita é rara, e como dizia Pasteur, requer um espírito preparado, isto é, aberto inclusivamente ao contraditório das nossas teorias.

Ao avaliar uma terapêutica devemos também evitar a falácia do "depois de, logo por causa de" ("post hoc ergo propter hoc") já que a associação pode ser casual, ou porque a melhoria do doente pode resultar doutros factores causais que não estamos a observar, pode fazer parte da evolução natural duma patologia com períodos de remissão, ou pode ser apenas uma ilusão fruto da existência de grupos terapêuticos heterogéneos, ou do efeito da sugestão/ placebo[18]. No entanto, muito doentes são fortemente influenciados por estas associações esporádicas: "o meu amigo tomou este medicamento e curou-se".

A chamada **Medicina Baseada na Evidência (MBE)**, pretende valorizar um tipo de prática clínica caracterizada pela "utilização conscienciosa, explícita e criteriosa da evidência clínica actualizada", criando orientações terapêuticas fundamentadas na melhor prova científica, classificando os ensaios clínicos pelo seu grau de robustez científica[19]. Essencialmente a MBE baseia-se nos métodos da Farmacologia Clínica: os ensaios mais conclusivos são os prospectivos, com distribuição aleatória dos doentes (aleatorizados) e administração dos tratamentos em dupla ocultação (doble blind).

A MBE tem tido o grande mérito de disponibilizar "centrais de conhecimento" especializadas no fornecimento rápido de informação científica de confiança, e de valorizar os bons preceitos da Farmacologia Clínica[19]. No entanto, alguns autores têm salientado as fragilidades dos métodos utilizados no fabrico de "evidências", como por exemplo as **meta-análises**, que apelidam de "caldeiradas de dados científicos"[20,21].

Estas críticas parecem-nos exageradas, pois que as meta-análises baseiam-se na compilação de ensaios clínicos relativamente homogéneos: incluindo estudos com metodologia semelhante, em grupos de doentes homogéneos (na patologia, idade, tratamento, etc.). As meta-análises têm também a segurança de observar grandes populações de doentes (muito superiores ao exequível nos ensaios clínicos). Porém, embora este tipo de estudos incluam na sua análise populações aparentemente análogas, pode haver variáveis não controladas (alimentação, estilo de vida, etc.) que afectem os resultados, e por outro lado, um ensaio clínico é sempre uma visão da realidade observada através duma janela criada pela metodologia, e critérios de avaliação e diagnóstico que varia com o investigador. Em cada estudo a observação pode ter enviesamento que se multiplica na análise global duma meta-análise.

Em português o termo evidência tem um conteúdo mais marcado de certeza (é evidente, é óbvio). O termo já consagrado de "Medicina Baseada na Evidência" transmite uma excessiva infalibilidade, o que pode ser prejudicial não só para a investigação médica (limitando a capacidade de autocrítica), como também no foro jurídico, o termo pode sugerir a pretensa transformação da Medicina numa ciência exacta, o que pode afectar a justa avaliação dos actos de quem pratica uma ciência de incertezas usando a arte da probabilidade. Seria mais correcto o termo "Medicina da Prova", pois que "evidence" em inglês significa prova (termo usado especialmente nos tribunais anglo-saxónicos para designar as provas de ambas as partes)[15].

Na determinação da verdade como categoria filosófica, à formulação de Tomás de Aquino de que "a verdade é a adequação do intelecto à coisa", Barata Moura (1998[22]) acrescenta o paradigma da "**certeza subjectiva**" em que a classificação de "verdadeiro" depende do sentimento do julgador, já que é ele quem decide "aceitar" essa verdade. Consideramos como verdadeiro aquilo que "sentimos" como adequado à realidade, e o gosto de "possuir a verdade" pode enviesar ainda mais o nosso juízo sobre ela. Esta subjectividade na avaliação duma verdade, vem acentuar ainda mais a fragilidade do nosso conhecimento, e só o espírito crítico aumentando o limiar de sensibilidade para a realidade, abre a mente permitindo ver outros pontos de vista quiçá mais adequados aos dados observados e aproximando-nos da verdade. Pelo contrário, a excessiva convicção da "posse da verdade" pode impedir-nos de reconhecer os erros como aconteceu com os dogmas que atrasaram a descoberta da circulação sanguínea[15].

Como refere Karl Popper (1902-1994)[23] a ciência é incerta .... Todas as teorias são inseguras, chega-se às boas teorias pela experimentação e exclusão das falsas teorias que não se ajustam aos novos dados. W. Osler dizia que a Medicina é a Ciência da incerteza e a Arte da probabilidade. Não podemos evitar os erros, o importante é aprender através deles.

Todas estas reflexões devem consciencializar-nos dos erros a que está sujeita a Ciência, mas também devem reforçar o princípio de que só a experimentação guiada pelo método científico rigoroso e o diálogo crítico com as outras ciências, permitiu aproximar-nos da verdade científica e alcançar as grandes vitórias contra a doença que o Século XX nos deu. A integração do conhecimento com outras ciências é fundamental, já que a **compartimentação do saber em ciências e especialidades é apenas uma necessidade pedagógica**, mas na Natureza tudo está ligado.

3. Exigências do Método Científico e Ética

Na investigação gastam-se recursos e causa-se incómodo aos voluntários. Se a pesquisa não obedecer às exigências do método científico, provavelmente será inconclusiva e portanto fútil. Para uma investigação ser ética tem de produzir informação fidedigna, mas esta obriga a aplicar uma metodologia rigorosa, que no entanto, pode conflituar com os princípios da Ética (administração aleatória de tratamentos, uso de placebo etc).

É imprescindível encontrar um equilíbrio entre as exigências metodológicas e os Direitos Humanos, sendo que o interesse da pessoa deve sempre sobrepor-se ao interesse da ciência (beneficência). O Médico não tem o direito de escolher os mártires da ciência (não maleficência), nem de trair a autonomia ou a confiança que o doente nele depositou (consentimento esclarecido e confidencialidade). Este equilíbrio entre o rigor científico em prole do bem da Humanidade, e o respeito pelo ser humano que de nós espera benefício e que em nós confiou, é uma área de conflitualidade em que a arte e sensibilidade médica devem prevalecer, e onde as Comissões de Ética podem desempenhar uma arbitragem fundamental[15].

Um instrumento científico de extrema utilidade é o **placebo (mica panis)**, já que avalia o benefício absoluto dos fármacos com ele comparados. A utilização do placebo é eticamente inadmissível em patologias graves que não permitem ausência terapêutica, como no caso de infecções ou tumores. Em muitas situações, o uso do placebo parece incorrecto por privar os doentes do benefício do tratamento. No entanto, o Cardiac Arrhythmia Supression Trial (CAST)[24] demonstrou que nem sempre é assim.

Após o enfarte agudo do miocárdio (EAM), cerca de metade dos doentes é vitimado (nas primeiras horas) por morte súbita devida a arritmias, pelo que se considerava como evidente que a "limpeza farmacológica das arritmias reduziria a incidência das mortes após EAM". No entanto há muito que eram conhecidos efeitos adversos paradoxais (arritmias graves) dos fármacos antiarrítmicos. Os Autores do CAST testaram a hipótese *"será que os antiarrítmicos reduzem a morte súbita após EAM?"*. Medicaram aleatoriamente 1.727 doentes com EAM recente, com antiarrítmicos (moricizina, flecainida/encainida), ou placebo. As características basais (idade, antiguidade do EAM, função cardíaca, fármacos associados) dos grupos eram semelhantes. A avaliação dos doentes era efectuada cada 4 meses. Aos 10 meses o estudo foi suspenso pela **comissão de segurança**, porque com alguns antiarrítmicos (flecainida/encainida) havia mais óbitos (7,67%) do que com o placebo (3,03%). É fundamental ter presente que os estudos com dupla ocultação, devem ter uma comissão de segurança composta por médicos conhecedores da chave das medicações ensaiadas, para actuar rapidamente no caso de haver suspeita de toxicidade elevada com um dos fármacos.

Este estudo não só demonstrou que a utilização de alguns antiarrítmicos (encainida/flecainida) nas arritmias (EV) assintomáticas foi nefasta[2], mas também revelou que o placebo pode ser mais benéfico que alguns fármacos. Porém, talvez a lição mais importante do CAST seja a brilhante ilustração da fragilidade da verdade científica (mesmo quando a teoria estabelecida parece "evidente").

Quando as exigências metodológicas do ensaio clínico exigem a administração aleatória dos tratamentos ou de placebo, há que salvaguardar o fundamental respeito pela **autonomia do doente**, com a obtenção do seu **consentimento esclarecido** para a realização do ensaio clínico. Alguns investigadores preferem inclusivamente o termo de "escolha informada". Este documento deve conter uma informação clara e leal, sem termos técnicos esotéricos. Quanto aos pormenores diagnósticos ou prognósticos, a literatura anglo-saxónica preconiza em geral que se deve dizer "toda a verdade". É indiscutível que o doente tem o direito de saber tudo sobre a sua situação, e caso se manifeste nesse sentido deve-lhe ser transmitida toda a verdade, mas não pode também ser negado o seu direito a ignorar o diagnóstico ou prognóstico. Com Ribeiro da Silva (1994[25]) e W Osswald

---

[2] O que não se aplica a todos os antiarrítmicos, e às arritmias mais graves ou sintomáticas.

(1996[26]) consideramos que se deve transmitir "aquela verdade que o doente pode suportar".

A dúvida sobre o diagnóstico pode representar um amparo para alguns doentes. Há inclusivamente algumas culturas (Índios Navajo) para as quais o falar dos perigos propícia o seu aparecimento[27]. É fundamental a sensibilidade e inteligência para saber avaliar a personalidade do doente e a cultura em que está inserido, e encontrar a melhor forma de lhe transmitir a verdade, é também neste aspecto que reside a arte médica.

Outro aspecto fundamental é o dever de assegurar a **confidencialidade** dos dados obtidos. Os investigadores devem guardar a documentação clínica de forma segura, não só para evitar a violação da confidencialidade, mas também para satisfazer eventuais pedidos de auditoria científica que possam vir a ser solicitados, dado que infelizmente tem havido casos de fraude[28].

4. Regulamentação dos medicamentos

O caso da Talidomida, que foi lançada no mercado anunciando a sua utilidade em grávidas, sem que se tenham feito experiências em animais prenhes, originou após os primeiros casos de focomélia, um processo judicial que foi determinante da rigorosa regulamentação que passou desde então a ser exigida para a introdução no mercado de novos produtos farmacêuticos.

Paradoxalmente a comercialização de produtos dietéticos, de medicamentos à base de plantas ou homeopáticos, tem uma regulação excessivamente permissiva[29], cuja justificação assenta normalmente no seu uso tradicional ou na crença da sua inocuidade. Porém, o uso tradicional não justifica o laxismo regulador deste mercado. Também as sangrias, sanguessugas e purgas foram aplicadas durante milénios e o seu uso já não é admissível. Atenção especial merece também a regulamentação do marketing destes produtos naturais, frequentemente apresentados como miraculosos (com excessivas virtudes e ocultação da sua toxicidade).

Esta situação pode representar um perigo para a Saúde Pública já que, não só podemos privar o doente de terapêuticas mais eficazes, como também porque muitas plantas podem ser tóxicas ou estar contaminadas com pesticidas, metais pesados e outros compostos perigosos[30,31e32].

O uso das plantas como medicamentos perde-se no tempo. O primeiro tratado de plantas medicinais "De Materia Medica" escrito por volta do ano 77, pelo médico grego Dioscorides, já descreve também diversas plantas como venenosas.

É urgente rever a regulamentação dos medicamentos naturais. Na Natureza também há venenos: rícino, Cicuta maculata, estricnina (da strychnos nuxvomica), aconitina substância arritmizante (usada pelos archeiros chineses), alguns cogumelos como a amanitas phalloids ou muscaria, ou a cravagem do centeio causadora de epidemias de gangrena (fogo de S. Antão) ou de alucinações que assolaram a Europa na Idade Média, e que ficaram bem ilustradas nos quadros de Bosh.

A **investigação dos novos medicamentos** é um processo muito dispendioso e demorado, no qual se podem distinguir diversas fases (v. Fig. 2).

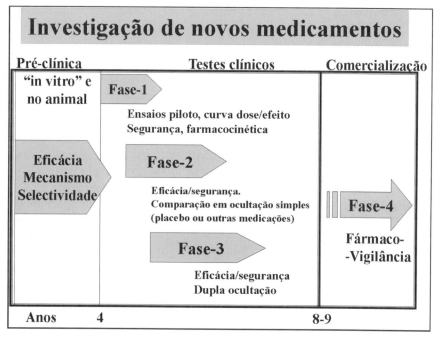

Fig. 2. *Fases da investigação de novos medicamentos*

Na fase pré-clínica a **experimentação animal** vai definir o perfil farmacológico (farmacocinética, mecanismo de acção, e efeitos sobre os diversos órgãos e sistemas) e toxicológico (incluindo a toxicidade sobre animais grávidos e o eventual efeito cancerígeno). Na **fase clínica – 1**, é confirmado no homem o perfil farmacológico do medicamento, com estudos de rótulo aberto que incidem num reduzido n.º de voluntários, e existe uma vigilância

Experimentação Humana, Factores de Erro, sua Mitigação pelo Método ...

intensiva em relação a eventuais efeitos adversos. Na **fase – 2** alarga-se o n.º de doentes abrangidos e a medicação é já comparada com outros fármacos equivalentes em ocultação simples (o investigador sabe a medicação aplicada nos doentes). Só na **fase – 3**, quando já se conhece melhor o perfil de segurança, é que a comparação com outros fármacos é feita em moldes de dupla ocultação, mas sempre supervisionada por uma comissão de segurança.

Após longos anos de estudo do fármaco (em laboratório e em ensaios clínicos), se a relação benefício/risco for favorável, a agência reguladora concede a autorização para a introdução no mercado (**AIM**), e o medicamento entra na **fase – 4** ou de **farmacovigilância**.

A detecção dos efeitos adversos raros só é possível nesta fase em que o medicamento é receitado em larga escala, desde que exista a participação das reacções adversas pelos clínicos, e a coordenação dessa informação pelos centros de farmacovigilância. É uma fase fundamental para a Saúde Pública, a que lamentavelmente escapam habitualmente os produtos naturais, até porque são de venda livre, e os médicos raramente são informados pelos doentes que os tomam.

O assunto dos **genéricos** tem sido alvo de debates públicos. Os genéricos são medicamentos com o mesmo fármaco ou princípio activo do medicamento de marca cuja patente já caducou, mas com eventual variabilidade dos excipientes (estabilizantes e solubilizantes) que podem influenciar a acção dos medicamentos, ou do processo de fabrico (que pode condicionar a pureza do princípio activo). Deve ser salientado que os efeitos adversos dos medicamentos podem ser devidos ao próprio fármaco, mas podem também resultar dos excipientes ou de impurezas resultantes do processo de fabrico.

Pensamos que a introdução dos genéricos é benéfica para a Saúde Pública, e necessária em termos de contenção de gastos para o erário público, mas o princípio defendido por alguns, de que ao farmacêutico deveria ser facultado o direito de alterar a receita do médico, substituindo os medicamentos de marca por genéricos "similares", parece-nos inaceitável. Ao alterar a receita médica, o farmacêutico pode anular a detecção de efeitos adversos causados por excipientes ou impurezas dum genérico, que o médico desconhecendo a alteração feita pelo farmacêutico, pode relatar como associada a outro medicamento, o que é *prejudicial em termos de Saúde Pública por comprometer Farmacovigilância*.

Acresce que sendo o farmacêutico eventualmente parte interessada na venda de medicamentos, não deve ter direito decisório sobre a sua escolha. As velhas Ordenações Afonsinas já sabiamente separavam as águas: assim como interditavam aos médicos a venda dos medicamentos, igualmente proibiam aos boticários o acto de receitar os produtos que tinham para vender. É com mágoa que temos ouvido altos responsáveis da ANF, defenderem de forma obsessiva o princípio da alteração do receituário médico pelo farmacêutico. Essa postura eticamente errada constitui um retrocesso legal e ético de alguns séculos[33].

Por fim, devemos salientar que a modificação da receita médica, suscita no doente uma pergunta: "qual a razão por que o farmacêutico alterou a receita? era o medicamento que o médico receitou o mais caro? ou seria pior? Ao gerar no espírito do doente estas dúvidas, a alteração da receita médica vai inevitavelmente minar a relação de confiança médico/doente, comprometendo a adesão deste à terapêutica.

A ANF repetidamente afirma que os genéricos são produtos iguais aos medicamentos de marca. Portanto, se os consideram iguais, a escolha entre eles na óptica da ANF não é uma questão técnica, é apenas uma questão económica, e neste campo não é o vendedor mas sim o próprio doente comprador, a única pessoa competente para escolher quanto quer pagar[32]. Sendo o farmacêutico beneficiário na venda dos medicamentos, por razões óbvias de Ética não deve influenciar o doente na escolha entre medicamentos que considera iguais. O doente só poupará na aquisição de genéricos, se no acto da compra o farmacêutico lhe facultar uma lista com o preço de todas as alternativas para o fármaco prescrito (o computador que gere o stock da farmácia serve perfeitamente para esse efeito). O farmacêutico deve dar aconselhamento técnico, não aconselhamento comercial. A orientação da compra pelo vendedor, representa um grave CONFLITO DE INTERESSES, e como o doente é a pessoa mais competente para decidir o que quer pagar, a sua autonomia deve ser respeitado, devendo os profissionais de saúde apenas informar o doente sobre os preços. Em prol da transparência, seria bom que as embalagens dos genéricos (à semelhança de outros produtos) incluissem o laboratório e local de fabrico.

Bibliografia

[1] Diego Gracia Guillém. Capítulo III El fármaco na Idade Média, in: Historia del medicamento. Ediciones Doyma SA, 1987 Barcelona. Pag. 73-115.

[2] Albert S. Lyons. Medicine in Hippocratic Times, in: Medicine. An Illustrated History. Abradale Press. Harry N. Abrams, Publishers, New York 1987 Pag. 195-207.

[3] Ortrun Riha. Medicina dos humores e símbolos. Scientic American Brasil – História N.º 1; 2007, Pag. 52-57.

[4] Roy Porter. The greatist benefit to mankind. Fontana Press – HarperCollins London 1997, Pag 76-77 e 217.

[5] History of Medicine. An interactive journey into the History of Medicine. 1996. Flagtower/Focus CD-Rom.

[6] Goldacre B. Benefits and risks of homoeopathy. The Lancet 2007; 370: 1672-1673.

[7] Skrabanek, P. Is homoeopathy a placebo response? The Lancet 1986; 2: 1107.

[8] Gracely RH, Dubner R, Wolskee PJ. Deeter WR. Placebo and naloxone can alter post-surgical pain by separate mechanisms. Nature 1983; 306 (5940): 264-5.

[9] Shang A, Huwiler-Müntener K, Nartey L, Jüni P, Sterne JAC, Pewsner D, Egger M. Are the clinical effects of homoeopathy placebo effects? Comparative study of placebo-controlled trials of homoeopathy and allopathy. The Lancet 2005; 366: 726-32.

[10] Guo R, Pittler MH, and Ernst E. Complementary Medicine for Treating or Preventing Influenza or Influenza-like Illness. The American Journal of Medicine. 207; 120: 923-929.

[11] Ernst E. A systematic review of systematic reviews of homeopathy. British Journal of Clinical Pharmacology 2002; 54: 577-582.

[12] Ernst E. The truth about homeopathy. British Journal of Clinical Pharmacology 2008; 65: 163-164.

[13] Goldacre B. Benefits and risks of homoeopathy. The Lancet 2007; 370: 1672-1673.

[14] José M. G. Toscano Rico. Investigação e Espírito Científico. Memórias da Academia das Ciências de Lisboa 1995: 57-66.

[15] Vale, Fernando M. Ética da prescrição médica no tratamento e na investigação. Algumas reflexões sobre a verdade científica. Revista da Faculdade de Medicina de Lisboa, 2000, III (4): 199-205.

[16] Writing Group for Women's Health Initiative Investigators. Risks and benefits of estrogen and progestin in healthy postmenopausal women: principal results from the women's health initiative randomised controlled trial. JAMA 2002; 288: 321-33.

[17] Hormonas Sexuais (Capítulo 53). Vale, Fernando M, in: Terapêutica Medicamentosa e Suas Bases Farmacológicas. 4ª edição por: S, Guimarães e W. Osswald. Porto Editora 2005.

[18] Franklin G. Miller et al. Ethical Issues Concerning Research in Complementary and Alternative Medicine. JAMA. 2004; 291: 599-604.

[19] Carneiro, A.V. A medicina baseada na evidência. Medicina Interna, 1998; 5: 133.

[20] Veloso, A.J.B. "Evidence-based Medicine": a arte e o ofício. Tempo Medicina, 2 Fev. 1998.

[21] Veloso, A.J.B. Acerca da "Medicina Baseada na Evidência". Texto retirado em 10 Setembro de 2008, de: http://cfcul.fc.ul.pt/textos/textosdisponiveis.htm

[22] José Barata Moura. Algumas questões sobre a ideia de verdade. Revista da F.M.L. 1998, Vol 3 (1): 15-21.

[23] Popper, K. (1902-1994) in: Sociedade aberta Universo aberto pp. 24-34. Publicações Dom Quixote, Lisboa 1987.

[24] The Cardiac Arrhythmia Suppression Trial (CAST) Investigators. Preliminary report: effect of encainide and flecainide on mortality in a randomized trial of arrhythmia suppression after myocardial infarction. N Engl J Med 1989; 321: 406-412.

[25] Ribeiro da Silva, J. A Ética na investigação em Medicina. In: Ética na Medicina Portuguesa. Faculdade de Medicina de Lisboa. 1994: 83-88.

[26] Osswald, W. Direitos do doente. In: Bioética. Editorial Verbo. 1996: 93-98.

[27] Carrese JA, Rhodes LA. Western bioethics on the Navajo Reservation. JAMA 1995; 274: 826-829.

[28] A Medical Madoff: Anesthesiologist Faked Data in 21 Studies: Scientific American. At: http://www.sciam.com/article.cfm?id=a-medical--madoff-anesthestesiologist-faked-da... On 18-03-2009.

[29] De Smet, PAGM. Herbal Medicine in Europe – Relaxing Regulatory Standards. N Engl J Med. 2005; 352: 1176-1178.

[30] Ernst E. Harmless Herbs? A Review of the Recent Literature. The American Journal of Medicine. 1998; 104: 170-178.

[31] Ernst E. Risks of herbal medicinal products. Pharmacoepidemiology and drug safety 2004; 13: 767–771.

[32] Espinoza EO, Mann MJ and Bleasdell B. Arsenic and Mercury in Traditional Chinese Herbal Balls. New Engl J Med. 1995; 333: 803--804.

[33] Medicamentos, Ética, Economia e o obsoleto monopólio das Farmácias. Fernando Martins Vale. Revista Ordem Médicos 2005, N 58: 60-61.

Bibliografia adicional:

GUIMARÃES, S. A investigação e a Farmacologia em Portugal. In terapêutica Medicamentosa e suas bases farmacológicas. J. Garret, W. Osswald, S. Guimarães. Porto Editora. 1987: 1384-1352.

LAURENCE, D.R. Evaluation of drugs in man. In: Clinical Pharmacology. D.R. Laurence, P.N. Bennet and M.J. Brown. Churchill Livingstone. 1997: 47-63.

LYONS, Albert S. Medicine in Hippocratic Times, in: Medicine. An Illustrated History. Abradale Press. Harry N. Abrams, Publishers, New York 1987 Pag. 195-207.

OSSWALD, W. e F. Brandão. O medicamento e sua avaliação. In terapêutica Medicamentosa e suas bases farmacológicas. J. Garret, W. Oosswald, S. Guimarães. Porto Editora. 1994

OSSWALD, W. A experimentação animal. In: Bioética. Editorial Verbo. 1996: 329-333.

RIBEIRO da Silva, J. A Ética da verdade impossível. In: Ética na Medicina Portuguesa. Faculdade de Medicina de Lisboa. 1994: 189-192.

RICO, José M. G. Toscano. Ensaios Clínicos. In: Bioética. Editorial Verbo. 1996: 340-346.

ENSAIOS CLÍNICOS – UMA PERSPECTIVA ÉTICO-JURÍDICA

JOÃO MARQUES MARTINS
Advogado e Doutorando em Direito

ÍNDICE: § Introdução; PARTE I – REGIME JURÍDICO: Capítulo I – Considerações Preliminares; Capítulo II – Raízes Históricas e Coordenadas Actuais; Capítulo III – Constituição da República Portuguesa; Capítulo IV – Normas Éticas Internacionais; Capítulo V – Código Civil; Capítulo VI – Código Penal; Capítulo VII – Lei n.º 46/2004, de 19 de Agosto; PARTE II – CASOS PRÁTICOS E REFLEXÕES AVULSAS: Titulo I – Casos Práticos; Capítulo I – Ensaios Clínicos em Crianças; Capítulo II – Ensaios Clínicos Pagos; Capítulo III – Ensaios Clínicos em Países de Terceiro Mundo; Título II – Reflexões Avulsas. § Conclusões.

§ INTRODUÇÃO

Os ensaios clínicos são o solo fértil de inúmeras discussões éticas, de atrocidades verídicas, benefícios espantosos, zonas cinzentas e fronteiriças, são, enfim, um ponto de partida para apreciar o utilitarismo, o relativismo e o universalismo.

É célebre o grande julgamento de Nuremberga, as experiências macabras e ignóbeis levadas a cabo pelos médicos nazis, eternizadas nas enciclopédias e nos documentários de índole humanista. Mais recentemente, relatou-se a inoculação de tecido cancerígeno mamário em mulheres saudáveis, com fim de estudo científico, ou o não tratamento da sífilis em alguns homens para estudar a evolução natural da doença.

Mas ao lado das trevas passeiam-se evoluções terapêuticas admiráveis, capazes de diminuir a mortalidade, reduzir o sofrimento, abeirando-se do almejado domínio fisiológico. Os riscos e os benefícios, a ciência e a avareza, a probabilidade e a certeza, o brilho cintilante da descoberta e o rosto falciforme do lucro, tudo isto num convívio barulhento e de multiplicidade vectorial.

Será admissível experimentar medicamentos em seres humanos saudáveis? E se forem crianças? Pagando-lhes por isso, compensa-se legitimamente o sacrifício? E experimentar medicamentos em países pobres, já que os seus habitantes não têm poder de compra para as terapêuticas conhecidas? Cumprirá à circunstância ditar as regras, ou não se pode abdicar de um núcleo axiológico indiferente ao espaço e tempo? Poderá ser aceite o mal de alguns face ao bem de muitos?

Pensando na evolução científica, urge indagar se se trata de uma desejada fonte de esgotamento humano, ou um decrépito conceito que falhou, pelo menos tarda, em trazer-nos respostas, paz e felicidade.

Os ensaios clínicos são um palco privilegiado para discutir estas gerais e especiais problemáticas. Consagram o ambiente ideal para o exercício espiritual mais profundo, na improvável demanda por um lugar onde o Homem se desencontra da sua natureza e a Humanidade descobre o único fio de sobrevivência, um lugar, dizia, a que se chama Equilíbrio.

PARTE I

REGIME JURÍDICO[1]

Capítulo I – **Considerações Preliminares**

1. Ensaio clínico e medicamento experimental

O conceito de ensaio clínico é determinado no artigo 2.º, a) da Lei n.º 46/2004, de 19 de Agosto. De acordo com este preceito são 4 os elementos definidores desta *figura*: (i) investigação (científica); (ii) conduzida no ser humano; (iii) com o intuito de descobrir ou verificar (iiia) os efeitos clínicos, farmacológicos ou os outros efeitos farmacodinâmicos de um ou mais

---

[1] A referência a preceitos legais sem menção da sua procedência significa que os mesmos pertencem à Lei n.º46/2004, de 19 de Agosto.

medicamentos experimentais, (iiib) ou identificar os efeitos indesejáveis de um ou mais medicamentos experimentais, (iiic) ou analisar a absorção, a distribuição, o metabolismo e a eliminação de um ou mais medicamentos experimentais; (iv) a fim de apurar a respectiva segurança ou eficácia[2].

Neste contexto, a investigação é o estudo sistemático de um processo natural/biológico com o objectivo de descrever as normas que o regem[3.]

Importa atentarmos outrossim no conceito de medicamento experimental. De acordo com o artigo 2.º, e), da Lei n.º46/2004, de 19 de Agosto, consubstancia a forma farmacêutica de uma substância activa ou placebo testada ou utilizada como referência num ensaio clínico. A substância activa é o composto químico capaz de interferir com o natural funcionamento do organismo. Placebo, ao invés, é uma substância sem efeito farmacológico, inerte.

Resta referir que com o ensaio clínico se pretende colectar informações relativas à eficácia e segurança do medicamento. Esta parte derradeira do conceito legal é nuclear. Com efeito, a comercialização de um medicamento é precedida de um procedimento administrativo que finda com a concessão de uma Autorização de Introdução no Mercado (AIM) emitida pelo INFARMED. Ora, esta licença só é atribuída se o medicamento for simultaneamente eficaz, pois as suas propriedades farmacodinâmicas asseguram um efeito terapêutico comprovado, e seguro, ou seja, se a relação risco/benefício for considerada favorável, o medicamento não apresentar risco para a saúde pública, nem for nocivo em condições normais de utilização[4]. Por isto, o ensaio clínico é, não só mas também, um pressuposto de admissibilidade legal de uma actividade comercial.

---

[2] Cumpre notar que as definições inseridas no artigo 2.º da Lei n.º 46/2004, de 19 de Agosto são inspiradas pelo artigo 2.º da Directriz 2001/20/CE.

[3] A experimentação em seres humanos pode respeitar a medicamentos, sendo nesse caso denominada ensaio clínico. Todavia, ela pode ter por objecto produtos químicos utilizados para diagnóstico radiológico ou radioquímico, bem como, por exemplo, técnicas de intervenção cirúrgica. Estas modalidades não serão, porém, versadas no presente trabalho, visto que não se reconduzem à figura do ensaio clínico.

[4] *Vide* artigos 14.º e 25.º do Decreto-Lei n.º 176/2006, de 30 de Agosto, que aprovou o Estatuto do Medicamento.

CAPÍTULO II – **Raízes Históricas e Coordenadas Actuais**

2. O Juramento de Hipócrates

O nascimento formal da ética médica deve-se, consabidamente, a Hipócrates, grego de Cós, estudioso destacado das questões da saúde. Sem prejuízo dos seus *Aforismos*, avulta em celebridade o compromisso sugerido aos profissionais da medicina, que ficou conhecido por Juramento de Hipócrates. Aí consta a exaurida máxima de que o médico não pode causar dano ou mal a alguém[5].

Todavia, este é um ponto de partida, esculpido numa era em que os ensaios clínicos modernos estavam afastados das cogitações mais premonitórias. Acresce que, em dissonância com as evoluções legalistas do último meio século, Hipócrates desconsiderava a posição paritária entre médico e doente. A título de exemplo, note-se que o juramento é omisso no concernente à informação e consentimento, hoje pedras angulares da ética médica.

3. As primeiras regras sobre experimentação em seres humanos

O primeiro documento normativo destinado expressa e exclusivamente a regular a experimentação médica em seres humanos data de 29 de Dezembro de 1900. Tratou-se de um Decreto do Ministério para os Assuntos Religiosos, Educativos e Médicos da Prússia, o qual acabou por ser uma reacção (adversa) ao caso Neisser. Albert Neisser foi um médico acusado de inocular sífilis nas suas doentes prostitutas, para estudar a doença, sem as informar da sua conduta. O mencionado Decreto referia com alguma ênfase a necessidade de um consentimento informado na experimentação.

A seguir à Primeira Grande Guerra, o assunto não deixou de se discutir, e merece relevância, neste contexto, a circular do Ministério do Interior do Reich, de 1931.

---

[5] Cumpre esclarecer que, ao contrário da crença comum, o conhecido *primum non nocere* não consta do juramento de Hipócrates. De resto, nem se trata de uma regra ética mas antes de um comando de correcto exercício técnico da profissão. O médico, no exercício da sua actividade, deve evitar piorar a situação do doente e, sem estar certo da provável bondade do seu tratamento, valerá mais que se abstenha.

Ensaios Clínicos – uma Perspectiva Ético-Jurídica

4. A Segunda Guerra Mundial e o Código de Nuremberga

Os relatos das atrocidades cometidas por alguns médicos alemães durante a Segunda Grande Guerra encetaram uma verdadeira revolução na ética médica e, em boa medida, despoletaram o surgimento da bioética. Porém, segundo alguns estudos, a conduta dos médicos nazis enquadrava-se perfeitamente nas práticas generalizadas por todo o mundo[6-7]. Todavia, as circunstâncias criadas com a guerra provocaram, evidentemente, o descalabro total.

A auto-regulação dos médicos entrou em crise no julgamento de Nuremberga, do qual, como se sabe, nasceria Código homónimo, em 1947. Trata-se de um documento constituído por dez parágrafos, fundamental para toda a bioética, mas em especial para a experimentação em seres humanos. Aí se aborda de forma incisiva o consentimento informado e o respeito pela vontade do paciente. Todas as regras posteriores sobre esta matéria receberam e recebem a influência do Código de Nuremberga.

5. Coordenadas actuais

Em 1964, foi aprovada a Declaração de Helsínquia, emitida pela Associação Médica Mundial. O seu conteúdo é similar ao do Código de Nuremberga, concedendo-se, no entanto, primazia ao dever que impende sobre o médico de respeitar a saúde do paciente, colocando em posição secundária a autodeterminação deste[8]. Não obstante, a Declaração de Helsínquia é um

---

[6] Vide FERNANDO CASCAIS, "A Experimentação Humana e a Crise da Auto-regulação da Biomedicina", in Análise Social, V.41, n.º 181, Instituto de Ciências Sociais da Universidade de Lisboa, 2006, p. 1015.

[7] Para uma enumeração e caracterização das experiências efectuadas por médicos nazis em campos de concentração, ver BERNANRD KANOVITSCH, "Les Expériences Médicales dans les Camps Nazis", in Droit e Justice: Bioéthiques, Bioéthiques, Bruylant, 2003, pp. 247 e ss. O Autor refere, entre outras, a avaliação da resistência humana a temperaturas glaciares e baixíssima pressão, bem como a experimentação de medicamentos para o tifo, o estudo da toxicidade do fenol para o corpo humano ou a eficácia das sulfamidas no tratamento da gangrena, finalizando com os casos de inoculações bacteriológicas ou virais em prisioneiros saudáveis.

[8] Defende-se que a Declaração de Helsínquia constituiu uma reacção à intervenção forasteira do poder judicial e político na prática médica, que o julgamento e o Código de Nuremberga representaram. De facto, sob certas perspectivas, alguns são, nestas terras, intrusos indesejados que empunham uma ética interessada em paralisar o pragmatismo reclamado pela evolução científica Neste sentido, ver HENRY BEECHER, "Ethics and Clinical Research", in The New England Journal of Medicine, vol. 274, n.º 24, 16 de Junho de 1966, p. 1354.

documento marcante, com directrizes éticas de peso, que haveriam de inspirar determinantemente, juntamente com o Relatório Belmont, as modernas legislações sobre os ensaios clínicos.

O Relatório Belmont, de 1979, promovido por uma entidade estatal norte-americana designada Comissão Nacional para a Protecção de Seres Humanos Participantes em Pesquisa Biomédica e Comportamental[9], foi o terceiro instrumento relevante sobre esta matéria, após o termo da Segunda Guerra Mundial. A nota de destaque vai para a circunstância de recuperar a prevalência da autodeterminação frisada em Nuremberga e de introduzir na discussão um interessante princípio da justiça.

Actualmente, verifica-se uma proliferação considerável de legislação, recomendações e outros instrumentos normativos sobre ensaios clínicos. Veja-se, por exemplo, o que acontece no espaço Europeu, onde se produzem directrizes destinadas a uniformizar leis nacionais sobre desenvolvimento de medicamentos, com destaque para a sua experimentação em seres humanos. Das autoridades administrativas chegam as circulares, como as da Agência Europeia do Medicamento, e, a nível nacional, as do INFARMED. Enfim, uma procriação de comandos e recomendações que, não raramente, se perdem em repetições e redundâncias.

A experimentação em seres humanos no geral e os ensaios clínicos em particular são um imperativo inultrapassável dos nossos dias. Por isso, é essencial traçar parâmetros éticos que estabeleçam o equilíbrio entre os direitos dos participantes e os interesses da ciência e da sociedade. Em seguida, há que fiscalizar e impor a aplicação das regras.

Sem pretensões exaustivas, devemos agora elencar as duas questões mais pertinentes sobre o tema. São elas:

(i) Admissibilidade ética da experimentação pura e da experimentação paga;
(ii) Desconformidade da prática com a lei.

Contudo, os problemas não se extinguem assim. Como tivemos ensejo de observar, este é um campo fértil em dúvidas e discussões. Concluídas as considerações introdutórias, é chegado o momento de aprofundar.

---

[9] The National Commission for the Protection of Human Subjects of Biomedical and Behavioral Research.

Ensaios Clínicos – uma Perspectiva Ético-Jurídica 105

CAPÍTULO III – **Constituição da República Portuguesa**

6. Preliminares

A questão dos ensaios clínicos na Constituição da República Portuguesa (adiante CRP) pode ser abordada sob três perspectivas: (i) a do participante, que é quem se disponibiliza a submeter-se à experimentação; (ii) a do investigador e promotor, que são quem organiza, financia e se responsabiliza pelo ensaio; (iii) a do Estado, quando a CRP lhe impõe o dever de controlar e disciplinar procedimentos relacionados com produtos farmacêuticos, bem como incentivar a investigação em geral.

7. O participante, o investigador, o promotor[10] e o Estado

Na primeira perspectiva, importará atentar nos preceitos que prevêem direitos fundamentais que, hipoteticamente, podem ser limitados pelos ensaios clínicos. São eles: os artigos 24.º e 25.º da CRP, que asseguram a inviolabilidade da vida, da integridade moral e física[11]; o artigo 64.º/1 da CRP, que garante a todos o direito à saúde, bem como impõe, a todos, o dever de a defender e promover.

Mesmo o exercício destes direitos pode sofrer limitações, contudo, apenas nos termos do artigo 18.º da CRP, ou seja, a restrição terá de respeitar o princípio da proporcionalidade e justificar-se na realização de um direito ou interesse constitucionalmente protegido. Como veremos, pelo menos na experimentação pura em crianças, estes condicionalismos dificilmente são respeitados[12].

Importa, agora, atentar no artigo 42.º/1 da CRP. De acordo com esta norma, é livre a criação científica. Trata-se de um direito fundamental inserido no capítulo dos direitos, liberdades e garantias. Embora, numa democracia moderna, a criação científica seja um direito óbvio, a CRP não deixou de o afirmar e de lhe atribuir uma posição de destaque.

---

[10] Sobre o conceito de promotor e investigador, ver artigo 2.º, g) e i) da Lei n.º 46/2004, de 19 de Agosto.

[11] Sem prejuízo desta inviolabilidade, qualquer ordenamento jurídico acaba por admitir a violação destes direitos, como por exemplo através do instituto da legítima defesa ou da lesão consentida. Todavia, trata-se sempre de casos específicos e bem delimitados, precedidos pela acção ou vontade do próprio lesado, que assim *derroga* a previsão legal.

[12] *Vide infra* n.º 38

106   *João Marques Martins*

Esta liberdade está, obviamente, limitada pela inadmissibilidade das consequências que o seu exercício possa acarretar[13]. Mormente quando contender com outros, mais relevantes, direitos fundamentais.

Finalmente, o artigo 64.º/3, e) da CRP, prescreve ao Estado o dever de disciplinar e controlar a produção, distribuição e comercialização de produtos farmacêuticos (papel assumido pelo INFARMED). Por outro lado, cabe igualmente ao Estado incentivar a investigação científica e coordená-la com as empresas, e bem assim associar a ciência ao desenvolvimento do país [artigo 73.º/4 e artigo 81.º, l) da CRP].

Não obstante aquele dever de incentivo, os ensaios clínicos são, salvo raríssimas excepções, patrocinados pela indústria farmacêutica, um sector privado da economia com interesse comercial directo nos medicamentos. Assim sendo, cresce em importância a função reguladora e fiscalizadora do Estado. Cabe, de facto, ao poder legislativo e executivo que é, desejavelmente, desinteressado de lucros e benesses, impor o cumprimento de requisitos éticos à investigação científica, em especial nos ensaios clínicos.

CAPÍTULO IV – **Normas Éticas Internacionais**

8. Preliminares

A legislação nacional específica sobre ensaios clínicos deriva, muitas vezes textualmente, de documentos normativos internacionais. Embora estes não estejam, em regra, incorporados no nosso ordenamento jurídico nem sejam alicerçados num poder coercivo, a sua relevância é determinante, quer pelo seu valor histórico, quer por consubstanciarem uma vinculação de origem associativa para os médicos, quer, finalmente, por serem referências incontornáveis da produção legislativa nesta matéria.

---

[13] Por exemplo, a positivada inviolabilidade da vida e da integridade moral e física (artigos 24.º e 25.º da CRP) é um limite, não imanente, mas expresso à liberdade científica. Trata-se de uma colisão de direitos, a qual, nas palavras de VIEIRA DE ANDRADE, *Os Direitos Fundamentais na Constituição Portuguesa de 1976*, Almedina, 1987, p. 223, se resolve "(...) *através de um critério de proporcionalidade na distribuição dos custos do conflito. (...) Exige-se que o sacrifício de cada um dos valores constitucionais seja necessário e adequado à salvaguarda dos outros*". No sentido de que estaríamos perante a figura dos limites imanentes, *vide* GUILHERME DE OLIVEIRA, "Direito Biomédico e Investigação Clínica", *in Revista de Legislação e Jurisprudência*, n.º 3881, Coimbra, 1997, p. 227.

Ensaios Clínicos – uma Perspectiva Ético-Jurídica 107

Cabe pois, neste capítulo, uma referência aos mais importantes. Far--se-ão por isso breves alusões ao Código de Nuremberga, à Declaração de Helsínquia e ao Relatório Belmont. Alerte-se, porém, que assim não se esgota toda a produção normativa internacional[14].

9. Código de Nuremberga

O Código de Nuremberga começou por ser parte da sentença que julgou os crimes cometidos por alguns médicos alemães durante a Segunda Grande Guerra. A relevância do seu conteúdo ético acabou por autonomizá-lo do aresto, tornando-se, diríamos, no mais importante compêndio normativo sobre ética nos ensaios clínicos.

É composto por dez parágrafos. O primeiro, e assim se diz muito, enceta com a seguinte prescrição: *"O consentimento voluntário do ser humano é absolutamente essencial"*. Ou seja, a autodeterminação do participante nos ensaios clínicos está em posição cimeira, sobretudo face às intenções, mesmo que legítimas e éticas, do médico. Sob outra perspectiva, o primeiro dever do investigador é respeitar a vontade do participante.

Todavia, não basta o consentimento livre, é também necessário que seja esclarecido. E por isso, ainda neste primeiro parágrafo, faz-se menção saliente à necessidade de explicação da experimentação ao participante.

Finalmente, consagra-se que o *"[...] dever e a responsabilidade de garantir a qualidade do consentimento impendem sobre o pesquisador que inicia ou dirige um experimento ou se compromete nele. São deveres e responsabilidades pessoais que não podem ser delegados a outrem impunemente"*.

E assim se encerra, em pouco mais de oito linhas, o princípio da auto-determinação, hoje central na ética dos ensaios clínicos[15].

---

[14] Ficam de fora desta análise, por exemplo, a CEDHB e as Directrizes Internacionais sobre Boas Práticas Clínicas elaboradas pela *International Conference on Harmonisation of Technical Requirements for Registration of Pharmaceuticals for Human Use (ICH)*, a qual é constituída por autoridades reguladoras da Europa, EUA e Japão, bem como especialistas da indústria farmacêutica. De facto, as regras aí inscritas não têm um papel tão influente ou inovador como os acervos agora analisados. Isto assim sem prejuízo de estes dois documentos serem chamados quando se justificar. Fica igualmente de fora desta análise a Directriz 2001/20/CE. Justifica-se esta opção pelo facto de a Lei n.º 46/2004, de 19 de Agosto, detalhadamente analisada adiante, ter operado a transposição desta Directriz.

[15] Sobre a autodeterminação, neste código, importa ainda atentar no parágrafo 9, que concede ao participante a liberdade de se retirar do ensaio quando entender conveniente.

Consagram-se, depois, outras normas relevantes. No parágrafo 2, faz-se menção ao princípio da necessidade, ou seja, o recurso à experimentação em seres humanos não se coaduna com uma mera conveniência da investigação, antes se exige que a mesma seja impreterível ao avanço e sucesso da pesquisa.

Nos parágrafos 4, 5, 7 e 10, prevê-se o dever de assegurar que o ensaio seja conduzido de modo a evitar sofrimento e danos desnecessários, proibindo-se liminarmente a experimentação que possa implicar risco de morte ou invalidez, estando estes deveres de protecção, evidentemente, ao serviço do participante [16].

O Código de Nuremberga veio, entretanto, a perder a influência e o prestígio com que nasceu. Talvez assim pela amplitude que concede ao consentimento, ou, quem sabe, por não ser a sua fonte o destinatário da ética ali consagrada. Actualmente, as legislações não o têm como farol orientador do destino pretendido. Esse papel está consagrado à Declaração de Helsínquia, sobre a qual falaremos em seguida.

10. Declaração de Helsínquia

A Declaração de Helsínquia sobre Princípios Éticos para a Investigação Médica em Seres Humanos foi adoptada em Junho de 1964, na Finlândia, pela Associação Médica Mundial. Surgiu como uma reacção à tentativa de hetero-regulação dos investigadores que o Código de Nuremberga representava[17]. O conteúdo do seu texto é eticamente valioso, mas a forma como se hierarquizaram os valores e princípios não pode deixar de merecer contestação.

A Declaração de Helsínquia é um instrumento redigido por médicos e dirigido aos médicos[18], elaborado na lógica de um moderno juramento de Hipócrates, garantindo o primeiro plano ao dever de beneficência que impende sobre o investigador e relegando para segundo posto o direito à autodeterminação do participante, numa óptica, arrisca-se, paternalista da medicina.

---

[16] Com profundidade, e porventura refinada ironia, o parágrafo 5 proíbe os ensaios dos quais possa resultar a morte ou invalidez permanente, *"excepto, talvez, quando o próprio médico investigador se submeter a ele"*.

[17] Neste sentido, FERNANDO CASCAIS, "A Experimentação…"(2006), *op. cit.*, p. 1019.

[18] Este intento não é por nós presumido, como se atesta pelo parágrafo 1, da Declaração, onde se esclarece que esta é uma *"[…] proposta de princípios éticos que servem para orientar os médicos e outras pessoas que realizam a investigação em seres humanos"*.

Atendendo à sua origem, o seu desrespeito não implicaria a aplicação de sanções penais ou cíveis. Contudo, os diplomas legislativos internacionais e nacionais sobre ensaios clínicos foram remetendo para a Declaração, sendo pois acertado considerá-la a referência legiferativa e ética da experimentação em seres humanos[19]. Façamos um breve périplo pelo documento.

Logo no parágrafo 2, considera-se ser dever do médico promover e salvaguardar a saúde das pessoas. Como atrás se afirmou, a primazia é dada ao chamado princípio da beneficência. Este dever é, depois, retomado no parágrafo 10.

No parágrafo 5, refere-se que o bem-estar do ser humano deve sobrepor-se aos interesses da ciência e da sociedade. É a consagração do princípio do primado da pessoa, também previsto na nossa Lei n.º 46/2004, de 19 de Agosto.

No parágrafo 8, refere-se que alguma população objecto de pesquisa médica é vulnerável e necessita de especial protecção. É também devida atenção especial àqueles que não tenham capacidade de dar o seu consentimento, àqueles que o dêem sob pressão/coação, àqueles que não beneficiarão pessoalmente da investigação e àqueles que participam na investigação para serem tratados[20].

Importantes são, igualmente, os parágrafos 16, 17 e 18, onde se considera requisito de admissibilidade dos ensaios clínicos a ponderação do risco/benefício com resultado favorável para este segundo.

Finalmente, no parágrafo 20, consagra-se o consentimento livre e informado dos participantes, estabelecendo-se seguidamente o conteúdo desta regra[21].

As questões éticas aqui levantadas serão tratadas aquando da apreciação da Lei n.º 46/2004, de 19 de Agosto. Todavia, não pode deixar de se referir que a Declaração de Helsínquia constitui uma abertura considerável aos limites éticos da experimentação em seres humanos, em detrimento do teor mais restritivo consagrado em Nuremberga.

---

[19] *Vide* Considerando 2 da Directriz 2001/20/CE e artigo 3.º/2 do DL n.º 102/2007, de 2 de Abril.

[20] *Vide*, sobre este assunto, parágrafo 28 da Declaração.

[21] Regra interessante é a do parágrafo 23, segundo o qual, havendo uma relação de dependência entre o investigador e o participante susceptível de pressionar este a concordar com a experimentação, deve ser um médico independente, que não esteja ligado ao ensaio, a obter o consentimento. Julgamos, porém, que a independência deste interveniente só se garantirá se se tratar de um médico alheio a qualquer relação com o hospital ou centro de ensaios onde decorre a investigação.

11. Relatório Belmont

I – Preliminares

Como acima se referiu, o relatório Belmont foi publicado em 1979, pela Comissão Nacional para a Protecção de Seres Humanos Participantes em Pesquisa Biomédica e Comportamental (EUA). Surgiu como reacção a vários abusos cometidos durante ensaios clínicos ocorridos nos Estados Unidos da América. Ao contrário da Declaração de Helsínquia, confere realce primordial ao princípio da autodeterminação, ou da autonomia, enaltecido em Nuremberga, seguindo-se depois os princípios da beneficência e da justiça.

Atentemos, brevemente, nas linhas essenciais do texto redigido em Belmont.

II – Princípio da Autodeterminação (Autonomia)

Para o Relatório, autodeterminação seria a capacidade de alguém estabelecer objectivos pessoais e conduzir-se por eles. Este princípio analisa-se em duas vertentes: (i) reconhecimento do dever de respeito pela autodeterminação; (ii) reconhecimento de que algumas pessoas têm um grau de autonomia inferior e que, nessa medida, merecem protecção especial. Para o cumprimento deste princípio é necessário que haja informação, compreensão da mesma e, só então, consentimento (*vide* parágrafos B1 e C1).

III – Princípio da Beneficência

Segundo o Relatório, as pessoas são tratadas de forma eticamente aceitável quando são feitos esforços para promover o seu bem. Trata-se do princípio da beneficência, que se desdobra em dois corolários: (i) não maleficência; (ii) maximização possível dos benefícios e minimização possível dos danos. Assim sendo, um ensaio clínico só respeitará este princípio quando for estritamente necessário, for feita uma correcta avaliação do binómio risco/benefício e, evidentemente, forem evitados danos inadmissíveis (*vide* parágrafos B2 e C2).

IV – Princípio da Justiça

Segundo este princípio, deve submeter-se os ensaios clínicos a um crivo de justiça distributiva. Se for necessário que alguém suporte os riscos associados à experimentação em seres humanos, será aquele que dela obterá benefício (*vide* parágrafos B3 e C3).

De acordo com esta lógica, não é ético o ensaio clínico levado a cabo em países de terceiro mundo, quando com a terapêutica experimentada se pretenda curar, por exemplo, doenças geriátricas. Do mesmo modo, será igualmente inadmissível que um determinado grupo de pessoas (pobres, reclusos, etc.) seja, frequentemente, recrutado para ensaios clínicos.

O princípio da justiça é, porventura, o mais significativo contributo do Relatório Belmont. Com efeito, tem o mérito de transportar a ponderação ética para o momento da selecção dos participantes, o que até à data não tinha sido feito com o devido relevo.

Capítulo V – **Código Civil**

12. Direitos de personalidade

No âmbito do Código Civil (adiante CC), a questão merece ser abordada na vertente dos Direitos de Personalidade (cf. artigo 70.° e ss. do CC). Estes surgem como uma emanação do ser humano, não como categoria abstracta, antes concreta, no sentido de se reconhecer e abranger na normatividade positivada a especificidade e singularidade de cada qual. Porém, o intuito não é uma protecção do indivíduo contra a comunidade. Trata-se, ao contrário, de uma tutela simultânea desta e daquele, na suposição de que a tendencial integridade da parte é pressuposto da existência desejada do todo. Por isso, seguimos OLIVEIRA ASCENSÃO quando atribui *conteúdo ético* aos direitos de personalidade[22].

Neste contexto, destacaríamos o artigo 70.°/1 do CC, no qual se protege a personalidade física e moral. Perante a sua ofensa ilícita, podem ser requeridas as providências adequadas para evitar a consumação da ameaça ou aligeirar a ofensa cometida. Isto, evidentemente, além da responsabilidade civil que tenha lugar. Como veremos, a Lei n.°46/2004, de 19 de Agosto

---

[22] *Vide Direito Civil – Teoria Geral, Volume I*, Coimbra Editora, 1997, p. 69.

comunga desta lógica proteccionista da personalidade, na modalidade preventiva e repressiva, não deixando porém de abrir brechas discutíveis.

Relevantes também são as regras sobre limitação voluntária dos direitos de personalidade (*vide* artigo 81.º do CC), nos termos das quais a restrição é nula se for contrária aos princípios da ordem pública. Importa ainda ter presente que a limitação é sempre revogável, embora possa gerar obrigação de indemnizar (*vide* n.º2). Esta especificidade dos negócios jurídicos sobre direitos de personalidade merece ser assinalada. A revogação é, neste caso, um acto lícito gerador de responsabilidade civil, ou seja, ao mesmo tempo que se reconhece a fraqueza do vínculo, inerente à relevância do direito restringido, também se assegura ao lesado o ressarcimento dos danos causados pela tutela da personalidade[23].

Na Lei n.º46/2004, de 19 de Agosto, o consentimento para a submissão a ensaios clínicos pode ser livremente e em qualquer altura revogado, mas não implica qualquer responsabilidade. Trata-se de um aprofundamento da protecção garantida no artigo 81.º do CC, para evitar que o participante prossiga no ensaio contra sua vontade por falta de recursos.

13. Negócio jurídico? Ordem pública e usura

Na experimentação paga, o participante recebe dinheiro em troca da disponibilidade para se sujeitar aos ensaios clínicos. Repugna-nos que esta transacção possa ser considerada um negócio jurídico, muito embora as semelhanças sejam evidentes, sendo assim justificado aceitar a subsunção daquelas vontades confluentes à mencionada categoria jurídica[24]. Não obs-

---

[23] Sobre a tutela dos direitos de personalidade, v. OLIVEIRA ASCENSÃO, *Direito Civil... Vol. I* (1997), *op. cit.*, pp.76 e ss.

[24] Sobre o chamado *negozio di sperimentazione*, à luz do Direito Italiano, *vide* ALESSANDRA BELLELLI, *Aspetti Civilistici della Sperimentazione Umana*, Cedam, Padova, 1983, pp.101 e ss. A Autora, embora raciocinando sobre a experimentação não paga, conclui que haveria aqui um negócio bilateral com duas declarações de vontade confluentes: o consentimento (manifestação expressa) e a execução do experimento (manifestação tácita). Se entendemos bem a posição de BELLELLI, esta não merece o nosso acordo. Havendo negócio, a proposta negocial partirá sempre do promotor ou investigador, limitando-se o participante a aceitá-la. Contudo, como já dissemos, a contratualização da experimentação repugna-nos pois parece apontar para uma indesejada venalidade do acto. Mas assim o argumento é fraco! Contudo, não havendo lugar a pagamento, fica sempre por explicar quais seriam os deveres do participante, que, como vimos, pode revogar a sua declaração de vontade a todo o tempo, sem daí advirem prejuízos. Parece que falta aqui a estrutura própria de um negócio jurídico, com direitos e deveres de parte a parte. Em todo o caso, a questão é complexa e merece reflexão, mas a economia do presente estudo não permite resolvê-la.

Ensaios Clínicos – uma Perspectiva Ético-Jurídica   113

tante, parece-nos, esse negócio será sempre nulo por contrário à ordem pública, conforme decorre do artigo 81.º/2 e do artigo 280.º/2 ambos do CC[25]. Com efeito, a saúde é um bem subjectivo e objectivamente considerado fundamental pela e para a maioria dos elementos da colectividade. Se alguém decide comercializá-lo, fá-lo-á por imprudência ou necessidade. Quer numa quer noutra situação, a comunidade, o Direito, não pode pactuar com essa conduta. Tal comportamento valerá como alerta para o poder político, como indicador nas escolhas sociais, mas carecerá de valor como negócio jurídico.

Se este obstáculo fosse ultrapassado, seria fundamental atentar no que dispõe o artigo 282.º do CC, sobre negócios jurídicos usurários, aplicável sem dúvida aos casos em que o consentimento não fosse livre nem esclarecido

CAPÍTULO VI – **Código Penal**

14. Preliminares

A questão dos ensaios clínicos não pode deixar de ser abordada igualmente na perspectiva do Direito Penal (adiante CP). Com efeito, a responsabilidade gerada pelo desrespeito do dever de informar e de obter o consentimento é civil e contra-ordenacional[26], mas também penal.

15. Brevíssima referência aos artigos 150.º, 156.º e 157.º do CP

O artigo 150.º do CP descaracteriza um comportamento que seria, *prima facie*, tipificado como ofensa à integridade física. Aí se estipula que as intervenções e os tratamentos indicados para o caso clínico da pessoa visada que sejam executados segundo as *leges artis* e com a intenção de prevenir, diagnosticar, debelar ou minorar doença, sofrimento, lesão ou fadiga corporal, ou perturbação mental, não são considerados ofensa à integridade

---

[25] Sobre a cláusula geral de ordem pública, *vide* OLIVEIRA ASCENSÃO, *Direito Civil – Teoria Geral, Volume II*, Coimbra Editora, 1999.

[26] *Vide infra* n.º 26.

física. Em suma, o acto médico não consubstancia este tipo penal. Elemento essencial da conduta é, sublinhe-se, a intenção terapêutica[27].

No artigo 156.º do CP, expressivamente inserido no capítulo dos ilícitos penais contra a liberdade pessoal, prevê-se o crime de intervenções e tratamentos médico-cirúrgicos arbitrários. Trata-se, em resumo, de um ilícito penal que consiste na prática de um acto médico sem obtenção prévia do consentimento do paciente, quando poderia, razoavelmente, ter sido obtido. A autonomização deste tipo de ilícito relativamente à ofensa à integridade física deve-se à jurisprudência e doutrina alemãs, muito embora a mesma não tenha reflexo no Código Penal alemão[28].

Finalmente, o artigo 157.º do CP confere conteúdo e substância ao pressuposto da informação para a validade do consentimento.

O cerne deste regime é, pois, o acto médico tal como está descrito no artigo 150.º e o consentimento, referido no artigo 156.º, ambos do CP.

Analisemos, em seguida, algumas modalidades de ensaio clínico, para percebermos se as normas acima mencionadas lhes são aplicáveis.

16. Experimentação pura[29]

Na experimentação pura, não se pretende beneficiar a saúde do participante, pelo que não estaremos perante um acto médico, considerando-se afastada a aplicação dos artigos 150.º, 156.º e 157.º do CP.

Assim sendo, a experimentação pura sem obtenção do consentimento livre e esclarecido, nos termos dos artigos 38.º e 149.º do CP, consubstancia um crime de ofensa à integridade física, previsto e punido nos artigos 143.º e ss. do CP. Lembre-se que, em qualquer caso, o consentimento é revogável até à execução do facto (*vide* artigo 38.º/2 do CP).

O consentimento não será, porém, válido se contrariar os bons costumes. Por exemplo, a experimentação pura que envolva o risco de lesões irreversíveis ou graves será sempre considerada um crime de ofensa à inte-

---

[27] *Vide Comentário Conimbricense ao Código Penal, Tomo I*, Coord. JOSÉ FIGUEI-REDO DIAS, Coimbra Editora, 1999, p. 307, em anotação de COSTA ANDRADE ao artigo 150.º do CP.

[28] *Vide Comentário Conimbricense...*(1999), *op. cit.*, pp. 303 e 377. *Vide* igualmente § 223 a § 241a, do *StGB*.

[29] Falaremos de experimentação pura se o participante for uma pessoa saudável ou doente, mas não portadora da patologia que se pretende tratar com o medicamento experimental.

Ensaios Clínicos – uma Perspectiva Ético-Jurídica

gridade física, mesmo havendo consentimento livre e esclarecido do participante[30].

17. Experimentação terapêutica[31] coexistente com alternativa terapêutica conhecida

Este é um caso extremamente interessante que, quanto a nós, se resolve do seguinte modo.

Se não houver motivos sérios para crer que o medicamento experimental será mais eficaz e/ou seguro, concretamente, do que a terapêutica conhecida, tratar-se-á de um acto médico contrário às *leges artis*, punível nos termos do artigo 150.º/2, do CP. Todavia, o consentimento, desde que livre e esclarecido, excluirá a ilicitude.

A entender-se de outro modo criar-se-ia um paradoxo punitivo. Com efeito, como vimos, a experimentação pura não deve ser penalizada como ofensa à integridade física se o participante nela consentir. Ora, punir criminalmente a experimentação terapêutica quando existe medicamento conhecido e recomendado seria rejeitar um mal, mas aceitar outro superior, uma vez que a experimentação pura é, evidentemente, mais gravosa para o participante do que a experimentação terapêutica.

Se, pelo contrário, há fundamento objectivo para crer que o medicamento experimental é a melhor solução terapêutica para o paciente, pensamos que será de aplicar o artigo 150.º/1 do CP.

18. Uso de placebos

Neste caso, não poderá falar-se de ofensa à integridade física por acção, mas da violação de um dever de praticar um acto médico.

Se esta abstenção for consentida pelo próprio doente e se estiver provado que houve esclarecimento cabal do participante sobre as características do ensaio, não haverá lugar a punição criminal, salvo se a omissão for susceptível de provocar lesões graves e irreversíveis, pois nesse caso seria de chamar à colação a cláusula dos bons costumes.

---

[30] *Vide*, a este respeito, *Comentário Conimbricense...* (1999), *op. cit.*, pp. 294 e ss., em anotação de Costa Andrade ao artigo 149.º.

[31] Falamos de experimentação terapêutica quando o participante sofre da patologia que se pretende tratar com o medicamento experimental.

Não havendo consentimento livre e esclarecido, em nosso ver, tratar-se-á de um crime de ofensa à integridade física cometido por omissão (artigo 10.º e 143.º do CP), pois sobre o médico impende o dever de tudo fazer para evitar a degradação física do paciente, ou seja, de impedir a verificação do resultado.

Capítulo VII – Lei n.º 46/2004, de 19 de Agosto

Secção I – *Disposições Gerais*

19. Preliminares

Em Portugal, os ensaios clínicos são regulados pela Lei n.º 46/2004, de 19 de Agosto[32]. Trata-se de um diploma legislativo que operou a transposição da Directriz 2001/20/CE, cujo intuito era a uniformização das regras sobre ensaio clínicos no espaço comunitário[33].

Decorrem da Lei escolhas e caminhos que importa avaliar à luz da ética, pois é dessa natureza o conteúdo do diploma. Não se dará grande ênfase aos procedimentos administrativos relacionados com os ensaios clínicos, visto não ser nesse âmbito que se enquadra o presente estudo.

Durante a exposição será feita, em nota de pé de página, referência às regras internacionais que influenciaram as normas contidas na Lei e que, por isso, devem ser ponderadas na sua interpretação.

20. Princípios fundamentais

A Lei n.º 46/2004, de 19 de Agosto contempla no seu enunciado três princípios fundamentais que formam a base axiológica das suas previsões.

---

[32] Revogou o Decreto-Lei n.º 97/94, de 9 de Abril, que havia sido o primeiro diploma a reger os ensaios clínicos em Portugal.

[33] De acordo com o artigo 22.º/1 da Directriz, a transposição deveria ter sido feita até 1 de Maio de 2003, sendo que a aplicação das disposições desta forma consagradas nos ordenamentos jurídicos dos Estados Membros deveria ser efectiva, o mais tardar, a partir de 1 de Maio de 2004.

Ensaios Clínicos – uma Perspectiva Ético-Jurídica   117

Como veremos, por vezes o legislador desviou-se do entendimento mais correcto, quer lógica quer valorativamente. Não obstante, parece-nos ser correcto afirmar que a nossa Lei assenta nos seguintes pilares: (i) Dignidade da Pessoa; (ii) Primado da Pessoa; (iii) Necessidade.

Por isso, as soluções legais hão-de ser encontradas e interpretadas debaixo destas luzes.

21. Princípio da dignidade da pessoa

No artigo 3.º/1, estabelece-se que *"os ensaios são realizados no estrito respeito pelo princípio da dignidade da pessoa e dos seus direitos fundamentais"*.

A dignidade da pessoa é um conceito vago de preenchimento difícil, por vezes esvaziado com tanto e inoportuno uso. Todavia, aqui, é possível atribuir-lhe alguma utilidade.

Deste princípio decorre, desde logo, o dever de respeito pela liberdade, pela autodeterminação de cada um e, como corolário, a necessidade de obter dos participantes em ensaios clínicos um consentimento livre e esclarecido.

Depois, ainda como consequência desta especial dignidade, cumpre respeitar direitos fundamentais como o direito à vida, à integridade física e à igualdade, todos eles potencialmente ameaçados pelos ensaios clínicos[34].

22. Princípio do primado da pessoa

Depois de um comando absolutista em que se consagra o respeito pela dignidade da pessoa e pelos direitos fundamentais, o artigo 3.º/2 estatui que *"os direitos dos participantes nos ensaios prevalecem sempre sobre os interesses da ciência e da sociedade"[35]*.

Antes de mais, pensamos que neste preceito/princípio está consagrada uma rejeição expressa de qualquer possível entendimento utilitarista da experimentação em seres humanos.

---

[34] Será, por exemplo, atentatório da dignidade a discriminação racial ou social, designadamente na selecção de participantes em ensaios clínicos.

[35] *Vide* parágrafo 2 da Declaração de Helsínquia, parágrafo B2 do Relatório Belmont, artigo 2.º da CEDHB, artigo 3.º do Protocolo Adicional a esta Convenção, e Considerando 2 da Directriz 2001/20/CE.

Note-se, desde logo, o seguinte: nenhuma confrontação se conjectura entre a dignidade da pessoa e os interesses da ciência e da sociedade. Com efeito, a limitação daquela é juridicamente inaceitável, de modo que não merece equação. Os direitos dos participantes, esses sim, podem sofrer restrições, mas só em certa medida e de certo modo.

Vejamos.

A limitação dos direitos, como se referiu, não pode ser *hetero-imposta*. A intenção e o acto de restrição têm de provir do participante. Porém, as decisões limitativas não podem exceder certos limiares, de modo a assegurar que o ser humano nunca seja instrumento da ciência ou da sociedade, mesmo que para isso tenha dado assentimento. Pelo menos, e tentando ser mais exacto, são de afastar as instrumentalizações que, segundo as cláusulas dos bons costumes e da ordem pública, se revelem inaceitáveis.

Manifestação legal clara deste princípio é o facto de o participante poder desistir do ensaio em qualquer altura sem que daí lhe advenham consequências negativas (artigo 6.º/2). Tal solução só é concebível numa lógica de sobreposição absoluta dos interesses do participante aos da ciência e da sociedade.

23. Princípio da necessidade

Este princípio não vem expressamente plasmado na Lei, mas é reflectido por alguns dos seus preceitos, como adiante teremos oportunidade de mencionar. Dele se retiram dois corolários pertinentes.

Por um lado, o ensaio clínico é um método de investigação a que apenas se pode recorrer quando for estritamente *necessário* para o avanço da ciência, e não houver alternativa metodológica de investigação[36].

Por outro, na escolha dos participantes, deve optar-se sempre por aqueles que têm total autodeterminação, salvo se a participação dos restantes for *necessária* para a eficácia do estudo.

---

[36] Aqui seguimos, em certa medida, a posição de GUILHERME DE OLIVEIRA, "Direito Biomédico..." (1997), *op. cit.*, pp. 228, que já ao abrigo da lei anterior falava do *"carácter imprescindível da investigação"*.

Ensaios Clínicos – uma Perspectiva Ético-Jurídica

24. A ponderação do risco e do benefício[37]

No artigo 5.º, aflora-se a ponderação do binómio risco/benefício.
O ensaio clínico só é legalmente admissível quando se possa concluir que os potenciais benefícios individuais para o *participante* no ensaio e para *outros participantes*, actuais ou futuros, superam os eventuais riscos e inconvenientes.

Importa desde logo reparar na redacção tortuosa do preceito. Fala-se de benefícios individuais para o *participante* no ensaio e para *outros participantes*. Mas quem são estes outros participantes? De acordo com o artigo 2.º, n), o participante é a *"pessoa que participa no ensaio clínico quer como receptor do medicamento experimental quer para efeitos de controlo."* Mas o artigo 5.º refere expressamente o participante no ensaio e depois aponta outros. Como se cura esta incongruência? Salvo melhor entendimento, a pretensão do legislador foi esclarecer que a admissibilidade ética do ensaio clínico não depende da imputação de benefícios ao participante. A intenção foi abrir a porta à experimentação pura.

Poderia, porém, tratar-se de um infeliz lapso de tradução. É que, o preceito de onde esta norma foi extraída, o artigo 3.º/2, a), da Directriz 2001/20/ /CE, tem a seguinte redacção: *"Os ensaios clínicos só podem ser realizados se (...): Tiverem sido avaliados os riscos e inconvenientes previsíveis relativamente aos benefícios para o participante e para outros, presentes e futuros, pacientes"*. Todavia, daqui sempre decorreria que o participante seria um paciente, beneficiando, por isso, directamente do ensaio. Será então de excluir a experimentação pura?

Não nos parece. A nossa Lei não proíbe, nem explícita nem implicitamente, a experimentação pura. Acresce que a Declaração de Helsínquia, inspiração maior da Directriz 2001/20/CE, admite-a expressamente. E assim sendo não vemos motivo para excluí-la liminarmente do nosso ordenamento jurídico[38]. Resta delinear os termos da sua admissibilidade[39].

Em todo o caso, fica claro no preceito que os benefícios do ensaio têm que justificar, superar, os riscos previsíveis. É um princípio importante mas de difícil concretização, pois nem sempre os riscos e os benefícios são

---

[37] *Vide* parágrafos 16 e 17 da Declaração de Helsínquia, parágrafo C2 do Relatório Belmont, artigo 5.º da CEDHB, artigo 6.º do Protocolo Adicional a esta Convenção, e artigo 3.º/2, a), da Directriz 2001/20/CE.

[38] Já o Decreto-Lei n.º 97/94.º, de 9 de Abril, que tinha no geral um conteúdo mais restritivo do que a actual Lei, permitia a experimentação pura em maiores capazes, no seu artigo 4.º.

[39] *Vide infra* n.ᵒˢ 29 e 38.

realidades de mensurabilidade simples, tudo dependendo da competência e experiência dos investigadores e avaliadores[40].

Importa acrescentar o seguinte. A ponderação do binómio risco/benefício com resultado favorável para este último não é suficiente. Há pelo menos dois requisitos complementares a preencher. Primeiramente, é imprescindível que os riscos em causa sejam juridicamente aceitáveis ao abrigo da cláusula dos bons costumes ou da ordem pública. Depois, se o centro de imputação do risco e do benefício não é o mesmo, como acontece na experimentação pura, aquele primeiro deverá ser, em princípio, reduzido.

A fiscalização da justa ponderação risco/benefício, diz-se no n.º 2, do preceito, cabe ao INFARMED, quer na fase de aprovação do protocolo, quer durante o ensaio (*vide* artigos 15.º e ss. e 23.º e ss.).

SECÇÃO II – *Participantes*

25. Preliminares

No artigo 3.º da Directriz 2001/20/CE estabelece-se que as normas sobre protecção dos participantes previstos naquele instrumento são aplicáveis aos ensaios clínicos realizados em Estados-Membros, sem prejuízo das regras nacionais de alcance mais vasto.

O legislador português, salvos alguns pormenores, não alargou a protecção que consta da referida Directriz. Embora se possa supor que tenha havido concordância com a extensão dos direitos garantidos aos maiores capazes, menores e incapazes, já não se compreende por que motivo calou a Lei sobre a participação em ensaios clínicos de mulheres grávidas ou de pessoas maiores mas com a autodeterminação circunstancialmente reduzida, como são os reclusos ou os doentes. Ao que se soma a total omissão sobre a experimentação com placebos. Era um dever que se impunha ao legislador e que não havia sido coarctado pelo diploma comunitário.

---

[40] HENRY BEECHER, *Ethics...* (1966), *op. cit.*, pp. 1360, considera que, depois do consentimento informado, a inteligência, conhecimento, consciência e responsabilidade do investigador é o requisito mais importante para garantir o império da ética nos ensaios clínicos. Sobre a especial dificuldade de medição do risco, ver ainda LESSEPS REYS, "Aspectos Particulares...", *in Bioética*, Coord. LUÍS ARCHER, J. BISCAIA & WALTER OSSWALD, Verbo, 1996, p. 349.

Nos artigos 6.º, 7.º e 8.º são estabelecidos os requisitos mínimos de protecção do participante num ensaio clínico. Vejamos quais são.

SUBSECÇÃO I – *Participantes Maiores Capazes*

26. Informação[41]

A informação é um pressuposto fundamental da manifestação volitiva humana. Na ignorância não se decide, arrisca-se. Deste modo, antes de se pedir a uma pessoa o consentimento para incluí-la num ensaio clínico, é obrigatório informá-la sobre os objectivos, os riscos, os inconvenientes e a metodologia associada ao ensaio, bem como os direitos que lhe assistem.

A informação deve ser transmitida em entrevista com o investigador, prescreve o artigo 6.º/1, a), bem como o artigo 10.º, b). Embora a Lei não seja clara a este respeito, julgamos que esta conversa deverá ser individual e não em grupo. Por dois motivos. Primeiramente, a não ser assim ficaria comprometido o dever, também inscrito na mencionada al.a), de conformar a comunicação com o ouvinte, numa espécie de linguagem ergonómica. Com efeito, quem se dirige a um grupo recorre a um denominador comum de expressão, não adapta, não poderia fazê-lo, as palavras a cada um dos interlocutores. Em segundo lugar, é sabido que o Homem se acanha quando toca a manifestar medos e ignorâncias em público, calando o receio e a dúvida para evitar a vergonha. Ora, num contexto em que a informação é o pressuposto essencial da validade do consentimento, estes riscos não se podem correr[42-43].

---

[41] *Vide* parágrafos 22 e 23 da Declaração de Helsínquia, parágrafo C1 do Relatório Belmont, artigos 5.º e 16.º da CEDHB, artigo 13.º do Protocolo Adicional a esta Convenção, e artigo 3.º da Directriz 2001/20/CE.

[42] Interessante, neste particular, é o Relatório Belmont, segundo o qual, no limite, poderão ser feitos testes de compreensão para aferir a capacidade do participante (*vide* parágrafo C1).

[43] Discussão pertinente e actual é a que incide sobre a concreta eficácia da explicação do desenho e fins do ensaio clínico a populações iletradas, *v.g.* em países de 3.º Mundo. Segundo um estudo de pesquisa feito junto de 17 investigadores com experiência nesta matéria, oito admitiram ser muito difícil transmitir a quantidade de informação suficiente para obter um consentimento válido, sobretudo nos ensaios com placebos. Todavia, para os pesquisadores entrevistados, este não é um problema exclusivo da experimentação em países de 3.º mundo, verificando-se com frequência, na Europa e nos EUA, dificuldades em transmitir com rigor e de forma inteligível a informação. Ainda neste estudo, 5 investigado-

Mas a informação não se considera apenas qualitativamente, cumpre observar também o aspecto quantitativo. O participante é um voluntário, e não, salvo excepções, um paciente que coloca a sua saúde nas mãos do médico em quem confia. De resto, pode suceder que a pessoa nem padeça de qualquer enfermidade. Assim sendo, o investigador está obrigado a descobrir-lhe toda a informação disponível, mesmo os riscos considerados menos previsíveis. Com efeito, no ensaio clínico, não há um grau de certeza consistente em relação à eficácia do medicamento que permita ao médico considerar adequada a omissão de informação, designadamente para não perturbar seriamente a sanidade do paciente.

Por exemplo, se certo indivíduo vai ser submetido a uma cirurgia vital para a melhoria do seu estado de saúde extremamente debilitado, não deve o médico informá-lo ao pormenor sobre os riscos muito baixos implicados na intervenção, sob pena de espantar o doente, já por força das circunstâncias em alerta.

Mas o investigador de um ensaio clínico não pode fazer este raciocínio selectivo da informação, pois a justificação do parágrafo anterior não procede aqui. Salvo, evidentemente, se a experimentação for terapêutica e não houver medicamento alternativo, sendo clinicamente essencial a intervenção. Mas nestes casos, diríamos, estamos perto de um acto médico convencional.

O participante deve ser igualmente informado de que pode desistir a qualquer momento [artigo 6.º/1, b), 2 e 3]. Desta eventual desistência, conforme assegura a Lei, não pode decorrer qualquer consequência negativa para o indivíduo. Já tecemos várias considerações a este respeito. Para lá remetemos.

Finalmente, deverá também ser disponibilizado um contacto através do qual se possa obter informações mais detalhadas, nos termos do artigo 6.º/1, g) e do artigo 9.º/3.

A violação do dever de informar constitui uma contra-ordenação, de acordo com o artigo 34.º/1, g). Como vimos acima, esta conduta consubstan-

---

res responderam afirmativamente à seguinte pergunta: Recrutaria um participante que não tivesse entendido a explicação mas mesmo assim desse o seu consentimento? A justificação para este desvio a regras consagradas é a seguinte: *"The starting point is that if I think that the study is going to benefit the community where the study is being carried out than perhaps it is justified, even if the subject is not completely able to understand what you are saying".* Vide Sam K. Newton and Jonh Appiah-Poku, "Opinions of Researchers Based in the UK on Recruiting Subjects from Developing Countries into Randomized Controlled Trials*", in Developing World - Bioethics,* Volume 8, Issue 3, Dezembro, 2007. Citação constante da p.153.

Ensaios Clínicos – uma Perspectiva Ético-Jurídica 123

ciaria, em muitos casos, também um crime, já que não havendo informação não há consentimento válido.

27. Consentimento[44]

O consentimento livre é uma declaração de vontade reduzida a escrito, datada e assinada, que deverá ser produzida por alguém com capacidade para dar o seu consentimento ou, na falta desta, por um representante legal [artigo 2.º, o) e artigo 6.º/1, d)].

Se o declarante não estiver em condições de dar o seu consentimento por escrito, pode este ser dado oralmente, na presença de duas testemunhas [artigo 2.º, o)][45]. É o que acontecerá, por exemplo, com os doentes tetraplégicos. Entendemos que mesmo o consentimento oral deverá ser sempre reduzido a escrito, em texto no qual se justifique a oralidade do mesmo, sendo imperativo fazer prova da inviabilidade de recolher a assinatura do participante.

Do documento escrito através do qual é dado o consentimento deve constar a informação sobre a natureza, o alcance e as consequências do ensaio. Note-se que seria inválido um consentimento dado em formulário minutado e abstracto. Exige-se, como decorre do artigo 6.º/1, d), um texto especificamente elaborado para o ensaio.

Um dos agudos problemas associados ao consentimento é o estéril formalismo em que ele, normalmente, se traduz. Dá-se à pessoa um documento para assinar e esta, levianamente, muitas vezes sem o ler, sem procurar informar-se, inscreve a sua marca no papel. Importa frisar que é dever de cada um ser consciente e, elementarmente, ler antes de assinar. Do mal o menos, pois como vimos o participante pode sempre arrepender-se e desistir do ensaio.

---

[44] *Vide* parágrafos 23 e 24 da Declaração de Helsínquia, parágrafos B1 e C1 do Relatório Belmont, artigos 5.º e 16.º da CEDHB, artigo 14.º do Protocolo Adicional a esta Convenção, e artigo 3.º da Directriz 2001/20/CE.

[45] Um reforço de segurança relativamente ao que prescreve a Directriz 2001/20/CE, na qual apenas se exige uma testemunha [artigo 3.º/2, d) *in fine*].

28. Integridade física e moral e protecção de dados[46]

Deverá estar assegurada a integridade física e moral do participante, bem como o direito à privacidade e à protecção de dados [artigo 6.º/1, c)]. A este respeito importa sublinhar que a liberdade do participante deverá ser uma prioridade para o investigador, estando obviamente proibidas quaisquer formas de coação moral ou indução em erro. Mas também surge, na esfera jurídica de quem organiza o ensaio, um acrescido dever de salvaguardar a saúde do participante, já que a degradação da integridade física pode decorrer, precisamente, do ensaio. Ou seja, para além da prévia e contínua ponderação do binómio risco/benefício, deve o médico responsável pela experimentação garantir a saúde do participante.

Este preceito deve conjugar-se, pois, com o disposto no artigo 6.º/1, f), onde se impõe que os cuidados médicos e as decisões relativas ao participante sejam da responsabilidade de um médico qualificado ou, se for caso disso, de um dentista. A parte final deste requisito parece estranha mas explica bastante: os riscos envolvidos num ensaio clínico devem poder ser medidos e, muito importante, tipificados. Assim, os médicos responsáveis pela assistência ao participante devem ser especialistas no ou nos órgãos sobre o qual, provavelmente, incidirá o risco.

Os dados pessoais recolhidos durante a investigação serão tratados nos termos da Lei n.º 67/98, de 26 de Outubro. É oportuno fazer alusão especial ao artigo 7.º/1 e 4 desta lei, onde se estabelece que o *"[...] tratamento dos dados referentes à saúde é permitido quando for necessário para efeitos de medicina preventiva, de diagnóstico médico, de prestação de cuidados ou tratamentos médicos ou de gestão de serviços de saúde"*. Não se refere, nem expressa nem tacitamente, os ensaios clínicos, mas devem achar-se incluídos por via da obrigatoriedade mencionada na Lei n.º 46/2004, de 19 de Agosto[47].

---

[46] *Vide* parágrafos 21 da Declaração de Helsínquia, parágrafos B2 do Relatório Belmont artigos 21.º, 22.º, 23.º e 25.º do Protocolo Adicional à CEDHB, e artigo 3.º da Directriz 2001/20/CE.

[47] Em todo o caso, a recolha de dados para fins de investigação científica é referida no artigo 10.º/5 e no artigo 11.º/6 da Lei n.º 67/98, de 26 de Outubro.

29. Experimentação pura

A experimentação pura é uma das questões mais controversas no âmbito desta matéria. Relembramos que se trata da participação no ensaio de pessoas saudáveis ou doentes, mas não portadoras da patologia que se pretende tratar com o medicamento experimental. Decorre, em regra, na fase I dos ensaios[48].

Antes de mais profícuos avanços, importa desde já referir que a experimentação pura é admitida por todos os acervos normativos que temos vindo a referir neste trabalho, incluindo o Código de Nuremberga, que não afasta esta modalidade, exigindo-se apenas, no parágrafo 2, que o ensaio produza resultados vantajosos para a sociedade[49].

Como vimos acima, a nossa Lei não proíbe a experimentação pura em maiores capazes[50]. Nem cria qualquer especificidade para a ponderação do risco/benefício, neste caso. Relembre-se que, ao abrigo do artigo 4.º/3 do Decreto-Lei n.º 97/94, de 9 de Abril, em vigor anteriormente, a experimentação pura só era admissível se não envolvesse previsíveis riscos para a integridade física e psíquica do participante.

Não obstante a omissão da actual Lei, sempre se dirá que, na experimentação pura o risco deve ser, em princípio, diminuído. Além disso, o recurso a pessoas sãs só pode considerar-se justificado se for indispensável para a validade científica do ensaio. O princípio da necessidade impõe esta solução.

Sendo legalmente admissível, é eticamente aceitável?

Importa sublinhar que a relação risco/benefício não se centra, neste caso, na mesma pessoa. O participante põe em risco a sua integridade física, mas recebe apenas o benefício da consciência ou, mais comummente, a vantagem venal do pagamento.

---

[48] A este respeito, v. Viana Alves, *Ensaios Clínicos*, Centro de Direito Biomédico, Coimbra Editora, 2003, pp. 87 e ss. A Autora distingue entre experimentação pura em voluntários sãos e doentes, admitindo a primeira e rejeitando a segunda. Argumenta que, neste último caso, a situação do potencial participante é ainda mais vulnerável, pois a possível relação de dependência para com o médico poderá facilitar o consentimento. Parece-nos acertada esta observação. Sobre esta distinção, *vide* igualmente Guilherme de Oliveira, "Direito Biomédico... "(1997), *op. cit.*, p. 260.

[49] *Vide* parágrafo 16 da Declaração de Helsínquia, parágrafo B2 do Relatório Belmont, artigo 16.º da CEDHB, artigo 6.º/2 do Protocolo Adicional a esta Convenção e artigo 3.º da Directriz 2001/20/CE.

[50] *Vide supra* n.º 24.

Alguns autores pretendem resolver a questão por analogia à admissão legal da ofensa à integridade física consentida[51] ou pelo exercício de um direito ao altruísmo[52]. Remete-se depois para a cláusula dos bons costumes para distinguir as lesões graves ou irreversíveis, rejeitadas pelo ordenamento jurídico, das ligeiras ou reversíveis, que seriam admitidas. Recorre-se ao exemplo do pugilista que consente em entrar no ringue de boxe para justificar a admissibilidade da experimentação pura.

E de facto, se alguém, voluntária, consciente e gratuitamente, pretende participar num ensaio clínico e assim fazer uso da sua filantropia, nenhuma questão se levanta. Pelo contrário, é o aplauso que tem lugar e a lei não deve limitar estes actos.

Porém, assim não se abrange o problema em toda a sua dimensão.

Analisemos a relação que, neste caso, se estabelece entre quem pede o consentimento e quem o dá, atendendo aos interesses subjacentes de um e de outro. Temos uma lesão consentida a pedido de alguém que é, as mais das vezes, defensor de um interesse comercial. Ora, havendo expectativa de lucro para quem solicita o consentimento, haverá também, da parte deste, uma disponibilidade acrescida para comprá-lo. Quanto ao participante, ou pertence ao raríssimo e valioso grupo dos altruístas, ou pretende também lucrar com o seu sacrifício. Cabe perguntar: a experimentação paga, mesmo provocando lesão ligeira e reversível, ainda respeita a cláusula dos bons costumes?

30. Cont. Experimentação paga[53]

Não é proibida em nenhum dos compêndios normativos que temos vindo a analisar. Far-se-ia a devida ressalva, talvez, para o artigo 21.º da Convenção Europeia para a Protecção dos Direitos do Homem e da Dignidade do Ser Humano face às Aplicações da Biologia e da Medicina (adiante CEDHB), que proíbe a obtenção de lucro com o corpo humano e as suas partes. Contudo, não estamos em crer que ali se contemplem os ensaios clínicos.

---

[51] *Vide* MATOS VIANA, *A Experimentação de Medicamentos em Seres Humanos*, policopiado, FDL, 2005, p. 67.

[52] *Vide* GUILHERME DE OLIVEIRA, *Direito Biomédico...* (1997), *op. cit.*, p. 230.

[53] *Vide* Parágrafos B3 e C4 do Relatório Belmont, artigo 21.º da CEDHB e artigo 31.º do Protocolo Adicional a esta Convenção.

No Decreto-Lei n.º 97/94, de 9 de Abril era proibida (artigo13.º/1), embora não se impedisse o reembolso das despesas que o participante houvesse suportado.

A actual Lei, uma vez mais, envereda por um caminho sinuoso[54]. Cala quando não devia, e depois, no artigo 20.º/3, l) limita-se a impor à comissão de ética que, no seu parecer sobre a admissibilidade do ensaio clínico, se pronuncie sobre *"[o]s montantes e as modalidades de retribuição ou compensação eventuais dos investigadores e dos participantes [...]"*. Ora, acreditando na unidade do sistema, o termo retribuição é próprio do direito laboral, e, neste caso, apenas o investigador está próximo de uma relação de trabalho. Deste modo, parece que ao participante apenas caberá a compensação. Todavia, pela importância do problema, impor-se-ia a separação das matérias ou, pelo menos, o uso providente do advérbio "respectivamente". Assim sendo, numa primeira aproximação, a mencionada compensação deverá conter-se no reembolso das despesas e dos prejuízos.

Mas se a lei não proíbe a remuneração do participante, admite-a?

Aqui, sem dúvida, será útil a cláusula da ordem pública ou dos bons costumes que, em nosso ver, imporia a proibição rotunda da remuneração[55]. É juridicamente intolerável que, desta forma, uma pessoa venda a sua saúde. A situação do pugilista não é comparável à do participante em ensaio clínico. Aquele é um desportista que, como muitos outros, corre riscos profissionais. Ao contrário, quem se submete a ensaios clínicos por dinheiro é pessoa ou de ganância extrema ou de necessidade considerável. E assim a compra do consentimento chama para os ensaios clínicos as camadas mais desfavorecidas da população, entrando-se na comercialização da saúde de quem já a tem, pela sua condição, em perigo constante. Ora, isto é eticamente inaceitável. É também o princípio da justiça, enunciado em Belmont, que para aqui se convoca.

Resta pois saber se a denominada compensação não poderá ser utilizada para adquirir a disponibilidade dos intervenientes. Mas aqui entramos num problema de fiscalização de aplicação da lei. É imperativo que, em cada ensaio clínico, seja sindicada por entidade independente a prova das despesas e dos prejuízos, bem como a limitação da compensação ao seu montante.

Questão com interesse é a de saber o que acontece à quantia ilegalmente paga para obter o consentimento, se o participante desiste.

---

[54] Já o legislador francês foi explícito na proibição da remuneração dos participantes. Vide artigo L1121-11, do Code de la Santé Publique.

[55] *Vide supra* n.º 13

Se se entender que estamos perante um negócio jurídico, como já vimos, o mesmo seria nulo (artigo 81.º/2 e 280.º/2 do CC), devendo, em consequência, ser restituído pelo participante ao promotor tudo quanto este lhe houvesse prestado. Isto assim sem prejuízo da penalização a aplicar ao promotor [56], bem como da sua eventual responsabilidade civil, porventura em sede de *culpa in contrahendo*.

Se nenhum negócio jurídico existe, aplica-se somente o artigo 6.º/2 da Lei n.º 46/2004, de 19 de Agosto, onde se esclarece que a desistência não implica qualquer responsabilidade para o participante. Contudo, a inexistência de responsabilidade não significa que não devam ser restituídas as verbas ilegalmente recebidas. O promotor deverá ser penalizado, mas pelo seu acto ilícito. Se para o participante resultarem prejuízos da conduta do promotor, poderá invocar a responsabilidade civil deste, na modalidade aquiliana, e assim fazer valer os seus direitos.

Em qualquer caso, o dinheiro recebido a título de pagamento deverá ser devolvido. Só assim, parece-nos, se chegaria a um equilíbrio e, pensamos, se dissuadiriam uns e outros.

A participação em ensaios clínicos deve ser um acto são, uma atitude cívica, como dar sangue ou fazer voluntariado, e não um modo de auferir vantagens económicas.

Todavia, como adiante veremos, a compra do consentimento está absolutamente liberalizada, e as propostas são feitas publicamente, sem registo de qualquer intervenção sancionatória do poder político ou judicial[57].

31. Experimentação terapêutica e de emergência

A nossa lei não trata especificamente estas questões.

Em ambos os casos, o participante está doente e presume-se que o medicamento experimental possa trazer à sua condição melhorias que a terapêutica conhecida não atingiu. Ter este requisito presente é essencial para avançarmos.

Vejamos primeiro a experimentação terapêutica.

O problema que aqui se discute é o da verdadeira liberdade do consentimento. Com efeito, a pessoa está numa situação de debilidade e dependência. É apanágio do ser humano desferir represálias sobre aqueles que,

---

[56] A penalização aqui mencionada visa o direito a constituir, pois nenhuma previsão existe, actualmente, que a sustente.

[57] *Vide infra* n.º 45 e 46.

Ensaios Clínicos – uma Perspectiva Ético-Jurídica   129

estando abaixo de si, não assentem aos seus pedidos. Enfim, pode gerar-se uma coação moral surda, que, em verdade se diga, até pode estar apenas no espírito do participante.

Impõe-se pois todo o cuidado e fiscalização na obtenção do consentimento. O dever impende sobre o médico/investigador, que deverá perceber o estado psicológico do interlocutor. Neste domínio, é importante a Declaração de Helsínquia, que, no seu parágrafo 23, apresenta solução para estes casos, sugerindo a obtenção do consentimento por um médico bem informado que não participe na investigação e nada tenha a ver com a relação médico/doente[58].

Como se vê, o problema aqui não está na ética das regras, mas na fiscalização do seu cumprimento.

Questão diversa se levanta com a experimentação de emergência[59].

Aqui, o estado de debilidade do participante é de tal ordem que ele está inconsciente e por isso circunstancialmente impedido de dar o seu consentimento. Ora, estando em curso um ensaio clínico de medicamento adequado a melhorar a saúde do paciente, pode este ser incluído na experimentação?

O problema aqui é o da inexistência de consentimento. Em nosso ver, mesmo não sendo possível obter o assentimento dos familiares, havendo convicção médica da necessidade de utilizar o medicamento, já porque a situação é grave e tendencialmente irreversível, já porque não existe terapêutica alternativa ou esta se mostrou, no caso concreto, ineficaz, não há motivos éticos para rejeitá-la. Contudo, uma vez que não há consentimento, o fim único tem de ser a saúde do doente. Os dados recolhidos com a experiência só podem ser entendidos como um *benefício colateral* do acto médico. Se se pensar e agir de forma diferente a questão ética surge pertinente, pois quedar-se-á inevitavelmente na instrumentalização da pessoa em causa.

Solução criativa foi a encontrada pela CEDHB, que, no artigo 19.º/2, iv. do Protocolo Adicional, admite a *experimentação pura de emergência.*

---

[58] Nos parágrafos 28 e ss. da referida Declaração, são ainda mencionados outros requisitos da experimentação em doentes. Refere-se aí que, no final da investigação, os pacientes devem estar certos de que contaram com os melhores métodos preventivos, diagnósticos e terapêuticos disponíveis.

[59] Haverá experimentação de emergência quando são incluídos no ensaio clínico participantes doentes que apresentam um estado de debilidade grave e avançado, e que se encontram inconscientes e momentaneamente impossibilitados de dar o seu consentimento. *Vide* sobre este assunto, com interesse, MATOS VIANA, *A Experimentação...* (2005), *op. cit.*, pp.43 e ss.

130 *João Marques Martins*

A regra é de tal forma vanguardista que se torna bizarra e contraditória. Cumpre perguntar: o que se pretende caracterizar com a expressão "emergência"? O estado de saúde do paciente ou a situação do promotor que não consegue recrutar participantes? Se é o primeiro, então tem de haver benefício directo para o doente, pois é também para si que essa modalidade de experimentação foi concebida. Se é beneficiar o promotor que se pretende, então a rejeição deve ser liminar e sem reservas. De resto, nem se entende como, numa situação em que o tempo drasticamente escasseia, ainda há segundos para desperdiçar em experiências.

Em suma, mesmo atendendo ao disposto no artigo 8.º/2 da CRP, consideramos que a experimentação pura de emergência é inconstitucional à luz do disposto nos artigos 18.º e 25.º da CRP. De resto, uma conduta deste género consubstancia, não temos dúvidas, um crime de ofensa à integridade física (artigo 143.º do CPP).

32. Experimentação em mulheres grávidas

O problema da participação de mulheres gestantes em ensaios clínicos prende-se com o risco acrescido que o seu estado implica e com a desnecessidade da sua participação.

A nossa Lei nada diz a este respeito[60].

O problema resolve-se, em nosso ver, da seguinte forma. As mulheres gestantes não podem participar em ensaios clínicos, salvo se com o medicamento experimental se visa tratar uma patologia de que são portadoras e que está associada ao seu estado, não havendo terapêutica alternativa, eficaz ou segura, e não sendo possível fazer o estudo em mulheres que não estejam naquela condição[61]. Para além destes condicionalismos, a participação destas mulheres é desnecessária e, por isso, deveria ser proibida.

Será sempre indispensável fazer uma avaliação risco/benefício cuidada, mas esse é um requisito geral dos ensaios clínicos que, aqui, apenas merece cautelas acrescidas.

---

[60] Ao contrário, por exemplo, do Code de la Santé Publique, em França, que regulou a questão no artigo L1121-5, não se deixando limitar pela transposição da Directriz 2001/20/CE. Ver, porém, o que dispõe o artigo 78.º/3, do Código Deontológico dos Médicos, no qual se prescreve o seguinte: *"A experimentação em mulheres grávidas só é eticamente admissível quando não possa ser realizada noutras circunstâncias e tenha interesse directo para a mãe ou para o filho e desde que dela não possa resultar grave prejuízo para a saúde ou para a vida do outro"*.

[61] Em sentido contrário, ver VIANA ALVES, *Ensaios...* (2003), *op. cit.*, p. 94.

Não é esta, porém, a orientação escolhida no Protocolo Adicional à CEDHB, que, no seu artigo 18.º, permite a experimentação pura em mulheres grávidas desde que se pretenda com a terapêutica experimental tratar uma doença associada ao seu estado, quando não seja possível efectuar a investigação em mulheres que não estejam naquela condição e quando os riscos envolvidos sejam mínimos. É uma opção errada, pois não contempla todos os interesses presentes. Neste caso, a mulher está a consentir por si e pelo embrião ou feto. O exercício da sua autodeterminação é susceptível de prejudicar a saúde de outro ser, que não pode ser consultado. Assim sendo, aquele exercício tem de ser limitado à sua estrita necessidade, e não à da ciência ou de outras mulheres.

A isto acresce que o conceito de risco mínimo referido na CEDHB não é uma verdade lógica ou matemática, mas apenas um juízo de previsibilidade, o qual, para ser correcto, depende da competência técnica do investigador.

No concernente à experimentação no embrião ou feto vivo dentro da gestante, valerá o quanto dissermos para os participantes menores.

33. Experimentação em reclusos[62]

Antigamente, alegava-se que a participação dos reclusos em ensaios clínicos era uma forma justa de aqueles compensarem a sociedade pelo mal causado. Todavia, seguindo este raciocínio, haveria certamente outras *classes* a expiar.

Actualmente, contra as posições restritivas, argumenta-se com a evolução mundial do respeito pelos direitos humanos e também com a injustiça de privar os reclusos de darem o seu contributo à ciência[63].

Ninguém duvida de que a liberdade dos prisioneiros, mesmo para o consentimento, é reduzida.

---

[62] *Vide* parágrafo B1 do Relatório Belmont e artigo 20.º do Protocolo Adicional à CEDHB.

[63] Em 2006, o Instituto de Medicina das Academias Nacionais dos EUA (IOM) sugeriu ao governo que aligeirasse as restrições aos estudos em reclusos, alegando que o sistema prisional Norte-Americano estava humanizado e que por isso já não se justificavam as restrições de antigamente. No relatório elaborado pela IOM foi também apontada a necessidade de assegurar o respeito pela vontade dos prisioneiros e de que estes não fossem chamados a participar em ensaios clínicos pelo simples facto de terem a liberdade restringida. *Vide* Institute of Medicine of the National Academies (IOM) – http://www.iom.edu/Object.File/Master/35/796/Prisoners.pdf – consultado em 14.05.2008

Se a experiência for terapêutica, deve admitir-se a participação, assegurando-se a legalidade do consentimento e um equilíbrio estatístico entre o número de participantes presos e em liberdade[64]. Afinal, neste caso, o recluso tem um interesse directo cuja realização não deve ser liminarmente impedida.

Já a experimentação pura levanta as maiores dúvidas. Não se compreende por que motivo, havendo mais pessoas em liberdade do que encarceradas, será necessário recorrer a quem, por definição, sofre restrições na determinação da componente volitiva do consentimento.

Mais uma vez, o Protocolo Adicional à CEDHB mostrou-se pioneiro e, no seu artigo 20.º, admitiu a experimentação pura em reclusos desde que: (i) um ensaio de eficácia comparável não possa ser realizado sem a participação de pessoas privadas de liberdade; (ii) se pretenda com o ensaio contribuir para a obtenção de resultados que beneficiem pessoas privadas de liberdade; (iii) envolva um risco mínimo.

Compreende-se e até se aceitaria a posição da CEDHB. Todavia, parece insólito que se sugira a existência de doenças associadas à reclusão!

A Lei n.º46/2004, de 19 de Agosto nada previu a este respeito, mas, nos termos do artigo 96.º/5, do Decreto-Lei n.º 265/79, de 1 de Agosto, os reclusos podem participar em experiências médicas e científicas, desde que dêem o seu consentimento. Uma vez que a Lei n.º 46/2004, de 19 de Agosto os não exclui, resta concluir que, em Portugal, os prisioneiros podem legalmente participar em ensaios clínicos, quer na modalidade da experimentação terapêutica quer pura. Contudo, neste segundo caso, o ensaio só será admissível se verificados os condicionalismos previstos no artigo 20.º do Protocolo Adicional à CEDHB[65-66].

34. Uso de placebos[67]

Decorre na fase III dos ensaios clínicos. A questão coloca-se, evidentemente, porquanto o participante padece da patologia que se visa tratar

---

[64] A preponderância de população prisional num ensaio clínico, sem justificação válida, deverá indiciar um recrutamento motivado pela facilidade de obtenção do consentimento e não por conveniências científicas. Isso não é eticamente admissível.

[65] *Vide* artigo 8.º/2 da CRP.

[66] Note-se, todavia, que o 78.º/4 do Código Deontológico dos Médicos proíbe a experimentação médica em pessoas privadas de liberdade.

[67] *Vide* parágrafo 29 e respectivo aditamento interpretativo, da Declaração de Helsínquia, parágrafo C1 e C2 do Relatório Belmont e artigo 23.º/3 do Protocolo Adicional à CEDHB.

Ensaios Clínicos – uma Perspectiva Ético-Jurídica   133

com o medicamento experimental. Havendo terapia conhecida, a utilização de placebo privá-lo-á do melhor tratamento possível, não havendo opções terapêuticas, privá-lo-á momentaneamente do possível benefício associado à experimentação terapêutica[68]. Com a utilização do placebo pretende-se determinar a causalidade efectiva entre a evolução positiva do estado de saúde e o medicamento experimental, ou seja, excluir a contaminação da ciência pela subjectividade.

A nossa Lei refere-se a esta questão apenas no artigo 2.º, e), informando que o medicamento experimental pode ser uma substância activa ou um placebo. Portanto, este método de experimentação é admitido em Portugal. Lamenta-se que, depois, se não aclare em que termos.

Todavia, a Declaração de Helsínquia estabelece, num esclarecimento interpretativo ao seu artigo 29.º, as condições que têm de estar verificadas para que o placebo possa ser utilizado num ensaio clínico. São as seguintes: (i) seja cientificamente necessário para avaliar a eficácia e a segurança do medicamento experimental; (ii) a doença de que o participante sofre tenha pouca gravidade e a utilização de placebo (abstinência de tratamento) não implique, para o receptor, risco adicional de lesão grave ou irreversível. Mas é possível acrescentar algo mais. Vejamos.

Havendo consentimento e uma premente necessidade na utilização do placebo, não nos parece que esta metodologia deva ser afastada liminarmente por razões éticas. Todavia, são imprescindíveis algumas ressalvas.

O que se pretende com o uso do placebo é determinar em que medida o resultado positivo na saúde dos participantes fica a dever-se ao efeito sugestivo provocado pelo facto de estarem a ser tratados, e não à substância activa experimentada. E assim entroncamos na questão dos ensaios cegos[69]. De facto, para a estratégia produzir efeitos é imperativo que a pessoa não saiba se está a tomar um placebo ou o medicamento experimental. Admitindo que o ensaio decorre desta forma, já se não pode tolerar que o participante não saiba sequer que *pode* estar a tomar placebo ou a substância activa. Esta

---

[68] Questão técnica, embora fundamental, que não podemos evidentemente discutir, é a necessidade metodológica do recurso ao placebo. Com efeito, na ciência não é curial que esta técnica seja essencial para o rigor dos resultados. Sobre esta questão, *vide* EZEKIEL EMANUEL & FRANKLIN MILLER, "The Ethics of Placebo – Controlled Trials – A Middle Ground", *in The New England Journal of Medicine*, Volume 345, n.º12, 20 de Setembro de 2001.

[69] No ensaio cego, o participante não sabe se está a ser tratado com uma substância inerte ou activa. O ensaio pode ser duplamente cego, quando até o investigador desconhece aqueles dados.

consciência é estruturante pois sem ela o consentimento não seria válido, porque desinformado, decorrendo daí a inadmissibilidade do ensaio.

Em suma, antes de ser obtido o consentimento, deve ser esclarecido que, entre os participantes, alguns serão tratados com a terapêutica experimental e a outros será administrado um placebo. Só dispondo destes dados, pode a pessoa decidir, conscientemente, se pretende assumir o risco. A nossa lei parece impor esta solução no artigo 6.º/1, a), onde se exige que sejam explicados ao participante as condições em que o ensaio será realizado.

O sofrimento ou lesões previsíveis ou verificadas durante o ensaio não poderão ser graves nem irreversíveis. Exige-se uma ponderação rigorosa deste requisito. Um padecimento ligeiro e futuramente inconsequente é o máximo admissível. Por isso qualquer degradação do estado de saúde do participante deve, neste caso, merecer atenção especial, porquanto pode resultar precisamente da abstinência do tratamento. Seria insustentável manter alguém num sofrimento dispensável a bem da ciência.

Em todo o caso, a duração do ensaio deverá ser tão reduzida quanto possível, sobretudo quando estiver disponível terapêutica de reconhecida eficácia.

Finalmente, sublinhe-se, pois este pressuposto é basilar, que a utilização do placebo tem de ser essencial para a validação (não administrativa, mas científica) do ensaio. Só isso poderá, preenchidos os requisitos antecedentes, justificar o uso de placebos[70-71].

SUBSECÇÃO II – *Participantes Menores*

35. Remissões

As especificidades da experimentação em menores resumem-se à informação, ao consentimento, à experimentação pura e ao uso de placebos.

Quanto ao restante, remete-se para a subsecção anterior.

---

[70] V., neste sentido, o artigo 76.º, f) do Código Deontológico dos Médicos.

[71] Havendo terapêutica alternativa, será sempre importante assegurar que se pretende obter algum benefício adicional com o medicamento experimental, em termos de eficácia ou segurança. Mas este é um requisito de todo o ensaio clínico, não só quando se recorre ao placebo.

36. Informação

Neste caso, a informação deve ser transmitida ao representante legal do menor, mas este deve também beneficiar de explicação adequada à sua capacidade de compreensão [artigo 7.°, b)].

37. Consentimento[72]

As questões mais delicadas decorrem, evidentemente, do consentimento, pois este é dado por pessoa diferente do participante.

Segundo o artigo 7.°, a), o consentimento é obtido junto do representante legal[73] e deve *reproduzir a vontade presumível do menor*.

A vontade presumível é um conceito adequado para os casos em que dada pessoa, que está geralmente habilitada a dar o seu consentimento, não pode, excepcionalmente, efectuar essa declaração. A remissão para a vontade presumível, se é útil, por exemplo, no direito penal (v. artigo 39.° do CP) e na interpretação dos negócios jurídicos (v. artigos 236.° e 239.° do CC), consubstancia, na experimentação em menores, uma referência perigosa. Em rigor, esta presunção só se ajusta quando a experimentação é terapêutica, não existe medicamento alternativo ou eficaz no caso concreto, e os riscos não são intoleráveis. Ao fim e ao cabo, é legítimo presumir que ninguém aprecia a dor e muito faria para evitá-la.

Mas este raciocínio entra em falência no que toca à experimentação pura, com uso de placebos, ou à experimentação terapêutica quando existe medicamento alternativo eficaz. Neste último caso, pensamos que a validade daquela presunção de vontade ainda será admissível quando for de esperar que a substância activa experimentada trará benefícios consideravelmente superiores aos da medicação conhecida. Fora desses casos, as objecções que colocaremos à experimentação pura valem aqui.

Importa ainda ter em atenção que a recusa do menor, se assente num mínimo de maturidade, deve ser suficiente para retirar qualquer efeito ao consentimento dos pais, nos termos do artigo 7.°, c). Havendo recusa do menor mas consentimento dos pais, e decidindo-se nestes termos avançar

---

[72] *Vide* parágrafos 8 e 24 da Declaração de Helsínquia, parágrafos B1 e B2 do Relatório Belmont, artigos 6.° e 17.° da CEDHB, artigos 15.°, 16.° e 17.° do Protocolo Adicional a esta Convenção, e artigo 4.° da Directriz 2001/20/CE.

[73] Sendo o poder paternal exercido por duas ou mais pessoas, deve cada uma delas dar o seu consentimento. Neste sentido, ver Viana Alves, *Ensaios...*, *op. cit.*, p. 100.

136 *João Marques Martins*

com o ensaio, deve justificar-se, por escrito e cabalmente, por que motivo a vontade do menor não foi atendida.

38. Experimentação pura

O Decreto-Lei n.º 97/94, de 9 de Abril, no artigo 10.º/4, proibia a experimentação pura em menores, tal como acontece ainda hoje no artigo 78.º/2 do Código Deontológico dos Médicos.

Excepto o Código de Nuremberga, todos os instrumentos internacionais que temos vindo a analisar permitem esta modalidade de ensaio[74-75]. Neste contexto, a Lei n.º 46/2004, de 19 de Agosto, no artigo 7.º, e), dá igualmente o seu assentimento, desde que: (i) o ensaio clínico só possa ser realizado em menores (princípio da necessidade); (ii) com ele se vise beneficiar directamente o grupo dos menores; (iii) a experimentação seja fundamental para validar resultados obtidos em ensaios realizados em maiores capazes ou através de outros métodos de investigação.

Todavia, estamos em crer que a Lei, ao exigir que o consentimento do representante legal corresponda à vontade presumível do menor, acabou por minar irremediavelmente a solução que preconizava.

Conforme já se esclareceu acima, na experimentação terapêutica, verificadas certas condições, é de admitir a presunção da vontade do menor.

Todavia, quando do ensaio nenhum benefício directo resulta para o participante, a decisão de participar reconduz-se sempre a uma necessidade não fisiológica, mas espiritual, de índole altruísta, onde consta a nobreza de auxiliar os demais, enfim, de servir a comunidade. Será que estes sentimentos complexos perpassam no estro de uma criança de 5 meses ou de 5 anos? Só com um ilogismo de largo fôlego seria possível responder afirmativamente. Logo, este género de vontades não se pode, evidentemente, presumir. De onde resulta que, aplicando a própria Lei, para a experimentação pura em menores não é possível obter o devido consentimento[76].

---

[74] Embora nada se refira a este respeito no Código de Nuremberga, a filosofia que lhe está subjacente parece apontar no sentido negativo. Mas a dúvida pode permanecer. *Vide*, a este respeito, DOMINIQUE SPRUMONT & ANDRULIONIS GYTIS, "The Importance of National Laws in the Implementation of European Legislation of Biomedical Research", *in The European Journal of Health Law*, Volume 12, n.º 3, Setembro, 2005, p. 246.

[75] *Vide* parágrafo 24 da Declaração de Helsínquia, parágrafo B2 do Relatório Belmont, artigo 15.º/2 do Protocolo Adicional à CEDHB e artigo 4.º da Directriz 2001/20/CE.

[76] Importaria ainda averiguar de que modo o consentimento dos pais se compatibilizaria com o disposto no artigo 1878.º/1 do CC, onde se prescreve o seguinte: "*[c]ompete aos pais, no interesse dos filhos, velar pela segurança e saúde destes [...]*"

Deste modo, o único caminho seria a criação de um mecanismo legal que permitisse a uma pessoa substituir a vontade de outrem pela sua, de modo incondicional. Só que esse mecanismo não existe no nosso ordenamento jurídico nem foi, justamente, criado pela Lei n.º 46/2004, de 19 de Agosto. De resto, estamos seguros de que a positivação bem sucedida da referida fungibilidade volitiva, independentemente do interesse objectivamente determinado do titular da vontade substituída, seria sempre inconstitucional, por implicar uma restrição desproporcionada do direito ao desenvolvimento da personalidade e à liberdade (artigo 26.º e 27 da CRP).

Em suma, no nosso ordenamento jurídico, esta modalidade de ensaio não é permitida pela Lei, e se o fosse tratar-se-ia de uma Lei inconstitucional.

Em última análise, salvar-se-iam os casos em que o menor tem já maturidade suficiente para construir uma consciência altruísta e, nessa ocasião, juntamente com os pais, consentir no ensaio.

Relevante é, igualmente, a norma prevista no artigo 7.º, d), a qual, ao contrário do que acontece com a experimentação em maiores capazes, exclui expressamente a concessão de incentivos ou benefícios financeiros. Supomos, contudo, que a fiscalização do respeito por esta limitação seja empresa complicada.

Vista a questão legal, cumpre apreciar a vertente ética.

Aceita-se, perfeitamente, que um maior capaz e saudável se submeta a um ensaio clínico com fins puramente filantrópicos. Porém, já parece inverosímil que uma mãe ou um pai sujeitem o seu filho a um ensaio deste género sem interesses patrimoniais. De modo que a permissão da experimentação pura em menores é um incentivo a que os pais ponham os filhos a render. Rejeitando demagogias estéreis, não se pode deixar de apelar para as regras de experiência e através delas concluir o seguinte: não é concebível que o progenitor comum, interessado apenas em creditar o espírito do filho, sujeite a cria a um ensaio clínico do qual esta, directa e imediatamente, nada beneficia. Demagogia seria dizer o avesso de quanto agora se disse.

Poderia argumentar-se que sendo o risco muito diminuto, mas só nestes casos, a experimentação pura em menores não traria grande mal ao mundo e beneficiaria grandemente as gerações futuras.

Mas o problema de, legalmente, se fazerem proibições relativas reside no facto de a construção concreta das fronteiras ficar a cargo de pessoas que, eventualmente, não estão eticamente à altura de quanto se lhes confia. Ora, a proibição relativa só é admissível quando não é jurídica e eticamente intolerável a conduta que resultaria do desrespeito pela relatividade da proibição. Contudo, em nosso ver, é jurídica e eticamente intolerável abrir as portas à venda da integridade física de crianças bem como a sujeição destas a riscos individualmente desnecessários. De outro modo, tudo fica dependente do subjectivismo, do relativismo. Chegará, certamente, o tempo da história em que o ser humano se tornará mais perfeito e, nessa ocasião, talvez se lhe possa dar mais liberdade[77-78].

39. Uso de placebos

A nossa Lei não se manifesta sobre o problema, pelo que, em princípio, o seu uso é permitido.

Esta questão é substancialmente distinta da anterior. Aqui, há um benefício directo do menor. Mesmo sabendo que a sua saúde não evoluirá favoravelmente porquanto se lhe administra um placebo, pode sempre dizer-se que o participante beneficia directamente do ensaio, pois, no final, também aproveitará a evolução científica assim alcançada.

No entanto, importa distinguir as seguintes hipóteses: (i) há alternativa terapêutica eficaz; (ii) não existe essa alternativa.

Neste último caso, admitindo que a utilização do placebo é efectivamente necessária para a validação dos resultados do ensaio e o padecimento em causa é ligeiro, não se levantam problemas éticos relevantes e o consentimento é válido.

Todavia, havendo terapêutica conhecida, podem os pais consentir na experimentação? Em nosso ver, apenas verificando-se três requisitos: (i) a doença não é grave; (ii) pretende-se, com a experimentação, testar um medicamento substancialmente melhor do que os existentes (iii) a privação do tratamento, pela sua natureza ou duração, comporta um risco ou sofrimento quase inexistente para o menor.

Este caso é distinto da experimentação pura. Aqui, o menor beneficia directamente do ensaio, sendo pois justo que suporte os riscos do mesmo e, não menos relevante, sendo logicamente possível presumir que consentiria nisso.

---

[77] Defendendo a admissibilidade da experimentação pura em crianças, sob restrições, ver VIANA ALVES, *Ensaios...* (2003), *op. cit.*, p. 108.

[78] Argumenta-se, a favor da experimentação pura em menores, a implementação de uma pedagogia para a solidariedade e contra o egoísmo. São argumentos duvidosos e de validade parcial, pois há inúmeras formas menos arriscadas e mais eficientes de atingir esse desiderato e, em todo o caso, o argumento perde cabimento quando se trata de crianças com três ou cinco anos.

Ensaios Clínicos – uma Perspectiva Ético-Jurídica   139

SUBSECÇÃO III – *Participantes Maiores Incapazes*

40. Especialidades

A regulação, nestes casos, é eminentemente idêntica à referida para os menores [(*vide*, por exemplo, artigo 8.º/2, a), b), c) e h)], embora seja de mencionar uma diferença fundamental, qual seja a proibição expressa da experimentação pura. A justificação é simples: enquanto houver pessoas capazes de dar o seu consentimento, não se poderá recorrer a quem não é. Assim sendo, a experimentação terá que fazer parte de um projecto de investigação destinado a reunir conhecimentos sobre a debilidade de que sofre o participante [al. e)].

MATOS VIANA é de opinião contrária[79], fundando a sua posição na circunstância de o artigo 8.º/2, h) não fazer referência a um benefício directo. No entanto, este preceito é bastante concludente ao *"[e]xigir a legitima expectativa de que a administração do medicamento experimental comporte para o participante benefícios que superem os riscos ou não implique risco algum"*. O ensaio deve comportar um benefício para o participante. Isto é suficiente para afastar a experimentação pura[80].

Importa ainda considerar os casos em que o incapaz, sendo-o de facto, não o é de direito. Aqui, não havendo, obviamente, representante legal, caberá ao investigador detectar a referida incapacidade para dar o consentimento e, assim, recusar o participante[81].

---

[79] *A Experimentação... (2005), op. cit.*, pp. 55 e ss.

[80] *Vide* artigo 5.º, n.º1, e) da Lei n.º 36/98, de 24 de Julho (Lei da Saúde Mental), onde se consagra o direito do incapaz de recusar ou aceitar participar em ensaios clínicos.

[81] Parece ser de opinião diferente VIANA ALVES, *Ensaios... (2003), op. cit.*, p. 103, sustentando que em caso de dúvida sobre a capacidade do potencial participante para dar o seu consentimento, deverá o mesmo ser avaliado por um médico alheio à experimentação. Não nos parece a melhor solução. Se há representante legal constituído, então há incapacidade e a intervenção deste é essencial. Se, muito embora não tendo sido decretada judicialmente qualquer incapacidade, o médico responsável pela obtenção do consentimento tiver dúvidas fundadas sobre o discernimento da pessoa em causa, só lhe resta afastá-la do ensaio, sem necessidade de segunda opinião.

PARTE II

CASOS PRÁTICOS E REFLEXÕES AVULSAS

TÍTULO I – **Casos Práticos**[82]

CAPÍTULO I – **Ensaios Clínicos com Crianças**

41. Experimentação terapêutica de alto risco sem consentimento[83]

Entre 1995 e 2004, nos EUA, Nova Iorque, teriam sido realizados ensaios clínicos no Incarnation Children's Centre, patrocinados, entre outros, pela GLAXO SMITH KLINE (GSK).

O referido centro é especialista no acolhimento de crianças portadoras do VIH ou de Sida, órfãs ou oriundas de famílias disfuncionais. Alguns dos participantes tinham apenas três meses de idade.

As substâncias testadas estariam indicadas para o tratamento da patologia e, com o estudo, pretendia fazer-se um registo dos níveis de tolerância em função da dosagem.

O consentimento foi dado pelos serviços administrativos responsáveis pela tutela dos menores, em Nova Iorque.

Os medicamentos experimentados, sobretudo na dosagem utilizada, provocam efeitos secundários graves, mesmo a morte, sendo por isso altamente arriscado testá-los em menores. De resto, não ficou claro que a terapêutica estudada tivesse as crianças como destinatários.

---

[82] Conforme se alertou no início deste trabalho, um dos mais sérios problemas éticos em matéria de ensaios clínicos é a discrepância, por vezes abissal, entre um conjunto normativo que, pode agora dizer-se, embora com falhas agudas, centra razoável atenção na protecção do participante, e uma prática frequentemente propícia a abusos e desrespeitos. Os factos abaixo relatados não foram recolhidos numa pesquisa detalhada e sistemática. Como é evidente, os recursos disponíveis não permitiram a demanda por provas cabais. No entanto, houve o cuidado de seleccionar, consultar e cruzar várias fontes, sendo elevado o grau de certeza sobre a veracidade de quanto se expõe. Não deve o jurista, sabe-se, imputar condutas sem delas fazer prova. Mas assume-se o risco. Em todo o caso, com este breve périplo pretende-se apenas constatar uma verdade simples: a perfeição do Direito idealiza--se na sua criação, mas só se realiza na sua aplicação.

[83] Notícia recolhida em: British Broadcasting Corporation- http://news.bbc.co.uk/1/hi/programmes/this_world/4035345.stm – consultado em 12.05.2008; *The Guardian* – http://www.guardian.co.uk/world/2004/apr/04/usa.highereducation, consultado em 30.03.2008.

Os responsáveis pelo centro de ensaios defenderam-se alegando que, pelo menos desta forma, as crianças obtiveram tratamento para a doença mortal da qual padecem, o que de outro modo não aconteceria[84].

42. Análise

No caso acima exposto identifica-se com facilidade o desrespeito generalizado pelos princípios éticos atrás referidos.

A vontade dos participantes foi absolutamente desconsiderada, tendo bastado o assentimento de uma entidade administrativa que, muito provavelmente, nem conhecia os menores e muito menos o seu específico estado de saúde.

Embora o ensaio houvesse sido justificado pelo seu fim terapêutico, houve uma ponderação desajustada do binómio risco/benefício, tendo sido utilizadas dosagens consabidamente nocivas para pacientes daquela idade. O mote da experimentação foi, por isto, muito mais científico do que terapêutico.

43. Experimentação com utilização de placebos[85]

Em 2004, três investigadores[86] publicaram um estudo no qual concluíram que em 45 ensaios clínicos em jovens e crianças com menos de 18 anos, feitos nos EUA, entre 1998 e 2001, destinados à experimentação de medicamentos para a asma, foram utilizados placebos, tendo os participantes pertencentes ao grupo de controlo sofrido pela omissão de tratamento, sendo obrigados, designadamente, a desistir do ensaio clínico.

Segundo os pesquisadores, algumas das crianças inseridas em grupos de controlo eram dependentes de terapêutica para a asma, de modo que a abstenção causou riscos dispensáveis para a sua saúde

---

[84] A história ficou conhecida pelo sugestivo nome *"Guinea Pig Kids"*.

[85] Notícia recolhida em: University of Chicago Medical Center – http://www.uchospitals.edu/news/2004/20040105-ross.html – consultado em 30.03.2008; http://www.sciencedaily.com/releases/2004/01/040105065202.htm, consultado em 12.05.2008; http://news.bio-medicine.org, consultado em 12.05.2008.

[86] Lainie Friedman Ross, professora associada de pediatria e directora-assistente do Centro MacLean para a Ética da Medicina Clínica da Universidade de Chicago; Wilfond, especialista em bioética do Instituto de Investigação do Genoma Humano, & M. Justin Coffey, estudante de medicina da University of Chicago.

Acresce que os medicamentos experimentados eram muito similares aos que existiam no mercado, tendo boa parte das investigações sido financiada pela indústria farmacêutica.

Finalmente, é relevante referir o facto de os protocolos dos ensaios terem sido aprovados pelas comissões de ética competentes.

44. Análise

A experimentação com placebos em crianças, já vimos, deverá resumir-se aos casos em que a mesma é absolutamente necessária à validação do ensaio.

Contudo, a FDA[87] considera o recurso ao grupo de controlo essencial para que se faça prova da eficácia do medicamento[88]. Mas assim cabe perguntar se, em alguns casos, o uso do placebo é um requisito da validade científica ou administrativa do ensaio. Se se tratar da segunda hipótese, a sua admissibilidade ética está afastada.

Um segundo ponto a considerar neste caso é a avaliação comparativa entre o medicamento conhecido e o experimental. Se de facto não se ambicionam grandes progressos com este último, procurando-se introduzir no mercado pouco mais do que o mesmo, então o próprio ensaio deverá ser posto em crise, e muito mais se no seu desenho se previr a utilização de placebos em crianças.

Finalmente, por relevantes que sejam as descobertas pretendidas, jamais se poderá sustentar o sofrimento ou o risco para a saúde provocado pela abstenção de uma terapêutica que existe.

CAPÍTULO II – Ensaios Clínicos Pagos

45. Ofertas remuneratórias a participantes

Os ensaios clínicos pagos são muito frequentes.

Neste momento, pelo menos no espaço Europeu, é muito franca a liberdade para publicitar ofertas remuneratórias. Bastará uma superficial

---

[87] US Food and Drug Administration.

[88] *Vide* VIDAL CASERO, "O Dilema Placebo", *in Farmácia Clínica*, n.º 11, Setembro, 1999, p. 19.

pesquisa na Internet para encontrar vários sítios nos quais se faz um convite directo à participação em ensaios clínicos a troco de dinheiro. Visite-se, por exemplo, o http://www.londonclinicaltrials.co.uk/, que se trata de um sítio de Internet especializado no recrutamento de participantes para experimentação paga. Oferecem-se, em moldes persuasivos, 100 Libras/dia, garantindo-se um quotidiano imperturbado durante o ensaio. Sugere-se também que este pode ser um expediente eficaz para pagar estudos ou fazer viagens[89-90].

46. Análise

Trata-se de uma questão que já tínhamos aflorado anteriormente. Embora nos pareça extremamente censurável a comercialização da participação em ensaios clínicos, como se de uma prestação de serviços se tratasse, não se pode negar que a prática hodierna ignora quase completamente as objecções levantadas.

Com efeito, as regras modernas, nacionais e internacionais, não se opõem expressamente nem implicitamente à remuneração dos participantes, sendo necessário, querendo rejeitar esta conduta, recorrer a preceitos constitucionais, princípios de Direito Natural ou fundamentos éticos mais ou menos vagos. Ora, estas formulações mais rebuscadas têm normalmente dificuldade em colher apoiantes em massa, abrindo-se assim caminho à proliferação destes negócios.

Já o dissemos mas convém repeti-lo: a retribuição dos participantes em ensaios clínicos é reprovável em toda a linha, desprotege quem já está sob a intempérie, incentiva a lassidão e o formalismo da informação e do consentimento.

---

[89] Para mais sítios com o mesmo conteúdo, consultar: http://www.trialscentral.org/paid-clinical-trials.html; http://www.gpgp.net/. Seria interessante realizar um estudo das técnicas de persuasão utilizadas, pois, numa primeira aproximação, elas assemelham-se às observadas na publicidade de qualquer produto ou bem inserido no comércio. Por exemplo: (i) destaque para as vantagens e desconsideração das desvantagens; (ii) relatos verídicos supostamente bem sucedidos.

[90] Sobre o recrutamento de participantes na Internet, como meio de reduzir custos e tempo gasto, vide KENNETH GETZ, "Finding Subjects on the Internet", in Applied Clinical Trials, suplemento, Junho, 2000, e KATHLEEN DRENNAN, "Online Clinical Trials", in Applied Clinical Trials, suplemento, Junho, 2000.

Capítulo III – Ensaios Clínicos Em Países de Terceiro Mundo

47. Ensaios clínicos não aprovados na Nigéria[91]

Em 2004, a Pfizer foi acusada pelo governo nigeriano de, em 1996, durante uma epidemia, ter realizado ensaios clínicos não autorizados em crianças com meningite.

Segundo o relatório elaborado pelo governo da Nigéria, os investigadores da Pfizer deslocaram-se ao país com a suposta intenção de auxiliarem durante uma crise epidémica. Contudo, acabaram por testar o medicamento Trovan® nas crianças com meningite internadas num hospital da cidade de Kano. Depois de efectuada a experimentação, os médicos da Pfizer abandonaram o país, enquanto a epidemia continuava.

De acordo com a acusação feita pelo governo da Nigéria e pelas famílias das crianças, da utilização do medicamento resultaram 11 mortes e várias lesões irreversíveis.

48. Análise

Os países subdesenvolvidos, como a Nigéria, são alvos fáceis para promotores ambiciosos e sem escrúpulos[92]. É a demanda por povos doentes, esquecidos e pobres, enfim, o sonho de quem pretende recrutar participantes. A isto acresce por vezes a conivência dos próprios governantes, que vêem nestes expedientes fontes de subvenções privatizáveis. São cada vez mais comentadas as capturas de Estado.

Para amenizar as críticas tem-se defendido que a realização de ensaios clínicos em países de terceiro mundo só é aceitável se o protocolo estiver

---

[91] Informação obtida em: Washington Post – www.washingtonpost.com – consultado em 30.03.2008; British Broadcasting Corporation – http://news.bbc.co.uk/2/hi/business/1517171. stm – consultado em 13.05.2008; Der Spiegel – http://www.spiegel.de/international/world/0,1518,517805,00.html – consultado em 13.05.2008.

[92] Como explica Walter Osswald, "Investigação de novos...", *in Novos Desafios à Bioética*, Coord. Luís Archer, Michel Renaud, Walter Osswald & Jorge Biscaia, Porto Editora, 2001, p. 220, *"Muitos ensaios clínicos que têm sido realizados em países africanos ou do Leste europeu parecem ter obedecido, na sua localização, sobretudo a considerações relativas à facilidade de obter sujeitos, às reduzidas compensações monetárias devidas aos investigadores, à laxidão dos critérios das autoridades que aprovam o protocolo e ao baixo risco de deparar com reclamações ou pedidos de indemnização".*

Ensaios Clínicos – uma Perspectiva Ético-Jurídica   145

em condições de ser igualmente aprovado num país Europeu ou nos EUA e se, concluindo-se pela eficácia e segurança do medicamento experimentado, este continuar a ser administrado gratuitamente aos participantes. São boas ideias, mas não resolvem a totalidade das questões éticas[93]. De facto, o princípio da justiça rejeita, e bem, que sejam só alguns a suportar os riscos da experimentação, mesmo se o benefício lhes chegar mais tarde[94].

TÍTULO II – **Reflexões Avulsas**

49. Utilitarismo

É interessante como o estudo da ética nos obriga frequentemente a regressar à teoria quando chegamos à prática[95].

---

[93] Já é totalmente inadmissível que se faça uso de placebos, por exemplo, em ensaios clínicos de anti-retrovirais, nestes países, com o matemático argumento de que, antes da experimentação, os participantes também não tinham acesso a qualquer terapêutica eficaz. Sobre esta questão *vide* MARCIA ANGEL, "The Ethics of Clinical Research in the Third World", *in The New England Journal of Medicine*, Volume 337, n.º 12, 18 de Setembro de 1997.

[94] Acresce que a larga maioria dos ensaios clínicos realizados no mundo visa testar medicamentos que serão comercializados em países desenvolvidos. Conforme explica DIRCEU GRECO, "Poder e Injustiça...", *in Bioética: Poder e Injustiça*, Coord. VOLNEI GARRAFA & LEO PESSINI, Sociedade Brasileira de Bioética, Centro Universitário São Camilo, Edições Loyola, 2003, p. 257 e ss, a principal urgência deve ser fazer chegar a todos os que precisam os medicamentos que existem. Segundo este Autor, dos 3,5 mil milhões de dólares gastos anualmente em pesquisas de novos medicamentos, a maior parte é utilizada na investigação de doenças como obesidade, hipercolesterolemia e disfunção eréctil, sendo pouco gasto em doenças infecto-contagiosas altamente prevalentes em países subdesenvolvidos.

[95] Vale, a este propósito, transcrever um excerto do texto de GARY COMSTOCK, *in Bioética para as Ciências Naturais*, Coord. HUMBERTO D. ROSA, Fundação Luso-Americana, 2000/2002, p.113, no qual o fenómeno é descrito: *"Trabalhamos para a frente e para trás, revendo o nosso juízo moral específico de modo a que se coadune com as premissas da nossa teoria, e revendo a nossa teoria de forma a que se coadune com as nossas convicções mais fortes. Em conclusão, começamos com juízos paradigmáticos de correcção e incorrecção moral, e procuramos construir uma teoria mais geral que seja consistente com eles, tentando eliminar as ambiguidades e combater a incoerência. Seguidamente, e porque nunca podemos assumir completamente um equilíbrio estável, renovamos o processo, tal como na ciência".*

O Utilitarismo nasceu com Jeremy Bentham, no início do século XIX. Trata-se de uma teoria moral que, sumariamente, justifica a bondade da conduta humana na sua susceptibilidade de servir o interesse da maioria, mesmo se em detrimento de alguns. Um comportamento será moralmente correcto se acarretar a maior felicidade para o maior número de pessoas possível. Trata-se de um entendimento da moral marcadamente matemático ou economicista. Actualmente, há registo de inúmeras e diferentes teses utilitaristas, cada qual respondendo às objecções colocadas às antecedentes.

O utilitarismo mais moderado não sustenta um sacrifício sem limites do indivíduo a favor da sociedade, naquela lógica de potenciação da felicidade geral a todo o custo. Pelo contrário, estabelecem-se limites e padrões. Porém, parece-nos, o erro está no ponto de partida.

As restrições aos direitos do membro de uma comunidade podem ser ponderadas sob três perspectivas, duas estáticas e uma dinâmica.

Numa primeira, escolhe-se a posição do indivíduo, e em regra recebe pendor a nossa propensão umbilical, relutante para com o sacrifício próprio e interessada no aumento das vantagens.

Se o ponto de vista é o da colectividade, como parecem defender os utilitaristas, as pretensões do indivíduo perdem relevo, surgindo a humana pretensão de instrumentalizar um a bem de todos, desenvolvendo-se a tendência para justificar matematicamente os sacrifícios individuais.

Finalmente, as restrições dos direitos podem ser avaliadas, simultaneamente, na perspectiva do indivíduo e da colectividade. E aqui já não há vontades isoladas, mas antes pretensões unidireccionais que se confrontam e tendencialmente se equilibram por ser esse o único caminho que permite ao indivíduo e à colectividade existirem. A relação entre a parte e o todo deverá ser, à partida, de mútua cooperação e não de subordinação.

50. Indústria farmacêutica, investigadores e entidades reguladoras: interesses e conflitos

Indissociável dos ensaios clínicos é o pelotão agressivo de interesses acientíficos que interferem com a procura da verdade.

O processo causal é o objecto do conhecimento primordial nas ciências médicas. E se por vezes a sua descrição não acarreta qualquer imediata consequência económica, como quando se explica a doença e os seus sintomas, a análise terá de ser outra quando se pretende saber se uma substância activa é eficaz ou não no tratamento de certa patologia.

O desenvolvimento de novos medicamentos é maioritariamente patrocinado pela indústria farmacêutica, que despende muitos milhões de euros em investigação. Ora, como em qualquer actividade empresarial, o fim lucrativo está presente e é determinante nos esquemas decisórios[96]. Como é sabido, um ensaio clínico durante o qual se não prove a eficácia e segurança de certo medicamento pode acarretar prejuízos consideráveis e a perda de lucros futuros. Ao fim e ao cabo, são anos e milhões de euros tornados inúteis[97]. A motivação para os comportamentos menos éticos é considerável e explica-se desta forma.

Para garantir o sucesso, nada melhor do que fabricá-lo. Esta modalidade de raciocínio, na qual as conclusões antecedem as premissas, acaba por afectar os investigadores, nas vestes de uma pressão contundente para a obtenção dos resultados desejados. O patrocínio efectuado pela indústria envolve a logística indispensável, mas também salários, compensações e gratificações aos investigadores. Mas quem paga quer ser bem servido e quem aceita receber pode ficar onerado. De modo que a isenção e o rigor, timbre do cientista, acabam por se esboroar lentamente num contorcionismo amestrado pela fortuna[98].

É com o fim de evitar relações promíscuas entre o investigador e a Indústria que a nossa Lei n.º 46/2004, de 19 de Agosto prevê regras sobre os contratos financeiros, a celebrar entre o promotor e o centro de ensaios (artigo 12.º), e não directamente com o investigador, e normas sobre a remuneração destes, que deve ser suportada pelo centro de ensaios quando se tratar de um profissional do sistema de saúde (artigo 13.º/2). São sugestões de louvar, mas a sua eficácia dependerá sempre da fiscalização.

Todavia, além desta tensão quase instintiva, há outra de cariz mais sibilino e complexo. Será raro o cientista que despreza a reputação, a glória da descoberta, o aplauso rendido dos pares, a gratidão da humanidade. É necessário publicar trabalho para ascender na carreira, é imperativo divulgar descobertas para registar o nome na história.

---

[96] *Vide* LESSEPS DOS REIS, "Firmas da Indústria Farmacêutica como Patrocinadoras de Ensaios Clínicos: Vantagens e Limitações", *in Revista Portuguesa de Cardiologia*, Volume 11, n.º 4, Abril, de 1992, p. 334.

[97] Sobre este assunto, com especial destaque para a justificação ética das patentes de medicamentos, *vide* WALTER OSSWALD, "Investigação de novos...", *in Novos Desafios...* (2001), *op. cit.*, pp. 216 e ss.

[98] *Vide* LESSEPS DOS REIS, "Firmas da Indústria..." (1992), *op. cit.*, p. 335; SARAH-JANE RICHARDS, "Seroxat – The Power...", *in Ethics, Law and Society*, Coord. JENNIFER GUNNING & SOREN HOLM, Volume I & II, Ashgate, 2006, p. 272.

148   *João Marques Martins*

E assim, por dinheiro ou fama, é com triste frequência que se multiplica a denúncia de falsificação de resultados publicados em artigos científicos. Dão-se por revolucionárias descobertas que não passam de conjecturas, enfim, destrói-se a *integridade* da ciência[99-100].

Mas a deterioração da investigação em favor da riqueza não se queda nesta relação bipolar indústria/investigador. As entidades reguladoras dos medicamentos são chamadas a consentir na comercialização de novas substâncias activas e a controlar a sua utilização terapêutica. Contudo, também neste passo os laivos de corrupção e duvidosa independência se repetem. Veja-se o famoso caso Seroxat®, um medicamento utilizado no tratamento da depressão[101]. Dos ensaios clínicos resultaram indícios fortes de que poderia provocar tendências suicidas. Mesmo assim, foi consentida a introdução no mercado. Já em fase de farmacovigilância manifestaram-se com frequência os referidos efeitos secundários, com pacientes a porem efectivamente termo à vida, perante a inércia da Entidade Reguladora do Reino Unido, a MHRA[102]. Não tardaram as acusações de ligações perigosas entre membros destacados da MHRA e a GLAXO SMITH KLINE (GSK), detentora do Seroxat®[103].

Visto isto, importa não tomar a parte pelo todo. Há ciência verdadeira e útil, investigadores que sacrificam propostas aliciantes em prol da qualidade do seu trabalho. No entanto, é necessário vigiar quem faz, testa e tutela os medicamentos. Depois de criar regras, é fundamental fiscalizar o seu cumprimento, combatendo irreverências e desvios, sensibilizando e persuadindo para as virtudes da (bio)ética, pois a aplicação da regra não pode dispensar a colaboração do seu destinatário.

---

[99] Sobre a deturpação da actividade científica, *vide* o acutilante artigo de SUSAN HAACK, "The Integrity of Science...", *in Estudos sobre Direito da Bioética, II,* Coord. JOSÉ DE OLIVEIRA ASCENSÃO, Almedina, 2008, pp.193 e ss.

[100] Conforme referem GOMES CANOTILHO e VITAL MOREIRA, *Constituição da República Portuguesa Anotada – Artigos 1.º a 107.º,* Volume I, 4ª Edição Revista, Coimbra Editora, 2007, p. 620 *"Na liberdade de criação científica são dominantes os critérios de intersubjectividade da comunidade científica que apontam para uma pesquisa séria da investigação da verdade segundo procedimentos e métodos específicos, possibilitadores de aquisições científicas dotadas de valor objectivo, decisivamente excludentes de «imposturas científicas»".*

[101] Sobre este caso, *vide* SARAH-JANE RICHARDS, "Seroxat – The Power...", *in Ethics, Law...* (2006), *op. cit.* pp. 269 e ss.

[102] Medicines and Health Care Products Regulatory Agency.

[103] Por exemplo, o responsável pelos licenciamentos da MHRA havia sido, até 2001, director de segurança da GSK.

51. Os Inaceitáveis benefícios da evolução científica

Os progressos da ciência são um presente concedido pela nossa soberba capacidade analítica, crítica e inventiva. Recordem-se, só nos últimos anos, Einstein, Heisenberg e Freud.

A medicina, em especial, tem conhecido avanços estrondosos, que permitiram prolongar a vida e melhorar a sua qualidade, consagraram legados fundamentais para gerações vindouras.

A bioética procura saber até onde podemos ir ou, nas palavras de WALTER OSSWALD, *"(...) encontrar limites para a actividade da ciência, que possam ser consensuais"*[104]. Afinal, o custo implicado no benefício é a fonte de muitas questões éticas. Este raciocínio baila sempre entre a necessidade da evolução científica e a estafada dignidade do ser humano. As posições extremam-se entre um utilitarismo radical e um principialismo absolutista. Ao lado da criticada santidade da vida surge uma laica beatificação da ciência. Emerge o cientista frustrado por não conseguir superar o estado da arte. Arquitectam-se elucubrações fantásticas ou fantasmagóricas do desenvolvimento tecnológico[105]. Enfim, é um tumulto em constante renovação, uma labareda auto-suficiente.

Estamos, porém, em crer que a serenidade e uma sã passividade são chamadas a intervir para apaziguar os devaneios desnecessários e nefastos.

Compreender a natureza *humana*, aceitar a doença, o sofrimento e a morte como suas componentes é um passo fundamental para acatar os limites que a existência *humana* impõe à ciência *humana*.

Urge pois aceitar a nossa imperfeição ética. Perceber que para além dos limites ao conhecimento, relacionados com insuficiências cognitivas ou prospectivas, avulta a nossa tendência para voluntariamente provocarmos o prejuízo dos outros. Reconhecer que o ser humano não é absolutamente bom convida-nos, para já, à imposição artificial de limites reais à nossa conduta, e seguidamente ao aperfeiçoamento interior.

A evolução científica, ao fim e ao cabo, é uma conveniência existencial, não um imperativo.

---

[104] "Progresso da Ciência...", in *Novos Desafios...*(2001), *op. cit.*, p. 11.

[105] Alerta feito por CARLO FLAMIGNI, *in Ethics and law in Biological Research*, Coord. COSIMO MAZZONI, Kluwer Law International, 2002, p. 64.

§ CONCLUSÕES

Resultam deste trabalho as seguintes conclusões:

I. Os ensaios clínicos são fonte de inúmeras questões éticas, pois na sua malha confrontam-se vários direitos, tal como a vida, a integridade física e a liberdade, e múltiplos interesses, como seja o comercial ou o científico. Uma abordagem que pretenda solucionar os problemas levantados não deve descurar estes direitos e interesses, pois só assim terá viabilidade prática. É por isso imperativo atingir um equilíbrio, estabelecendo limites éticos inultrapassáveis.

II. No tocante à regulação dos ensaios clínicos, a Segunda Guerra Mundial representa uma revolução, surgindo deste então uma proliferação normativa. O Código de Nuremberga consagrou um ponto de partida, e o seu teor é tendencialmente restritivo. Posteriormente, assistiu-se a um interesse efectivado no aligeiramento das barreiras que se colocam à experimentação em seres humanos, o qual, actualmente, progride assente num suposto aperfeiçoamento da consciência colectiva.

III. No ordenamento jurídico interno, a abordagem da questão deve atender, para além da lei especial, à CRP, como paladino último dos direitos fundamentais. Depois, ao Código Civil, pois aí se encontram regras gerais relevantes para compreender juridicamente a relação entre investigador e paciente, bem como os fundamentos da responsabilidade civil. Finalmente, o Código Penal, pois a preterição do consentimento válido e as agressões inaceitáveis à vida e à integridade física têm dignidade criminal, e merecem ser reprimidas nesta sede.

IV. A Lei n.º 46/2004, de 19 de Agosto denota uma timidez injustificada do legislador nacional face às directrizes comunitárias. Não se chegou onde se deveria ter ido. Deste modo, só através de esforços rebuscados de interpretação é possível resolver questões como a da admissibilidade da experimentação em mulheres grávidas, em reclusos, com utilização de placebos, entre outras.

V. A Lei n.º 46/2004, de 19 de Agosto não se expressa claramente sobre a experimentação pura em maiores, mas não a exclui. Se a admite, deveria ter, pelo menos, explicado em que termos. De facto, trata-se de uma situação peculiar, em que o participante não recolhe benefício directo do ensaio, impondo-se por isso cautelas especiais e, evidentemente, regras que as prevejam.

VI. A Lei n.º 46/2004, de 19 de Agosto também não é clara quanto à remuneração dos participantes. Não obstante, concluímos que, à luz do nosso ordenamento jurídico, ela é totalmente inadmissível, pois atenta claramente contra uma substantiva dignidade da pessoa humana. A comunidade não pode tolerar que a indústria farmacêutica se aproveite dos mais necessitados ou imprudentes para recrutar participantes com facilidade e a baixo custo, comercializando-se desta forma o consentimento.

VII. Concluímos também que a experimentação pura em crianças não é juridicamente nem eticamente admissível. Apesar de a nossa Lei ter pretendido consagrá-la, sujeitou-a à necessidade do consentimento do representante legal que atenda à presumível vontade do menor. Ora, na experimentação pura, isso representa um ilogismo, de onde resulta a invalidade do consentimento e a inadmissibilidade do ensaio.

VIII. A prática hodierna comprova, pelo menos, uma parcial ineficácia das regras e críticas que visam combater os abusos na experimentação em seres humanos. Por um lado, compra-se pacificamente o consentimento na experimentação pura, por outro, desconsideram-se os direitos de grupos ou populações desprotegidas.

IX. Ao contrário de como por vezes se coloca a questão, o problema dos ensaios clínicos não reside numa incapacidade de distinguir o certo do errado, o ético do não ético. O óbice situa-se, primeiramente, na elaboração de instrumentos normativos justos para controlar a actividade dos destinatários, porquanto são poderosas as pressões para positivar a elasticidade dos limites. Todavia, mesmo depois de ultrapassado este obstáculo, será sempre imperioso criar mecanismos eficazes de fiscalização do cumprimento da normatividade estabelecida.

X. A crítica aos ensaios clínicos, quando efectuada numa perspectiva restritiva, impõe, para que seja séria e consequente, que o autor tenha a consciência de que não beneficiará de certo medicamento no futuro, podendo isso antecipar o termo da vida ou provocar sofrimento. É preciso aceitar estas desvantagens como uma necessidade ética, como um preço a pagar pela justiça, pelo Equilíbrio.

A TERMINALIDADE DA VIDA[*]

JOSÉ DE OLIVEIRA ASCENSÃO
Professor Catedrático da Faculdade
de Direito de Lisboa

ÍNDICE: 1. A vida: um valor em erosão progressiva?; 2. A morte cerebral; 3. O estado de coma; 4. O estado vegetativo persistente; 5. A fase terminal; 6. A Resolução do Conselho Federal de Medicina e a impugnação do Ministério Público Federal; 7. A relevância do consentimento; 8. Limites da autonomia; 9. Consentimento por terceiros?; 10. Parâmetros da decisão final do médico; 11. Os estados terminais de grande sofrimento; 12. Os cuidados paliativos.

1. A vida: um valor em erosão progressiva?

Propomo-nos examinar alguns problemas relacionados com o fim da vida humana.

A nossa análise é também uma análise jurídica. Por isso começamos por situar a vida nos diplomas jurídicos fundamentais. Estes proclamam a defesa da vida e do seu valor intrínseco.

A Constituição Federal propõe-se, logo em seu Preâmbulo, assegurar os valores duma sociedade fraterna. Para isso parte, no art. 1/III, da dignidade da pessoa humana como fundamento do Estado brasileiro.

---

[*] Este escrito foi destinado aos Estudos em Homenagem ao Professor Ricardo-César Pereira Lira. Assenta consequentemente antes de mais no Direito brasileiro, mas as questões substanciais colocam-se igualmente perante a ordem jurídica portuguesa.

No art. 4/II afirma, nas relações internacionais, a prevalência dos direitos humanos.

O art. 5 enumera os direitos fundamentais; mas logo no proémio, portanto em posição privilegiada em relação aos direitos singularmente previstos, garante a todos direitos básicos. O primeiro é a inviolabilidade do direito à vida, que prevalece assim sobre tudo o resto.

Isso não impede que a demarcação das fronteiras seja muitas vezes difícil de fixar.

A Emenda n.º 45 da Constituição aditou um § 3.º, segundo o qual os tratados sobre direitos humanos são equiparados a direitos fundamentais.

Esta orientação expande-se depois pela legislação ordinária. Exprime um profundo respeito em relação ao bem vida.

Mas não há absolutos no Direito. A vida também não o é.

O Direito tem de aceitar a relatividade da vida; bem como a verdade muito simples, mas que o dia a dia faz por ignorar, que no ponto de vista individual toda a vida é aproximação da morte. Por isso a vida humana é trágica – pelo menos enquanto não soubermos incorporar nela a realidade da morte.

No ponto de vista jurídico há uma conciliação dialéctica entre o valor vida e outras implicações sociais.

Nunca a vida é posta na disponibilidade individual; não é bem disponível, nesse sentido.

Mas há a guerra...

Há a legítima defesa...

Há as situações de estado de necessidade radicais, em que a salvação de um implica o sacrifício de outros...

Não se admite a exposição gratuita da vida, mas há um ponto que está além de toda a restrição: o sacrifício da própria vida por outrem. Representa a forma mais sublime de auto-realização ética.

Temos que entre o valor vida, incluindo a nossa própria, e o dever moral de servir os outros há uma dialéctica, que está presente em toda a nossa existência.

Fora destas implicações da solidariedade, a vida não é nem jurídica nem eticamente um bem disponível.

O respeito à vida é expresso maravilhosamente pelo Juramento de Hipócrates, lapidar na colocação de médico sempre ao serviço da vida e nunca contra ela.

Todavia, pesam hoje sobre a sociedade as maiores ameaças para a vida.

Amparam-se no crescimento exponencial da população. O maltusianismo insinua-se hoje nas mais variadas feições.

As tensões são agravadas pelo envelhecimento das populações noutros países, que invertem uma saudável pirâmide de idades.

Invoca-se a quebra dos esquemas previdenciários, fundados em sistemas de repartição ou outros, que hoje se mostram inoperantes.

É insuflado pela saturação dos sistemas de saúde pública, aos quais os utentes cada vez reclamam mais enquanto os governos querem afectar cada vez menos recursos, por se terem tornado ruinosos.

Tudo isto leva a uma nunca confessada mas subjacente vontade de afastar "vidas inúteis", através do amolecimento das fronteiras do que representa já provocar a morte.

Mas o Homem é história e realização pessoal até ao último momento. A sua humanidade subsiste mesmo com a perda da consciência. Todo o homem é sempre um ser que participa do nosso destino e está em comunhão connosco.

2. A morte cerebral

A primeira situação que merece ser meditada é a da morte cerebral[1].

Tem a característica, impressionante para todo o leigo, de não importar a cessação das funções cardíaca e respiratória. Aparentemente, a pessoa está viva.

Diz-nos a Medicina porém que a pessoa está morta quando as funções cerebrais cessam. Pode prolongar-se o estado de vida aparente, ligando a pessoa a uma máquina; pode acontecer até que se desligue a máquina e esse estado se prolongue ainda. Mas se é apenas vida aparente, não há pessoa viva.

Este prolongamento artificial pode arrastar-se muito. A isso se tem recorrido em relação a personalidades políticas, para evitar ou retardar consequências que se crêem negativas do seu passamento. Essas práticas são em geral eticamente condenáveis, por desrespeitarem a verdade da morte. Mas podem ser positivas: é o caso da manutenção artificial em relação a uma grávida, para dar mais probabilidades à formação de uma criança viável. Admite-se que haja outras situações igualmente justificativas do prolongamento artificial desta vida aparente.

Suscita-se nestas situações um problema específico, relacionado com a colheita de órgãos ou tecidos dos cadáveres. Enquanto a vida aparente persiste têm maior valor, porque não se põem problemas de conservação.

---

[1] É o critério de morte vigente no Brasil, por força da Lei dos Transplantes. Sobre problemas que se suscitam veja-se Elida Séguin, *Biodireito*, 4.ª ed., Lumen Juris, 2005, 145-
-150.

São por isso muito cobiçados, para efeito de transplantes. Mas será lícito colhê-los enquanto as funções cardíaca e respiratória se mantêm, para assegurar o bom estado de conservação dos órgãos ou tecidos, considerando que a morte já ocorreu?

A lógica levaria a dar uma resposta positiva. Se a pessoa está morta, a colheita dessas partes é como qualquer outra, sujeita aos mesmos princípios. Mas outras razões, além da lógica, levam-nos a que devamos ser aqui ultraprudentes.

Há uma indústria da morte, que é uma indústria milionária e em rápido crescimento. É social e economicamente potente e tem fácil acesso aos meios de comunicação social – como aliás se passa também com todas as indústrias da saúde.

Isto não altera os princípios, mas não pode deixar de se reflectir na prática concreta. O princípio da prudência, que é um dos princípios fundamentais da Bioética, deve prevalecer. É necessário assegurar a intervenção duma entidade independente, não comprometida nem pessoal nem institucionalmente com aquela actividade, que comprove a morte cerebral. Uma actuação unicamente com base no juízo do interessado na colheita não deve ser admitida.

Além disso, muito grande será a tentação de esquecer as barreiras e colher os órgãos ou tecidos, não apenas de quem está morto (por morte cerebral) mas de quem *parece morto*.

3. O estado de coma

O facto de alguém se encontrar em estado de coma – portanto por definição vivo, por não estar em morte cerebral – em nada altera a natureza humana. A pessoa mantém-se tal qual. A situação deve ser considerada sempre reversível; e ainda que a Medicina ditasse a irreversibilidade o paciente não se transformaria em objecto. A dignidade da pessoa humana mantém-se até ao fim.

Pode ser que a pessoa apenas subsista, aos olhos da Medicina, porque ligada a uma máquina. Mas isso também pode acontecer não estando o paciente em coma. Continua sempre a ser uma pessoa.

Podem surgir problemas, que versaremos aqui em geral, derivados da desproporção dos meios de tratamento, em relação a quantos deles carecem.

Suponhamos que um hospital só tem um dispositivo e surgem dois doentes que, ambos, dependem dele para a sobrevivência. Impõe-se uma escolha por parte do médico, dramática mas que não pode deixar de ser feita. Seguirá os critérios técnicos, as *leges artis* adequadas, também na escolha, mas em qualquer caso estará condenando uma pessoa à morte. E todavia, nada há que lhe reprovar.

E se a única máquina disponível está ocupada e ingressa um doente que dela precisa igualmente para sobreviver? Pode o médico mandar desligar a máquina, para a disponibilizar para o recém-vindo? Ainda que o faça por razões médicas que vamos supor fundadas, por exemplo, considerando que aquele tem maiores probabilidades de sobrevivência?

Poder-se-á dizer que beneficia então de uma causa de justificação, que seria o estado de necessidade. Ensina porém o Direito Penal que o valor da vida é qualitativo e não quantitativo; que não cede mesmo quando se sacrifica um número menor de pessoas para poupar maior número. A escolha humana traz sempre consigo, quando implica a perda de vida de outrem, a marca da ilicitude.

A questão nunca pode pois ser apresentada como resolvida por uma vida valer mais que outra, ou por razões quantitativas. Mas a actuação é eticamente legítima quando assente no princípio do mal menor, que é um princípio ético. O médico que procura reduzir o mal procede eticamente, sabendo-se que a doença e a morte são males. No caso, quando se orienta pelas maiores probabilidades de sobrevivência (a supor que as regras de Deontologia lho permitam) cumpre a sua função.

No ponto de vista penal diremos que, se não há exclusão da ilicitude, haverá a da culpabilidade. Não pratica crime porque, ainda que haja falta de cumprimento dum dever, pelo menos não lhe pode ser assacada culpa.

São opções extremamente difíceis, mas em que se manifesta justamente toda a dignidade e densidade ética do múnus médico.

4. O estado vegetativo persistente

Neste estado o doente não está em coma. Está desperto, com períodos de sono. Mas não está consciente. Não responde a estímulos em geral mas pode exprimir algo, por exemplo, um esgar em reacção a uma dor provocada[2].

Raramente os doentes estão mais de 10 anos nesse estado. Muitos falecem entretanto. Em poucos casos os doentes recuperam. Nesta hipó-

---

[2] Distingue-se ainda do *estado minimamente consciente*, em que o paciente apresenta alguma reacção. Estas situações não se integram no tipo de terminalidade da vida que estamos a examinar.

tese apresentam normalmente graves sequelas. Num caso recente o doente recuperou ao fim dum período de mais de 20 anos, embora com sequelas.

Para continuar vivos carecem de alimentação Mas a alimentação é praticamente hidratação, porque não têm condições de engolir. Dependem de cuidados alheios. A família vai-se normalmente desinteressando e muitas vezes abandona-os. Não se sabe o que verdadeiramente se passa no seu íntimo, mas não se pode falar de sofrimento porque não têm consciência.

Sobrevindo uma ocorrência destas, há que iniciar sempre a alimentação/ /hidratação, até para confirmação do diagnóstico.

Ao fim de algum tempo, verificada a persistência, pôr-se-á a opção de cessar a hidratação – sabendo-se que daí resultará a morte? Não é a prática. Os gastos não são em si consideráveis, só os da ocupação do espaço e com os cuidados[3].

O problema surge quando se discute a aplicação ou a prossecução de cuidados médicos a um doente que se encontra longamente em estado vegetativo.

Por exemplo: justifica-se a realização duma intervenção cirúrgica grave sobre um doente nesse estado, se sobrevier patologia que o requeira?

Afastamos tudo o que possa representar tratamento fútil – categoria que teremos oportunidade de referir mais tarde; e aí a obstinação terapêutica, consistente em procurar sempre reparar o que para a condição humana é irreparável.

Façamos a distinção entre tratamentos ordinários e extraordinários, porque nos dá uma ideia, por mais difícil que seja traçar a linha de fronteira.

Tende-se a considerar que submeter um doente nessas condições a intervenções extraordinárias equivale a lesar a integridade física, pela falta de perspectiva de cura ou de proveito para o paciente. Pelo que se tende a concluir que eticamente o médico se deve abster.

Há porém que ser extremamente preciso na distinção dos casos, para não omitir tudo o que possa pelo menos dar a expectativa de uma existência com melhor qualidade de vida.

Aqui como sempre, a Ética aplica-se em concreto, perante as circunstâncias. A deficiência de meios é uma ocorrência que pode explicar a falta de intervenção. Mas não pode transformar-se em escusa fácil para toda a omissão. Tudo o que puder melhorar a condição do paciente – o que se chama a qualidade de vida – é devido. O que não for desproporcionado pela agressão a que sujeita em confronto com o benefício que daí possa resultar, é fútil.

---

[3] O que só seria relevante num caso verdadeiramente extremo de escassez de recursos públicos para afectação à saúde, que se não admite já nas sociedades em que vivemos.

A Terminalidade da Vida   159

Situação especial encontra-se na hipótese de haver manifestação autónoma sobre o tipo de cuidados a ministrar.

Por parte do doente, não pode por natureza haver manifestação actual. A hipótese de haver manifestação anterior será muito rara. Remetemos a questão geral do consentimento para o que diremos a propósito de outros estados terminais.

Pode haver também intervenção familiar. Cabe ao médico procurar quanto possível a colaboração com a família; esta pode pronunciar-se a favor ou contra a limitação ou cessação de tratamentos.

Temos como princípio básico que a família não se pode substituir ao doente. A família não o representa, excepto em casos de incapacidade, mas mesmo então sempre no interesse do doente.

Isto significa que o médico não fica vinculado pela posição que a família adopte, mesmo que esta seja unânime. Ele decidirá no fim o que considera o bem do doente, dentro do correspondente às *leges artis*. Se a posição familiar for no sentido da limitação ou interrupção de tratamentos o médico estará ainda atento à possibilidade de essa posição não ser ditada pelo bem do doente mas por interesses sucessórios, ou pelo desejo de se livrar daquele fardo ou por não saber o que fazer com o doente se for colocado aos seus cuidados. Os próprios médicos e pessoal hospitalar não estão imunes a essa tentação.

A posição da família pode ser no sentido da prossecução dos tratamentos. Deverá ser ouvida, mas não pode constranger o médico a empreender tratamentos fúteis[4], contrários às *leges artis*. O recurso a comissões de ética independentes é com frequência a via de solução.

O que parece importante é manter em todo o processo o máximo de colaboração possível com a família, com a consciência de que ela própria deve ser objecto de acompanhamento e atenção.

Observe-se ainda um pormenor significativo: no Norte da Europa as interrupções de hidratação são muito mais frequentes que no Sul, o que se não deve decerto a maior escassez de recursos.

---

[4] As hipóteses de divergência entre os médicos e a família são determinadamente contempladas no Parecer do CNECV (Conselho Nacional de Ética para as Ciências da Vida, Portugal) sobre "Estado Vegetativo Persistente", Lisboa, 2005.

5. A fase terminal

Há ainda que encarar a situação dos pacientes terminais. É independente de o doente se encontrar em estado vegetativo persistente, mas pode estar em coma. Se o não estiver, supõe-se consciente, mesmo que a consciência esteja reduzida. O diagnóstico é o de não haver nenhuma probabilidade de recuperação. O doente está na fase terminal.

Também aqui é necessário agir com humildade e prudência. Há sempre a possibilidade de erro de diagnóstico, de evolução fora de toda a normalidade, de superveniência de novos métodos de tratamento...

Em todo o caso, se o diagnóstico for fiável, as probabilidades de recuperação seriam sempre baixíssimas.

A medicina tem hoje recursos para fazer prolongar a vida humana quase indefinidamente. Assim se tem feito com personalidades políticas[5]. Mas há então algo que impressiona, porque tem o sentido de se procurar negar a condição humana.

A pergunta que se coloca nestes casos está fora da hipótese de eutanásia, sempre condenável como atentado contra a vida[6]. Pergunta-se se é lícito cessar então os tratamentos, chamados extraordinários (ou que não sejam secundários ou paliativos), com a consequência previsível de resultar daí o desenlace ou pelo menos a antecipação deste[7].

A atitude a tomar perante os doentes terminais é hoje muito discutida. Não podemos entrar nela dissociando-a do quadro da "cultura de morte" que nos rodeia, em que o pragmatismo produtivista e o hedonismo dos que estão no auge da força se combinam tacitamente na eliminação dos elementos que não servem já para fazer funcionar o ciclo de produção e consumo.

Há que distinguir situações, pois cremos que a indistinção das várias figuras é muito nociva ao afinamento das ideias.

Estaria em causa a limitação ou cessação de tratamentos extraordinários, destinados a prolongar a vida do doente terminal. A consequência natural desta omissão seria abreviar a morte do doente. Fala-se em *euta-*

---

[5] Teria sido já o caso, ao que se diz, com o imperador Hirohito do Japão.

[6] A justificação corrente da eutanásia, como exercício da autodeterminação, pressupõe que a autodeterminação é um fim em si mesma, que tudo justifica, o que não é verdade. Por outro lado, apenas abrange uma modalidade, a eutanásia a pedido: a eutanásia por iniciativa alheia, mesmo que por piedade, é sempre um crime contra a vida; e é-o no máximo grau quando atenta contra a autodeterminação alheia, ainda que se encontrem atenuantes. Sobre as várias situações cfr. *Euthanasia – I. Ethical and Human Aspects*, Conselho da Europa, 2003, 3; aí nomeadamente Göran Hermerén, *The debate about dignity*, 37-57.

[7] Ou "adormecer" o paciente, retirando-lhe a dignidade do contacto com a vida.

násia passiva, mas a expressão é de rejeitar porque cria nefasta confusão com a figura da eutanásia, que deve ser reservada para uma forma activa de provocar a morte.

Também se lhe chama *ortotanásia*, termo que não sofre do mesmo defeito. Contrapõe-se à *distanásia*, que equivaleria ao encarniçamento terapêutico, que poderá retardar mas não afasta o percurso anunciado da morte[8].

A ortotanásia consistiria em suspender os tratamentos extraordinários, mantendo apenas os secundários, a alimentação e os cuidados paliativos – contra a dor, por exemplo. Discute-se se está compreendida na previsão do homicídio.

Vamos abstrair de anteprojectos legislativos, mesmo os referentes ao Código Penal e concentramo-nos numa polémica muito recente.

6. A Resolução do Conselho Federal de Medicina e a impugnação do Ministério Público Federal

A Resolução n.º 1805/06, de 9 de Novembro, do CFM – Conselho Federal de Medicina[9], dispõe:

"Na fase terminal de doenças graves e incuráveis é permitido ao médico limitar ou suspender procedimentos e tratamentos que prolonguem a vida do doente, garantindo-lhe os cuidados necessários para aliviar os sintomas que levam ao sofrimento, na perspectiva duma assistência integral, respeitada a vontade do paciente ou do seu representante legal".

Esta Resolução foi contestada pelo Ministério Público Federal, através da Procuradoria dos Direitos do Cidadão. Não tendo não obstante a Resolução sido alterada, o Ministério Público intentou acção civil pública, em 9 de Maio de 2007.

A petição, lavrada aliás em estilo pouco habitual em documentos desta ordem, tem vários fundamentos. Antes de mais, a falta de competência do Conselho Federal de Medicina como a entidade reguladora da matéria. É questão em que não pretendemos entrar, mas não ocultamos que nos impressiona esta espécie de paralegislação, em que sectores verdadeiramente fundamentais da ordem jurídica brasileira são regulados por entidades diferentes das que se diria que constitucionalmente seriam as competentes para tal.

---

[8] Cfr. Léo Pessini – *Distanásia: algumas reflexões bioéticas a partir da realidade brasileira, in* "Grandes Temas da Actualidade. Bioética e Biodireito", coord. Eduardo de Oliveira Leite, Forense, 2004, 251.

[9] Publicada no D.O.U. de 28 de Novembro.

Mas o Ministério Público impugna também longamente o estatuído na Resolução, considerando-o violador da Constituição e do Código Penal.

Representará a omissão ou cessação de tratamento do doente terminal, seguida da morte deste, um crime de homicídio?

A resposta positiva está generalizada. A Ordem dos Advogados do Brasil, no caso paralelo da cessação de cuidados a doentes em estado vegetativo persistente, considerou ser um caso de homicídio por essa excepção não estar prevista[10].

O fundamento, como dissemos, estaria no art. 13 do Código Penal, que no seu proémio equipara à acção a omissão sem a qual o evento não teria ocorrido.

Não há previsão específica sobre esta matéria, nem a propósito do homicídio nem noutro lugar da Parte Especial.

Dissocio-me desta doutrina dominante. A isto me conduzem os princípios gerais de interpretação da lei.

O art. 13 do Código Penal especifica no § 2.º os pressupostos da relevância da omissão. Esta só releva quando o agente podia e devia actuar.

Requer-se pois um *dever de actuar*. Este existe, nos termos da al. *a*, quando o agente "tinha por lei" esse dever.

Na situação que nos ocupa, há pois que indagar se o médico tem por lei o dever de prosseguir sempre os tratamentos primários, mesmo quando traumatizantes, se a morte se apresenta em qualquer caso como inevitável.

Não há lei específica sobre a matéria. A conduta do médico terá então de ser determinada pelas *leges artis*.

O que estas estabelecem não é seguramente o dever de curar, que negaria a morte e a irredutibilidade de muitas doenças.

Não é também o dever de retardar por todas as formas a morte, provocando ou prolongando a agonia, fora de toda a esperança.

O dever é o de evitar a morte se possível; não o sendo, acompanhar o paciente terminal até ao fim, eliminando ou limitando o sofrimento – porque o sofrimento é em si um mal, embora possa ser sublimado pela sua aceitação individual.

Isto significa, no que respeita à posição do médico, que não recai sobre ele um dever cego de tratar em qualquer caso. Prevalece um outro dever, que é o de evitar o procedimento fútil ou a obstinação terapêutica, a que o médico está eticamente vinculado. As actuações com um fim de cura tornam-se então desproporcionadas, justificando-se apenas tratamentos secundários ou paliativos que beneficiem quanto possível o estado do doente na fase terminal.

---

[10] Não possuímos esta declaração.

A *Terminalidade da Vida* 163

Daqui resulta que o médico que assim procede não viola nenhum dever de agir, médico ou de qualquer outra fonte. Não se preenchem os pressupostos jurídicos da omissão penal. Consequentemente, nunca lhe poderia ser imputado o crime de homicídio.

Porém, se a conduta prevista na Resolução do Conselho Federal de Medicina não suscita em si objecção essencial, já a maneira como vem articulada merece grandes reservas.

A limitação ou suspensão de "procedimentos ou tratamentos que prolonguem a vida do doente em fase terminal, de doença grave e incurável" é apresentada como uma faculdade de médico (art. 1).

Está apenas condicionada à obrigação de esclarecer ao doente ou a seu representante legal as modalidades terapêuticas adequadas para cada situação (§ 1.º)[11].

Ao doente ou a representante legal só restaria o direito de solicitar uma segunda opinião médica (§ 3.º).

Há uma contradição: enquanto no *caput* ou proémio se manda respeitar a vontade da pessoa ou do seu representante legal, dos §§ resulta que a decisão seria exclusivamente um acto médico.

A conciliação poderia procurar-se distinguindo a decisão de suspender ou limitar os tratamentos emanada do doente ou do seu representante, que seria obrigatoriamente seguida pelo médico, e a oposição a tal suspensão ou limitação, que já não seria vinculativa. Mas se assim se consegue alguma conciliação formal, o resultado seria sempre paradoxal e injustificado.

Resulta que o sistema estabelecido é de todo o modo inaceitável.

Pressupõe uma decisão monocrática do médico, a que apenas eventualmente se adicionaria uma segunda opinião médica.

É necessário muito mais do que isso. Tem de haver um sistema de controlo, dados os perigos irreversíveis que podem resultar desta prática. Há a eventualidade sempre presente do erro médico, a que acresce a possibilidade de desvio da finalidade médica, para desoneração dos encargos de saúde. Recorde-se o que dissemos inicialmente, sobre as ameaças para a vida na fase terminal e sobre a cultura de morte.

Esta decisão pressupõe sempre a intervenção doutra entidade que seja incontestavelmente independente, até no plano institucional, de quem emitiu a primeira opinião. Isso está de todo ausente desta Resolução.

Como se disse, o Ministério Público intentou acção civil pública tendo por fim a revogação da Resolução. Alternativamente pede porém o estabelecimento de critérios, com intervenção duma equipa interdisciplinar.

---

[11] A decisão deverá ser fundamentada e registada no prontuário (§ 2.º).

Pede ainda o controlo prévio do Ministério Público e do Judiciário sobre os pedidos emanados dos pacientes ou dos seus representantes legais. Usa-se mesmo a frase "todos considerados juridicamente incapazes".

Independentemente de aspectos ligados ao consentimento, que consideraremos a seguir, a estruturação dum sistema que assegure a fidedignidade desta prática é indispensável. É um ponto nuclear de defesa da vida, em que são necessárias garantias. Corre-se o grande risco de a invocação de princípios em si correctos vir a disfarçar afinal uma espécie de eutanásia social, um mecanismo regulador da disponibilidade de leitos em hospitais, ou ainda uma cobertura pseudo-ética para a inércia.

7. A relevância do consentimento

As decisões fundamentais médicas, no que respeita à limitação ou cessação de tratamentos a doentes quando dessa omissão resultará previsivelmente a morte, são situações de extrema gravidade.

Não parece admissível que, salvo emergência, sejam tomadas isoladamente por um médico. Eticamente, deveriam ser tomadas ou referendadas por uma entidade independente.

Por outro lado, deveriam basear-se, sempre que possível, no consentimento informado do paciente ou da família deste.

Não nos propomos, nem caberia nos limites deste trabalho, versar especificamente a matéria do consentimento. Mas este tem de estar constantemente presente nesta matéria.

Há que estar bem consciente que o consentimento que se requer é o consentimento informado. Por isso, o médico deve usar todos os meios ao seu dispor para esclarecer o doente, bem como, caso possível, a família deste.

Isso posto, haverá que distinguir o consentimento do doente comum e o consentimento daquele que está internado – e ainda mais particularmente, do internado em estado terminal.

Pode fazer-se uma aproximação com o que se passa quando a pessoa se encontra em situação normal, ou seja, não terminal. Pode recusar um tratamento, uma intervenção cirúrgica, por exemplo. Mas não há que levar muito longe esta analogia, porque aqui a situação é muito mais grave. No estado terminal a recusa de tratamentos não altera o desfecho, enquanto que a mesma recusa por não terminais pode pôr efectivamente a vida em jogo [12].

---

[12] Lembremo-nos de hipóteses de recusa de transfusões de sangue. As reacções vão desde a observância directa da vontade do paciente à ministração forçada ou quando ele estiver inconsciente. Nada se ganha em confundir as duas situações

A Terminalidade da Vida   165

Por outro lado, o internamento hospitalar cria uma circunstância nova, que influi sobre as pessoas e obriga a julgar a uma nova luz as manifestações de vontade.

É que a situação de dependência e impotência em que se vê caído o doente, arrancado ao seu meio e sujeito a critérios alheios, influi poderosamente sobre as manifestações de vontade. Tudo isso tem de ser tomado na devida conta no que respeita à validade daquele consentimento.

Consideremos antes de mais o consentimento prestado pelo próprio. Será lícito ao próprio, em estado terminal, determinar que cessem os tratamentos, reduzindo-se tudo à manutenção mínima?[13]

A pergunta tem a sua raiz na circunstância de o doente em estado terminal ser sempre uma pessoa, e como tal autónoma. Teria em qualquer caso de ser acompanhado, com esclarecimento cabal da situação. Nomeadamente, a família e os próximos devem ser ouvidos. Mas o que fazer, se no final o doente mantém a decisão sobre a recusa de tratamentos?

Se a decisão é tomada com toda a consciência, essa decisão deve ser seguida, porque a "cura" não é imposta. Aqui, aliás, nem teria já o sentido de *cura*, uma vez que qualquer intervenção pode eliminar isoladamente um mal, mas traz o seu próprio gravame sobre o paciente e em conjunto não melhora a situação de saúde nem altera o estado terminal do paciente. Não lhe traz melhoria.

Por outro lado, há a questão do destinatário da manifestação de vontade no sentido da cessação ou limitação dos tratamentos. Se puser previsivelmente termo à vida, é grave demais para que possa ser confiada a um médico apenas. Como dissemos, há que fazer intervir uma entidade independente, a quem incumbe assegurar-se da informação prestada, da actualidade e genuidade da manifestação e de todos os outros aspectos relevantes, à luz de critérios éticos.

8. Limites da autonomia

Mas voltemos à autonomia – ou, como seria preferível dizer, autodeterminação. A autodeterminação permite fixar o que queremos para nós próprios. Mas a autodeterminação não é um absoluto. Assim como nem tudo nos é permitido, também nem tudo pode ser determinado para que os

---

[13] E a cuidados paliativos, como a ministração de analgésicos. Mas mesmo esses pode o paciente recusar, suscitando-se então problemas particulares.

outros façam. Não pode justificar a prática de actos cujo sentido seja provocar directamente a morte, porque isso cairia na eutanásia a pedido, com o desvalor e os riscos inerentes, que é vedada ética e juridicamente.

A vontade expressa em situações terminais tem também de ser encarada com muita prudência. Uma vontade de morrer pode exprimir apenas a situação de desespero ou a depressão provocada pela irremediabilidade da doença e pelo abandono a que o paciente esteja (ou se sinta) votado. Há que ter toda a finura para concluir pela genuinidade da vontade expressa.

Este aspecto, que é da maior importância, ultrapassa muito a cessação dos tratamentos em estado terminal. Abrange todos os pedidos que conduzam à morte – a eutanásia a pedido ou o pedido de auxílio ao suicídio. Em vez do exercício genuíno da autodeterminação há com frequência apenas o reflexo duma situação de extrema vulnerabilidade psicológica e circunstancial, que pode ser totalmente diversa do que corresponderia à estrutura anímica do paciente.

E se a pessoa não estiver já consciente? Pode ter determinado antes como desejaria ser tratado se porventura estivesse nessa situação.

Temos aqui a questão dos chamados *testamentos vitais*. Impropriamente chamados, apressamo-nos a observar desde já, porque de nenhum testamento se trata: o testamento só valeria depois da morte, enquanto que esta vontade é expressa para operar ainda em vida, em situações de terminalidade ou quando uma manifestação de vontade não for efectivamente possível.

Este é outro tema, que não podemos desenvolver aqui. Ainda é uma manifestação de autodeterminação, que não vemos por que não deveria ser aceite. A validade depende do conteúdo, evidentemente, mas se a vontade for a de a pessoa não ser sujeita a tratamentos que apenas prolonguem o estado terminal, não vemos diferença de uma declaração actual de vontade.

Tem de se fazer uma prova rigorosa da autenticidade da declaração que seja apresentada, sem que isso implique uma formalização.

Outro aspecto muito importante está na *actualidade* da declaração. O facto de ter sido manifestada uma vontade no passado não significa que, aqui e agora, a vontade da pessoa "incompetente"[14] fosse ainda a mesma. É muito importante recorrer ao testemunho de familiares e outras pessoas próximas que garantam a permanência da vontade.

A Lei francesa n.º 2005/370, de 22 de Abril, no art. 7, mandou inserir no Código da Saúde Pública um preceito que exige que essas directrizes tenham

---

[14] No sentido impróprio em que se usa a palavra em Biomedicina, para exprimir o que está incapacitado de exprimir consentimento fidedigno. Ninguém pode prever antecipadamente como reagiria em estado terminal.

sido escritas menos de três anos antes da inconsciência da pessoa. Parece-
-nos formalização demasiada. O que é necessário é uma prova convincente.
Mas se não se lograr uma prova convincente não há que tomar em conta
a declaração de vontade, porque se não trata já de válida autodeterminação.

Se a vontade é no sentido da cessação das intervenções com o sentido
de cura e se se verificam realmente as condições que permitem qualificá-las
como fúteis, a vontade deve ser seguida. Se é negativa, o médico tomá-la-
-á em conta, dentro da margem de manobra disponível, mas não pode ser
obrigado a praticar actos que, em consciência, prolongam a agonia e são
contrários às *leges artis*.

Pensamos que a chave deste delicadíssimo ponto de encontro de várias
vertentes pode ser expressa pelo lema que foi difundido pela Igreja de França
em 2001: "Accepter la mort, maintenir les soins auprès du malade". Antes
de mais, é a aceitação da nossa condição humana, da nossa qualidade de
mortais, muito naturalmente. Diz-se textualmente que seria desumano procurar prolongar as agonias. De facto, seria a manutenção dum sofrimento
que resultaria já de uma intervenção *contra natura* do homem.

Por isso, a Igreja de França, seguindo aliás orientação que vem já de
Pio XII, não levantou obstáculos ao projecto de diploma donde resultou a
referida Lei n.º 2005-370, de 22 de Abril, relativa aos direitos dos doentes
e ao fim da vida.

9. Consentimento por terceiros?

Pode o consentimento ser prestado por terceiros?

A referida Resolução CFM n.º 1805/06, de 29 de Novembro, prevê:
"... respeitada a vontade da pessoa *ou de seu representante legal*" (art. 1/
/proémio). No § 2.º prevê a obrigação de o médico esclarecer ao doente *ou
ao seu representante legal* as modalidades terapêuticas adequadas. No § 3.º
assegura ao doente *ou a seu representante legal* o direito de solicitar uma
segunda opinião médica.

Quem é este "representante legal"?

Em sentido técnico-jurídico, suporia uma situação de incapacidade
juridicamente declarada e a designação dum representante. É mais que
duvidoso que sejam apenas essas situações que estejam contempladas. Até
porque o dever de informação e esclarecimento, constante do art. 1 § 1.º,
abrange os familiares e próximos em geral, e não apenas as situações relativamente menos frequentes em que haja incapacidade e designação formal
de representante.

Poderá estar incluída nesta categoria a pessoa de confiança a quem foi confiada a vontade do paciente, embora a expressão "representante legal" não a abranja directamente?

Pensamos que sim, até porque de uma Resolução do Conselho Federal de Medicina não é de esperar um aperfeiçoamento jurídico particular. É uma figura muito frequente em países estrangeiros. Com todas as cautelas, pode realmente concluir-se que a um amigo mais próximo foi confiada a vontade válida para esse momento terminal.

Mas atenção: a pessoa de confiança não tem legitimidade para elaborar a vontade que será imputada ao paciente terminal. Em termos técnicos ele não é sequer um representante: é um *núncio*, ou seja, é pessoa que tem a mera função de transmitir uma vontade formada pelo paciente, tal qual como por este lhe foi transmitida. Vale apenas como depositário da vontade. Por isso a prova da veracidade e fidedignidade é ainda mais severa. Nomeadamente, não podem deixar de ser ouvidos os familiares. E, em qualquer caso, ainda ocorre a subsequente verificação da actualidade daquele querer.

Voltemos então ao "representante legal". Excluída a "pessoa de confiança" (embora esta deva ter a intervenção que assinalámos) quem pode estar compreendido?

Não há que afastar o representante legal em sentido técnico. Este abrange o titular do poder paternal, os tutores e também, dada a imprecisão da Resolução, deve abranger os curadores, pelo menos nalguns casos.

Mas a situação destas várias entidades não é sempre a mesma. Há que distinguir profundamente os pais e as restantes categorias.

Os pais têm uma posição privilegiada. A presunção de que actuam no interesse do menor é muito forte. Por isso, a sua decisão é tomada como decisão do próprio menor, mesmo que não seja vinculante.

Não se esqueça porém nunca que o representante, por definição, age **no interesse do representado** e não no seu próprio interesse. Por isso, esta presunção cede se houver razões que levem a crer que mesmo os pais possam estar a agir fora do sentido funcional dos seus poderes.

No que respeita aos outros representantes, já o médico está numa posição de maior liberdade e, em contrapartida, com maior responsabilidade. Terá de verificar se se orientam ou não pela preocupação do interesse do menor. Aí, a importância de ouvir os restantes membros da família é muito maior. A observância da posição do curador será mesmo nula quando este esteja circunscrito às situações patrimoniais do curatelado, como acontece em relação aos pródigos.

E nisto, qual a posição da família?

A Resolução do Conselho Federal de Medicina não refere sequer a família. E efectivamente a família não se pode substituir nunca ao paciente e exprimir uma vontade que valha juridicamente como a dele.

Mas se não se pode substituir deve pelo contrário ser sempre ouvida, para esclarecer a vontade, histórica ou actual, ou para trazer outros elementos de informação. E deve ser quanto possível incluída na decisão, sentindo-se participante e responsável por aquele acto.

As situações podem ser muito diferentes. Pode o cônjuge ser o elemento decisivo – e pode ser o contrário. Isto impõe as maiores cautelas, pois a família pode estar mais interessada em desenvencilhar-se dum elemento que lhe pesa ou na abertura da sucessão.

O direito de solicitar uma segunda opinião médica deve caber a todo o elemento da família, mesmo não tendo maioria. Mas nunca os membros da família, como tal, podem exprimir uma vontade vinculativa de limitação ou suspensão dos tratamentos.

Diríamos que a família acaba por desempenhar uma função mais relevante para se opor à cessação ou limitação dos tratamentos do que para os fundamentar[15]. Se exprime a vontade de que esses tratamentos cessem ou se limitem já serve só de elemento de informação e ponderação.

O médico tem, na previsão expressa do art. 1 § 1.º da Resolução, a obrigação de esclarecer – obrigação que, como vimos, se refere também aos familiares.

Pode não haver ninguém para esclarecer, situação que examinaremos no número seguinte.

Se houver, a obrigação do médico é antes de mais a de dialogar – o que infelizmente muitas vezes não se faz. O diálogo traz pelo menos a oportunidade de o médico se esclarecer ele próprio, granjeando elementos para uma decisão ponderada.

O acordo entre médicos e familiares é possível, mesmo partindo de posições divergentes, porque não há apenas uma posição matematicamente correcta, em geral. Pode assim pelo diálogo chegar-se a um ponto de concordância, dentro da margem opcional existente. Pelo menos por algum tempo.

E se não chegar nunca a acordo?

---

[15] Em qualquer caso, embora mais relevante, não é por si determinante.

10. Parâmetros da decisão final do médico

O médico está vinculado a abster-se de praticar tratamentos contra a vontade esclarecida do paciente. Assim acontecerá também se essa vontade lhe for transmitida de modo fidedigno por pessoa de confiança, vencidas as questões de prova.

Está vinculado também se for essa a vontade dos pais, quando não houver dúvidas quanto a estes agirem no interesse do menor; e após ouvido o próprio menor, se tiver desenvolvimento mental para tanto.

No que respeita a outros familiares o médico deve tomar em conta a opção destes pela abstenção de actos médicos, antes de mais tratando-se de filhos e do cônjuge, em princípio; mas já não há uma vinculação directa, mas apenas uma indicação importante. O que significa que há uma margem em que o médico pode ir contra a posição de pessoas qualificadas que falem pelo doente.

A Resolução do CFM, no seu art. 1.º, dispõe: "...respeitada a vontade da pessoa ou de seu representante legal". Do que dissemos resulta que a vontade da pessoa deve ser respeitada, mas o único representante legal cuja vontade se impõe ao médico são os pais (e mesmo então com reservas). Nos outros casos, o médico não está vinculado.

E se a posição destas pessoas for, pelo contrário, no sentido da prossecução dos tratamentos? Admite-se um espaço de manobra, em que se busque uma conciliação de posições. Poderá haver ainda acordo quanto às "modalidades terapêuticas adequadas", na linguagem da Resolução.

E se o dissenso se mantiver?

Há um limite, que o médico não pode transpor por razões deontológicas e éticas: é o dos tratamentos fúteis ou da obstinação terapêutica. Esse limite poderá ser fixado mais além ou mais aquém, mas existe; transpô-lo seria sempre condenável, por melhores que sejam as intenções. E seria angelismo supor que só há as melhores intenções: a prossecução de tratamentos custosos com os meios sofisticados hoje existentes representa uma copiosa fonte de rendimentos quando aplicada a quem esteja em condições de os pagar[16].

Mas representaria a imposição de grandes sacrifícios ao doente. Ora o sacrifício deixa de basear-se em indicação médica se não é compensado por resultados; ou se é desproporcionado, quando os resultados que se podem obter o não compensam.

---

[16] Para o Prof. Daniel Serrão, cientista português de cúpula neste domínio, reconhecido o estado terminal toda a intervenção curativa é fútil. E adverte que a obcessão curativa abre o caminho para a eutanásia.

A Terminalidade da Vida   171

O médico tem, seguramente, o dever de evitar estas situações.

Configura-se então a hipótese de o médico, sozinho, ou até contra a opinião dos mais próximos do paciente, decidir suspender os tratamentos.

Perante essa grave decisão, a Resolução só prevê uma defesa do doente ou seu representante legal: o direito de solicitar uma segunda opinião.

É muito pouco. Desde logo, parece claro que o próprio médico pode igualmente pedir uma segunda opinião, particularmente em caso de divergência com a posição do doente ou da família.

Já dissemos também que qualquer membro da família o pode fazer – desde que tenha ligação efectiva ao doente. Este aspecto deveria constar com clareza da lei.

Mas há situações de doentes que não têm nenhum acompanhamento familiar; e em qualquer caso a limitação dos meios de defesa ao pedido de segunda opinião está muito longe de corresponder à gravidade do que está em jogo.

Como dissemos, uma decisão de suspender ou limitar os tratamentos deveria sempre ser comprovada por uma entidade independente. E a independência deve ser tomada mesmo a sério: não basta que esse médico pertença ao Conselho de ética ou a outra equipa do mesmo hospital. Deveria haver uma entidade, sem qualquer aparência sequer de vínculos pessoais com a primeira, a quem coubesse intervir nessa situação.

Nada disto é excessivo. É o indispensável para que se preserve realmente a dignidade da pessoa humana na fase terminal.

Há que dar realidade ao princípio que o doente terminal não é uma excrescência, um galho seco que importa arrancar;

é um NÓS; é um ser com quem comungamos até final.

11. Os estados terminais de grande sofrimento

Os estados terminais podem ser acompanhados de grande sofrimento. Assim acontece por exemplo em ocorrências oncológicas.

As situações de sofrimento não são exclusivas dos estados terminais. Mas nestes têm sido particularmente discutidas. E são normalmente utilizadas para a defesa da eutanásia a pedido.

Mas receamos que assim estejamos a afastar-nos da essência da questão. Se a questão é combater a dor, é este combate que deve colocar-se em primeiro plano.

Hoje há meios que levam cada vez mais longe no combate à dor. A aplicação de drogas fortes como a morfina faz-se aliás de há longos anos e estudos médicos revelam que o uso da morfina para combate à dor não cria dependência no doente[17].

A eutanásia é uma fuga à questão. Como escreve Daniel Serrão: "A eutanásia não é a solução do problema do sofrimento, é a destruição do sofredor".

Tratar correctamente o sofrimento não é *soft* eutanásia. É pelo contrário a consumação do plano de Hipócrates, de defender a vida até ao fim, mas colocando o Homem como a justificação última.

Neste caminho, pode chegar-se a uma encruzilhada. Há medicamentos ou substâncias que em si são tóxicos mas que podem ser usados com êxito para aliviar o sofrimento.

Não se podem fazer análises sectoriais. O que interessa é o efeito global sobre o doente terminal. Se deste modo se contribui para humanizar o estado terminal o efeito é intrinsecamente positivo e não suscita objecção ética[18]. Não há autodestruição, há a resposta adequada à gravidade da situação terminal em que o doente se encontra.

De facto, há que não esquecer que no centro das nossas preocupações deve estar o doente e não a doença. Ele é o protagonista: assim, todos os esforços se devem fazer para o acompanhar.

Se enfocamos a Medicina na doença e não no doente tendemos a colocar em segundo plano o sofrimento; vimos já o que acontece com os tratamentos traumatizantes e fúteis, que combatem doenças sem em absoluto nada aproveitar ao doente. Assim, acabamos por esquecer que o sofrimento é também doença e aliviá-lo é ainda acto médico.

Mas justamente porque colocamos o doente em primeiro plano, tudo o que dissemos tem de ser conjugado com outra vertente de valor ético mais alto.

O combate à dor não pode ser identificado com a destruição antecipada do doente terminal, tornando-o inconsciente e incapaz de viver os seus momentos finais. Anestesiar o doente pode ser a maneira mais cómoda de todos os que seriam chamados a participar, incluindo a própria instituição,

---

[17] Veja-se Eduardo Bruno da Costa, *Atitudes médicas perante o fim da vida*, in Conselho Nacional de Ética para as Ciências da Vida, Actas do III Seminário: *Ética da Vida*, Lisboa, 1996, 105-120 (108-110).

[18] Cfr. neste sentido Chaïm Perelman, *Ética e Direito* (trad.), Martins Fontes, 2002, 310. O autor observa no mesmo lugar: "Não há nada a modificar a esse respeito em nosso Código Penal, pois é salutar um médico saber que se administra uma dose mortal de morfina corre o risco de ser processado. Trata-se de uma protecção indispensável do doente e da sociedade contra abusos sempre possíveis e sempre ameaçadores".

se desembaraçar agilmente do dever de o acompanhar; mas não é a mais humana e portanto não é a que a Ética impõe.

A vontade do paciente de manter a consciência nesses momentos, mesmo afrontando a dor, tem de ser rigorosamente cumprida. É um dos pontos em que o consentimento do doente impera, porque há um aspecto espiritual que se sobrepõe.

Generalizando, diremos que mesmo no combate à dor há que não considerar o doente apenas como um objecto. Há que manter, em tudo o que for possível, a consciência. E é imperativo fazê-lo se essa for a vontade, expressa ou presumível, do doente.

12. Os cuidados paliativos

Chegamos assim à soleira da grande problemática dos cuidados paliativos.

A pessoa não perde nunca a sua dignidade intrínseca; por isso não pode ser nunca abandonada. Mesmo que se encontre em estado considerado terminal e não haja nenhuma perspectiva de cura deve continuar sempre a ser acompanhada médica e espiritualmente.

O art. 2 da Resolução do CFM n.º 1805/2006 toca aspectos essenciais: "O doente continuará a receber todos os cuidados necessários para aliviar os sintomas que levam ao sofrimento, assegurada a assistência integral, o conforto físico, psíquico, social e espiritual, inclusive assegurando-lhe o direito de alta hospitalar".

Sem discutirmos o que há de programático nesta previsão e tendo consciência da rudeza com que a realidade dela se afasta, é bom que se aponte para estes aspectos, que são muito importantes.

Está em causa o doente em estado terminal. Antes de mais há que ocorrer ao imediato: se há dor, há que combatê-la. É função médica aliviar ao máximo o sofrimento, porque a função médica não é só curar. Não pode ser um pretexto para o médico, a família ou a instituição se livrarem do dever de acompanhar o doente.

É um objectivo a possível qualidade de vida do doente. E para isso há que ter presente que o doente não representa apenas uma anomalia orgânica de que há que cuidar. É um todo, que é pessoa. A esse todo há que atender, de modo especial na fase ultradelicada da terminalidade da vida.

Por isso o art. 2 da Resolução refere acertadamente a assistência integral e o conforto não apenas físico. Prevê o factor psíquico, e a assistência psicológica tem aí decerto o seu lugar, mas não aceita que se apresente como uma alternativa à assistência espiritual total. A pessoa não pode ser minimizada como ente biológico, é um ser espiritual. Por outro lado, a vida espiritual não se limita à vivência religiosa.

Isso implica ainda a compreensão das dimensões do homem como ser social. O homem internado fica desintegrado: as ligações interpessoais, incluindo as familiares, afrouxam. Há que fazer esforços para preservar minimamente estas ligações.

O preceito em causa manifesta sensibilidade por este aspecto ao referir que se assegura o direito de alta hospitalar. Tudo na vida pode ser deturpado; a pressão pela alta hospitalar pode transformar-se numa forma de aliviar a superlotação dos hospitais e disfarçar a insuficiência destes. Os doentes terminais podem ser empurrados para junto das famílias, que dificilmente terão meios para os acompanhar e ocorrer às suas necessidades.

Mas, se há esta deturpação, há também um sentido verdadeiro das coisas. É muito melhor para o doente, na normalidade dos casos, a integração familiar que o anonimato do hospital. Se houver meios para a família se encarregar dele a repercussão positiva sobre o espírito do doente é muito favorável. As entidades públicas só têm legitimidade para afastar os que recorrem aos hospitais porque não têm outro abrigo quando esta questão conexa estiver resolvida. Este é um dos meios, possivelmente dos mais simples, de o assegurar.

Particularmente em relação às pessoas idosas, é conhecido o trauma que representa o afastamento dos seus hábitos. Chama-se a atenção para que em certos casos, mesmo de terminalidade da vida, uma medicação ajustada e aceite pelo doente pode fazer-se na residência deste.

Quando os doentes terminais permanecem em hospitais, é prática corrente serem colocados em unidades separadas e não em enfermarias juntamente com outros doentes, para evitar a vivência deprimente para os restantes das situações terminais e dos eventuais desenlaces. É sem dúvida aspecto a ter em conta. Mas por outro lado há que ponderar atentamente a repercussão que pode ter para o doente terminal o facto de ser retirado do local onde se encontrava e conduzido para onde se encontram os outros doentes terminais, se tiver consciência disso.

Chegamos assim ao fim desta panorâmica geral da terminalidade da vida. O fulcro de tudo está na concepção e aceitação da morte como componente natural da condição humana; mas que, como tal, participa também de toda a dignidade dessa condição. Merece-nos, naturalmente, respeito. Esse respeito, recaindo sobre a pessoa que morre, deve marcar todo o acompanhamento pessoal e comunitário desse momento único, mas que cabe a cada um de nós "viver" uma vez na vida...

O CASAMENTO DE PESSOAS DO MESMO SEXO

JOSÉ DE OLIVEIRA ASCENSÃO
Professor Catedrático da Faculdade
de Direito de Lisboa

ÍNDICE: 1. O itinerário pré-legislativo; 2. Aspectos paradoxais; 3. A questão da homossexualidade; 4. O ponto de encontro com o casamento; 5. Casamento, voluntarismo, institucionalismo; 6. Interpretação jurídica das regras constitucionais sobre casamento; 7. O fundamento; 8. A inconstitucionalidade da Lei n.º 9/2010; 9. E agora?

1. O itinerário pré-legislativo

A Lei n.º 9/2010, de 31 de Maio, introduziu na ordem jurídica portuguesa o casamento entre pessoas do mesmo sexo.

O instituto cria problemas jurídicos. Acrescentamos brevemente que cria também problemas no domínio da Bioética. Temos defendido que Bioética é, até literalmente, ética da vida. E se isso não permite fazer atribuir à Bioética todas as questões da vida (porque a Ética é sempre Ética da vida e então toda a Ética equivaleria à Bioética) também não permite reduzir a Bioética à Ética Médica, como vai acontecendo, em consequência de um perigoso esvaziamento da carga ética da Bioética. Há que procurar um meio termo, que a nosso parecer não pode deixar de englobar as graves questões vitais que estão implicadas na figura do casamento de pessoas do mesmo sexo.

Recapitulemos então. Tudo se passou com demasiada celeridade para a delicadeza da questão. Um projecto é aprovado em Fevereiro de 2010 pela Assembleia da República, declarando expressamente a permissão do casamento civil entre pessoas do mesmo sexo (art.1). Alterava os arts. 1577 e 1591 do Código Civil, para suprimir o trecho "de sexo diferente" na definição de casamento e na previsão da ineficácia dos esponsais; e o art. 1690/1, para substituir "tanto o marido como a mulher" por "Qualquer dos cônjuges", no respeitante à legitimidade para contrair dívidas. Revogava a al. *e* do art. 1628, que declarava inexistente "O casamento contraído por duas pessoas do mesmo sexo". Excluía ainda a adopção por pessoas do mesmo sexo casadas (art. 3). Com esta ressalva, mandava interpretar todas as regras do casamento à luz desta lei (n.º 5). A isto se resumia o Decreto da Assembleia da República.

O Presidente da República requereu a fiscalização preventiva da constitucionalidade do diploma, por violação do art. 36/1 da Constituição. Este dispõe: "Todos têm o direito de constituir família e de contrair casamento em condições de plena igualdade".

O pedido foi acompanhado por um Parecer jurídico[1] fundamentando as dúvidas sobre a constitucionalidade, a que faremos referência nos lugares respectivos.

Sobre o pedido recaiu o Ac. n.º 121/2010, de 8 de Abril, do Tribunal Constitucional, de que foi relator o Cons. Vítor Gomes. Estão em causa nele as três posições que esquematicamente podemos enunciar sobre o tema:

  I – A Constituição impõe a admissão do casamento entre pessoas do mesmo sexo
  II – A Constituição exclui o casamento entre pessoas do mesmo sexo
  III – A Constituição não toma posição, estando na esfera do legislador ordinário adoptar uma ou outra solução positiva.

As três posições foram defendidas no T.C., como resulta da distribuição dos votos, nomeadamente dos votos de vencido. Prevaleceu a última – o Tribunal decidiu não se pronunciar sobre a inconstitucionalidade das normas do Decreto da Assembleia da República em causa.

Voltou então o diploma ao Presidente da República, que poderia vetar o diploma. Não o fez, promulgando a lei. Fez acompanhar a promulgação de uma justificação, baseada na irreversibilidade previsível da votação na Assembleia e na urgência para o país de se dedicar a outras questões prementes.

O projecto provocou debate, no curto período disponível, mas de nível muito baixo, a nosso parecer. O argumento principal foi o da igualdade.

---

[1] Este vem, no essencial, transcrito no Acórdão do Tribunal Constitucional.

O Casamento de Pessoas do Mesmo Sexo

As posições contrárias exigiram a realização de um referendo sobre a matéria. Reuniu-se um número impressionante de assinaturas na petição respectiva. O referendo foi recusado.

2. Aspectos paradoxais

A maneira como se processou esta grande inversão de orientações básicas da sociedade portuguesa merece reparo.

Seria um problema fundamental, numa altura em que outras grandes questões eram deixadas de lado, por invocação da crise? Haveria grande número de pares do mesmo sexo ansiosos por casar? Seguramente que não, como aliás já podemos comprovar pelos casamentos de pessoas do mesmo sexo realizados após a aprovação da lei. Os meios de comunicação dão--lhes todo o realce, como a tudo aquilo que tem tonalidade insólita ou está ligado ao sexo, mas pode-se prever que a afluência foi e será escassa. Numa altura em que o casamento e a família sofrem uma crise profunda, em que o casamento se torna *ad libitum* dissolúvel[2], em que as pessoas vão gradualmente deixando de casar, são as pessoas do mesmo sexo que se irão casar? Os grandes problemas nacionais passaram a ser o casamento de pessoas do mesmo sexo, quiçá juntamente com o de padres e freiras?

Quando há na realidade verdadeiros grandes problemas nacionais esquecidos, como a taxa de natalidade a descer a níveis assustadores e o Estado só se lembra da natalidade para aumentar os impostos dos casais que não têm filhos ou para atribuir aos neo-natos uma quantia ridícula que poderão levantar aos 18 anos, é o casamento de pessoas do mesmo sexo que é o problema? É previsível que após raros casos iniciais a aplicação da lei fique deserta, ou quase.

A razão é outra: não é por ser um problema fundamental, é por ser uma questão fracturante. Distrai dos problemas, numa altura de crise radical. Divide. Recebe o contributo dos meios de comunicação social, na ânsia de tudo o que é exótico. E, como questão fracturante, pode ser preciosa para Governos em dificuldades, distraindo as atenções. Assim acaba de acontecer na Argentina, país que por último acolheu o instituto.

Os grandes argumentos são a igualdade e a autonomia. Surgem como razões auto-suficientes. Não precisariam de qualquer demonstração.

Mas igualdade, como? Em contrair casamento? É claro que todos podem contrair casamento. Mas contrair entre si, entre pessoas do mesmo sexo?

---

[2] Com prejuízo muito em particular da mulher a que se silencia.

A igualdade é entre iguais. O problema passa a saber se são iguais para o efeito de contraírem casamento. Isso praticamente não se debateu, e constituía justamente o problema.

Por outro lado, a **autonomia**. Mas também, a autonomia não é a chave de tudo. É-se autónomo nos termos do enquadramento social: autonomia não é arbítrio. Não se pode fazer o casamento poligâmico ou poliândrico. Não podem casar pais com filhos. Haveria então que demonstrar que há razões que levam a que a vontade individual se imponha neste caso. Também essa demonstração não se fez.

Não se fez, porque o debate foi envenenado desde o início.

Tinha-se chegado a um ponto de equilíbrio na disciplina da matéria. Estabelecera-se a liberdade de orientação sexual, fora de limites como o sadismo ou a pedofilia. Não é isso que está em causa. É a questão fracturante: é a captura do valor simbólico do casamento. Como teremos oportunidade de melhor ver na continuação.

Muitos outros aspectos paradoxais poderiam ser sublinhados, na relação com a situação histórica. Mas não será este o ponto que nos ocupará. A nossa análise não será político-sociológica. Focaremos antes os aspectos éticos e jurídicos, que ficaram omissos no debate desta lei.

3. A questão da homossexualidade

O significado biológico da homossexualidade é por si um problema. Pode ser tomada como uma doença, para a qual se põe a questão do tratamento. Pode haver o sexo aparente que não corresponde ao sexo real. Pode ter sido experiência e tornar-se hábito. As respostas não são muito seguras mas não temos competência para aprofundar.

Para nós, o que é seguro é a influência do ambiente social sobre os comportamentos individuais. De facto, a homossexualidade teve através da História manifestações muito diferenciadas e provocou reacções muito diferenciadas também. Isto revela que não pode ser tomada unicamente como uma manifestação de tendências orgânicas inatas.

Na Grécia antiga, a homossexualidade estava generalizada entre os homens. Ao ponto de se não poder dizer que eram homossexuais: antes, praticavam a homossexualidade. Os diálogos de Platão revelam-nos as práticas com os efebos, rotuladas como "o amor dos jovens".

Pelo contrário, noutras culturas a homossexualidade é desconhecida. Lemos uma descrição sobre a vida nas montanhas da Nova Guiné. Os homens

O Casamento de Pessoas do Mesmo Sexo

vivem em cavernas. À noite, o frio é intenso. Os homens dormem encostados uns aos outros para se protegerem do frio. E não obstante, não há homossexualidade.

As reacções são muito diversas também. Em algumas sociedades era aceite, noutras era punida com a morte, como se revela no Antigo Testamento. Há 50 anos era normal em Portugal a agressão física aos homossexuais. Foi-se passando à tolerância, depois à integração na vida privada de cada um, para ao fim ser consagrada como uma liberdade, incluída na liberdade de orientação sexual.

A evolução foi estreitamente dependente de influências externas. Há uma impressionante promoção da homossexualidade, por razões que seria interessante aprofundar. Leva a consequências tão anormais como outorgar um privilégio no tratamento da sida: a homossexualidade favorece a difusão da sida, mais do que o relacionamento heterossexual, pelo que há uma probabilidade acrescida de a sida ter sido adquirida por relacionamento homossexual. Nesta promoção, foi fundamental uma mudança semântica, que é um meio poderoso de influenciar as pessoas sem estas se aperceberem. O termo decisivo foi **homofobia**. A homossexualidade era mal vista. Com a introdução do termo, tudo mudou. O mal passou a residir em quem põe reservas à homossexualidade: esses é que estão debaixo de acusação.

Outra poderosa arma semântica é a qualificação como *gay*, que dá por si uma apresentação agradável e festiva a quem pratica a homossexualidade. Chega-se a manifestações extremas como as paradas de orgulho *gay*. Porquê orgulho? Uma prática sexual é motivo de orgulho? Há orgulho masoquista ou masturbador? A difusão internacional destas manifestações é outra realidade social que carece de ser sociologicamente estudada e explicada. Como também a razão do carácter "folclórico" de que estas manifestações são rodeadas.

O favorecimento é tal que vemos serem dadas ou disponibilizadas por autarquias instalações para agremiações homossexuais. Possivelmente, essas autarquias recusar-se-iam a facultar instalações a instituições de solidariedade social religiosas, alegando que o Estado não é confessional.

De todo o modo, fica assente o peso do factor social na difusão da homossexualidade. E isso retira força à argumentação do carácter biológico da tendência homossexual. Não é seguramente redutível a resultante de tendência biológica, como se vê considerando que há um número crescente de bissexuais. A homossexualidade é praticada como uma experiência sexual mais, entre tantas outras.

4. O ponto de encontro com o casamento

Também o casamento tem uma longa evolução histórica.

Há todavia um ponto em que podemos logo à partida assentar: o casamento sempre foi uma instituição caracterizada pela heterossexualidade. Ninguém o nega e foi expressamente reconhecido no Acórdão do Tribunal Constitucional da formulação, por referência à própria época dos textos constitucionais.

Houve uma larga difusão da poligamia, que se mantém ainda em muitas culturas actuais. Houve também, mais escassamente, a poliandria. Na civilização ocidental, a ligação entre um homem e uma mulher com o fim de constituir a família foi tomada como uma conquista civilizacional.

Nestes termos, que vêm já da Antiguidade Clássica, o casamento bem como a família dele derivada sofreram também vicissitudes várias. O casamento, indissolúvel na prática em Roma, passa a admitir o repúdio da mulher ao tempo da expansão romana. Retoma a indissolubilidade sob influência cristã para chegar hoje, em países como Portugal, a uma dissolubilidade *ad libitum*. A união de facto passa a ser protegida e está sendo assimilada progressivamente ao casamento.

A degradação do casamento integra-se na degradação geral da família. Esta era encarada como a célula-base da sociedade, envolvendo aspectos como ser sede natural da filiação, da educação e sustento dos filhos, bem como a parentela e a família alargada e a projecção transgeracional como efeito da filiação. Era assim objecto de particular protecção.

Foi sendo fragilizada gradualmente, com o triunfo do individualismo. Sociologicamente, foi reduzida à família nuclear. Reformas legais puseram em crise os poderes familiares.

Até há poucos anos, porém, não se contestava o carácter heterossexual do casamento. Os pares homossexuais começaram por ser protegidos como uniões de facto, atendendo sobretudo à vertente patrimonial. O passo seguinte foi, num número ainda reduzido de países, a união civil registada, com maior segurança institucional, mas ainda diferenciada do casamento. Surge enfim o casamento de homossexuais, que vai em progresso, embora o número de países que o acolhe seja exíguo.

Entre esses poucos países conta-se hoje Portugal.

Muitas vezes, instituições estranhas ao povo português são insufladas com a alegação de que todos os países civilizados... Aqui não: são raros, a nível mundial, os países que acolhem este instituto. O argumento é então invertido: Portugal tem o orgulho de estar na vanguarda...

Mas porquê vanguarda?

5. Casamento, voluntarismo, institucionalismo

O argumento de base apresentado é o da igualdade.

Combate-se a *discriminação* – outra palavra mágica, cujo efeito emocional supera muito o sentido real. Todos devem ter direito ao casamento.

Mas todos têm já o direito de contrair casamento: é a própria Constituição que o assegura (art. 36/1). A afirmação tem de ter pois outro sentido: todos têm o direito de contrair casamento com quem quiserem – incluindo pessoa do mesmo sexo.

Isso não está já na Constituição. O art. 36/2 remete para "a lei" os requisitos e efeitos do casamento.

Deixando para depois a análise dos textos constitucionais, observamos agora que o direito de contrair casamento com quem se quiser tem como marca a prevalência da subjectividade. É uma manifestação do grande deslizar do objectivo para o subjectivo que se verifica a partir do voluntarismo, logo no séc. XIII. Foi tendo grandes vitórias históricas, o protestantismo, o contrato social, a crítica da razão pura, até ao triunfo com o individualismo e a civilização dos direitos. No cerne, está um direito não proclamado, o direito de ser feliz, e a relativização das instituições.

No próprio domínio da Bioética temos uma ilustração, com o consentimento informado. É a vontade o elemento essencial de referência. Mas vemos também como, nesses termos absolutos, o consentimento se torna uma ficção, para tudo justificar.

No tema que nos ocupa, como situar o fundamento na vontade dos sujeitos, justificando assim que cada pessoa case com quem quiser? Particularmente, como situar perante a realidade portuguesa? Corresponde ou não a esta?

Uma grande mudança, que tem subjacente uma concepção do mundo e da vida, parece exigir que seja conforme à realidade social e não deve ser imposta por uma constelação ocasionalmente no poder. De outra maneira representaria um abuso ideológico. Não é caso raro: vários têm sido praticados ao longo da nossa história.

Afigura-se que o casamento de pessoas do mesmo sexo é repudiado pela grande maioria dos portugueses. Todavia, não se fizeram estudos sérios a este propósito. Havia porém uma maneira de dissipar as dúvidas: o instituto do referendo. Mesmo com as suas limitações, permite avaliar a orientação prevalente. Por isso, países com sensibilidade democrática o usam para ultrapassar questões de consciência, que os órgãos públicos não se sentem em condições de impor como se fossem matérias de administração corrente.

Gerou-se assim em Portugal uma petição "Movimento Pró-Referendo ao Casamento entre Pessoas do mesmo Sexo", que colheu um número elevadíssimo de assinaturas, entre 90000 e 100000. Mas não foram minimamente tomadas em conta. Segue-se a tradição de as grandes mudanças serem impostas por maiorias iluminadas de Lisboa e Porto, que são indiferentes ao sentir geral da população. Cabe-lhes bem o lema do imperador Francisco José da Áustria: "Tudo para o povo, nada pelo povo".

Mas chegados aqui, temos de entrar na análise da substância.

Casamento não é um nome apenas, susceptível de cobrir qualquer conteúdo. Tem um sentido próprio, intrínseco, que não está dependente da vontade de cada um. O casamento como união de pessoas do mesmo sexo não cabe seguramente no entendimento do termo pelo povo português.

Aqui defrontamos o conceito de *instituição*. As instituições, no sentido substancial e não meramente orgânico, são as grandes convicções ou entendimentos sociais que balizam a identidade comunitária. Constituem as bases da formação e continuidade dum povo. Evoluem como tudo o que é histórico, mas lentamente, dentro dos tempos próprios da marcha de cada agregado humano.

As instituições fornecem o suporte objectivo ao desenvolvimento humano e social duma comunidade. Dão-lhe rotas comuns pré-fixadas de subsistência e desenvolvimento.

A família surge logo à cabeça como instituição-base. É o elemento fundamental de formação, desenvolvimento, estabilidade e continuidade dos seus membros e da sociedade.

A noção de direito ao desenvolvimento da personalidade tem justificação profunda, encarando a pessoa com um ser *in fieri*, que se realiza no tempo pela automodelação livre de cada um. Foi acolhida, e bem, no art. 26/1 da Constituição; não que seja um dom do Estado, mas porque cabe ao Estado estabelecer condições que permitam a todos alcançar o seu próprio projecto. Mas não é uma garantia do arbítrio nem uma exaltação do individualismo. A pessoa vive integrada e apoiada nas instituições, e antes de mais na família.

A família não pode assim ser colocada à mercê de maiorias ocasionais. Há que respeitar os parâmetros básicos da inserção do homem na sociedade.

6. Interpretação jurídica das regras constitucionais sobre casamento

Juridicamente, onde encontrar as bases que suportam estes princípios?

Vamos partir da legislação. Concretamente, o lugar central encontra-se na Constituição.

O Casamento de Pessoas do Mesmo Sexo 183

Nesta, são fundamentais dois artigos: os arts. 36/1, sobre o casamento, e o art. 67/1, sobre a família.

Dispõe o art. 36/1 – "Todos têm o direito de constituir família e de contrair casamento em condições de perfeita igualdade". Regula depois os requisitos e os efeitos, que remete para a lei, a filiação e a adopção.

Quanto ao art. 67/1, estabelece: "A família, como elemento fundamental da sociedade, tem direito à protecção da sociedade e do Estado e à efectivação de todas as condições que permitam a realização pessoal dos seus membros". Regula a seguir os meios de protecção, a paternidade, a infância...

Daqui resulta logo o reconhecimento do significado institucional básico da família. Como resulta a ligação ao casamento, como modo normal de constituição da família, juntamente com a filiação.

É na projecção destes princípios que surge o art. 1577 do Código Civil, que já conhecemos: define casamento como o contrato celebrado entre duas pessoas de sexo diferente *que pretendem constituir família...*

Então, o que é *família*? E o que é *casamento*?

Deverá resultar das leis. Há que proceder pois à interpretação das leis, colocando no lugar central a Constituição.

Previamente, façamos uma advertência de ordem geral.

As leis não são elementos que vagueiam num espaço ideal, abstraindo do espaço e do tempo. Só valem num contexto histórico, numa concreta sociedade a que se aplicam. Por isso, o seu sentido deve ser procurado antes de mais atendendo ao seu enquadramento social específico. É sempre por projecção neste que podemos determinar o seu significado e extrair portanto as normas que contém[3].

Códigos europeus foram postos em vigor em países do Extremo Oriente. Mesmo com tradução literal, o sentido das disposições sofreu imediatamente alterações, por repercussão da ordem social a que foram aplicadas. Por isso se chegou a afirmar, embora com exagero, que fonte do Direito é sempre e só a ordem social. Teremos pois presente que o nosso tema de pesquisa é o sentido das disposições sobre casamento e família, enquanto elementos da ordem jurídica portuguesa.

Ora, em Portugal, as noções actuais de casamento e família não são compatíveis com uma união de pessoas do mesmo sexo. Admitir o contrário seria atentar contra o sentido comum, que é o que ficou plasmado na ordem legal portuguesa.

---

[3] Veja-se o nosso *O Direito – Introdução e Teoria Geral*, 13.ª ed., Almedina, 2005 (o título das edições anteriores desta obra foi: *O Direito. Introdução e Teoria Geral. Uma Perspectiva Luso-Brasileira*).

Esta evidência do sentido comum resultará mais tecnicamente fundamentada pelo exame individualizado dos elementos da interpretação. Para isso, utilizaremos os três clássicos elementos da interpretação jurídica:

– histórico
– sistemático
– teleológico.

I – Elemento histórico

O sentido de casamento, e na sequência o de *família* que se teve em vista em 1976, quando a Constituição foi aprovada, é incompatível com o de casamento de pessoas do mesmo sexo.

O Ac. do Tribunal Constitucional em análise reconhece-o expressamente como uma evidência à luz da realidade social do contexto em que emergiu: "o casamento que a Constituição representou foi o casamento entre duas pessoas de sexo diferente" (n.º 18). "A pretensão de admissibilidade do casamento com identidade de género entre os cônjuges é fenómeno que ainda não assumia expressão no espaço público nem em Portugal nem, com expressão significativa, noutros países" (*ibid*). É realmente uma evidência, pelo que não necessitamos desenvolver mais: o elemento histórico é categórico.

Mas o Ac. associa logo a esta a afirmação de que a Constituição não proíbe também a evolução da instituição matrimonial. Isso é outra ordem de ideias, que obrigará a distinguir a evolução por lei constitucional e a evolução por lei ordinária. Já não tem que ver com o elemento histórico da interpretação.

Quanto a este, ficou fixado e o seu contributo está determinado, nos termos gerais. A pergunta que se poderia fazer seria: a evolução histórica contemporânea deu outro sentido a *casamento*, no meio português? Não há nenhum estudo nem nenhuma base para o afirmar. A pretensão emana de minorias activistas, não de qualquer alteração básica de concepções no povo português. Mas é uma questão que não foi levantada e que, ela própria, está por definição fora do elemento histórico.

II – Elemento sistemático

No elemento sistemático distingue-se uma conexão próxima e uma conexão remota. A conexão próxima manifestar-se-á no texto constitucional pela valoração do contexto do art. 36 da Constituição; e, na conexão remota, na conjugação com o art. 67 e outras disposições, igualmente disciplinadoras da família.

A Constituição associa família e casamento a procriação. Não em termos de fatalidade: pode haver procriação fora de todo o vínculo familiar precedente, tal como pode haver vínculo de casamento e não haver procriação. A associação é em termos de normalidade. O casamento tem a potencialidade abstracta de conduzir à procriação, mas isso não implica em cada casal uma manifestação concreta nesse sentido. Pode não haver concretamente filhos por esterilidade, decisão dos cônjuges, idade avançada... Mas o casamento que a Constituição tem em vista é o casamento com complementariedade de sexos e é a essa complementariedade que a Constituição associa a consequência potencial e normal da procriação, que conjuga naquelas duas disposições básicas.

Pertence ainda ao elemento sistemático o confronto com a Declaração Universal dos Direitos do Homem: porque o art. 16/2 CRP dispõe que os preceitos constitucionais[4] relativos aos direitos fundamentais devem ser integrados de harmonia com a DUDH.

Esta Declaração dispõe, no art. 16/1: "A partir da idade núbil, o homem e a mulher têm o direito de casar e de constituir família...". Há pois uma expressa especificação da diversidade dos géneros, como foi apontado pelo Presidente da República quando da submissão à pronúncia do Tribunal Constitucional.

Mas o Acórdão do TC considerou que há um equívoco na invocação do argumento: a DUDH só poderia ser invocada para alargar o âmbito dos direitos fundamentais e não para os restringir, ou para levar a uma solução menos favorável a estes.

É uma asserção que não podemos compartilhar. Desde logo, toma como premissa o que só poderia ser a conclusão: que constitui um direito fundamental pessoas do mesmo sexo casarem entre si. A afirmação de ser mais ou menos favorável aos direitos fundamentais só se poderia fazer com base no pressuposto que a solução "correcta" da questão seria a de admitir o casamento de pessoas do mesmo sexo. O Acórdão não o faz porque, como dissemos, toma uma posição neutra quanto ao fundo da questão. Mas

---

[4] E também os da lei ordinária, mas esses não estão agora directamente em causa.

assim, a afirmação de que sempre mais direitos é desejável não tem base ou, mais precisamente, é falsa. Temos afirmado que o pulular de direitos fundamentais é negativo, porque o excesso acaba por ocultar ou fazer perder relevo aos verdadeiramente "fundamentais", que sofrem diluição pelo ingresso de outros de grau menos nobre. Se fosse assim, o texto da DUDH seria também compatível com o casamento entre pais e filhos, ou de grupos de pessoas, perdendo-se todo o significado do texto. Neste não se diz, com efeito, que "todos" ou "todas as pessoas" podem casar entre si, mas sim que "o homem e a mulher têm o direito de casar e de constituir família...". Há uma mensagem explícita, que não pode ser deitada fora com a afirmação de que tudo o que não representar empolamento de direitos fundamentais escapa às previsões da Declaração.

Eis porque devemos concluir que também o elemento sistemático leva a interpretar a Constituição no sentido de garantir o casamento com heterogeneidade dos sexos, excluindo a possibilidade de casamento de pessoas do mesmo sexo.

7. O fundamento

III – Elemento teleológico

Autonomizamos neste número o elemento teleológico ou racional. Ele dá a justificação do instituto.

Curiosamente, o Ac. não entra neste domínio. Coloca-se na posição de neutralidade aparente: a Constituição não disporia sobre a matéria, sendo compatível com qualquer solução. Caberia ao legislador ordinário tomar livremente a posição que entendesse.

Mas há subjacente uma questão de racionalidade das soluções de que se não pode fugir.

A exigência da diversidade de sexos não é arbitrária. Tem fundamentação ponderosa, que é facilmente captável.

O casamento supôs sempre a diversidade de sexos por se fundar na complementariedade entre homem e mulher. Homem e mulher são iguais em dignidade, mas diferentes física e psicologicamente. Essa diversidade permite que se completem numa unidade, constituindo a "plena comunhão de vida" a que se refere o art. 1577 CC[5].

---

[5] Embora retiradas de uma reflexão completamente diferente, mas porque há uma analogia que o próprio autor acentua, não resistimos a reproduzir um texto de Hans Urs von

O Casamento de Pessoas do Mesmo Sexo 187

Nada disto é arbitrário. O casamento dá o enriquecimento na diferença, com a correspondência exacta à natureza. Representa o enquadramento óptimo para a procriação, criando laços estáveis para realização pessoal e para permitir o desenvolvimento normal de novos seres.

A diversidade biológica e temperamental de homem e mulher, independentemente das estruturas sociais, é e sempre foi uma evidência. Não é defeito, é qualidade. Estudos científicos recentes confirmam as diferenças na formação da personalidade entre os que são criados numa família resultante de um casamento normal e os que habitam com um só dos genitores[6]. As diferenças são muito grandes, psicológicas, comportamentais e até biológicas[7].

O casamento de homossexuais amputa grande parte do significado da instituição casamento. Todo o elemento de continuidade lhe falta, por natureza. Reveste-se de uma roupagem que lhe é estranha, porque foi talhada para outro tipo de união.

No casamento de pessoas do mesmo sexo, o elemento teleológico não funciona. Os objectivos que se proclamam podiam ser obtidos por outro instituto – a *união civil*, como existe noutros lugares e foi também defendido entre nós. Mas foi rejeitado, com o argumento vazio da não discriminação.

Há que perguntar o que justifica que assim se tenha procedido. Só há uma razão: procura-se capturar **a respeitabilidade social que vem associada ao casamento**. O casamento, mau grado o desprezo com que o Poder o tem tratado, continua a possuir um altíssimo valor simbólico. É desse valor simbólico que os defensores do casamento de homossexuais pretendem apoderar-se: basta para tanto a previsão legal, ainda que depois na prática se venha a recorrer muito pouco ao casamento. É uma machadada mais no casamento institucional, sem corresponder a uma necessidade das uniões de pessoas do mesmo sexo.

Balthasar: "já não são princípios que se implicam uns nos outros, mas é o outro que encontra o outro precisamente na sua alteridade (de modo paradigmático na relação entre os sexos); e o choque agreste dos seres entre si estranhos, o confronto recíproco – em vez de um impor-se subjugante com a força física ou intelectual – obriga os dois seres a ingressar numa verdade que ultrapassa a sua finitude": *Só o Amor é Digno de Fé* (trad. de Artur Morão de *Glaubhaft ist nur Liebe*), Assírio e Alvim, 2008, 49.

[6] Ou com esse em coabitação com um novo parceiro. E muito mais com parceiro do mesmo sexo.

[7] Vejam-se as referências em *The Witherspoon Institut, Marriage and the Public Good: Ten Principles,* Princeton, 2006, III, págs. 17-19. No mesmo estudo constam a observação: "*Strong, intact families stabilize the state and decrease the need for costly and intrusive bureaucratic social agencies*", n.º 8, pág. 13. Numa época em que a todos os problemas sociais se responde criando sempre mais e mais órgãos públicos de intervenção, tão pesados como escassamente operantes, estas considerações merecem ser meditadas.

Além da redução do valor simbólico, outros prejuízos resultarão para o casamento, como a Constituição o prevê. Como foi observado pelo Doutor Fernando Araújo, todas as formas de apoio ao casamento ficam agora constrangidas pela existência de casais homossexuais. O que significa que deixarão de ser introduzidas modalidades de apoio que se considere que não são justificadas para estes casos. O âmbito do possível apoio que deveria ser prestado às famílias nos termos da Constituição (art. 67), hoje já tão escasso, ficará ainda reduzido, por se ter introduzido como igual o que na realidade é diferente.

Mas tudo isto resulta de a admissão deste "casamento" se revelar incompatível com a Constituição. "Família" e "casamento" não são meros nomes, com o conteúdo que o legislador ordinário quiser preencher. Por exemplo, deve ser admitido o casamento poligâmico? Este ainda poderia ser defendido, invocando em seu favor o argumento complementar do grande número de imigrantes de países muçulmanos e outros em que a poligamia é admitida. Mas a resposta é negativa, pois não cabe dentro da Constituição como está, porque não corresponde à comunidade portuguesa.

Está aqui implicado outro valor constitucional, que não pode deixar de ser tomado a sério: o da *identidade cultural*. É previsto no art. 78/2 *c*, enquanto considera incumbência do Estado "promover a salvaguarda e a valorização do património cultural, tornando-o elemento vivificador da identidade cultural comum". Não se pode admitir uma interpretação de casamento e família que esteja em contradição com essa *identidade cultural comum*.

8. A inconstitucionalidade da Lei n.º 9/2010

Concluímos assim pela inconstitucionalidade da instituição do casamento entre pessoas do mesmo sexo, por contrariedade ao entendimento de *casamento* e *família* adoptado na lei maior. É falso que nesta matéria fundamental a Constituição se limite a estabelecer conceitos-quadro abertos, à descrição do legislador ordinário. Casamento e família seriam assim meros nomes; mas meros nomes não merecem acolhimento constitucional – e muito menos o regime particularmente protectivo que a Constituição estabelece.

Não se objecte que as leis não são imutáveis. Traria sem dúvida um tema interessante de discussão, saber os termos em que uma mudança do entendimento dominante neste poderia afectar a Constituição. Mas isso não tem nada que ver com a conclusão a que chegámos. O que contestamos é a actual alteração da Constituição por lei ordinária.

O Casamento de Pessoas do Mesmo Sexo　　　189

Portanto, ainda que se entendesse que se pode mudar no condicionalismo actual a Constituição, no sentido de permitir o casamento entre pessoas do mesmo sexo, mesmo contra o sentir generalizado do povo e a identidade cultural do povo português, mesmo sem dependência da realização dum referendo, sempre concluiríamos que a lei é inconstitucional, porque o que se não pode fazer é mudar a Constituição por lei ordinária.

Retomamos um elemento de carácter imaterial mas importantíssimo, que é deste modo gravemente afectado: o valor simbólico do casamento. Este está ínsito na consagração e protecção constitucional do casamento. A integração no conceito de casamento e nos efeitos deste da união entre pessoas do mesmo sexo contraria e corrói gravemente esse valor simbólico. É mais um golpe numa instituição que a Constituição entende como um pilar da vida comunitária.

O Acórdão do TC teve dois votos de vencido dos Conselheiros José Borges Soeiro e Benjamim Rodrigues. Seja-nos permitido citar o trecho final do voto deste último:

"O reconhecimento aos homossexuais, sob invocação dos princípios da dignidade humana, da igualdade e da privacidade, do direito de procederem legalmente à união civil das suas vidas, não autoriza a que esse tratamento tenha de passar pela *apropriação do valor simbólico do casamento* e do *estado de casado* enquanto instituição própria, segundo a sua matriz histórica, de uma união entre pessoas de sexo diferente, afectando desse jeito a imagem da instituição existente.

A *diluição* ou *degeneração* do valor social do estado de casado segundo um paradigma de diferenciação de sexos não se afigura necessária para salvaguardar os direitos fundamentais dos casais homossexuais, antes prosseguindo o intuito ilegítimo de confundir ou ocultar, à custa do valor próprio do casamento, enquanto união reconhecida entre homem e mulher, adquirido ao longo dos séculos, uma parte da realidade de facto que subjaz ao acesso a esse estado".

9. E agora?

Qual será a evolução previsível?

Antes de mais, haverá que proceder a um estudo cuidadoso das implicações da nova lei – inválida mas eficaz. Nomeadamente, no que respeita à compatibilidade do regime do casamento, que foi traçado tendo em vista a diversidade dos sexos, às uniões homossexuais. É um estudo que deveria ter sido feito antes da aprovação da lei, e não se fez. Há que fazê-lo agora, revelando incongruências e dificuldades de adaptação que, embora os deveres fundamentais tenham um análogo, poderão marcar agendas de futuro. Isto é mais importante do que discutir a qualificação, se deverá qualificar-se o instituto introduzido como casamento ou não, porque essas diferenças darão justamente a base que por agora falta para o fazer.

Noutro plano, pode-se hoje já verificar que tiveram razão aqueles que, como Pacheco Pereira, previam que, após alguns poucos casamentos iniciais, o movimento se rarificasse, tornando-se quase nulo. A primeira parte parece já se poder dar por confirmada: não se vê nenhuma grande afluência de pares homossexuais ao casamento. A grande cobertura mediática dos primeiros casos, na ânsia do anómalo, revela simultaneamente a escassez de ocorrências. E é natural que assim seja: se as pessoas casam cada vez menos, por que é que entre pessoas do mesmo sexo é que haveria uma grande apetência pelo casamento?

Simultaneamente, isto confirma que não havia um verdadeiro problema social. Fica-se na questão fracturante. O valor simbólico está atingido. Pelo que a segunda parte da previsão tem agora uma base mais segura: semelhantes casamentos serão raros.

Por outro lado, o movimento tão forte na promoção da homossexualidade, cuja explicação ainda não se consegue inteiramente captar, não amainará com a emissão da lei. Continuará a receber o mesmo influxo exterior e lançar-se-á a novos objectivos. Não se contentará com a tolerância ou a liberdade, procurará outras causas fracturantes. Portanto, persistirá em impor à comunidade consequências de uma opção sexual, além da captura do valor simbólico do casamento.

O próximo objectivo está já anunciado: o reconhecimento da adopção por casais homossexuais (casados), que a Lei n.º 9/2010 expressamente exclui no art. 3. É efectivamente questão fracturante, que será suscitada com base nos mesmos inconcludentes pressupostos da igualdade e da autonomia.

Não cabe discutir esta questão a fundo: constitui um tema só por si. Apenas observamos brevemente que a adopção por casais homossexuais é ainda mais injustificada que o casamento em si. Não só os casais do mesmo sexo não são iguais aos heterossexuais, como a autonomia não é uma soberania que permita prosseguir unilateralmente vontades sem atenção aos interesses dos outros.

Há que acentuar fortemente que na adopção o interesse prevalente é o do adoptado. Este interesse requer um casal normal para a adopção. Não se pode colocar em primeiro lugar o interesse de um ou ambos os elementos de um casal do mesmo sexo.

Outra objecção estaria na marca social que deixaria no adoptado a sua integração num casal homossexual. Mas ainda abstraindo disso, estes casais não permitem a complementariedade na formação do adoptado que é tão importante para a formação das crianças.

Invoca-se ainda a grande vantagem que da admissibilidade da adopção por estes casais resultaria para as crianças que dela carecem. O argumento aparenta ser tão falacioso como o da necessidade de admissão do casamento. Tudo indica que, mesmo a ser permitido, o número de adopções seria insignificante. Pelo que não seria por este meio que se modificaria o panorama da adopção.

Na realidade, tal como na campanha pela admissão do casamento, também aqui é o valor simbólico que está essencialmente em causa. Quer-se assegurar o reconhecimento legal e não resolver uma necessidade instante de estes casais adoptarem ou de crianças serem adoptadas.

Mas as posições estão definidas, para uma batalha que se irá travar. Pelo que podemos prever que, se houver uma maioria favorável, essa questão fracturante será sem dúvida levada ao rubro.

E se acontecer o contrário? Se houver uma maioria decisória hostil ao casamento de pessoas do mesmo sexo?

Ficará afastada a hipótese da adopção. Mas o que estará na liça será a revogação da lei.

Analisando juridicamente, obsorvemos que é possível fazê-lo por lei ordinária. Se está na liberdade do legislador fazer, também o está desfazer. O Ac. do Tribunal Constitucional deixa às mãos livres para intervir nesse domínio, sem necessidade de alteração constitucional.

E será necessária a realização de referendo?

É uma questão de opção política. Basta-nos observar que, também aqui, a maioria não está vinculada. Se a alteração foi aprovada sem ter sido precedida de referendo, por maioria de razão o regresso à situação primígena não está dependente de referendo.

Suponhamos então que a lei é revogada.

Decerto que surgiriam problemas de transição. Mas não há necessidade de lei transitória para manter os casamentos que entretanto tivessem sido realizados. Poderiam subsistir como "uniões civis registadas" ou instituição que se quisesse criar, mas não há nenhum princípio de irreversibilidade da situação "conjugal" criada. Onde haveria que ser cuidadoso seria na determinação dos efeitos que não deveriam ser postos em causa.

No trânsito para instituto que estabelecesse a união civil de pessoas do mesmo sexo não haveria, pensamos, grandes diferenças de regime. Mas preservar-se-ia o carácter simbólico do casamento, como a via paradigmática de constituição da família na nossa sociedade.

"BOAS PRÁTICAS" E ÉTICA NOS ENSAIOS CLÍNICOS

José de Oliveira Ascensão

*Prof. Catedrático da Faculdade
de Direito de Lisboa*

Mafalda de Castro Ascensão Marques Videira

*Prof.ª Auxiliar da Faculdade de Farmácia
da Universidade de Lisboa*

Sumário: 1. Caracterização; 2. Os riscos e a necessidade dos ensaios; 3. A reserva ou exclusivo dos dados dos ensaios clínicos; 4. Os participantes como "voluntários"; 5. Ensaios clínicos adaptativos; 6. Os investigadores; 7. Busca de critérios de solução de conflitos; 8.Voluntariado e remuneração; 9. A ressalva do acto altruísta; 10. As distorções do consentimento; 11. Sobre a indispensabilidade e a suficiência do consentimento; 12.Utilitarismo e personalismo; 13. Reexame de situações problemáticas; 14. Valoração das realidades em conflito.15. CONCLUSÃO.

1. Caracterização

Começamos por indicar sumariamente a realidade que propomos analisar.

A introdução de medicamentos para uso humano no mercado é precedida pela realização de ensaios clínicos. Embora por vezes se distinga *ensaio* e *experimentação*, dando-se a esta um sentido pejorativo, a Declaração de Helsínquia, que como veremos é fundamental neste domínio, não o faz, nem a nós parece conveniente fazê-lo.

Estes ensaios clínicos são realizados em seres humanos. Pressupõem o que se apurou já mediante experimentação em animais (ensaios pré--clínicos)[1]. Mas são indispensáveis.

Nos ensaios clínicos podem distinguir-se várias fases:

1.ª fase: integramos nesta os ensaios de toxicidade e segurança. São feitos sobre grupos pequenos de pessoas, com o objectivo de estudar o perfil farmacocinético do produto em estudo, fazendo variar a dose administrada. Incidem, pelo menos em princípio, sobre pessoas saudáveis, para conhecer os efeitos duma fórmula farmacêutica[2]. Representam uma "ferramenta de estudo do medicamento". Procuram também entre outros determinar a máxima dosagem tolerada (MDT)[3].

2.ª fase: ensaios de controlo da eficácia terapêutica. Os participantes são por natureza já doentes[4]. Procura-se a demonstração da eficácia e segurança da substância activa, sobre uma amostra de participantes em maior número que na 1.ª fase. Servem também para testar as conclusões da 1.ª fase, nomeadamente em matéria de dosagem.

3.ª fase: ensaios em elevado número de pessoas, para confirmar a eficácia terapêutica do medicamento em estudo. Em geral, havendo já medicamento conhecido procede-se por confronto com esse medicamento; sendo totalmente inovador, o confronto faz-se com indivíduos a quem se administra placebo.

Neste último caso, o participante desconhece se lhe foi administrado o medicamento ou placebo. O ensaio pode ser duplamente cego: o próprio investigador pode desconhecer a quem foi administrado placebo[5]. Parado-

---

[1] Não nos ocupará a problemática ética dos ensaios em animais. Sobre esta matéria, veja-se Maria do Céu Patrão Neves / Walter Osswald, *Bioética Simples*, Verbo (Lisboa), 2007/2008, 177-179 e 228-241. Numa outra linha, veja-se Fernando Araújo, *A Hora dos Direitos dos Animais*, Almedina (Coimbra), 2003.

[2] O conceito abrange o de "forma farmacêutica", que as leis também usam; este limita-se à apresentação exterior do medicamento – comprimido, supositório... (art. 2 do Dec.-Lei n.º 176/06, de 30.VIII, Estatuto do Medicamento).

[3] Segundo o Centro Europeu de Registo de Ensaios Clínicos, estariam nesta altura a decorrer em Portugal apenas sete ensaios clínicos de fase 1.

[4] Não nos ocupam casos especiais, como o das vacinas, que são testadas em indivíduos sãos, ou os ensaios em oncologia, que podem apresentar particularidades na sua concepção.

[5] Para prevenir distorções. Sobre os factores de erro veja-se, neste mesmo volume, Fernando Martins Vale, *Experimentação humana, factores de erro, sua mitigação pelo método científico e Ética*.

"Boas Práticas" e Ética nos Ensaios Clínicos

xalmente, o placebo pode produzir efeitos, que se não devem atribuir ao produto em si, que é inerte, mas à reacção psicológica de quem supõe que lhe está sendo administrado um medicamento melhor.

Os ensaios podem ser *multicêntricos*, quando se distribuem por vários centros. São coordenados por um investigador responsável que recebe a designação de investigador coordenador (nos termos do art. 2 *j* da Lei n.º 46/04, de 19 de Agosto). Os participantes têm as mesmas características, mas deste modo permite-se pelo confronto o controlo dos resultados, diversificando as pessoas responsáveis. Propicia também que se reúna um número mais alargado de participantes.

A administração de placebo deve igualmente ser consentida pelo participante. Segundo se afirma, deve consentir na experiência e conhecer portanto a eventualidade de lhe ser administrado afinal placebo. Oferece problemas éticos particulares quando o participante não pode passar sem tratamento, como veremos

Quando os resultados obtidos são logo promissores há a tendência para parar a administração de placebo e a toma do medicamento experimental e concentrar logo o ensaio no grupo mais eficaz. Fala-se então em ensaios adaptativos. Mas semelhante queima de etapas, impulsionada frequentemente por interesses empresariais, pode ser perigosa, pelo que carece de ser autorizada pela entidade de supervisão, que em Portugal é o INFARMED.

A hipótese integra-se na problemática mais vasta da utilização ampliada de medicamentos ainda experimentais. José Roberto Goldim estudou a questão no Brasil, observando que assim até se pode distorcer a pesquisa na ânsia de resultados rápidos, à custa da segurança[6].

Concluída a pesquisa com êxito, passa-se aos trâmites da autorização administrativa da comercialização do medicamento[7].

Entra-se então numa 4.ª fase, a da farmacovigilância, pois mesmo então podem surgir efeitos adversos mais raros: lembremos o caso da talidomida. Mas essa fase não nos ocupa.

---

[6] *O uso de drogas ainda experimentais em assistência: extensão de pesquisa, uso compassivo e acesso expandido*, "Rev. Panam de Salud Pública", 2008, 23 (3), 198-206 (200). O autor caracteriza muito agudamente os problemas levantados por estas várias operações.

[7] Em Portugal, essa autorização cabe ao Infarmed, que emite a A.I.M. – Autorização de Introdução no Mercado. No Brasil a entidade de supervisão é a ANVISA – Agência Nacional de Vigilância Sanitária.

196   *José de Oliveira Ascensão e Mafalda de Castro Ascensão Marques Videira*

A experimentação pode recair sobre milhares de pessoas: chega-se a 50.000 ou mais em fases de certos ensaios[8]. Só por si ilustra a dificuldade do recrutamento. Robustece a dúvida sobre o pretendido voluntariado. Enfim, daí decorre também que a actividade é altamente onerosa, exigindo vultuosos investimentos cuja recuperação financeira está dependente do hipotético êxito final do ensaio. Cabe ao promotor provar que é lícito rejeitar a hipótese nula, isto é, que a eficácia terapêutica do medicamento ensaiado é equivalente à do de controlo[9].

Esta sumária exposição permite um enquadramento geral da realidade sobre a qual recai a análise ético-jurídica.

2. Os riscos e a necessidade dos ensaios

Os ensaios clínicos comportam necessariamente riscos.

Estes emergem logo na 1.ª fase, a dos ensaios de toxicidade. Pressupõe--se seguramente que se realizaram os ensaios viáveis em animais; mas em qualquer caso, por recaírem sobre indivíduos sãos, levam a interrogar-nos sobre a legitimidade de assim proceder.

Em todos os tipos de ensaios o risco está presente. Agrava-se particularmente quando se procura determinar a "margem terapêutica"[10]. É aí definida como a relação entre a dose máxima tolerada ou também tóxica e a dose terapêutica. Procura-se o ponto óptimo de equilíbrio, em que se consegue obter o máximo efeito sem ultrapassar a nocividade tolerável (MDT). Os "acidentes adversos" são frequentes; até as mortes são uma ocorrência com que há que contar. Por isso, a experimentação em que se procura chegar ao nível mais alto de tolerância do paciente é sumamente delicada.

O facto de se colocar em risco a saúde ou até a vida de pessoas obriga a uma "muito apertada pesquisa da margem de licitude admissível". As fontes tendem porém a ser ambíguas em domínio de tal relevância, o que obscurece o fundamento de vinculatividade neste domínio. E são muitas as questões que se suscitam, para se não criarem arbitrariamente riscos.

---

[8] O ensaio do último antibiótico aprovado nos Estados Unidos da América chegou a ter a participação de 50.000 pessoas e importou em milhões de dólares.

[9] Um recente Acórdão do Tribunal de Justiça da União Europeia (de 18.X.2011) excluiu a patenteabilidade de invenções cuja execução implicar a destruição prévia de embriões humanos ou a utilização destes como matéria-prima.

[10] Ou "janela terapêutica".

"Boas Práticas" e Ética nos Ensaios Clínicos 197

Antes de mais, pelo que respeita à *necessidade do ensaio*. O próprio projecto de investigação deve ser previamente aprovado pelo INFARMED (arts. 15 e segs. da Lei n.º 46/2004, de 19 de Agosto). É necessário juntar um Parecer da Comissão de Ética criada pelo mesmo diploma, a CEIC, Comissão de Ética para a Investigação Clínica (art. 18). Mas a CEIC pode designar para o efeito uma Comissão de Ética para a Saúde (CES). Posto só assim, não é tranquilizador[11].

De facto, o ensaio clínico tem sempre algo de traumatizante. Por isso, o princípio é o de que só deverá ser admitido quando a investigação de novos produtos for justificada e o progresso sobre os já disponíveis seja significativo. É preciso evitar que se sujeitem pessoas a riscos sem haver uma motivação forte que o imponha. Se os fins visados não forem determinantes, o ensaio não será aprovado; portanto, se o benefício para a ciência e a terapêutica não superar os riscos para quem é sujeito à experimentação.

Daqui decorre ainda a exigência de que se não dupliquem ensaios já realizados, quando não haja motivo para os pôr em dúvida. Tem várias manifestações, nomeadamente na premência de se estabelecerem regras para o aproveitamento de ensaios clínicos fidedignos feitos noutros países. É o que se passa na Comunidade Europeia, entre os Estados-membros, nos termos da legislação específica.

3. A reserva ou exclusivo dos dados dos ensaios clínicos

Os dados relativos aos ensaios clínicos são transmitidos às entidades administrativas competentes como base para a aprovação da comercialização dos produtos farmacêuticos correspondentes. Passam então a constituir documentação do sector público. Particularmente quando o medicamente for protegido por uma patente, discute-se qual o regime destes dados: é a questão dos chamados "dados de testes".

A questão surge durante a vigência da patente e mesmo após a caducidade do exclusivo, quando se prepara ou requer o lançamento de medica-

---

[11] Mais preocupante ainda era a previsão da mesma lei de que, se o INFARMED não se pronunciasse no prazo de 60 dias, a autorização se considerava tacitamente concedida (art. 16/4). É matéria demasiado importante para que se deixe aberto este alçapão burocrático. É certo que se indicavam depois matérias para que se exigia a autorização expressa (art. 17), mas esta solução sectorial não basta. Esta matéria foi porém alterada pelo Dec.-Lei n.º 102/07, de 2 de Abril. Atribui ao INFARMED um prazo de 90 dias e deixa de prever o deferimento tácito. É de supor (embora possa ser contestado) que o regime tenha sido modificado.

mentos genéricos no mercado. A pretensão das empresas que produziram o medicamento de referência é a de que os resultados dos ensaios clínicos por elas realizados não possam ser utilizados pelas empresas de genéricos. Este ponto obriga-nos a um breve desvio, pelas implicações que poderia ter sobre o nosso tema.

O princípio actualmente já estabelecido e em expansão crescente é o da disponibilização tendencialmente universal dos dados do sector público. Permite-se mesmo a reutilização destes por qualquer pessoa, quando não houver razão particular para os manter reservados[12].

As empresas de medicamentos de referência pretendem essa reserva. Invocam os grandes investimentos que estão na sua base (o que é quase sempre verdade) para mantê-los secretos.

O Acordo ADPIC ou TRIPS contém uma disposição que tem sido apontada a este propósito. O art. 39/3 determina que os dados não divulgados, referentes a ensaios clínicos ou outros cuja obtenção envolva um esforço considerável, serão protegidos contra qualquer utilização comercial desleal. Além disso esses dados serão protegidos "contra a divulgação, excepto quando necessário para a protecção do público, ou a menos que sejam tomadas medidas para garantir a protecção dos dados contra qualquer utilização comercial desleal".

Com esta base, tem-se propugnado o exclusivo ou reserva dos dados. Mas a base é obscura e insuficiente. O preceito respeita expressamente à concorrência desleal, não a direitos exclusivos. Por isso, há países que instituem a reserva dos dados e outros que não.

Semelhante reserva não resultaria da patente, que se limita a dar o exclusivo por tempo limitado de exploração da invenção. Findo esse exclusivo, o titular está recompensado. Impor um novo exclusivo, cujo objecto seriam os dados dos ensaios clínicos, representaria uma medida exorbitante anticoncorrencial, que iria contra o direito à informação e o interesse público na difusão do conhecimento.

Não é este o lugar adequado para aprofundar a situação normativa, que é complexa. Basta anotar que as leis que reproduzem simplesmente o art. 39/3 ADPIC/TRIPS são inconclusivas. Se o art. 39/3 ADPIC é por si

---

[12] Veja-se sobre esta matéria José de Oliveira Ascensão, *A reutilização de documentos do sector público*, *in* Leyes, Actos, Sentencias y Propiedad Intelectual, Collección de Propiedad Intelectual, REUS (Madrid), 2004, 83-101; *in* Revista da ABPI, n.º 68, Jan/Fev 2004, 34-42; *in* Revista da ESMAPE, vol. 9, n.º 19, Jan/Jun 2004, 219-245; e *in* Direito da Sociedade da Informação, vol. V, APDI/Coimbra Editora, 2004, 65-82.

"*Boas Práticas*" *e Ética nos Ensaios Clínicos*   199

insuficiente para fundar uma reserva de dados, a reprodução do texto na lei interna nada altera.

Os inconvenientes do segredo são muitos, nomeadamente pelo obstáculo colocado ao ensino e à pesquisa científica a partir dos resultados desses ensaios clínicos, que são o aspecto a que nos limitamos. O segredo sobre estes dados:

– se fosse relativo (por exemplo, durante o tempo de vida útil da patente ou do certificado complementar de protecção, arts. 115 e 116 CPI) atrasaria o objectivo de interesse público de lançamento do medicamento genérico no mercado o mais cedo possível após a extinção da patente

– se fosse absoluto, como também se pretende, imporia que quem quisesse explorar o medicamento genérico tivesse de repetir os ensaios clínicos para obter, não já uma patente, mas a autorização de lançamento no mercado.

Esta consequência é eticamente inadmissível. Sobretudo, porque isso implicaria o desperdício de uma actividade empresarial a que está necessariamente associado o risco para as pessoas que seriam submetidas aos ensaios clínicos. A criação de um risco arbitrário e evitável, só por si, bastaria para condenar semelhante pretensão[13].

Isto não significa que os medicamentos genéricos não estejam submetidos a uma autorização de introdução no mercado. Mas no que respeita a estes basta provar a bioequivalência ao medicamento de referência, o que é muito mais simples e reduz os muitos anos que seria necessário gastar para repetir todo o itinerário dos ensaios que o medicamento de referência deve ter por base.

4. Os participantes como "voluntários"

Concentremo-nos agora nos participantes, sobre os quais recaem os ensaios. Esses participantes são qualificados como "voluntários" pelos próprios documentos oficiais. Quando são doentes aos quais o medicamento iria teoricamente beneficiar fala-se de "pacientes". Em qualquer caso, coloca-se

---

[13] Muitas outras razões concorrem, como o referido interesse social em fazer entrar no mercado tão cerca quanto possível do termo do período de exclusivo o medicamento genérico, presumivelmente mais barato. Mas estes são aspectos mais relacionados com o Direito das Patentes, pelo que são laterais no presente estudo.

na base o "consentimento informado". Este tornou-se o talismã que abre toda a Bioética, particularmente na vertente anglo-americana.

Como dissemos, os ensaios podem recair sobre dezenas de milhar de participantes. Como explicar a adesão de tantas pessoas a uma actividade que por natureza tem riscos? O altruísmo, para benefício da ciência e da saúde da humanidade, terá eclodido justamente neste ponto na nossa sociedade ferozmente individualista?

Uma explicação parcial encontra-se na esperança que doentes potenciais beneficiários possam depositar no novo medicamento. Sobretudo se já estão desenganados, a eventual descoberta poderá aparecer-lhes como a tábua de salvação a que se agarram. E então, seja quais forem os riscos, parecer-lhes-ão menos graves que a realidade presente.

Também então surgem questões éticas. Como dissemos, na 3.ª fase pode parte dos participantes receber placebo. Mas os que carecem de tratamento médico não podem ser expostos a um agravamento da sua situação por suspensão da medicamentação necessária: seja o caso do tratamento oncológico. Há então a exigência ética de se não perturbar o tratamento existente, sem o que quem tomar a decisão oposta incorre em responsabilidade por omissão de cuidados médicos. A experimentação médica tem então de ser compatibilizada com o princípio da beneficência; e esta ancora na pedra angular da Medicina, que é constituída pelo juramento de Hipócrates[14].

A questão passa então a ser a da elegibilidade entre os participantes: quais devem receber o medicamento em ensaio e quais placebo. Associada, está a questão da validade ética de se ocultar ao participante que lhe é ministrado placebo. Parece-nos porém que nada tem de anómalo, se o paciente consentir.

Mas com o consentimento reentramos na problemática básica da autonomia. O participante é voluntário porque consentiu. O consentimento é eficaz porque é "informado": em rigor, seria até inútil a qualificação, porque se quem consente não está informado não há consentimento, há erro. E com isto mergulhamos em cheio no subjectivismo contemporâneo, que se contenta com a referência à vontade do agente para dispensar qualquer fundamentação objetiva.

---

[14] Pode ainda surgir a questão da compatibilidade do medicamento inovador com o que estiver clinicamente em uso, ou a dos efeitos adversos da cumulação de medicamentos. Para uma apreciação técnica e ética da administração de placebo e seus limites, veja-se Fernando Martins Vale, *Experimentação humana, factores de erro, sua mitigação pelo método científico e Ética*, n.º 3, neste mesmo volume.

"Boas Práticas" e Ética nos Ensaios Clínicos   201

Serão assim os participantes todos voluntários, mesmo havendo consentimento informado? Com isto desistimos por agora de discutir a realidade dos "consentimentos informados" que nos apresentam.

Tantos voluntários? Tanto altruísmo?

Lendo os textos vigentes sobre a matéria, verificamos que se fala em *voluntários*, mas não se fala em *gratuitidade*, a não ser em situações especiais.

A intervenção de "voluntários" em multidão fica assim explicada. Haverá uma remuneração, mais ou menos disfarçada, para quem acorre[15]. "Indemnização" que vai além da cobertura das despesas que o participante teve de suportar ou do tratamento de eventuais efeitos adversos.

Quem vai então sujeitar-se a estes ensaios? Eu próprio perguntei num caso concreto e a resposta foi: "Os mesmos". São aqueles que acorrem sempre, vindos das camadas mais vulneráveis (no eufemismo correntes, as mais desfavorecidas). Encontram aqui uma fonte de rendimento a que lançar mão, mesmo que com riscos incontroláveis para a própria integridade física.

Só ficam fora deste enquadramento uma meia dúzia de altruístas ou os descrentes já nos medicamentos existentes para afrontarem os seus padecimentos.

A busca de voluntários, com eventual fuga a regras éticas básicas, leva a deslocalizar os ensaios, transferindo-os para países em desenvolvimento. O quadro é aí o mesmo, com duas agravantes:

– a massa dos participantes, mesmo com toda a informação do mundo, não está em geral em condições de a compreender
– essas populações não terão hipótese de beneficiar do medicamento que eventualmente venha a ser comercializado, porque não teriam condições de o adquirir.

Também surgem problemas gerais graves em relação a certos estratos da população, como sejam os presos, os menores e outros incapazes de consentir, as mulheres grávidas...

Aqueles que estão sujeitos ao poder paternal ou, de qualquer modo, a um poder de representação para suprimento de incapacidade, devem ser ouvidos se tiverem entendimento para tal, mas a decisão cabe ao representante. O ponto é muito delicado. Recorde-se que o ensaio pode levar a experimentar num menor um produto ou medicamento de alto risco. Com que base pode o representante legal consentir?

---

[15] Além ainda dos prémios do seguro a cargo do promotor.

As leis emitem juízos gerais correctos. O art. 3 da Lei n.º 46/04, de 19 de Agosto, sobre ensaios clínicos com medicamentos de uso humano, proclama no art. 3, sob a epígrafe "Primado da Pessoa":

> "1. Os ensaios são realizados no estrito respeito pelo princípio da dignidade da pessoa e dos seus direitos fundamentais.
> 2. Os direitos dos participantes nos ensaios prevalecem sempre sobre os interesses da ciência e da sociedade."

Adiante, dispõe-se que o participante ou o seu representante legal podem revogar a todo o tempo o consentimento dado, sem que incorram em qualquer responsabilidade (art. 6/2).

E o art. 7 acrescenta que o ensaio apenas pode ser realizado em menores se tiver obtido o consentimento do representante legal, "o qual deve reflectir a vontade presumível do menor" (al. *a*); e se o menor tiver recebido informação adequada à sua capacidade de compreensão (al. *b*).

Estes princípios são retomados, *mutatis mutandis*, no art. 8, a propósito dos participantes maiores incapazes de consentir por si.

Posteriormente, o Dec.-Lei n.º 102/07, de 2 de Abril, veio estabelecer que só podem realizar-se ensaios clínicos cientificamente sólidos e, em todos os seus aspectos, orientados por princípios éticos...

O princípio fundamental da nossa ordem jurídica é o de que a representação é exercida "no melhor interesse do representado". Não é um princípio posto em dúvida: a representação é um poder-função, um poder altruísta. No que respeita aos pais, que têm um verdadeiro direito subjectivo ao poder paternal, o art. 1878 do Código Civil, relativo às responsabilidades parentais, é expresso em declarar: "1. Compete aos pais, **no interesse dos filhos**,... representá-los...".

De facto, o princípio resulta da própria dignidade da pessoa e está solenemente contemplado em instrumentos internacionais. Assim, a Declaração de Helsínquia proclama no n.º 5: "Em investigação médica em seres humanos, a preocupação pelo bem estar destes deve ter sempre primazia sobre os interesse da ciência e da sociedade". Daqui decorre que o menor nunca pode ser instrumentalizado muito embora se use a categoria mais ambígua do "bem estar". Por maioria de razão, a integridade física e moral do menor prevalece sobre interesses alheios, não é um meio para satisfação destes.

Não há maneira de admitir que é do interesse do menor ser submetido a um risco, particularmente se o medicamento ensaiado não puder beneficiá-lo. É falacioso tudo o que se alegue quanto à hipótese de virem a aproveitar dele outras pessoas da sua geração que sejam portadoras da doença (como consta de instrumentos internacionais) ou mesmo as gerações futuras. Isso não é o interesse do menor, são interesses alheios.

O único interesse do menor poderia encontrar-se em ele próprio vir amanhã a carecer do medicamento. Mas isso não basta para o representante ter justificação para autorizar. É um interesse hipotético e longínquo, que não difere do que se encontra na maioria dos casos em que pessoas sãs dão o seu consentimento para a submissão a um ensaio clínico. Só o próprio pode determinar a auto-sujeição. Mas falha justamente ao menor a capacidade para o fazer.

Alguns textos internacionais excluem a remuneração quando os participantes eventuais forem incapazes. Assim o faz também a Lei n.º 46/04, no art.7*d*, para os menores, e no art. 8*d*, para os outros incapazes. Oxalá se aplique efectivamente.

Mas sendo assim, resta uma questão fundamental. Concentrando-nos nos ensaios clínicos pediátricos[16], como se poderão afinal realizar, pois não está no poder do representante impor este sacrifício do menor, nem na capacidade do menor dar o seu consentimento?

O art. 7*e* procura dar uma resposta. Condiciona a submissão do menor ao ensaio à satisfação de dois requisitos suplementares alternativos:

1. O ensaio tiver uma relação directa com o quadro clínico do menor

2. Por natureza, o ensaio apenas puder ser realizado em menores e comportar benefícios directos para o grupo de participantes, desde que seja essencial para validar dados obtidos em ensaios realizados em pessoas capazes ou através de outros métodos de investigação.

Curiosamente, esta última fórmula repete-se no art. 8*e*, mas aí é cumulativa e não alternativa: em relação a outros incapazes, o ensaio para validar dados de ensaios anteriores só é admitido se "estiver directamente relacionado com o quadro de perigo de vida ou de debilidade de que sofra o participante em causa".

Mais curiosamente ainda, acrescenta-se no art. 8 outra alínea, que não consta no art. 7 para os menores: "Existir a legítima expectativa de que a administração do medicamente experimental comporte para o participante benefícios que superem quaisquer riscos ou não impliquem risco algum" (al.*h*).

Daqui resulta que para os outros incapazes a lei estabelece cautelas suplementares, que não usa para os menores. Diversidade esta cujo fundamento escapa à nossa compreensão.

---

[16] Embora a questão seja comum aos casos que envolvam outros incapazes.

5. Ensaios clínicos adaptativos

Modalidade particular de ensaio clínico é representada pelos ensaios clínicos adaptativos.

A análise estatística é um dos instrumentos fundamentais na experimentação humana. Um ensaio clínico serve para provar que o grupo de participantes ao qual foi administrado o medicamento experimental apresenta resultados significativamente superiores, em termos de eficácia terapêutica, quando comparado com os restantes grupos. Este aspecto funda a chamada *hipótese alternativa*. Sendo verdadeira, permite rejeitar a hipótese nula – aquela em que não há diferenças entre o medicamento experimental e aquele que serve de referência, isto é, o medicamento convencional.

Na experimentação biomédica, a probabilidade de decisão por "falsos positivos" ou "falsos negativos" é controlada pela definição do erro tipo I e tipo II na concepção dos ensaios clínicos, bem como pela fixação de valores de probabilidade e intervalos de confiança para a análise estatística[17].

Cabe ao promotor[18] provar a eficácia do novo medicamento, evitando os chamados erros tipo II, ou seja o medicamento é eficaz mas os resultados obtidos não o permitem provar.

Cabe às entidades reguladoras e ao Estado impedir que o resultado obtido se traduza num erro tipo I ou seja, o chamado falso positivo. Neste caso o medicamento não é mais eficaz do que os seus similares no mercado, mas a análise estatística induz a esta conclusão.

Não se ignora a gravidade de um erro deste tipo. Mas, da mesma forma, não passa despercebida a importância que tem para o laboratório promotor a limitação da possibilidade de acontecerem erros tipo II. Para isto, existe uma forma evidente de tomar o ensaio mais robusto[19]: o alargamento da amostra. É portanto uma aspiração do laboratório e da empresa responsável pela análise estatística[20] aumentar o número de participantes em cada grupo do estudo experimental. Mas esta pretensão tem deparado com uma forte oposição por parte das entidades reguladoras.

---

[17] European Agency for the Evaluation of Medicinal Products (1998). ICH Topic E9: *Notes for Guidance on Statistical Principles for Clinical Trials*, Londres.

[18] Designa-se promotor o laboratório farmacêutico requerente da autorização de introdução no mercado (AIM) de um novo medicamento.

[19] Qualificativo usado em estatística, relacionado com a capacidade de um ensaio gerar resultados verdadeiros.

[20] Geralmente estas empresas não se identificam com o promotor e com o investigador e portanto constituem um terceiro elemento da equipa técnica responsável pela execução do ensaio.

"*Boas Práticas*" *e Ética nos Ensaios Clínicos* 205

Cientificamente o uso e interpretação dos dados são geridos pela análise estatística. A questão passa então a ser a da robustez do desenho experimental e por conseguinte, da análise estatística a ela associada.

Um ensaio clínico é chamado **adaptativo** quando a abordagem estatística possibilita uma modificação de elementos de delineamento experimental, sem comprometer o intervalo de confiança determinado para o controlo de erros tipo I.

O desenho experimental adaptativo permite modificações do protocolo em curso a partir de dados obtidos nas etapas iniciais do estudo[21]. Nestes casos, a análise intermédia, isto é, a recolha de informação a partir de uma amostra da amostra, gera conhecimento que sustenta a introdução de modificações no ensaio em curso[22]. Mas o êxito de um ensaio clínico não depende apenas do resultado mas sobretudo da decisão final que for tomada com base nele.

De acordo com os defensores desta modalidade, o objectivo deste tipo de desenho experimental é o de permitir que um maior número de participantes seja incluído no grupo onde se verificam resultados dose-resposta mais eficazes e, em simultâneo, eliminar a chamada "futilidade" de tratamento associada aos grupos que recebem as doses não eficazes.

Na realidade, qualquer que seja a decisão tomada – com base em análises intermédias, tais como a alteração da dose, a diminuição da amostra ou a selecção de uma sub-população – tem consequências no sujeito, ou seja, o que está de facto em causa é a regra da exclusão adaptativa: excluir do ensaio parte dos participantes. Não podendo haver recolocação de participantes em outros grupos, o sujeito que é excluído de um grupo é excluído de todo o ensaio. Ao mesmo tempo, novos participantes são recrutados para o grupo supostamente mais eficaz, uma vez que só assim a análise estatística se torna suficientemente segura.

Chegamos ao fim do ciclo, o aumento da amostra foi durante as últimas décadas uma forte ambição demonstrada por parte dos laboratórios, investigadores e centros de tratamento de dados. É importante relembrar que do ponto de vista estatístico, o participante, ou seja a pessoa humana, é

---

[21] Esta utilização de dados preliminares pode acontecer em qualquer fase dos ensaios clínicos.

[22] Rosenberg WF, Lachin JM. *Controlled Clin Trials* 1993; 14: 471-484: "Response--adaptive designs in clinical trials are schemes for patient assignment to treatment, the goal of which is to place more patients on the better treatment based on patient responses already accrued in the trial. While ethically attractive at first glance, these designs have had very little use in practice; yet the statistical literature is rich on this subject".

um símbolo numa equação, o que distancia ainda mais o técnico do sujeito objecto de investigação. Não é nossa intenção discutir os propósitos que estão por detrás das decisões que podem ser tomadas ao obrigo dos ensaios clínicos adaptativos. Já o dissemos antes: aparentemente o objectivo é o de ter um maior número de participantes a receber o melhor tratamento. Mas não é um maior número dos participantes inicialmente seleccionados que terá este direito: o que há é um maior número de recrutamentos. Ou seja, o presumível grupo de tratamento eficaz englobará tantos mais participantes quantos mais se puderem recrutar. Na realidade não estamos perante uma melhoria do desenho experimental, estamos sim a aumentar o número de sujeitos da amostra.

Interessa-nos portanto perceber quais as consequências éticas para uma das partes envolvidas na experimentação biomédica: a pessoa humana.

Em termos meramente científicos a probabilidade de encontrar uma relação linear entre o efeito e a dose administrada é elevada mas pode ser prematura, dado que a análise intermédia utiliza um número reduzido de pontos. O êxito da investigação é atingido mais rapidamente[23], mas a ausência de informação sobre efeitos acumulados, ou mesmo sobre efeitos adversos, pode constituir um grave problema. Do mesmo modo, a eliminação de braços da amostra para redução dos gastos globais impossibilita a utilização dos dados, positivos ou negativos, em futuros estudos.

Em termos éticos, o que nos parece mais grave é a participação da pessoa ficar sujeita à necessidade de ajustar a amostra. De facto, as decisões tomadas com base em análises intermédias têm um profundo impacto no participante, pondo em causa de forma grave a sua integridade e bem-estar, que deveriam prevalecer sobre qualquer outro interesse. A possibilidade de um benefício real, que estará na base do exercício de autonomia que o sujeito exerceu ao assinar o consentimento informado, fica seriamente comprometida se a sua permanência no ensaio for suspensa. Já o Dec.-Lei n.º 97/94, de 9 de Abril, estabelecia que a integridade física e psíquica dos seres humanos sujeitos à experimentação biomédica devia ser garantida. Perguntamo-nos, qual o efeito que terá para um doente terminal o ser descartado prematuramente?

O utilitarismo bioético que tem regido a investigação biomédica nas últimas décadas, embora fortemente contestado, estabelece princípios

---

[23] O desvio que surge em consequência da análise intermédia conduz a resultados mais rápidos, mas pode também conduzir a falsos positivos, dado que um ensaio clínico deve servir para uma recolha de informação o mais ampla possível sobre determinado medicamento (por exemplo, sobre dados de segurança) e não apenas sobre a sua eficácia.

concretos no campo da experimentação humana. Um aspecto considerado fundamental por esta corrente é o de que a selecção de sujeitos de investigação deve assentar no princípio de equidade[24]. Não nos é fácil encontrar a prevista igualdade de condições na escolha dos participantes atrás descrita. Pelo contrário, aqueles que são recrutados posteriormente estão à partida a ser seleccionados para a zona do ensaio onde se verifica maior eficácia. Não haverá na segunda leva voluntários para o grupo placebo ou para grupos onde a dose não é eficaz.

Por último, este recrutamento pode, sem margem para dúvidas, provocar desvios nos resultados do ensaio em curso, ao induzir nos participantes que estão no grupo que vai ser alargado a ideia de que o seu será o grupo mais eficaz.

Acima de tudo, não se deve esquecer que ao centrar o núcleo da investigação na subjectividade da metodologia bioestatística, que poucos dos intervenientes dominam, corre-se o risco de canalizar a investigação biomédica para uma zona onde o comportamento moralmente aceitável não é necessário para o "bom" trabalho científico.

6. Os investigadores

Passemos agora à outra vertente dos intervenientes nos ensaios clínicos: quem conduz a investigação.

Estes podem dividir-se em várias categorias, como o promotor, os investigadores, a equipa... Por brevidade, abstemo-nos de as distinguir, pois não é indispensável fazê-lo para as breves considerações que se seguem. Observemos apenas que todo o ensaio clínico está, desde o início até ao termo, sujeito a aprovação, acompanhamento, vigilância e valoração por parte de entidades que representam o interesse geral, nomeadamente no ponto de vista ético.

Põe-se aqui a questão ética geral, da eventualidade da chamada "captura do regulador", que acontece quando os interesses a regular acabam por dominar no seio das instituições de supervisão. Situações históricas, como as ocorridas na poderosa *Food and Drug Administration* norte-americana, deverão manter-nos permanentemente alerta.

---

[24] *President's Commission for the Study of Ethical Problems in Medicine and Biomedical and Behavioral Research*, Summing Up, U. S. Government Printing Office, Washington, 1983.

Um tema que tem sido abordado é o dos conflitos de interesses que podem verificar-se e que ameaçam a genuinidade do ensaio. Esses conflitos podem ser de vários tipos:

I – *Interesse da terapêutica* versus *interesses dos participantes*
É o primeiro conflito, que logo acorda a problemática ética fundamental. A medicina requer para o seu progresso a investigação, de que é elemento a experimentação em seres humanos[25]. A ânsia científica e em si muito meritória da descoberta de novos meios de combate à doença pode levar a menosprezar a realidade de que quem se sujeita ao ensaio é um ser humano, ultrapassando as fronteiras do risco permitido. Por mais instantes que sejam as exigências crescentes e globais da saúde, o respeito da pessoa representa sempre um limite nesse conflito.

Há assim um interesse permanentemente em potencial conflito com o da finalidade terapêutica: o interesse dos participantes, pelo menos em não sofrerem riscos desproporcionados.

II – *Interesses próprios da investigação*
O interesse da investigação científica, tomada por si, pode também fazer surgir conflitos com a finalidade da investigação. E aqui quer no nível do promotor da investigação em si quer no nível do investigador individual.

Este interesse está ligado ao êxito da investigação. Impulsiona a ocultar incidentes adversos, a falsificar a evolução da pesquisa e no limite a apresentar resultados irreais. De tudo isto há clamorosos exemplos históricos.

Para a instituição de pesquisa, o interesse em fazê-lo está no prestígio que se adquire, nos apoios que consequentemente se podem receber de entidades públicas ou outras e nos serviços que decorrentemente a instituição poderá ser chamada a prestar a terceiros.

Para os investigadores empenhados na pesquisa, está em chegar em 1.º lugar à publicação dos resultados obtidos, na renovação de bolsas, na ascensão na carreira e na obtenção de eventuais patentes que protejam invenções da sua autoria.

Tudo isto contende com o interesse colectivo numa investigação isenta e com o interesse das populações em geral de disporem de medicamentos eficazes e seguros.

---

[25] V. a Declaração de Helsínquia, n.º 4.

III – *Imposições empresariais*

O ensaio tem um promotor, que é em geral uma empresa. Fica de fora a investigação realizada em instituições como universidades e fundações. Observe-se porém que o que dissemos no que respeita aos interesses da terapêutica em si e aos interesses próprios da investigação é aplicável na totalidade; e que mesmo em relação a estas entidades não empresariais podem suscitar-se tentações paralelas, nomeadamente quando se buscam resultados que contribuam para o prestígio ou a sustentabilidade da instituição. A esta luz, há que ponderar a questão de extremo melindre de a investigação universitária se passar a fazer mais e mais, ou com o patrocínio de laboratórios interessados, ou respondendo a encomendas destes[26].

A empresa tem um objectivo económico. O êxito da investigação compensará o investimento realizado. O seu malogro pode acarretar uma perda de muitos milhões, que a empresa procurará compensar pelos frutos angariados noutros campos.

Por outro lado, o capitalismo é um sistema a curto prazo: os lucros não podem ser apenas futuros. O limite é até cada vez mais o fim de cada ano – para dar imediatamente dividendos. Isso poderá levar a queimar etapas, descurando o complemento de investigação necessário a uma maior segurança. Traz o inerente agravamento do risco, que é lançado sobre os participantes e sobre a sociedade.

De tudo resulta que o rigor científico é sujeito a fortes pressões empresariais, pois são grandes as tentações quando a apetência do lucro acena em sentido contrário. A isso deveria obstar a supervisão pública. Mas de novo se suscita a hipótese de distorção pela captura do regulador.

Tudo isto contende com o interesse colectivo numa investigação isenta e com o interesse das populações em geral de disporem de medicamentos eficazes e seguros.

Uma ilustração flagrante da distorção está na reduzida divulgação dos "eventos adversos".

Em Portugal é difícil avaliar se as mortes são (relativamente) frequentes, dado que os promotores as não comunicam ao Infarmed. Melhor, não discriminam, de entre as mortes ocorridas no decurso do ensaio, as que

---

[26] Veja-se o elucidativo estudo de Susan Haak, *Scientific Secrecy and "Spin": the Sad, Sleazy Saga of the Trials of Resume, in* "Law and Contemporary Problems", Duke University School of Law, vol. 69/3 (06), 47. A autora expõe excelentemente, através de casos concretos e da integração epistemológica geral, os constrangimentos à pesquisa, e particularmente as oposições à publicação de resultados adversos, para chegar a uma conclusão sobre os perigos de uma interacção simbiótica Universidade / Indústria.

210 José de Oliveira Ascensão e Mafalda de Castro Ascensão Marques Videira

resultam do medicamento em análise das que têm outras causas; essa razão justifica por sua vez o Infarmed a não publicar números de eventos adversos letais. Mas há também que contar com a resistência do investigador a que os eventos adversos sejam divulgados e com o interesse da empresa na sua ocultação[27].

Daniel Serrão conclui o seu artigo sobre *Documentos internacionais pertinentes* à matéria dos ensaios clínicos com a recomendação "que sejam corajosamente difundidos e não ocultados [...] todos os "acidentes" ocorridos em ensaios clínicos, em Portugal e no estrangeiro, bem como a notícia de práticas abusivas e escandalosas ocorridas em qualquer parte do mundo"[28].

7. Busca de critérios de solução de conflitos

Dos conflitos aventados, alguns não carecem aqui de aprofundamento particular.

Seja o caso do conflito entre os pesquisadores e a empresa a cargo de quem actuam. É uma questão geral, que nos dispensamos de encarar.

Também não necessitamos de expor o que resulta do conflito entre o interesse colectivo e o interesse da empresa. É um tema básico de Ética Empresarial, que neste escrito não podemos debater especificamente.

Concentremo-nos no conflito entre os interesses colectivos e o interesse dos participantes. Os interesses colectivos coincidem com o interesse da empresa de produtos farmacêuticos no que respeita ao incremento da produção de medicamentos; mas noutros aspectos estes interesses divergem.

O interesse colectivo está caracterizado. Há que incrementar qualitativa e quantitativamente a produção de medicamentos, para corresponderem melhor às doenças existentes, para estender a protecção à saúde tanto quanto possível sem os custos dispararem e para defrontar novas doenças ou variações das já conhecidas.

---

[27] A divulgação de resultados adversos é consequentemente fraca: são notificados cerca de 100 casos por ano, número que não inclui o de mortes ocorridas. Em certas situações têm levado à determinação da suspensão do ensaio.

[28] Em *Investigação Médica – Reflexões Éticas*, Conselho Nacional de Ética para as Ciências da Vida, coord. Paula Martinho da Silva, Gradiva (Lisboa), 2008, 65-81 (80). Do mesmo autor veja-se ainda a colectânea *Investigação em Saúde. Reflexões Avulsas*, Porto, 2006.

Do interesse dos participantes é a salvaguarda quanto possível da sua própria saúde e integridade física. Este interesse é particularmente sensível quando a experimentação se realiza em pessoas sãs.

Já referimos como princípio-reitor o da prevalência do interesse do ser humano concreto sobre outros interesses, nomeadamente interesses abstractos da ciência, da saúde ou da humanidade. Essa prevalência é reafirmada na Convenção do Conselho da Europa para a Protecção dos Direitos do Homem e da Dignidade do Ser Humano face às aplicações da Biologia e da Medicina de 4.IV.97; mais abreviadamente, a Convenção sobre os Direitos do Homem e a Biomedicina (também chamada Convenção de Oviedo). O art. 2, sob a epígrafe "Primado do ser Humano", proclama: "O interesse e o bem-estar do ser humano devem prevalecer sobre o interesse único da sociedade ou da ciência". Pretende-se uma afirmação categórica, na linha do n.º 5 da Declaração de Helsínquia, atrás transcrito, mas vendo bem encerra algumas ambiguidades. É verdade que separa o interesse do ser humano do bem-estar deste, o que permite ir além da categoria mais rasteira do bem-estar, mas não se diz como; fica dependente da regulação posterior, o que deixa vários aspectos na sombra. Sobretudo, afirma a prevalência sobre o interesse **único** da sociedade e da ciência. O adjectivo *único* fragiliza a Declaração, permitindo distinções indesejáveis, por exemplo, a de que o interesse do ser humano já não prevalece se concorrerem outros interesses com ele[29]. Neste sentido, os textos nacionais e internacionais que ancoram directamente na pessoa e na sua intrínseca dignidade superam-na, por escaparem a esta ambiguidade.

Mas, em todos os casos, há a reticência de se não declarar categoricamente que a pessoa não pode ser instrumentalizada, ainda que isso seja para obter benefícios gerais, em si supostamente de grande importância.

A mesma resistência se manifesta noutras convenções internacionais ou supranacionais sobre esta matéria, sejam ou não vinculativas. É um fenómeno habitual hoje em dia as organizações internacionais entrarem em competição entre si, procurando trazer cada vez mais terreno para o âmbito da sua competência. Há neste domínio intervenções da UNESCO, Organização Mundial da Saúde, Conselho da Europa, Directrizes da Comunidade Europeia... A isto acrescem numerosas entidades sem carácter oficial, resultante de não serem constituídas por Estados, mas cujas declarações têm por vezes grande influência, como o Código de Nuremberga e a Declaração de Helsínquia.

---

[29] Na versão inglesa a expressão é *sole interest*, o que pode ser traduzido por *mero interesse*.

Esta última, depois de estabelecer o princípio do primado do bem-estar do ser humano – que pode no máximo ser entendido como não o submeter a limites intoleráveis de sofrimento – acentua que o médico deve actuar somente no interesse do paciente (n.º 3): isto teria porém incidência na experimentação em doentes mas não em pessoas sãs. Pede atenção especial aos que não beneficiarão pessoalmente com a investigação (n.º 8): com isto reconhece que não há um princípio geral de vantagem do participante do ensaio, muito menos uma exclusividade de participantes doentes nestes ensaios. E reconhece afinal que os riscos não impedem voluntários sãos de se submeterem aos ensaios clínicos (n.º 16). Continua sem nos dar um critério da intervenção.

É importante afastar hipocrisias. Há países que proíbem certos ensaios, mas admitem os que são praticados em países estrangeiros, fazendo nomeadamente a importação de material biológico obtido nessas condições. Isso pode ser um critério político, mas não é critério ético.

Tudo isto não impede que se tenham desenvolvido critérios de protecção dos participantes. São porém laterais, porque não respeitam ao âmago da questão.

É assim que o art. 6 da Declaração de Helsínquia prevê como direitos do participante, além da informação:

b – o de se retirar potestativamente do ensaio, sem sofrer penalização
c – a privacidade
d – a cobertura por seguro
f – a prestação de cuidados por médico especializado.

Acrescem várias outras especificações, como as relativas a pessoas incapazes de exprimir o seu consentimento, já examinadas.

Tudo isto é importante e positivo, mas não responde à questão ética básica que ficou formulada.

8. Voluntariado e remuneração

Todo o sistema vigente assenta no voluntariado. Os participantes são frequentemente qualificados como voluntários.

São voluntários porque prestaram consentimento informado. Até que ponto a informação funciona, é dúvida que ficou expressa atrás; por vezes é mesmo claro que não pode funcionar. Mas deixemos este tema, mais debatido, para passar ao valor do consentimento em si.

"Boas Práticas" e Ética nos Ensaios Clínicos   213

Sabemos já que há pessoas que estão inibidas de prestar consentimento juridicamente válido. É uma categoria muito importante, que versaremos depois.

O consentimento é sempre declarado prioritário, quer nas fontes internacionais quer nas internas. Se uma intervenção é realizada num doente sem consentimento, não há juridicamente um crime de agressão à integridade física, mesmo que seja uma cirurgia, enquanto a finalidade for tratar; mas pode haver um acto contra a liberdade ou a autodeterminação.

A realização de ensaio clínico não consentido, salvo em situações de emergência, representa intromissão e criação de risco para outrem. É passível de apreciação negativa, mas esta é temperada pela finalidade terapêutica – caso efectivamente exista, por o paciente requerer tratamento. Perde porém até essa justificação se a intervenção se fizer em pessoas sãs.

O consentimento (informado) é hoje apresentado como o eixo que tudo justifica. Mas como fazer entrar neste quadro a remuneração aos participantes? Encontramos um espesso silêncio na doutrina sobre esta matéria.

Guilherme de Oliveira examina a situação na ordem jurídica portuguesa e conclui que a lei não admite a sujeição de pessoas sãs a ensaios clínicos, porque não lhes podem trazer nenhum benefício clínico directo ou indirecto. Mas discorda: admitiria perturbações razoáveis e temporárias, desde que com a certeza absoluta de que não podem surgir complicações inesperadas; libera em geral a auto-experimentação do cientista; e defende uma admissão do sacrifício altruísta em nome da autonomia. A mesma posição exprime no que respeita à intervenção de pessoas doentes em ensaios relativos a enfermidade diversa daquela de que padecem[30].

É louvável que o autor aborde o tema, mas é irreal ficar na apologia do altruísmo, quando este só pode explicar uma parcela insignificante da motivação dos que se sujeitam a ensaios clínicos de que não lhes resulta nenhum benefício – muitas vezes nem sequer o benefício hipotético que para eles poderia resultar do avanço da medicina. E isto porque se cede à tendência de tudo colocar sob a égide da autonomia, como categoria universalmente explicativa, sem descer a uma análise de pressupostos objectivos que são essenciais a uma valoração. O autor vai mesmo ao ponto de afirmar a prevalência da vontade do menor sobre a do seu representante, todas as vezes que o menor tiver "maturidade para expressar a sua opinião". Leva até ao

---

[30] *Direito Biomédico e investigação clínica*, em "Temas de Direito da Medicina", Faculdade de Direito da Universidade de Coimbra / Centro de Direito Biomédico, Coimbra Editora, 1999, 189-197.

fim o voluntarismo, mas a maturidade para ser ouvido e a maturidade para se autodeterminar não são equivalentes.

Neste domínio, haverá ainda que proceder a distinções.

Desde logo, não se confundem o consentimento para uma intervenção com finalidade terapêutica e o consentimento para fins de experimentação. São por vezes simultaneamente tratados mas os requisitos são diferentes[31]. A maturidade que se exige para as últimas é maior que a que tem por objecto um tratamento médico.

Há certos ensaios clínicos em que os riscos são previsivelmente muito limitados ou nulos. Poderão causar indisposição temporária ou limitação de faculdades físicas ou psíquicas, mas pode-se afirmar com a segurança humanamente possível que passado o efeito, de duração limitada, a pessoa retomará o exercício pleno sem haver sequelas do ensaio realizado. Neste caso, podemos dizer que o consentimento não é adulterado pelo pagamento que porventura se realize. Não serão situações limitadas desta índole que nos ocuparão.

É igualmente uma categoria particular a daqueles doentes que padecem de enfermidade grave para a qual se mostram ineficazes ou insuficientes os meios disponíveis. Então, a motivação pessoal para a sujeição ao ensaio é tão forte que se torna psicologicamente irrelevante que esse ensaio seja realizado com contrapartida em um pagamento.

Mas restam todos os outros casos em que o ensaio comporta riscos, certos ou imprevisíveis, para quem a ele se sujeita. A afirmação da certeza absoluta de que não há risco é uma afirmação oca: se nunca se fez, essa certeza não existe. Damos já um exemplo. É necessário testar os novos medicamentos em grávidas, para apurar os efeitos nocivos que possam ter sobre estas: a talidomida ensina. Mas para saber se uma nova substância, quando aplicada em mulheres grávidas, tem efeitos nocivos sobre o feto, é necessário ter-se feito já a experiência. Se nunca se fez, é enganoso afirmar uma certeza de inocuidade.

O mesmo se passa em relação a pessoas doentes, quando se submetem a um ensaio relativo a enfermidade diversa daquela de que padecem. Ou até quando se submetem a ensaio relativo à própria enfermidade de que sofrem, mas quando já nada puderem beneficiar com o medicamento final. Ainda que esse ensaio apenas possa abreviar uma morte já anunciada.

Em todos estes casos, a farta literatura sobre consentimento deixa um desconforto, se se não considerar o elemento de perturbação resultante do

---

[31] O Código de Nuremberga, tantas vezes citado a este propósito, dispõe sobre a experimentação em pessoas e não sobre intervenções com fins terapêuticos.

"*Boas Práticas*" e *Ética nos Ensaios Clínicos* 215

carácter eventualmente venal do consentimento. A licitude ética do ensaio com contrapartida em remuneração é posta gravemente em causa.

9. A ressalva do acto altruísta

Do que dissemos não se pode retirar nenhuma reserva em relação ao acto altruísta, pelo qual alguém aceita participar de um ensaio, conhecendo os riscos em que incorre.

Pelo contrário. Pomos apenas como ressalva geral os casos em que o risco é tão elevado que a sujeição ao ensaio representaria uma autodestruição: esta é ilícita, pelo que o consentimento não é válido. Fora disso, admitimos com largueza todo o acto altruísta.

Não se pode pensar que o oferecimento genuíno para um ensaio represente um atentado contra si mesmo. Antes, a forma mais elevada de solidariedade consiste no sacrifício da vida ou da saúde pelos outros. A vida não é o valor supremo: o valor supremo é a pessoa e nesse sentido, vida e integridade física são instrumentais para a realização pessoal.

Ficou célebre na Polónia o gesto do P.e Popieluszko que, na iminência de fuzilamento pelos alemães de um chefe de família, se ofereceu para o substituir e foi efectivamente fuzilado. Hoje a sua memória é venerada, pelo carácter sublime do seu gesto.

O mesmo devemos dizer dos sacrifícios da integridade física em gestos de solidariedade: não são automutilações, são modos privilegiados de realizar a comunhão humana. As sondagens, em vários países, mostram que a profissão mais considerada é a de bombeiro. O bombeiro realiza efectivamente uma missão humanitária. Quando cumpre integralmente a sua função arrisca gravemente a vida – e efectivamente quantos bombeiros morrem ou ficam feridos no seu desempenho!

O grande bioeticista alemão Hans Jonas põe a questão da instrumentalização do homem para o progresso da ciência, mesmo nos casos em que um paciente está já condenado à luz dos conhecimentos médicos coevos; e foca a experimentação não-terapêutica, aquela de que o doente não tira proveito. O médico poderá apresentar ao doente a situação de modo a que este aceite um risco que o possa fazer sofrer ou antecipar uma morte inevitável. O consentimento é então um acto de altruísmo que não pode ser negado, mesmo a um doente terminal[32].

---

[32] Hans Jonas, *Ética, Medicina e Técnica* (trad.), ed. brasileira Passagens, 1994, 159--161.

216 José de Oliveira Ascensão e Mafalda de Castro Ascensão Marques Videira

O acto altruísta é sempre admitido. Ainda que uma lei o proibisse continuaria a sê-lo, porque é uma manifestação irredutível da personalidade humana que nenhuma prescrição pode afectar. É um instrumento nuclear da realização da personalidade. Por isso, as críticas que fizemos não atingem em nada o acto em si, que tem a prioridade máxima. Contestaríamos apenas a afirmação ou sugestão de as necessidades dos ensaios clínicos se poderem bastar com o recurso aos actos altruístas (estatisticamente raros) de sujeição ao ensaio e estranhamos o silenciamento desta evidência.

10. As distorções do consentimento

Retomando o consentimento, não podemos deixar de acentuar as muitas distorções a que está sujeito.

A mais imediata está na formalização. É apresentado ao paciente um papel para assinar, frequentemente em linguagem tecnicamente correcta mas incompreensível para o homem comum. O candidato a participante assina, quase sempre sem ler; se leu, não compreendeu; e, frequentemente também, não haverá quem lho explique[33]. Mesmo assim assina, porque lhe dizem para o fazer. O problema é agravado quando se está perante pessoas com cultura diferente, como referimos já[34].

Há sempre a necessidade de diálogo pessoal com o potencial participante para que haja voluntariedade autêntica. Esse diálogo é praticamente impraticável em ensaios clínicos que envolvem dezenas de milhar de pessoas; e é em todos os casos dificultado pela escassez de pessoal disponível.

O consentimento "livre" é ainda repetidamente frustrado pela condição particular de quem o presta. Seja o caso dos presos ou de quem se encontra em estado grave no hospital. Na impossibilidade de avançarmos por este tema remetemos para o livro de Joaquim Clotet / José Roberto Goldim (org.) / Carlos Fernando Franscisconi, *Consentimento Informado e a sua Prática na Assistência e Pesquisa no Brasil*[35].

---

[33] A tendência para a formalização surge nestes casos como um refúgio, que frequentemente ignora a realidade. Assim, a Convenção sobre os Direitos do Homem e a Biomedicina, no seu art. 16 v), exige que o consentimento "tenha sido prestado de forma expressa, específica e tenha sido consignado por escrito". Como se colherá então esse consentimento, se o "voluntário" não sabe escrever?

[34] *Supra*, n.º 4.

[35] EDIPUCRS (Porto Alegre), 2000. Vejam-se particularmente as págs. 111 e segs.

O consentimento para sujeição a ensaios clínicos é uma manifestação da categoria geral do "consentimento informado", como dissemos. Pelo que quanto a propósito foi dito lhe é directamente aplicável.

Além de "informado", o consentimento deve ser "livre". É também uma aplicação da Teoria Geral do Direito, pois se houver coacção o acto é anulável. Mas há aspectos particulares neste consentimento que reclamam um desenvolvimento específico; aqui há uma preocupação da genuinidade da decisão do participante que não tem paralelo nos esquemas jurídicos comuns, pela densidade humana que reveste. Basta pensar que, pela Teoria Geral, o temor reverencial não inquina o consentimento dado.

No que respeita aos ensaios, procura-se purificar o assentimento de qualquer condicionalismo ou contrapartida que o falseie. Por exemplo, em relação a pessoas presas, afirma-se que não é legítimo oferecer em contrapartida a redução ou comutação da pena ou a outorga de melhores condições de encarceramento. Discute-se até se a esperança de obter consequentemente uma situação carcerária mais vantajosa, mesmo não havendo promessa firme nesse sentido, bastará para falsear o consentimento.

De muitas outras formas o consentimento pode ser inquinado. Por exemplo, o consentimento para a eutanásia, a ser praticada, é muitas vezes a fuga que se põe ao doente abandonado e em fim de vida, com todos os problemas que resultam de ter sido arrancado do seu ambiente familiar, de não ter a possibilidade de suportar encargos financeiros com o tratamento ou de estar atingido por uma depressão profunda. O consentimento não deve ser então considerado eficaz, uma vez que não traduz a verdadeira opção do doente, mas uma manifestação do desespero em que incorre naquele condicionalismo. O mesmo se deve aplicar ao consentimento para ser "voluntário" numa pesquisa particularmente arriscada quando, qualquer que seja o risco, o ensaio representa para o doente um caminho de fuga.

Mas o grande factor a analisar, na sua potencialidade de distorcer o consentimento, está na remuneração que eventualmente seja atribuída em contrapartida.

Como dissemos[36], percorremos em vão as fontes vigentes para encontrar uma exclusão geral da contrapartida numa remuneração à disponibilidade ao ensaio clínico e não a encontrámos. Está prevista em casos de limitação ou inexistência da capacidade de consentir, mas não há uma exclusão geral da venalidade da sujeição ao ensaio.

Voltemos à situação ambígua que se vive neste domínio, falando-se sempre em *voluntários* mas omitindo qualquer proibição geral de venali-

---

[36] *Supra*, n.º 4.

dade da participação. Esta restrição aparece quando muito em relação a casos particulares, como o de menores e outros incapazes. É aventada ainda noutras hipóteses, como nos ensaios deslocalizados para países em vias de desenvolvimento[37].

A problemática da remuneração pode ter um âmbito subjectivo muito vasto. Pode abranger também, por exemplo, o médico ou o investigador que angaria participantes para o ensaio. É uma atitude condenável, ética e deontologicamente. Mas está fora do nosso objectivo.

O que nos ocupa é a remuneração em contrapartida da participação no ensaio. Já fizemos anteriormente a exposição da situação de facto[38]. Nela nos iremos basear para proceder à valoração. E também notámos já a ambiguidade, quando não a hipocrisia, que rodeia esta matéria.

A questão não oferece dificuldades particulares, provenientes do Código Civil, porque este admite a restrição voluntária dos direitos de personalidade, no art.81/1. É uma regra de bom senso, porque em nume-rosíssimas situações as pessoas podem abdicar do exercício de direitos de personalidade, desde que não abdiquem do próprio direito. O que interessa é que não ofendam o limite geral, que neste caso deve ser o da violação dos bons costumes[39].

O Código não impõe também indemnização quando alguém aceita uma restrição aos seus direitos de personalidade e depois desiste: por exemplo, se se compromete a uma experiência de enclausuramento e no decurso desta pretende ser libertado.

Vamos supor que a pessoa pode comprometer-se mas tem o direito de se retirar a qualquer tempo do ensaio clínico de que participa, sem necessidade de se fundar em justa causa. Provoca com isso um prejuízo ao promotor, na modalidade de desaproveitamento de despesas realizadas. Mas não terá de pagar qualquer indemnização. O acto não pode ser considerado ilícito, pois não vai contra a lei, logo não gera o dever de indemnizar. Fica apenas obrigado a restituir a remuneração que porventura tiver já recebido, uma vez que esta perde a causa com a revogação unilateral do contrato com que se vinculara[40].

---

[37] Esta deslocalização faz-se em geral sem base em lei ou tratado.

[38] *Supra*, n.º 4.

[39] O art. 81 CC aponta como critério a ordem pública, mas correctamente deveria ter considerado aplicável a cláusula geral dos bons costumes.

[40] Mas está sujeito às restrições gerais da ordem jurídica. Entraria neste âmbito a hipótese de o oferecimento ter sido realizado de má fé, com o fito já na desistência.

11. Sobre a indispensabilidade e a suficiência do consentimento

Podemos aceitar sem objecção o princípio da indispensabilidade do consentimento. Pode ter excepções, particularmente em situações de emergência; mas justamente como excepções não põem em causa o próprio princípio.

E quanto à suficiência? Basta que o participante tenha consentido? Por si ou seu representante, quando for incapaz de consentir?

Vamos distinguir os dois estratos, o dos capazes, que consentem por si, e o dos incapazes, em que o consentimento é dado por quem os represente.

No primeiro caso, a suficiência do consentimento seria baseada na autonomia do sujeito.

Esta é, por força de uma evolução que culmina em Kant, a orientação prevalente. A corrente voluntarista triunfa historicamente sobre a realista, digamos, cujos fundamentos são postos em causa – temos o relativismo. Resta a vontade como a base do ordenamento, que se traduz no Direito no reconhecimento da autonomia privada. Todo o ordenamento social assentaria sobre o contrato: o contrato social na ordem pública e os contratos livremente celebrados na ordem privada.

As consequências deste entendimento fizeram-se sentir rudemente no séc.XIX. Uma vez que o conteúdo do contrato não era em princípio controlável, quer por pressupostos ideológicos quer por o liberalismo reinante assegurar que uma mão invisível levaria ao progresso social sem intervenção pública, partiu-se do princípio de uma igualdade dos sujeitos, que os responsabilizaria pelos seus acordos. Mas o resultado foi o predomínio dos poderosos, pela evidente maior força negocial de que dispõem.

No séc. XX a situação evoluiu. Atalharam-se injustiças sociais e procurou-se combater o desequilíbrio de forças socioeconómicas. Mas a reavaliação fez-se ainda na generalidade dos casos por recurso a factores subjectivos. A liberdade do consentimento estaria inquinada quando houvesse u.n desequilíbrio tal que o poder de decisão da parte ficasse coarctado. Só muito moderadamente se avançou para uma valoração objectiva do conteúdo dos contratos[41].

Ora bem: trazemos estes aspectos à baila porque supomos que na matéria dos ensaios clínicos ainda nos encontramos a bem dizer na 1.ª fase, a da autonomia plena, logo a da liberdade sem peias do consentimento. Ten-

---

[41] Sobre esta matéria, veja-se a exposição específica que fizemos em *Cláusulas contratuais gerais, cláusulas abusivas e o novo Código Civil, in* Revista da EMERJ (Rio de Janeiro), vol. 7, n.º 26, 2004, 72-93.

dencialmente, bastaria que este fosse dado, sem necessidade de examinar em que condições o é.

Fica assim em dúvida haver autonomia autêntica nesse consentimento. Vimos que as fontes a que podemos recorrer estabelecem ressalvas, em defesa dos participantes. Mas receamos que tudo se reduza a contorno: que as cautelas, em si justificadas, sejam apenas paliativos que deixam a essência da questão intocada. A essência está na existência de condições de liberdade para consentir.

Entre as distorções do consentimento avulta a resultante da outorga de remuneração para os participantes nos ensaios clínicos, como temos vindo a assinalar. Essa pode ser excluída quando os participantes são incapazes de consentir[42], consoante as fontes em vigor. Na hipótese de o sujeito ser capaz, não há tomada de posição legal. O que deixa em aberto a possibilidade de se concederem aqui benefícios particulares.

As directrizes europeias foram transpostas para a ordem jurídica portuguesa, com mais ou menos felicidade, pela Lei n.º 46/04, de 19 de Agosto e pelo Dec.-Lei n.º102/07, de 2 de Abril. Note-se desde já que estes diplomas só respeitam aos ensaios empresariais; os efectuados por investigadores sem a participação da indústria farmacêutica estão escassamente regulados. Dá-se como justificação não se ter chegado ainda a consenso técnico-científico[43]. Isto significa que neste domínio não se defrontam peias legais, apenas a subordinação às comissões de ética competentes.

Para os ensaios "empresariais" não se encontra nenhuma proibição de concessão de benefícios remuneratórios. Isto não apenas por contraposição à exclusão expressa de semelhantes benefícios no caso de incapazes. Doutros preceitos da Lei n.º46/04 (Portugal) resulta directamente a admissibilidade. Pela negativa, temos o art.34/1*i*, que sanciona a concessão de benefícios "não permitidos pela presente lei"; portanto, só exclui os benefícios especificamente vetados pela lei. Positivamente, deriva do art. 20/3*l*, que exige que no parecer da comissão de ética competente que se pronuncie favoravelmente se apreciem expressamente "os montantes e as modalidades de retribuição ou compensação eventuais dos investigadores e dos participantes nos ensaios clínicos...". Isto significa portanto que a indústria tem as mãos livres para remunerar, apenas o quantitativo ou o modo poderão ser objecto de alguma observação.

---

[42] E eventualmente noutras situações particulares.

[43] Veja-se o preâmbulo do Dec.-Lei português n.º 102/07. O art. 1/2 *d* da Lei n.º 46/04 exclui também os "ensaios sem intervenção", pressupondo assim que possa ser atribuída Autorização de Introdução no Mercado sem esta base.

12. Utilitarismo e personalismo

Fixemo-nos agora no significado do consentimento em si.

Se a apreciação que se faz é ética, o consentimento deverá revestir valor ético também. Doutra forma será mera escolha, que poderá ser ainda valorada como positiva ou negativa, ou como eticamente indiferente.

António Vaz Carneiro põe a interrogação: o que faz com que a investigação clínica seja ética? Contesta que seja o "consentimento informado": é insuficiente para definir como ética a actividade. "Basta pensar em populações vulneráveis [...], o uso de placebos e as fases 1 dos ensaios clínicos, para reconhecermos que aqui não é o consentimento informado que é importante, mas sim a utilidade e o valor social da investigação"[44].

Esta observação tem desde logo o mérito de pôr em crise a auto-suficiência do consentimento: uma coisa é ser requerido, outra é que baste para atribuir relevo ético ao seu objecto. Realiza-se com isto o trânsito do subjectivo para o objectivo.

Mas não coincide com o que temos em mira na nossa pesquisa. Respeita à atribuição de valor à actividade de investigação biomédica, e com isso aos ensaios nesta integrados. Não dá elementos para justificar a realização de ensaios sobre humanos, quando estes não participem na prossecução de um escopo altruísta. Estas são justamente as hipóteses que aponta, aliás bem, a que podemos acrescentar ainda outras: como a da experimentação em grávidas, cujo consentimento leva a pôr em risco outra vida humana, neste caso indefesa, que é a vida do embrião. E ainda, a situação das pessoas que consentiram, é certo, mas com contrapartida num benefício material; o que implica quase sempre que o consentimento não foi livre, porque foi pressionado por necessidades materiais do "voluntário".

Se entendêssemos que a utilidade e o valor social da investigação por si bastariam para justificar a sujeição destas pessoas aos ensaios clínicos, então estaríamos a versar uma questão eticamente muito delicada: a de este interesse da comunidade justificar que os ensaios se façam, não obstante implicarem um sacrifício de uma pessoa que não é coberto pelo espírito altruísta com que se sujeita. Não cremos que essa fosse a ideia que Vaz Carneiro pretende exprimir, mas dá-nos a deixa para colocar a questão em debate.

Na base desta posição estaria o utilitarismo como critério ético geral: o que trouxesse vantagem social seria eticamente justificado. Por isso, o

---

[44] *Investigação clínica em seres humanos – Principais questões éticas*, em "Investigação Biomédica" cit., 21-63 (26).

sacrifício imposto seria ético, não por um consentimento, que não daria valor ético ao acto, mas porque dele resultaria progresso social.

No entanto, o primado da pessoa está no núcleo da bioética: pelo menos deveria estar. O utilitarismo é doutrina largamente expandida; e é largamente praticada também, em particular em países germânicos e nos Estados Unidos da América. Se a utilidade se sobrepõe ao respeito à pessoa, os ensaios clínicos seriam justificados pela vantagem social do progresso da medicina, fossem quais fossem as consequências sobre os "voluntários" que autorizassem a sua inclusão. Ainda quando se concluísse que eles são voluntários por necessidade, o que implica que não há o consentimento livre e espontâneo que dá o paradigma deste sector[45].

O essencial está em que o utilitarismo colide com o personalismo, que está ínsito nas proclamações enfáticas que se fazem neste domínio: as de prevalência do ser humano sobre quaisquer outros interesses, nomeadamente os da sociedade. Representa um limite à actuação social, que nem Estado, empresas ou quaisquer outras pessoas ou organizações podem transpor.

As afirmações correntes assentam na dignidade da pessoa humana. É uma maneira simples de exprimir: nenhuma actividade pode ser prosseguida que ponha em causa essa dignidade. Isto não obstante as observações críticas que há que opor a uma proclamação desenfreada da dignidade da pessoa, para esconder semanticamente as maiores divergências[46].

Do princípio personalista resulta que o homem não pode ser sacrificado para a obtenção de vantagens sociais, salvo para cumprimento de deveres legitimamente estabelecidos (porque o dever, como concretização da solidariedade, pertence também ao estatuto da pessoa) ou como sacrifício livremente assumido. Não é este o caso quando a estruturação social impõe a grupos desfavorecidos (por carência económico-social, sobretudo, mas por outras razões também, como a sujeição penal a encarceramento) um

---

[45] Não podemos aprofundar o utilitarismo em si, nem confrontá-lo com o pragmatismo ou outras escolas. O conteúdo é porém suficientemente compreensível para que possamos dá-lo por suposto.

[46] Veja-se J. Oliveira Ascensão, *A dignidade da pessoa e o fundamento dos direitos humanos*, na Revista da Ordem dos Advogados (Lisboa), ano 68 I, Jan/08, 97-124; e na Revista Mestrado em Direito – UniFIEO, Osasco (São Paulo), ano 8, n.º 2, Jul-Dez/08, 79-101. Não tem sentido esgrimir com uma aparente unanimidade na defesa da dignidade da pessoa quando subsiste o desacordo sobre o fundamento dessa dignidade, que está na própria pessoa.

"Boas Práticas" e Ética nos Ensaios Clínicos 223

consentimento que não representa emanação de uma intenção de contribuir para o bem comum com a assunção de um risco[47].

Isto conduz à não-instrumentalização. É uma noção muito produtiva, que tem já uma longa história: passa nomeadamente por Kant, que não obstante o relativismo reconhecia a pessoa como realidade que se impõe por si. A pessoa não pode ser utilizada como meio para benefício social, porque isso seria degradá-la a um instrumento. Ora, afastado o utilitarismo, a participação em ensaios clínicos, com o risco que (pelo menos em geral) comportam, não se pode basear fundamentalmente na instrumentalização de uns tantos "voluntários".

13. Reexame de situações problemáticas

Os casos duvidosos quanto à admissibilidade ética que sucessivamente apresentámos poderão ser compatibilizados com os princípios que acabamos de assinalar?

Poderão, por exemplo, justificar-se essas situações com a afirmação de um benefício presumível que o participante obteria em consequência da participação?

Como vimos, distingue-se com frequência entre um benefício directo e o indirecto. Se o participante não sofre da doença que o medicamento ensaiado se destina a tratar, não colhe por definição benefício directo da investigação. Mas bastará o benefício indirecto, resultante de todos (e também ele) passarem a dispor de um meio de tratamento para a eventualidade de contraírem a doença, de que o participante actualmente não padece?

Observemos que este argumento nunca poderia ser universal. Não abrange por exemplo os ensaios clínicos realizados em outros países para testar medicamentos destinados a doenças que se não verificam no país em que se realizam. Ou, mesmo sendo também doenças locais, podem os participantes, com toda a probabilidade, não estar em condições de vir a adquirir o medicamento quando este for comercializado. Ou ainda, quando se tratar de ensaio da fase 1 para medicamento respeitante a doença genética e o participante não for portador do gene que causa a doença.

Independentemente destas situações, que pensar da suficiência deste "benefício indirecto" para justificar a sujeição ao ensaio clínico?

---

[47] Ou outra justificação autonomamente genuína, como o gosto de aventura em relação a missões particularmente perigosas. Mas este será dificilmente o caso entre os voluntários para ensaios clínicos.

224 *José de Oliveira Ascensão e Mafalda de Castro Ascensão Marques Videira*

O benefício não é apenas indirecto, é hipotético e eventual. Em muitos casos, as probabilidades de a doença ocorrer no participante são mínimas, mas os riscos próprios do ensaio não deixam de estar presentes. Há então manifesta desproporção entre o risco presente a que o participante por natureza se sujeita e o benefício que do ensaio ele poderá retirar. A autonomia deixa de ser então justificação suficiente, porque tudo se reduz a uma mera eventualidade de benefício, no limiar mais baixo imaginável.

A oscilação é manifesta na Convenção sobre os Direitos do Homem e a Biomedicina, atrás referida[48]. Depois de no art. 17/1 se ter estabelecido o princípio da necessidade de um "benefício real e directo" para o participante, no n.º 2 admite-se, "a título excepcional", que se prescinda desse benefício quando houver, a prazo, benefícios para pessoas do mesmo grupo etário, ou que sofram da mesma doença ou perturbação ou que apresentem as mesmas características. Dá-se assim uma justificação por via de um benefício, não mais individual, mas que podemos chamar **categorial**. Esta não é porém uma justificação, é uma capitulação perante os interesses exteriores. Ainda se condiciona a que a investigação apresente um risco mínimo, bem como uma coacção mínima para o participante. Além do voto piedoso do risco mínimo, até se admite coacção sobre o participante, qualificada como mínima!

A situação ainda é mais grave no caso dos menores e outros incapazes. O princípio do benefício directo é proclamado. Mas abrem-se sucessivamente brechas, que conduzem à realidade actual. Na ordem jurídica portuguesa, o art. 7e da Lei n.º46/04 referida, depois de exigir que o ensaio tenha relação directa com o quadro jurídico do menor[49], acrescenta: "... ou quando, pela sua natureza, apenas puder ser realizado em menores e comportar benefícios directos para o grupo de participantes, desde que seja essencial para validar...". Temos de novo uma justificação "categorial". Já dissemos que o consentimento escapa então à legitimação do representante, que apenas pode consentir no que for do interesse do menor. Não havendo este interesse do menor, mas apenas o de uma categoria, qualquer regra que o autorizasse seria a nosso ver inconstitucional. O menor seria instrumentalizado para um objectivo exterior, por mais relevante que seja, o que uma Constituição personalista não pode admitir. Em qualquer caso, contraria um princípio de ordem pública[50].

---

[48] *Supra*, n.º 7.

[49] O que não é já o mesmo que trazer benefício directo para o menor.

[50] A questão foi recentemente analisada em Portugal por Jorge Biscaia, *Ensaios clínicos em Pediatria*, *in* Estudos de Direito da Bioética, vol. III, APDI/Almedina, 2009, 89-98. Faz uma análise cuidadosa das várias situações, mas insiste no princípio de que o

"*Boas Práticas*" *e Ética nos Ensaios Clínicos* 225

A situação repete-se fundamentalmente no que respeita a outras pessoas incapazes de consentir, mas com uma diferença em benefício destas: "Existir a legítima expectativa de que a administração do medicamento experimental comporte para o participante benefícios que superem quaisquer riscos ou não impliquem risco algum" (art. 8/2*h*). É correcto[51]. Só se não entende por que se não estabeleceu regra análoga para o menor. Por outro lado, confirma que no caso do menor não se reclama sequer a expectativa de que resulte vantagem alguma para ele.

Outra situação verdadeiramente chocante dá-se no caso das grávidas: como testar eventuais efeitos negativos, se justamente isso só pode ser feito submetendo o feto ao risco que se pretende evitar? O consentimento que a grávida dê não se pode considerar eficaz, porque ela poderá decidir por si, mas não pela vida perfeitamente diferenciada que traz consigo[52]. O consentimento nestas condições seria ilícito; e os promotores e investigadores seriam responsáveis também por todo o dano que viesse a ser causado ao embrião ou feto.

Neste domínio, voltamos a referir a posição pela Convenção sobre Direitos Humanos e Biomedicina, em Protocolo Adicional celebrado em 30 de Junho de 2004, em Estrasburgo, no art. 18, relativo aos ensaios durante a gravidez ou a amamentação. O n.º 1 deste admite ainda que o ensaio seja realizado quando trouxer benefícios para outras mulheres... É de novo uma justificação "categorial", que não satisfaz[53].

Esta é talvez a hipótese mais clamorosa. Observe-se porém que a situação ultrapassa a mera problemática do consentimento para respeitar ainda à protecção particular da vida intrauterina.

Chamamos também a atenção para uma previsão da Directriz n.º 01/20 da Comunidade Europeia, no art. 2 *a*[54]. Os ensaios clínicos só podem ser realizados se "tiverem sido avaliados os riscos e inconvenientes previsíveis por comparação com o benefício individual para a pessoa participante no ensaio e para outros pacientes, actuais ou futuros". A previsão dos benefícios

---

ensaio deve dirigir-se à obtenção de medicamentos que tragam benefícios directos para o próprio menor. Fica pois sem resposta: o que fazer quando se requer a participação de menores sãos? Ou em consequência de outras restrições à prática dos ensaios que justificadamente levanta?

[51] Se esquecermos o que tem de exacerbado prever-se que não impliquem risco algum.

[52] Ver já *supra*, n.º 6. Veja-se sobre este ponto o nosso *O início da vida* cit. *supra*, n.º 1.

[53] Explica-se no plano dos factos pelos consensos a que é necessário chegar, perante a enorme pressão dos interesses económicos que se agitam neste sector.

[54] Devidamente introduzida, como tinha de ser, no art. 5/1 da Lei portuguesa n.º 46/04, que transpôs aquela directriz.

226   *José de Oliveira Ascensão e Mafalda de Castro Ascensão Marques Videira*

futuros pode ser entendida como um alargamento do círculo de admissibilidade do ensaio. João Marques Martins considera que a intenção foi abrir a porta à experimentação pura, entendida como aquela que não depende da previsão de benefícios para o participante[55].

14. Valoração das realidades em conflito

Vamos chegando à fase da avaliação final.

Os textos internacionais fornecem-nos numerosas pistas, que nos incitam à reflexão. Perturbam-nos pela sua pluralidade e frequentemente pela ambiguidade também.

Vimos que a investigação biomédica é actividade indispensável: proclamam-no os textos e todos o aceitam. O seu valor positivo só se reforça na complexidade da nossa sociedade em crise.

Por outro lado temos os participantes, que são sujeitos aos ensaios. São apresentados como voluntários. Mas a voluntariedade é afinal falaz. Salvo casos extremamente meritórios de oferecimento altruísta, que são raros, ou de casos mais numerosos em certas fases, de doentes que anseiam por um medicamento novo que possa ter efeitos terapêuticos que os actuais não têm, a multidão dos voluntários ou não está informada, ou não é verdadeiramente livre quando acorre em demanda de uma remuneração que a faz sujeitar a todos os riscos (ver *supra*, n.ºs 8, 10 e 12).

De facto, os efeitos adversos são numerosos e graves, nomeadamente na determinação da margem ou janela terapêutica – a faixa óptima de aplicação eficaz do medicamento com o mínimo de efeitos deletérios.

O voluntariado supõe um acto valioso, mas a sujeição ao ensaio na mira de uma remuneração constitui uma alienação que anula a valia ética. Agrava-se ainda quando o ensaio recai sobre pessoas incapazes de consentir, com base no consentimento do representante legal. O voluntariado está previsto em textos legais, mas deve entender-se que o representante legal não tem legitimação para consentir, sempre que haja risco para o menor ou outro incapaz e este não tire presumivelmente benefício directo da administração do medicamento. É assim, como vimos, por ir contra os bons costumes e/ou violar o princípio da não-instrumentalização da pessoa humana.

---

[55] Em *Ensaios Clínicos. Uma Perspectiva Ético-Jurídica*, Relatório apresentado no Mestrado de "Direito Civil e Direito da Bioética" da Faculdade de Direito de Lisboa (2008), n.º 31. Este estudo é publicado neste mesmo volume de *Estudos de Direito da Bioética*.

"Boas Práticas" e Ética nos Ensaios Clínicos 227

Mas vimos também que os ensaios clínicos são necessários. Como conjugar estas duas grandezas em colisão, a necessidade social e a integridade da pessoa participante?

A orientação utilitarista representa uma das maiores vertentes internacionais, amparada por um império oligopólico de empresas farmacêuticas de dimensão mundial, com a massa de recursos financeiros que movimentam e o apoio dos Estados de que promanam. O seu baluarte é a invocação da autonomia, sem cuidar amiúde da genuinidade desta nem do facto de ela servir ou não a Pessoa a quem se imputa.

Mas a Pessoa é um marco absoluto que se impõe às ordens constituídas. Nenhum interesse social justifica que a Pessoa seja tomada como um meio e não como um fim. E a Pessoa é cada pessoa, não é a vaga Humanidade, porque cada pessoa comporta em si a humanidade inteira. A Pessoa é uma realidade objectiva e não uma abstracção[56].

Não deixa de o ser, mesmo quando lhe é contrária a vontade concreta do sujeito. Representa um limite ao voluntarismo, que não pode ser imposto na maioria das situações, mas não pode também ser ignorado pela ordem positiva.

A referência generalizada ao princípio do primado da pessoa-participante sobre os interesses da ciência e da sociedade deve ser tomada a sério. Não pode ser anulada em nome de abstracções como a Humanidade, as gerações futuras ou semelhantes, quando o valor máximo está na pessoa concreta e na comunhão para que tende.

15. CONCLUSÃO

A análise que fizemos revelou antinomias profundas.

Poderá replicar-se que acentuando-as ignoramos a realidade social e a indispensabilidade dos ensaios clínicos, que somos aliás os primeiros a reconhecer. Mas se o preço destes for o sacrifício de pessoas concretas, temos

---

[56] Veja-se J. Oliveira Ascensão, *A pessoa: entre o formalismo e a realidade ética*, *in* Revista da EMERJ (Rio de Janeiro), vol. 9, n.º 33, 2006, 93-116; *Pessoa, direitos fundamentais e direito da personalidade*, *in* Questões Controvertidas no Novo Código Civil (coordenação de Mário Luiz Delgado / Jones Figueirêdo Alves), Editora Método, São Paulo, vol. 6, 2006, 105-128; *in* Revista Mestrado em Direito – UniFIEO, Osasco (São Paulo), vol. 6, n.º 1, Jan-Jun/06, 145-168; *in* Revista de Direito do Tribunal de Justiça do Estado do Rio de Janeiro, n.º 78, Jan-Mar/09, 66-89, e *in* "Estudos de Direito da Bioética", vol. III, APDI/Almedina, 2009, 51-76.

de responder com um *non possumus*. Não nos é dado franquear a barreira representada pelo valor da pessoa em nome da utilidade social. A História e ainda muitas situações actuais ilustram as consequências de se ter intentado construir o edifício social à custa do homem que ele se destina a albergar.

Perante a necessidade social, porém, o que fazer?

Se o caminho fácil e directo nos está eticamente vedado, temos de procurar caminhos alternativos que permitam avançar.

A longo prazo, a solução está sempre na formação ética das pessoas. Na medida em que a mentalidade individualista e hedonista actual (fomentada por tantas forças operantes na sociedade, como a propaganda política, a publicidade, os meios de comunicação social e a indústria do espectáculo chocante) recuar, nessa mesma medida os gestos de solidariedade irão avançando.

Mais proximamente, é necessário redireccionar a pesquisa. É necessário orientá-la para a descoberta de vias cada vez mais aperfeiçoadas de atingir resultados que dispensem o sacrifício humano. Nomeadamente, é necessário levar até ao limite as possibilidades resultantes da experimentação em animais, contra o que pretendem muitos na actualidade. O ponto é de tal maneira grave que não hesitamos em dizer que aqueles que querem entravar a experimentação animal cometem um atentado insensato contra a humanidade[57].

Não adianta negar a condição humana. A ciência e o combate à doença e à velhice não são um oceano sem fim. Nem tudo pode ser evitado ou contrariado. É necessário aceitar a morte, o que por si poupa muita dor. É também necessário aceitar que a doença pairará sempre sobre o homem.

Não nos propomos apresentar um programa nem uma solução. Não a há, ao menos por agora. Mas pretendemos acentuar que não é alternativa a inércia.

Por isso, fica a conclusão a que não podemos fugir: o serviço da saúde e o benefício social têm limites. Um limite intransponível está no benefício da Pessoa que se destinam a servir.

E como a Pessoa, repetimos, não é uma abstracção, só a Pessoa justifica: não o lucro, o refúgio na utopia ou a vertigem do progresso a qualquer custo da ciência ou da medicina.

E fica no fundo uma amargura a que não podemos fugir.

Tomemos como exemplo a legislação europeia. Tem na sua base a Directriz n.º 01/20/CE, de 4 de Abril, completada pela Directriz n.º 05/28/

---

[57] Sobre esta matéria, veja-se Maria do Céu Patrão Neves / Walter Osswald, *Bioética Simples* cit. na nt. 1, 177 e segs. e 228 e segs.

/CE da Comissão, de 8 de Abril. É de notar que estas directrizes se destinam a estabelecer "boas práticas clínicas na condução dos ensaios clínicos de medicamentos para uso humano"[58]. O elemento ético é diluído. Dá-se como isso razão a Franklin Leopoldo e Silva, que havia já observado a deturpação da Ética como mera técnica de conduta[59]. Isto reduz-lhe densidade, fazendo desaparecer o fundamento realmente ético. De facto, está em sintonia com o apelo contemporâneo ao "bem-estar" como objectivo desta disciplina.

Pois aqui vemos que se fazem as mais eloquentes proclamações éticas, mas o que regula são afinal as "boas práticas clínicas". Isto provoca uma fractura, entre a proclamação ética, que sai de graça, e o que afinal se dispõe.

A hipocrisia manifesta-se em muitas pronúncias sobre a matéria. Assim, a Directriz da Comunidade Europeia n.º 01/20, de 4 de Abril, sobre "boas práticas clínicas" integra como direitos dos participantes nos ensaios clínicos os direitos à "segurança e bem-estar". Além de um incompreensível "bem-estar", perante as muitas possibilidades de perturbações provocadas pelo medicamento ensaiado, como falar de um direito à segurança? Quando todo o ensaio, por natureza, acarreta riscos?

É claro que podemos explicar as contradições. As declarações internacionais resultam necessariamente de consensos, que se arquitectam sobre composições semânticas: daí a dificuldade da interpretação. Exprimem o denominador comum a que foi possível chegar. **Mas o consenso, por mais pragmático que seja, não é critério de verdade.** Por isso, não podemos procurar nas declarações internacionais o barómetro ético, mas quanto muito a composição historicamente possível num mundo ideologicamente dividido, que esconde as divergências atrás de proclamações que se não tomam a sério.

---

[58] Consequentemente, assim procede também a Lei n.º 46/04, de 19 de Agosto, que transpõe a Directriz n.º 01/20/CE, nos arts. 1/1 e 2*f.*

[59] *Notas sobre a relação entre técnica e ética*, in Bioética – Revista do Conselho Federal de Medicina (Brasil), vol. II, n.º 2 (2003), 181: com o domínio da tecnociência, "a ética tende cada vez mais a ser vista como uma técnica de conduta".

O USO DE DROGAS AINDA EXPERIMENTAIS EM ASSISTÊNCIA: EXTENSÃO DE PESQUISA, USO COMPASSIVO E ACESSO EXPANDIDO

JOSÉ ROBERTO GOLDIM[1]

*Professor titular da Faculdade de Medicina
da Universidade Federal do Rio Grande do Sul*

Resumo: *O presente artigo descreve os aspectos metodológicos, regulatórios e éticos das diferentes formas de acesso a drogas ainda experimentais em situações assistenciais – extensão de pesquisa, uso compassivo e acesso expandido. Em todo o mundo, essa modalidade de assistência tem como principais desafios o estabelecimento de critérios mínimos de qualificação tanto dos pesquisadores quanto das instituições para que possam realizar projetos envolvendo novas drogas em suas diferentes fases, a capacitação dos membros dos comitês de avaliação de projetos quanto aos aspectos metodológicos, regulatórios e éticos envolvidos na pesquisa de novas drogas, a explicitação das relações entre pesquisadores e patrocinadores e entre pesquisadores e participantes da pesquisa e a oposição quanto à recente proposta de possibilitar aos fabricantes de medicamentos a cobrança pelas drogas utilizadas em projetos de pesquisa.*

Palavras-chave Comitês de ética em pesquisa, drogas em investigação, ética em pesquisa, financiamento da pesquisa, Brasil.

---

[1] Universidade Federal do Rio Grande do Sul (UFRGS), Hospital de Clínicas de Porto Alegre (HCPA), e Pontifícia Universidade Católica do Rio Grande do Sul (PUCRS), Faculdade de Medicina. Correspondência: Ramiro Barcellos 2350, Laboratório de Bioética, CEP 90035-003, Porto Alegre, RS, Brasil. Fone: +55-51-2101.7615; fax: +55-51-2101.8526; e-mail: jrgoldim@gmail.com

Uma droga pode ser utilizada em seres humanos somente como parte de projetos de pesquisa avaliados e aprovados, ou em assistência quando tiver a sua indicação aprovada por um órgão responsável. A utilização de uma nova droga em seres humanos como parte de um projeto de pesquisa deve ser aprovada previamente por um comitê de ética em pesquisa. Quanto à liberação para uso assistencial, são exigidos inúmeros estudos, que geram as informações necessárias para comprovar a sua segurança e eficácia (1-3).

As agências reguladoras, como a Agência Nacional de Vigilância Sanitária (ANVISA), no Brasil, a Administração de Alimentos e Medicamentos (*Food and Drug Administration*, FDA), nos Estados Unidos, e a Agência Européia para Avaliação de Produtos Medicinais (*European Medicines Agency*, EMEA), na Europa, são responsáveis pela elaboração de normas técnicas e pela avaliação das novas solicitações de uso específico, pela fiscalização e pelo acompanhamento do uso de novos medicamentos dentro de suas indicações. O monitoramento de eventos adversos relatados por médicos e pacientes em situações assistenciais é fundamental para permitir a continuidade de uso, a adequação do medicamento ou a sua retirada do mercado.

Após o advento da epidemia da AIDS e da organização de grupos de pacientes e familiares, surgiu uma demanda para possibilitar a continuidade do uso de drogas pelos participantes após o término dos estudos, e também para possibilitar o uso assistencial de drogas que ainda estão sendo investigadas por pacientes que não participam dos estudos (4). Um dos motivos alegados foi o longo período de tempo necessário para a realização dos diferentes projetos de pesquisa com a nova droga e a sua adequada avaliação regulatória por parte das agências. Com isso, surgiram novas possibilidades de acesso especial a drogas ainda em investigação, através de extensões de uso (5), uso compassivo (6) ou programas de acesso expandido (7). Os projetos de extensão propiciam que os participantes de um estudo que utiliza uma nova droga continuem a ter acesso à mesma após o término do estudo ao qual estavam vinculados. O uso compassivo e o acesso expandido ampliam a utilização dessas drogas experimentais para outros pacientes. O uso compassivo possibilita que um paciente específico, com risco de vida e sem tratamento convencional disponível, possa ter acesso a uma nova droga experimental, independentemente da fase na qual a pesquisa se encontra. O programa de acesso expandido possibilita o uso de uma droga experimental, com processo de liberação para uso assistencial já encaminhado, em um grande número de pacientes que já podem se beneficiar com o seu uso.

O objetivo deste artigo é comentar os aspectos metodológicos, regulatórios e éticos das diferentes formas de acesso a drogas ainda experimentais em situações assistenciais.

EXTENSÃO DO USO DE DROGAS EXPERIMENTAIS APÓS O TÉRMINO DE UM PROJETO DE PESQUISA

Muitas vezes, os participantes de um projeto de pesquisa cujo objetivo é testar uma nova droga aparentemente se beneficiam dessa nova terapêutica medicamentosa, embora ainda seja experimental e necessite de mais informações para que seja comprovada a sua segurança e real eficácia (5).

Após a testagem de laboratório, as novas drogas são testadas em seres humanos em estudos denominados de fase zero, fase 1, fase 2 e fase 3, envolvendo um número cada vez maior de pacientes. Os estudos de fase zero, propostos no início dos anos 2000, são aqueles que testam uma nova droga em um número muito pequeno de pacientes, utilizando microdoses, em níveis sub-terapêuticos, apenas para verificar a toxicidade e a eventual atividade bioquímica ou fisiológica (8). Os estudos de fase 3 foram subdivididos, recentemente, em fase 3A e 3B. A fase 3A tem como objetivo avaliar a eficácia de drogas já testadas em estudos de fase 1 e 2. Os estudos de fase 3B, realizados durante o período de tramitação do registro de uma nova droga, são executados com o objetivo de ampliar o número de pessoas ou aumentar o período de observação dos efeitos da nova substância. A extensão do uso de drogas ainda experimentais pode ou não estar associada a um estudo de fase 3B.

Várias diretrizes sobre pesquisa em seres humanos prevêem que os participantes possam continuar tendo acesso às drogas utilizadas nesses projetos de pesquisa. No Brasil, a Resolução 251/97, em seu item IV.1.m, estabelece claramente que o protocolo de pesquisa deve "assegurar por parte do patrocinador ou, na sua inexistência, por parte da instituição, pesquisador ou promotor, acesso ao medicamento em teste, caso se comprove sua superioridade em relação ao tratamento convencional" (9).

Essa situação não pode ser analisada de forma simplificada. A superioridade de uma nova droga totalmente inovadora frente ao tratamento convencional somente pode ser comprovada a partir da avaliação estatística dos dados da pesquisa. Muitas vezes, existe a proposta de que se realizem análises interinas, permitindo-se a divulgação de dados antes do término do estudo. A complexidade dessa situação é ampliada pelos aspectos metodológicos dos estudos de fase 3, que habitualmente são duplocegos, ou seja, nem o pesquisador nem o paciente sabem qual é o tratamento ministrado ao paciente (droga experimental ou placebo, por exemplo). Muitas vezes, quando termina a etapa de mascaramento, ou cegamento, a estratégia não é aberta imediatamente e os dados não são adequadamente analisados. Nem todos os participantes de um mesmo projeto têm fatores de exposição absolutamente semelhantes, devido à falta de adesão e à ocorrência de outros eventos. A própria análise de dados pode incorporar ou não essas variações, como no caso dos estudos com análise da intenção de tratar (*intention to treat*, ITT) (10). Algumas vezes os benefícios individuais não têm o respaldo dos resultados obtidos no estudo como um todo (11).

As questões de risco associado ao uso continuado podem ainda não estar devidamente estabelecidas em estudos de fases iniciais, quando a droga é administrada e seus efeitos são acompanhados por pequenos períodos de tempo (12). Mesmo existindo comitês de monitoramento de segurança dos dados, esse aspecto não está adequadamente resolvido, pois o objetivo desses comitês se limita a avaliar a segurança dos participantes durante o andamento do estudo, e não após o seu encerramento (13, 14).

No Brasil, outra questão importante, que muitas vezes dificulta, ou até mesmo impede, a eficácia do proposto no item IV.1.m da Resolução 251/97, é o fato de a maioria dos estudos com novas drogas ser patrocinada por uma indústria farmacêutica. O patrocinador apresenta o projeto para o pesquisador, que o submete ao comitê de ética em pesquisa da instituição. Após obter a aprovação, o projeto é executado, na maioria das vezes, nessa mesma instituição. Quando o estudo é encerrado, é feita uma contabilização completa da droga fornecida (1, 2). Dessa forma, o pesquisador e a instituição perdem o acesso à droga que estava sendo investigada, ou seja: se a indústria não fornecer a nova droga, o pesquisador e a instituição onde o projeto se realizou não têm condições de garantir o acesso ao medicamento. Uma estratégia utilizada pela indústria para minimizar esse problema é a realização de projetos de extensão de uso da droga após o término do estudo farmacológico original, oferecendo, dessa forma, a possibilidade de os participantes continuarem a receber a droga por um determinado período de tempo. Esse tipo de proposta deve ser encaminhado formalmente aos comitês de ética em pesquisa para avaliação (5).

Em dezembro de 2006, a FDA colocou em discussão pública uma proposta para que sejam cobrados dos participantes de projetos de pesquisa e programas de extensão os custos, atualmente cobertos pelo patrocinador, das drogas utilizadas (15). A cobrança pelo uso de drogas ainda experimentais é expressamente proibida desde 1987 (16). Essa proposta de modificação nas regras básicas de condução de projetos de pesquisa poderá ter grande repercussão em outros países, e não apenas nos Estados Unidos. Os estudos com drogas experimentais sempre foram reconhecidos como sendo parte de uma política de investimento em pesquisa e desenvolvimento das indústrias farmacêuticas (17). Se as drogas experimentais forem comercializadas, será possível antecipar a recuperação do custo da pesquisa através dos lucros obtidos com essa comercialização, pois esses produtos têm a proteção do mecanismo de patentes, que foi instituído justamente nesse sentido (18, 19). Essa nova abordagem transforma a pesquisa em mais uma fonte de receitas. A participação de seres humanos em projetos de pesquisa na área farmacológica sempre se baseou na justificativa humanitária (14) de agregar conhecimentos que possibilitem melhorar a qualidade da vida das pessoas, em especial dos portadores de doenças ou outras condições de saúde que gerem sofrimento (20). Cobrar dos participantes pelas drogas utilizadas em pesquisa contraria essa justificativa, pois o interesse econômico das empresas passa a prevalecer sobre os interesses da sociedade.

Os participantes de projetos de pesquisa não têm uma relação de consumo com a empresa farmacêutica. Eles são recrutados para participar da pesquisa, ou seja, o interesse primário pela pesquisa é do patrocinador. Essa situação é ainda mais grave no caso dos estudos com mascaramento, nos quais existe uma comparação da droga experimental com uma droga padrão ou com placebo. Se a cobrança das drogas nesse tipo de estudos ocorresse, a preservação de tal mascaramento ficaria inviabilizada. Se de fato houver uma cobrança pelo uso de drogas experimentais, deverão ser revistos a questão da vulnerabilidade dos participantes, as formas de realização das pesquisas e, especialmente, o processo de obtenção do consentimento informado (21).

ACESSO ASSISTENCIAL A DROGAS AINDA EXPERIMENTAIS

O acesso assistencial a drogas ainda experimentais já tem regulamentação em diversos países, como o Canadá (22), os Estados Unidos (6), a Austrália (23), a União Européia (24) e o Brasil (7). No Canadá, um programa de acesso especial existe desde o final dos anos 1960, permitindo inclusive a utilização de produtos veterinários em seres humanos (22).

Em 1987, nos Estados Unidos, a FDA criou um mecanismo que possibilitou aos pacientes gravemente doentes que não têm outra opção de tratamento o acesso a drogas ainda experimentais, ou seja, ainda não aprovadas para uso assistencial (6). A denominação "acesso expandido", de acordo com as normas da FDA, inclui o uso compassivo individual, o acesso paralelo a fármacos utilizados em projetos de pesquisa e o tratamento assistencial com drogas novas ainda em investigação (*investigational new drugs, treatment IND*) (6). Entretanto, a FDA estabelece que o uso compassivo deve ser aprovado individualmente para cada caso, diferentemente do acesso expandido propriamente dito, que é um programa com inclusão por demanda dos médicos diretamente aos patrocinadores.

Em dezembro de 2006, a FDA colocou em discussão pública uma proposta para atualizar a regulamentação que rege o acesso a drogas experimentais. Essa proposta estabelece três diferentes níveis de acesso (6):

- acesso individual para pacientes com doenças graves e sem tratamento disponível, acesso em estados de calamidade pública ou acesso paralelo de um paciente a um projeto de pesquisa. Nessas três possibilidades, a solicitação é feita de forma individual e personalizada. Da mesma forma, a autorização é específica para cada paciente em particular;
- acesso para pequenos grupos de pacientes, com critérios de inclusão específicos e delimitados. A autorização é dada para uso em um número determinado de pacientes, cuja seleção ocorrerá após a aprovação. Essa possibilidade visa a reduzir a necessidade de encaminhamento de solicitações e aprovações individuais;
- acesso expandido propriamente dito, através de um projeto que se propõe a utilizar a droga em questão em um grande número de pacientes. Essa modalidade visa a disponibilizar uma nova droga, ainda não aprovada, mas com eficácia já demonstrada, durante a fase de avaliação de sua liberação para uso assistencial.

Para permitir o acesso assistencial a uma droga ainda em estágio de investigação, as novas regras propostas pela FDA (6) estabelecem três critérios: 1) demonstração da necessidade premente do uso dessa droga e ausência de outro tratamento capaz de ser utilizado nesses pacientes; 2) demonstração dos benefícios potenciais que justifiquem o risco de danos associados à intervenção; e 3) demonstração de que os programas de acesso expandido não interferirão na realização de pesquisas clínicas em curso ou planejadas e de que os dados obtidos nesses programas não serão utilizados para pressionar a liberação da droga para uso assistencial.

Quanto ao critério 2, benefícios potenciais que justifiquem o risco de danos, mesmo com poucos dados, é possível estabelecer uma relação dano/ /benefício para o uso assistencial de uma droga ainda em investigação, com base em resultados já obtidos em pesquisas pré-clínicas e clínicas. Essas informações podem auxiliar na caracterização da droga em termos da

O Uso de Drogas ainda Experimentais em Assistência: Extensão de Pesquisa, ... 237

segurança e da eficácia associadas. O benefício potencial pode ser também avaliado de acordo com o estado de saúde atual do paciente, verificando-se a gravidade da doença ou a existência de risco de morte associado. O tipo de solicitação, de acordo com o número de pessoas que serão tratadas, demandará maior ou menor volume de informações, de acordo com a gravidade dos pacientes. Uma solicitação de uso compassivo individual poderá basear-se apenas em dados de estudos pré-clínicos (25) e de fase 1. Quando o risco de vida é iminente, essa solicitação poderá ser baseada nas informações apenas de estudos pré-clínicos e nos mecanismos de ação da droga. As solicitações para uso em grupos de pacientes deverão estar baseadas em dados obtidos em estudos de fase 2, desde que também haja risco de vida iminente. Os programas de acesso expandido propriamente dito, que são propostos para um grande número de pacientes, mas sem que haja uma caracterização individual prévia de cada um dos beneficiários, dependerão de dados de estudos de fase 3 para que sejam liberados. Com relação ao último critério, é importante ressaltar que, em muitos estudos de revisão sobre a indicação de novas drogas, os resultados obtidos em programas de acesso expandido são agregados aos gerados em projetos de pesquisa clínica, em diferentes fases (26-29).

Uma importante alteração, também em discussão, é a possibilidade de o fabricante cobrar os gastos decorrentes da utilização da droga. De acordo com essa proposta, quando a droga for utilizada em paralelo a um projeto de pesquisa, apenas os custos de desenvolvimento da droga poderão ser cobrados. Quando o uso for assistencial, sem pesquisa associada, poderão ser acrescidos os custos administrativos decorrentes do fornecimento da mesma (15). Uma característica importante a ser observada em todos os tipos de acesso assistencial a drogas ainda experimentais é o monitoramento e a comunicação de eventos adversos que ocorrem nos pacientes que utilizaram esses fármacos (30).

Uso compassivo por um único paciente

A solicitação para uso compassivo de uma droga ainda experimental por um único paciente deve ser entendida como uma medida extrema na ausência de qualquer tratamento eficaz para a condição de saúde dessa pessoa. No Brasil, essa situação foi inicialmente regulamentada pela Resolução CNS 01/88 (31), posteriormente revogada pela Resolução CNS 196/96 (32). Atualmente, esse assunto é tratado pela Resolução 251/97, que detalhou os procedimentos de pesquisa com novas drogas. O item VI.2.c (8) explicita que "nos casos de pesquisas envolvendo situações para as quais não há tratamento consagrado", o produto ou droga poderão ser liberados em caráter de emergência, desde que a decisão seja aprovada pelo Comitê de Ética em Pesquisa (CEP) e ratificada pela Comissão Nacional de Ética em Pesquisa (CONEP) e pela ANVISA.

Nos Estados Unidos, a solicitação para uso compassivo por um único paciente se inicia pelo contato do médico desse paciente com o fornecedor. Caso haja concordância em fornecer a droga, o médico deve encaminhar à FDA a solicitação, que deverá conter uma série de informações básicas que permitam avaliar a real necessidade desse uso compassivo individual. Essas informações incluem um breve histórico clínico do paciente, com o diagnóstico, a situação atual da doença, a resposta prévia a outras terapias e uma justificativa para o tratamento proposto. O médico deverá caracterizar que o seu paciente está em situação de risco de vida iminente, ou seja, que a morte poderá ocorrer em alguns meses ou que poderá ocorrer de forma prematura se o paciente não for tratado rapidamente (6). Além disso, deve ser encaminhada uma proposta de plano terapêutico, incluindo a dose, a via de administração, a duração planejada e o monitoramento previsto. O nome do fabricante, o *curriculum vitae* do médico assistente, o compromisso de obter o consentimento informado do paciente e a aprovação por parte do comitê de ética em pesquisa também devem ser submetidos (6). Os revisores da FDA avaliam a proposta e podem entrar em contato com o fornecedor para verificar a adequação do uso, dose, duração e outras questões relacionadas à droga. Caso seja aprovada a solicitação, a FDA emite uma autorização de uso compassivo individual e personalizada, solicitando ao médico assistente que obtenha o consentimento informado do paciente e a aprovação do comitê de ética em pesquisa local. Esse processo de avaliação pode ser realizado de forma rápida devido ao caráter emergencial da situação. Uma vez aprovado o uso compassivo, o médico deverá encaminhar um relato dos resultados obtidos e dos eventos adversos relativos ao tratamento. Caso haja necessidade de prolongar o tratamento, deverá ser buscada uma fonte de financiamento para monitorar a evolução do paciente (6). A fonte de financiamento para o monitoramento de segurança do paciente não está claramente estabelecida; poderia ser o próprio sistema de saúde pública ou os seguros de saúde, pois, vale relembrar, o uso compassivo individual é considerado como uma prática assistencial, e não uma atividade de pesquisa. Uma possibilidade seria o estabelecimento de um fundo específico para esse tipo de atividade. Como em toda e qualquer situação assistencial, o médico assume plenamente a responsabilidade pelo uso da droga experimental nessas circunstâncias. Essa utilização, desde que adequadamente justificada e autorizada por todas as

O Uso de Drogas ainda Experimentais em Assistência: Extensão de Pesquisa, ... 239

instâncias envolvidas, não pode ser entendida como sendo imprudência por parte do médico, mas sim uma situação de excepcionalidade terapêutica.

No Canadá, um exemplo de processo de solicitação para uso compassivo para um único paciente é o proposto pela University of Western Ontario, que, além das informações descritas para a FDA, solicita ainda um comentário sobre a vulnerabilidade do paciente, com caracterização da idade ou capacidade, isto é, se é uma criança, um paciente comatoso ou um paciente incapaz de tomar decisões no seu melhor interesse. Nessas situações, o médico assistente deve informar quem irá tomar as decisões, se os pais, responsáveis legais ou outras pessoas com capacidade legal para tal. Da mesma forma, o médico deverá indicar se já existe um documento (folha informativa) com as informações necessárias para o entendimento da situação que possa ser repassado à pessoa que irá autorizar o uso da droga. Em caso afirmativo, o médico deve encaminhar uma cópia do mesmo; caso contrário, deverá informar que medidas serão utilizadas para que a pessoa que irá tomar a decisão receba informações adequadas (33).

Acesso individual em estados de calamidade

O acesso individual a drogas ainda não liberadas também pode ocorrer em estados de calamidade. Cabe ressaltar que essa possibilidade não é uma liberação genérica, mas sim uma solicitação com base em uma justificativa personalizada. Nos Estados Unidos, é possível solicitar uma autorização para uso compassivo individual em situações onde haja uma situação emergencial indiscutível ou um estado de emergência ou calamidade declarado por uma autoridade competente, inclusive risco de ataque com agentes biológicos, químicos, radioativos ou nucleares a populações civis ou às forças militares. Nessas situações, é possível utilizar drogas não autorizadas em pacientes individuais ou, ainda, utilizar medicações já liberadas em indicações diferentes daquelas que foram aprovadas para a droga em questão (*off label*). O médico deverá solicitar à FDA o uso emergencial do fármaco para cada paciente individualmente. A FDA encaminhará a autorização de fornecimento diretamente ao fabricante da droga, como forma de reduzir o tempo entre a solicitação e o início do tratamento (34).

Acesso individual paralelo em projeto de pesquisa

Alguns pacientes podem não preencher integralmente os critérios de inclusão em um dado estudo com uma nova droga, mas podem ter um potencial benefício em utilizá-la (35). Essa situação gera um conflito ético para os pesquisadores, pela impossibilidade de poder oferecer uma alternativa, mesmo que ainda experimental, de tratamento a esses pacientes (36). Um fator que pode acarretar esse tipo de situação é a impossibilidade por parte do paciente de se deslocar até o centro de pesquisas onde o estudo está sendo realizado.

Nos Estados Unidos, essa situação requer a aprovação do patrocinador e do pesquisador responsável pelo tratamento. Esse uso excepcional, também denominado de acesso paralelo, requer a autorização da agência reguladora (FDA), com base nas justificativas para essa exceção e em um breve relato individual do paciente em particular. O processo deve utilizar um termo de consentimento adequado a essa situação peculiar de acesso a uma droga em investigação, com a aprovação do comitê de ética em pesquisa da própria instituição (6).

Receber a droga que está sendo objeto de um estudo clínico sem preencher todos os critérios de inclusão previstos não constitui, nesta situação, uma violação de protocolo, pois foi devidamente autorizada de forma prévia e justificada. Em algumas descrições de estudos clínicos, existem relatos de acesso paralelo (35, 37). As informações obtidas com esses pacientes não devem ser incluídas na análise dos dados da pesquisa em si, salvo os relatos de eventos adversos, com as devidas explicações sobre a forma peculiar como a droga estava sendo utilizada.

Uso compassivo por pequenos grupos

Se houver várias solicitações de acesso individual a uma mesma droga, o comitê de ética em pesquisa ou a agência reguladora poderão sugerir ou solicitar ao patrocinador que encaminhe uma proposta de programa de acesso a pequenos grupos. Essa nova maneira de acesso permitirá que uma droga ainda experimental ou que tenha sido retirada do mercado (38) seja disponibilizada para um número reduzido de pacientes. A solicitação será feita de forma genérica e não personalizada, por um patrocinador que oferece essa possibilidade aos médicos que possuam pacientes nessas condições. No uso compassivo individual, ao contrário, a solicitação é feita pelo médico assistente especificamente para um determinado paciente, com a colaboração do fabricante ou fornecedor.

A necessidade de acesso por parte de pequenos grupos pode ser justificada por três motivos: a) a droga não está sendo investigada devido à raridade da doença ou condição, o que impede a realização de um estudo clínico, ou por ser considerada uma droga comumente de uso ilícito (39); b) a droga está sendo investigada, mas existem vários pacientes impossibilitados de participar por não preencherem os critérios de inclusão, especialmente devido ao tipo de doença e estágio da doença que está sendo estudada, ou pela impossibilidade geográfica, ou ainda porque a fase de recrutamento já foi encerrada; e c) a droga está aprovada, mas não está sendo comercializada, ou possui o mesmo princípio ativo de outras drogas que não foram aprovadas (40) ou que estão em falta no mercado.

Os patrocinadores serão responsáveis pelo monitoramento dos médicos que solicitam esse tipo de acesso a drogas para uso em seus pacientes. A rigor, essa nova proposta apenas regula situações que ocorrem atualmente. Já existem relatos desse tipo de situação na literatura científica desde o início da década de 1990 (41).

PROGRAMAS DE ACESSO EXPANDIDO

Os programas de acesso expandido são propostos por patrocinadores, sendo muitas vezes caracterizados como ações de ajuda humanitária. O objetivo primário desses programas é possibilitar o acesso a uma nova droga ainda experimental com boas possibilidades de ser autorizada para comercialização por um grande número de pessoas portadoras de uma doença grave, ou em risco de morte, que não tenham uma boa alternativa de tratamento disponível. Uma finalidade secundária seria a de gerar informações adicionais sobre a droga, especialmente sobre a sua segurança.

Os programas de acesso expandido somente podem ocorrer se estiverem sendo desenvolvidos estudos clínicos bem controlados ou quando todos os projetos, em suas diferentes fases, já tiverem sido completados. Deve haver evidências de que a droga possa ser efetiva para pacientes com situação semelhante a dos que irão ter acesso pelo programa. A droga não pode expor os pacientes a riscos não razoáveis, dada a provável gravidade da doença a ser tratada. Os programas de acesso expandido identificam nominalmente cada um dos pacientes que serão tratados, podendo receber a denominação de *named-patient compassionate supply,* ou seja, fornecimento compassivo a pacientes identificados (42).

As indústrias podem liberar determinados tratamentos farmacológicos através de um programa de acesso expandido. Devido ao grande número de possíveis candidatos, já houve casos em que a distribuição desses tratamentos teve de ser realizada por meio de sorteio entre os pacientes que preencheram os critérios estabelecidos (43, 44). Em uma dessas situações, 1 400 pacientes disputaram o acesso a apenas três tratamentos disponíveis (45). Essa situação de alocação de recursos escassos por sorteio entre pessoas que se habilitam por ter uma necessidade não pode ser equiparada a um procedimento de randomização de amostra, pois este visa a obter a validade externa, isto é, garantir que a amostra seja representativa.

Vale lembrar que nos programas de acesso expandido podem ser apenas incluídos pacientes não elegíveis para os ensaios clínicos em andamento, como forma de evitar uma alteração no recrutamento dos participantes, especialmente no que se refere à questão da representatividade. A possibilidade de participar de um ensaio clínico randomizado, no qual uma das alternativas é receber a nova droga, ou entrar em um programa de acesso expandido, onde o uso da droga é uma certeza, poderia acarretar um importante viés de seleção.

No Brasil, o acesso expandido foi regulamentado pela Resolução RDC 26/99 da Diretoria Colegiada da ANVISA. O artigo 1.º dessa resolução restringe os programas de acesso expandido a "produtos com estudos de fase 3 em desenvolvimento no Brasil ou no país de origem e com programa de acesso expandido aprovado no país de origem, ou com registro do produto no país de origem". Contudo, o regulamento técnico anexado a essa resolução, em seu artigo 2, item IV, abre a possibilidade para exceções, caracterizando que o patrocinador pode comprovar que existem programas de acesso expandido semelhantes no país de origem, ou que o produto já está registrado no país de origem. O patrocinador pode, ainda, apresentar uma justificativa para a inexistência desses documentos (7). Esta mesma Resolução estabelece os procedimentos necessários para a utilização assistencial dos produtos ainda não disponíveis no mercado brasileiro. O médico deve solicitar ao patrocinador a utilização da droga especificamente para um paciente sob seus cuidados, justificando o uso através de um laudo médico. O patrocinador deverá monitorar o uso do mesmo, especialmente no que se refere aos eventos adversos. Os pacientes documentam o seu consentimento para participar do programa de acesso expandido através de um termo de informação e adesão (7). Esse documento é, na realidade, um termo de consentimento semelhante ao que é utilizado habitualmente em pesquisa e assistência, só que recebendo uma denominação diferente. No Brasil, os programas de acesso expandido são encaminhados à ANVISA, que os reencaminha à CONEP para aprovação de seus aspectos éticos. Os comitês de ética em pesquisa das instituições não têm qualquer papel previsto nesse processo (7).

O Uso de Drogas ainda Experimentais em Assistência: Extensão de Pesquisa, ... 243

As diferentes normas nacionais variam quanto ao tempo de fornecimento das drogas nos programas de acesso expandido. No Brasil é estabelecido o compromisso do patrocinador de fornecer o produto por período não inferior a 1 ano em caso de doenças crônicas e pelo período necessário para o tratamento completo no caso de tratamento de duração definida (7). Na Europa existe a obrigatoriedade de fornecimento até que o produto seja lançado comercialmente (24).

No Brasil, assim como ainda ocorre nos Estados Unidos atualmente, o fornecimento da droga experimental não deve ter ônus para o paciente (7). De acordo com as novas regras que estão sendo propostas nos Estados Unidos, os pacientes poderão ter de pagar para participar de um programa desse tipo (15).

Os resultados obtidos em programas de acesso expandido têm sido publicados como séries de casos (46-50), estudos de caso-controle (51), estudos de casos incidentes (52), cortes (53) ou como quase-experimentos, devido à ausência de randomização dos participantes que recebem a intervenção (54-69). Alguns quase-experimentos foram classificados como estudos de fase 2/3 (69), e outro como de fase 4 (57). Um deles foi apresentado como estudo multicêntrico de grande porte, com mais de 5 000 participantes (64). Alguns desses estudos mesclavam amostras de pacientes adultos e pediátricos (68, 70). A ambigüidade dessas classificações, ora considerando os programas como relatos observacionais, ora como estudos de intervenção, é produto da falta de compreensão e da caracterização inadequada da real finalidade desse tipo de uso de uma nova droga. Alguns projetos de pesquisa de fase 3b foram submetidos à avaliação por comitês de ética em pesquisa como sendo programas de acesso expandido. Esse enquadramento equivocado pode acarretar riscos adicionais aos participantes, devido às diferenças entre ambas as propostas, especialmente no que se refere ao monitoramento, ao acompanhamento de segurança e ao tratamento dos dados.

Pode ocorrer confusão na diferenciação entre programas de acesso expandido e projetos de extensão de uso de uma droga utilizada em um projeto de pesquisa. Um projeto de extensão de uso de droga é a continuação de uma pesquisa já existente, visando a ampliar o período de uso dessa droga pelo mesmo grupo de pessoas que já vinha utilizando o fármaco durante a investigação. O programa de acesso expandido é uma proposta que extrapola o âmbito da pesquisa para permitir que outros pacientes com necessidades assistenciais tenham acesso a uma droga de uso ainda restrito.

CONSIDERAÇÕES FINAIS

Os desafios propostos pelas atividades de pesquisa e assistência envolvendo novas drogas são muitos, e têm demandado reflexões sobre a sua adequação em várias instituições no mundo (71). Entretanto, vários pontos ainda exigem reflexão no âmbito do acesso a drogas experimentais, tais como:

- o estabelecimento de critérios mínimos de qualificação dos pesquisadores para realizarem projetos envolvendo novas drogas em suas diferentes fases, detalhando o que preconiza a Resolução CNS 196/96, item III.3.h (32);
- o estabelecimento de programas de credenciamento dos centros de pesquisa, de forma a caracterizar que esses centros possuem a competência necessária para todas as fases da pesquisa, uma providência prevista, mas não detalhada, na Resolução CNS 196/96, item III.3.h (32). A experiência dos programas vigentes de acreditação hospitalar poderia ser utilizada;
- a capacitação dos membros dos comitês de avaliação de projetos, sejam os comitês de ética em pesquisa locais ou a CONEP, que deveria contemplar um nivelamento mínimo de conhecimentos sobre os aspectos metodológicos, regulatórios e éticos envolvidos na pesquisa de novas drogas (72);
- as relações entre pesquisadores e patrocinadores, que devem ser cada vez mais explícitas, no sentido de esclarecer aspectos importantes relacionados a autoria e publicação de artigos, propriedade dos dados de pesquisa gerados, propriedade intelectual e eventual participação nos benefícios econômicos gerados pela nova droga (19);
- as relações entre pesquisadores e participantes da pesquisa, que devem cada vez mais se basear no compartilhamento de informações e na confiança recíproca (21);
- o estabelecimento de políticas para as agências reguladoras, como a ANVISA, no Brasil, no sentido de demandar aos centros de pesquisa projetos para avaliar novas doses ou indicações para drogas já disponibilizadas no mercado (73);
- o esclarecimento de todos os envolvidos quanto às diferenças entre os projetos de extensão de uso de novas drogas e os programas de acesso expandido, evitando confusões entre assistência e pesquisa (7, 9);

O Uso de Drogas ainda Experimentais em Assistência: Extensão de Pesquisa, ... 245

- a definição de critérios para uso compassivo individual de drogas experimentais no Brasil, que foi caracterizado na Resolução CNS 01/88, posteriormente revogada (31);
- a caracterização da inadequação da cobrança pelo uso de drogas em projetos de pesquisa e da possibilidade desse tipo de proposta para programas de acesso expandido (15).

Apesar dos desafios éticos, legais e operacionais, o uso assistencial de drogas ainda experimentais tem um importante papel no atendimento de demandas de saúde da sociedade e das pessoas individualmente. O importante é preservar a sua adequação através de justificativas que visem ao bem individual e coletivo. A evolução do conhecimento através da pesquisa tecnocientífica assumiu uma velocidade e uma difusão tal que essas situações precisam ser consideradas e enfrentadas por todos os segmentos que podem solicitar, prescrever, avaliar ou autorizar o uso assistencial de novas drogas.

Agradecimentos. A Gilson Esteves e a Esmeralda Kieffer pelo apoio da Casa do Lago na elaboração deste artigo e aos revisores pelas sugestões que aprimoraram o texto final.

REFERÊNCIAS

1. Guidance for industry. E6. Good clinical practice: Consolidated guidance. Rockville, Maryland: FDA; 1996. Disponível em: http:// www. fda.gov/cder/guidance/959fnl.pdf. Acessado em janeiro de 2008.
2. Grupo Mercado Comum (Mercosul). Boas práticas clínicas. Mercosul; 1996. Disponível em: http:// www.bioetica.ufrgs.br/bpcmerco. htm. Acessado em janeiro de 2008.
3. Mross K, Marz W. Klinische Studien: Fundament einer Evidenz--basierten Onkologie – Bestandsaufnahme und Zukunft im Zeitalter des Internet. Onkologie. 2001;24(Suppl 1): 24-34.
4. Thompson L. Experimental treatments? Unapproved but not always unavailable. FDA Consumer Magazine. 2000;34(1). Disponível em: http://www.fda.gov/fdac/features/2000/ 100_exp.html. Acessado em janeiro de 2008.
5. Mello NK, Mendelson JH, Lukas SE, Gastfriend DR, Teoh SK, Holman BL. Buprenorphine treatment of opiate and cocaine abuse: clinical and preclinical studies. Harv Rev Psychiatry. 1993;1(3):168-83.

6. Estados Unidos, Food and Drug Administration. Expanded access to investigational drugs for treatment use. Fed Reg. 2006;71 (240): 75147-68.
7. Brasil, Ministério da Saúde, Agência Nacional de Vigilância Sanitária. Resolução de Diretoria Colegiada (RDC) no. 26 de 17 de dezembro de 1999. São Paulo: ANVISA; 1999. Disponível em: http://www.anvisa. gov.br/legis/ resol/26_99rdc.htm. Acessado em janeiro de 2008.
8. Drive for drugs leads to baby clinical trials. Nature. 2006; 440 (7083): 406-7.
9. Brasil, Ministério da Saúde, Conselho Nacional de Saúde. Resolução CNS 251/97. Normas de pesquisa com novos fármacos, medicamentos, vacinas e testes diagnósticos envolvendo seres humanos. Diário Oficial da União 1997. Brasília: Ministério da Saúde; 1997. Pp. 21117. Disponível em: http://www.datasus. gov.br/conselho/resol97/res25197. htm. Acessado em janeiro de 2008.
10. Hulley SB, Cummings SR, Browner WS, Grady D, Hearst N, Newman TB. Delineando a pesquisa clínica. Porto Alegre: Artmed; 2006.
11. Judge decides drug company not required to give experimental drug [in the news]. Professional Ethics Rep. 2005;XVIII(2). Disponível em: http://www.aaas.org/spp/sfrl/per/ per41.htm#news. Acessado em janeiro de 2008.
12. Fialuridina. Folha de São Paulo. 1995 29/10/ 1995;Sect. 2.
13. Estados Unidos, National Institutes of Health. Glossary of clinical trials terms. Bethesda: NIH; 2006. Disponível em: http://www.clini-caltrials. gov/ct2/info/glossary. Acessado em janeiro de 2008.
14. World Medical Association. Declaração de Helsinki. Helsinki: WMA; 1964. Disponível em: http://www.wma.net/e/policy/b3.htm. Acessado em janeiro de 2008.
15. Estados Unidos, Food and Drug Administration. Charging for investigational drugs. Fed Reg. 2006;71(240):75168-81. Disponível em: http://www.epa.gov/EPA-IMPACT/2006/ December/Day-14/i9685. htm. Acessado em janeiro de 2008.
16. Estados Unidos, Food and Drug Administration. Code of Federal Regulations, title 21, volume 5 [revised as of April 1, 2007]. 21CFR312.7. Part 312 – Investigational new drug application. Disponível em: http:// www. accessdata.fda.gov/scripts/cdrh/cf-docs/cfcfr/CFRSearch. cfm?fr=312.7. Acessado em janeiro de 2008.
17. Mund VA. The return on investment of the innovative pharmaceutical firm. Em: Cooper JA, editor. The economics of drug innovation. Washington: American University; 1969. Pp. 96-125.

18. Ismail F. The Doha declaration on TRIPS and public health and negotiation in the WTO on paragraph 6 – why PhRMA needs to join the consensus. J Intellectual Property. 2003; 6(3): 393-402.
19. Rott P. The Doha declaration – good news for public health? Intellectual Property Quart. 2003(1): 285-311.
20. Jonas H. Ética, medicina e técnica. Lisboa: Vega; 1994.
21. Goldim JR. O consentimento informado numa perspectiva além da autonomia. Rev AMRIGS. 2002; 46(3,4): 109-16.
22. Canadian Legal Information Institute [site da Internet]. Food and Drug Regulations. PART C: Drugs. Division 8: Sale of new drug foremergency treatment. Disponível em: http:// www.canlii.org/ca/regu/crc870/. Acessado em dezembro de 2007.
23. Australian government. Access to unapproved therapeutic goods via the special access scheme. Canberra: Department of Health and Ageing, Therapeutic Goods Administration: 2004. Disponível em: http:// www.tga.gov. au/docs/pdf/unapproved/sas.pdf. Acessado em janeiro de 2008.
24. Europa. Community procedures for the authorisation and follow-up of medicines for human and veterinary use. Directive 2001/ 83/EC. JO L; 2001. Pp. 67.
25. Gayrard V, Picard-Hagen N, Viguie C, Laroute V, Andreoletti O, Toutain PL. A possible pharmacological explanation for quinacrine failure to treat prion diseases: pharmacokinetic investigations in a ovine model of scrapie. Br J Pharmacol. 2005;144(3): 386-93.
26. Short MA, Schlichting D, Qualy RL. From bench to bedside: a review of the clinical trial development plan of drotrecogin alfa (activated). Curr Med Res Opin. 2006; 22(12): 2525-40.
27. Howell A. Pure oestrogen antagonists for the treatment of advanced breast cancer. Endocr Relat Cancer. 2006; 13(3): 689-706.
28. Barlesi F, Tchouhadjian C, Doddoli C, Villani P, Greillier L, Kleisbauer JP, et al. Gefitinib (ZD1839, Iressa) in non-small-cell lung cancer: a review of clinical trials from a daily practice perspective. Fundam Clin Pharmacol. 2005; 19(3): 385-93.
29. Dagan R, Arguedas A, Schaad UB. Potential role of fluoroquinolone therapy in childhood otitis media. Pediatr Infect Dis J. 2004; 23(5): 390-8.
30. Leyland-Jones B, Davies BR, Clagett-Carr K, Shoemaker D, Macfarlane D, Fortner C, et al. Patient treatment on a compassionate basis: documentation of high adverse drug reaction rate. Ann Oncol. 1992; 3(1): 59-62.

31. Brasil, Ministério da Saúde, Conselho Nacional da Saúde. Resolução CNS 01/88. Normas de pesquisa em saúde. Diário Oficial da União 1988. Brasília: Ministério da Saúde. 1988.
32. Brasil, Ministério da Saúde, Conselho Nacional da Saúde. Resolução CNS 196/96. Diretrizes e normas regulamentadoras de pesquisas envolvendo seres humanos. Diário Oficial da União; 1996. Brasília: Ministério da Saúde; 1996. Pp. 21082-5.
33. University of Western Ontario. Guideline UWO 2-G-010. Requests for REB approval of compassionate or emergency release of study drugs or treatment. London, Ontario: The Office of Research Ethics; 2006. Disponível em: http://www.uwo.ca/research/ethics/med/ 2G010%20GUIDELINE%20Compassionate %20&%20Emergency%20 Release%20Sep%20 2006.pdf. Acessado em janeiro de 2008.
34. Estados Unidos, Food and Drug Administration. Emergency use of an investigational new drug (IND). Fed Reg. 2006; 69(66): 17927. Disponível em: http://69.20.19.211/cber/rules/ emerguseind.htm. Acessado em janeiro de 2008.
35. Kimberlin DW, Lin CY, Jacobs RF, Powell DA, Corey L, Gruber WC, et al. Safety and efficacy of highdose intravenous acyclovir in the management of neonatal herpes simplex virus infections. Pediatrics. 2001; 108(2): 230-8.
36. Levine RJ. AIDS treatment drugs: clinical trials and compassionate use. AIDS Public Policy J. 1987;2(2):6-8.
37. Vogel CL, East DR, Voigt W, Thomsen S. Response to tamoxifen in estrogen receptor-poor metastatic breast cancer. Cancer. 1987; 60(6): 1184-9.
38. Hsu C, Chen CN, Chen LT, Wu CY, Yang PM, Lai MY, et al. Low-dose thalidomide treatment for advanced hepatocellular carcinoma. Oncology. 2003; 65(3): 242-9.
39. Flach AJ. Delta-9-tetrahydrocannabinol (THC) in the treatment of end-stage open-angle glaucoma. Trans Am Ophthalmol Soc. 2002; 100: 215-22; discussion 222-4.
40. Szalavitz M. RU-486. Anti-choice extremists block HIV drug research. Notes Undergr. 1999(39): 1, 3-4, 7.
41. Visani G, Tosi P, Gamberi B, Cenacchi A, Mazzanti P, Stabilini C, et al. Accelerated hemopoietic recovery after chemotherapy and autologous bone marrow transplantation in hematological malignancies using recombinant GM-CSF: preliminary results obtained in 14 cases. Haematologica. 1990; 75(6): 551-4.

42. Clive S, Gardiner J, Leonard RC. Miltefosine as a topical treatment for cutaneous metastases in breast carcinoma. Cancer Chemother Pharmacol. 1999;44 Suppl: S29-30.
43. Merck announces compassionate-treatment lottery for Crixivan. J Int Assoc Physicians AIDS Care. 1995; 1(6): 38.
44. Protease inhibitor: Roche lottery deadline July 21. AIDS Treat News. 1995; (226): 4-5.
45. Ryan DP, Penson RT, Ahmed S, Chabner BA, Lynch TJ Jr. Reality testing in cancer treatment: the phase I trial of endostatin. Oncologist. 1999; 4(6): 501-8.
46. Steger GG, Bartsch R, Wenzel C, Pluschnig U, Hussian D, Sevelda U, et al. Fulvestrant ('Faslodex') in pretreated patients with advanced breast cancer: a singlecentre experience. Eur J Cancer. 2005; 41(17): 2655-61.
47. Pui CH. Urate oxidase in the prophylaxis or treatment of hyperuricemia: the United States experience. Semin Hematol. 2001; 38(4 Suppl 10): 13-21.
48. Liu CJ, Lai MY, Lee PH, Chou NK, Chu SH, Chen PJ, et al. Lami-vudine treatment for hepatitis B reactivation in HBsAg carriers after organ transplantation: a 4-year experience. J Gastroenterol Hepatol. 2001; 16(9): 1001-8.
49. Bensmaine MA, Marty M, de Gramont A, Brienza S, Levi F, Ducreux M, et al. Factors predicting efficacy of oxaliplatin in combination with 5-fluorouracil (5-FU) +/- folinic acid in a compassionate-use cohort of 481 5-FU-resistant advanced colorectal cancer patients. Br J Cancer. 2001; 85(4): 509-17.
50. Chopra R, Eaton JD, Grassi A, Potter M, Shaw B, Salat C, et al. Defi-brotide for the treatment of hepatic veno-occlusive disease: results of the European compassionate-use study. Br J Haematol. 2000; 111(4): 1122-9.
51. Carver PL, Whang E, VandenBussche HL, Kauffman CA, Malani PN. Risk factors for arthralgias or myalgias associated with qui-nupristin-dalfopristin therapy. Pharmacotherapy. 2003; 23(2): 159-64.
52. Hann HW, Fontana RJ, Wright T, Everson G, Baker A, Schiff ER, et al. A United States compassionate use study of lamivudine treatment in nontransplantation candidates with decompensated hepatitis B virus-related cirrhosis. Liver Transpl. 2003; 9(1): 49-56.
53. Wit FW; Dutch HIV-treating physicians. Experience with nevirapine in previously treated HIV-1-infected individuals. Antivir Ther. 2000; 5(4): 257-66.

54. Greenberg RN, Mullane K, van Burik JA, Raad I, Abzug MJ, Anstead G, et al. Posaconazole as salvage therapy for zygomycosis. Antimicrob Agents Chemother. 2006; 50(1): 126-33.

55. Stengel D, Gorzer E, Schintler M, Legat FJ, Amann W, Pieber T, et al. Second-line treatment of limb-threatening diabetic foot infections with intravenous fosfomycin. J Chemother. 2005; 17(5): 527-35.

56. Aurer I, Radman I, Nemet D, Zupancic-Salek S, Bogdanic V, Mrsic M, et al. Gemcitabine in the treatment of relapsed and refractory Hodgkin's disease. Onkologie. 2005; 28(11): 567-71.

57. Shin HY, Kang HJ, Park ES, Choi HS, Ahn HS, Kim SY, et al. Recombinant urate oxidase (Rasburicase) for the treatment of hyperuricemia in pediatric patients with hematologic malignancies: Results of a compassionate prospective multicenter study in Korea. Pediatr Blood Cancer. 2006; 46(4): 439-45.

58. LaRocca RV, Glisson SD, Hargis JB, Kosfeld RE, Leaton KE, Hicks RM, et al. Compassionate-use oxaliplatin with bolus 5-fluorouracil/leucovorin in heavily pretreated patients with advanced colorectal cancer. South Med J. 2004; 97(9): 831-5.

59. Mu XL, Li LY, Zhang XT, Wang SL, Wang MZ. Evaluation of safety and efficacy of gefitinib ('iressa', zd1839) as monotherapy in a series of Chinese patients with advanced non-small-cell lung cancer: experience from a compassionate-use programme. BMC Cancer. 2004; 4:51.

60. Kartsonis NA, Saah A, Lipka CJ, Taylor A, Sable CA. Second-line therapy with caspofungin for mucosal or invasive candidiasis: results from the caspofungin compassionate-use study. J Antimicrob Chemother. 2004; 53(5): 878-81.

61. Rayner CR, Baddour LM, Birmingham MC, Norden C, Meagher AK, Schentag JJ. Linezolid in the treatment of osteomyelitis: results of compassionate use experience. Infection. 2004; 32(1): 8-14.

62. Chang SM, Theodosopoulos P, Lamborn K, Malec M, Rabbitt J, Page M, et al. Temozolomide in the treatment of recurrent malignant glioma. Cancer. 2004; 100(3): 605-11.

63. El-Khoury J, Fishman JA. Linezolid in the treatment of vancomycin-resistant Enterococcus faecium in solid organ transplant recipients: report of a multicenter compassionate-use trial. Transpl Infect Dis. 2003; 5(3): 121-5.

64. Ramanathan RK, Clark JW, Kemeny NE, Lenz HJ, Gococo KO, Haller DG, et al. Safety and toxicity analysis of oxaliplatin combined with fluorouracil or as a single agent in patients with previously treated advanced colorectal cancer. J Clin Oncol. 2003; 21(15): 2904-11.

65. Menten J, Desmedt M, Lossignol D, Mullie A. Longitudinal follow-up of TTS-fentanyl use in patients with cancer-related pain: results of a compassionate-use study with special focus on elderly patients. Curr Med Res Opin. 2002; 18(8): 488-98.
66. Birmingham MC, Rayner CR, Meagher AK, Flavin SM, Batts DH, Schentag JJ. Linezolid for the treatment of multidrug-resistant, gram-positive infections: experience from a compassionate-use program. Clin Infect Dis. 2003; 36(2): 159-68.
67. Bellmunt J, Cos J, Cleries R, Perez M, Ribas A, Eres N, et al. Feasibility trial of methotrexatepaclitaxel as a second line therapy in advanced urothelial cancer. Cancer Invest. 2002; 20(5-6): 673-85.
68. Pui CH, Jeha S, Irwin D, Camitta B. Recombinant urate oxidase (rasburicase) in the prevention and treatment of malignancy-associa-ted hyperuricemia in pediatric and adult patients: results of a compassionate-use trial. Leukemia. 2001; 15(10): 1505-9.
69. Meunier F, Prentice HG, Ringden O. Liposomal amphotericin B (AmBisome): safety data from a phase II/III clinical trial. J Antimicrob Chemother. 1991; 28 Suppl B: 83-91.
70. Ball SE, Tchernia G, Wranne L, Bastion Y, Bekassy NA, Bordigoni P, et al. Is there a role for interleukin-3 in Diamond-Blackfan anaemia? Results of a European multicentre study. Br J Haematol. 1995; 91(2): 313-8.
71. Boischevalier B. Objectives of the Inserm Ethics Committee (ERMES) [site da Internet]. Disponível em: http://www.inserm.fr/en/ inserm/organisation/comites/ermes/. Acessado em 13 de dezembro 2006.
72. Organização das Nações Unidas para a Educação, a Ciência e a Cultura. Bioethics committees at work: procedures and policies. Paris: UNESCO; 2005.
73. Estados Unidos, Food and Drug Administration. Code of Federal Regulations Sec. 312.85 Phase 4 studies. Disponível em: http://www. accessdata.fda.gov/scripts/cdrh/cfdocs/cfC FR/CFRSearch.cfm?fr=312.85. Acessado em janeiro de 2008.

OS BIOBANCOS E A DOAÇÃO DE MATERIAL BIOLÓGICO HUMANO: UM ENSAIO DE QUALIFICAÇÃO JURÍDICA

JUDITH MARTINS-COSTA

Professora da Faculdade de Direito da Universidade Federal do Estado do Rio Grande do Sul

MÁRCIA SANTANA FERNANDES[1]

Professora da Faculdade de Direito da Universidade Federal do Estado do Rio Grande do Sul

ÍNDICE. INTRODUÇÃO. I) A atividade dos biobancos em pesquisas com seres humanos e a qualificação jurídica do ato de entrega do material biológico humano. A) Características dos biobancos de material biológico humano para fins de pesquisa; B) Doação de material genético humano como contrato e como negócio extrapatrimonial. II) Deveres jurídicos ligados à atividade dos biobancos: A) Deveres diretamente ligados à esfera da personalidade: a proteção da privacidade. B) Deveres informativos e a obtenção do consentimento informado. Síntese conclusiva. REFERÊNCIAS BIBLIOGRÁFICAS.

INTRODUÇÃO

O câncer de mama é um dos tipos de câncer de maior incidência na população feminina nos países desenvolvidos e em desenvolvimento.

---

[1] As autoras agradecem à acadêmica Giovana Valentiniano Benetti a cuidadosa revisão do texto.

254 Judith Martins-Costa e Márcia Santana Fernandes

Impactante, a frase de abertura do informativo da Organização Mundial da Saúde[2] alerta para a gravidade mundial da ocorrência do câncer de mama[3]. Corroborando esta informação cientistas afirmam a possibilidade do caráter hereditário de, aproximadamente, 5% a 10% dos casos de câncer em geral[4]. No Brasil, averiguou-se que, dos 48.900 casos de câncer de mama estimados no ano de 2006, entre 2.400 a 4.800 casos podem estar relacionados à predisposição hereditária.[5]

Diante desses dados não é difícil concluir pela necessidade, imperiosa, de implementação de políticas de saúde pública na área de câncer e câncer familial. Consequentemente, é também imperiosa a necessidade de incentivar pesquisas nesta área. A pesquisa relacionada aos estudos de câncer familial exige a coleta de material biológico humano, o seu armazenamento e o acesso de informações associadas, pois tais informações poderão auxiliar os pesquisadores na resolução ou no aconselhamento genético.[6]

Armazenar material biológico humano para fins de pesquisa científica é o escopo precípuo de um *biobanco*, neologismo que, nos últimos anos, se vem disseminando entre cientistas e administradores de instituições ligadas à saúde para designar *uma coleção organizada de material biológico humano e suas informações associadas, armazenados para fins de pesquisa conforme recomendações e/ou normas técnicas, éticas e operacionais pré--definidas.*[7] Se o termo é novo, a atividade é antiga: a história da Medicina

---

[2] ORGANIZAÇÃO MUNDIAL DA SAÚDE. Breast cancer: prevention and control. http://www.who.int/cancer/detection/breastcancer/en/. Acessado em 02 de novembro de 2010.

[3] ORGANIZAÇÃO MUNDIAL DA SAÚDE. International Agency for Research on Cancer (IARC). http://screening.iarc.fr/breastindex.php. Acessado em 02 de novembro de 2010, onde se lê: "O câncer de mama é o câncer mais comum em mulheres em muitos países, inclusive nos países desenvolvidos, com uma estimativa de 999.000 novos casos e 375.000 mortes no ano de 2000".

[4] FERNANDO, R.V; ACHATZ, M.I.W.; ASHTON-PROLLA, P. Sub-Rede de aconselhamento genético, *in* Rede Nacional de Câncer Familial – Manual Operacional, pág. 15-23, Instituto Nacional do Câncer – INCA, Ministério da Saúde, Brasil, Rio de Janeiro. 2009.

[5] SUÁREZ, H. N., Introdução à Rede nacional de Câncer Familial, *in* Rede Nacional de Câncer Familial – Manual Operacional, pág. 9-13, Instituto Nacional do Câncer – INCA, Ministério da Saúde, Brasil, Rio de Janeiro. 2009.

[6] FERNANDO, R.V; ACHATZ, M.I.W.; ASHTON-PROLLA, P.. Sub-Rede de acoselhamento genético, *in* Rede Nacional de Câncer Familial – Manual Operacional, pág. 15-23, Instituto Nacional do Câncer – INCA, Ministério da Saúde, Brasil, Rio de Janeiro. 2009.

[7] ASHTON-PROLLA, P.; CLAUSELL,N.; SANTANA-FERNANDES, M.; MATTE, U.; BITTEL-BRUNN, A.C.; HEMESATH, M.P.; KUCHENBECKER, R.; GOLDIM, J.R.. Biobanco Do Hospital De Clínicas De Porto Alegre: Aspectos Técnicos, Éticos, Jurídicos E Sociais. Rev HCPA 2009;29(1):74-79. Acesso em http://www.hcpa.ufrgs.br/content/view/.

dá conta, pelo menos a partir da 'escola francesa'[8], no início do séc. XIX, da relação de complementaridade entre o exame médico e a investigação dos laboratórios, essencial ao desenvolvimento da Medicina como ciência[9]. Na década de 1850, os laboratórios de Fisiologia, Patologia, Microbiologia, Química conquistaram uma especial importância no desenvolvimento da Medicina em geral e na atuação do atendimento a saúde, desde então assentando-se que *os hospitais eram feitos para observar e os laboratórios para experimentar.*[10]

Nos dias atuais, aproximadamente um século e meio transcurso, a conjugação entre as pesquisas clínicas e laboratoriais é uma realidade indiscutível. Muitas pesquisas na área da medicina estão moduladas e diretamente associadas à pesquisa clínica, conjuntamente com a experimental. O armazenamento e a organização das informações relacionadas ao material biológico humano coletado tem importância crescente no estudo e no diagnóstico de doenças, no estabelecimento de linhas de pesquisa, no compartilhamento de informação entre pesquisadores e na administração de aspectos econômicos, bioéticos e jurídicos envolvidos nesta atividade. Perspectiva-se, por igual, o desenvolvimento, por via da atividade dos biobancos, da Medicina Translacional e da Medicina Personalizada, a primeira ocupando-se em implementar resultados de pesquisa experimental diretamente como métodos terapêuticos possíveis (tais como pode ocorrer com alguns estudos na área de câncer

---

[8] PORTER, Roy (Ed.). Cambridge Illustrated History of Medicine. Cambridge University Press: Cambridge, 2001. Também: WEATHERALL, D. Science and the quiet art – medical research e patient care. Oxford University Press: Oxford, 1995.

[9] As duas obras referidas na nota anterior relatam ter a Medicina, como ciência, iniciado no século XIX, na França. Ressaltam, em particular o trabalho do médico clínico e patologista, Pierre Charles Alexandre Louis (1787-1872); ele introduziu uma abordagem crítica dos diagnósticos e sistematizou a anamneze do paciente, incluindo as circunstâncias de cada caso, a história e o estado de saúde geral do paciente. Da mesma forma, Louis foi o responsável por introduzir análise estatística na prática médica. Igualmente, as pesquisas laboratoriais com material biológico humano e de animais, tais como sangue, urina, lágrimas, tecidos e órgãos, foram fundamentais para a compreensão do processo biológico. Destaca-se os seguintes cientistas do Século XIX: o químico Justus von Liebig (1803--1873), renomado professor da Universidade de Munique, na década de 1852. Liebig teve uma importância significativa na forma de organização e sistematização dos procedimentos laboratoriais de pesquisa, fato relevante para o desenvolvimento da medicina científica. Outro alemão Rudolf Virchow (1821-1902), que em importante trabalho sobre teoria celular ligado à patologia, *Die Cellularpathologi* (1858), demonstrou que as células não podem surgir espontaneamente, mas sim são geradas de outras células.

[10] PORTER, Roy (Ed.). Cambridge Illustrated History of Medicine. Cambridge University Press: Cambridge, 2001. (pag. 177)

ou de doenças psiquiátricas) e a segunda buscando adequar o tratamento a cada paciente, individualmente ou por meio do próprio material biológico, do paciente, como é exemplo a terapia celular.

O crescimento da atividade de armazenamento de materiais biológicos humanos e de informações associadas em biobancos e as perspectivas para o futuro apontam não apenas ao seu caráter prioritário e estratégico para pesquisa e inovação nas áreas da Biologia e da Medicina.[11] Suscitam, igualmente, indagações bioéticas e jurídicas atinentes, por exemplo, ao significado desta atividade, aos seus limites, aos poderes-deveres implicados no gerenciamento do material biológico humano 'doado', à qualificação e às eficácias dessa "doação", o controle e a responsabilidade por informações associadas, geradas a partir da avaliação deste material.

O presente texto tem por finalidade abordar alguns destes aspectos, sendo certo que nem esgotará a ampla variedade de questões pertinentes nem terá a pretensão de traçar a "última palavra" sobre o tema. Trata-se, efetivamente, de um ensaio voltado a inventariar alguns problemas que se nos afiguram especialmente complexos. Para tanto se discorrerá, inicialmente (Parte I) acerca da importância da atividade de biobancos nas pesquisas com seres humanos, ensaiando-se a qualificação jurídica da "doação" do material humano. Subsequentemente (Parte II) serão arrolados os deveres incumbentes aos biobancos e seus gestores, sistematizando-os em dois grandes grupos: aqueles referentes à proteção da privacidade do sujeito de pesquisa e os atinentes à obtenção do consentimento informado, por parte do mesmo sujeito.

I. A ATIVIDADE DOS BIOBANCOS EM PESQUISAS COM SERES HUMANOS E A QUALIFICAÇÃO JURÍDICA DA "DOAÇÃO" DO MATERIAL BIOLÓGICO HUMANO

A palavra "biobanco" é polissêmica. Tradicionalmente, seu significado liga-se à coleção de material biológico, seja humano ou de animal, para estudo e pesquisa e informações associadas. Alude-se a biobancos populacionais; biobancos de doenças específicas, como o câncer; biobancos genéticos; biobancos de DNA, estes também podendo ter uma finalidade

---

[11] ASHTON-PROLLA, P.; CLAUSELL, N.; SANTANA-FERNANDES, M.; MATTE, U.; BITTEL-BRUNN, A.C.; HEMESATH, M.P.; KUCHENBECKER, R.; GOLDIM, J.R. Biobanco do Hospital de Clínicas de Porto Alegre: Aspectos Técnicos, Éticos, Jurídicos e Sociais. Rev HCPA 2009;29(1):74-79. Acesso em http://www.hcpa.ufrgs.br/content/view/

Os Biobancos e a Doação de Material Biológico Humano: Um Ensaio de ... 257

forense; biobancos assistenciais, como os de sangue e córneas; biobancos de células e tecidos; etc.[12] Apesar de a palavra ser a mesma – biobanco –, cada tipo tem características específicas, correspondentes a objetivos e atividades também diversas. Neste artigo tratar-se-á exclusivamente dos biobancos para o armazenamento de material biológico humano e informações associadas decorrentes de pesquisa (ou, como também denomina-se, Unidade de Recursos Humanos – URB[13]), examinando-se suas características (A) bem como a qualificação jurídica do ato pelo qual o material humano é entregue à responsabilidade dos biobancos (B).

A. Características dos Biobancos de Material Biológico Humano para Fins de Pesquisa

O armazenamento de material biológico humano e de informações associadas é prática corrente nos ambientes acadêmicos de pesquisa, nas áreas das ciências biológicas e médicas. Frequentemente, esta prática ocorre da seguinte maneira: um pesquisador apresenta projeto de pesquisa com previsão para a coleta e o armazenamento de material biológico humano e registro de informações associadas ao material armazenado. Acolhido o projeto e coletado o material, inicia-se o seu armazenamento em um ambiente apropriado, mediante condições específicas, denominado, genericamente, *biorepositório*, como, exemplificativamente, um *Freezer* -90 ou lâminas de parafina aptas, dentre outras formas de armazenamento, a conter o material biológico humano.

---

[12] Consultamos: KNOPPERS, B. M.; H. ABDUL-RAHMAN, M. Biobanks in the Literature. www.p3gobservatory.org/download/.../Ethics**Chapter_2**.doc; *acessado em 03 de março de 2009;* Fobelets, G.;Nys, H.. Evolution in Research Biobanks and its legal consequences, *in* New Challenges for Biobanks: Ethics, Law and Governance, 19-29, Ed. Dierickx, K.; Borry, P., Bélgica:Intersentia Publishers, 2009. Ashton-Prolla, P.; Clausell,N.; Santana-Fernandes, M.; Matte,U.; Bittelbrunn, A.C.; Hemesath, M.P.; Kuchenbecker, R.; Goldim, J.R. Biobanco do Hospital de Clínicas de Porto Alegre: Aspectos Técnicos, Éticos, Jurídicos e Sociais. Rev HCPA 2009;29(1):74-79. Acesso em http://www.hcpa.ufrgs.br/content/view/. Alemanha. Biobanks for Research. Opinion. National Ethics Council (www.ethikrat.org) Berlin, 2004. Texto acessado em março de 2009.

[13] SANTANA-FERNANDES, M.; ASHTON-PROLLA, P.; MATTE,U.; MEURER, L.; OSVALDT, A.; BITTELBRUNN, A.C.; SCHLATTER, R.; PEREIRA DA SILVA, F. M.; CLAUSELL, N.; GOLDIM, J.R.. A normativa do Hospital de Clinicas de Porto Alegre para o armazenamento e utilização de materiais biológico humanos e informações associadas em pesquisa: uma proposta interdisiciplinar. Rev HCPA 2010;30(2):169-179. Acesso em http://www.hcpa.ufrgs.br/content/view/.

258 Judith Martins-Costa e Márcia Santana Fernandes

Tais biorrepositórios podem ser diversificados ou unitários, isto é: conter apenas um tipo de espécime humana ou, diversamente, tipos variados, a restarem sob a guarda e responsabilidade de um pesquisador. Este deve prever, em seu projeto de pesquisa, a forma e o destino do material biológico a ser investigado, bem como os objetivos do trabalho. Além do material propriamente dito, as informações a ele associadas devem ser catalogadas e organizadas, pois, muitas vezes, são estas informações que serão objeto de estudo comparativo e compartilhamento entre pesquisadores.

A atividade de biobancos ou de uma Unidade de Recursos Biológicos (URB) não se esgota nos biorrepositórios. Abrange, ainda, o estabelecimento de redes de pesquisa; o compartilhamento da espécime armazenada e ou das informações a ela associadas; a otimização dos recursos humanos e econômicos de pesquisa; o cuidado e o estudo harmonizado para a busca de padrões técnicos e ambientais relacionados ao material biológico armazenado; o estímulo à transferência de tecnologia entre os grupos de pesquisa; a organização e a informatização dos ambientes armazenadores de material biológico e das respectivas informações associadas e o estabelecimento de marcos regulatórios e diretrizes éticas para o seu funcionamento, dentre outras atividades.

A relevância científica dessa atividade – considerada da forma abrangente acima pontuada – abre-se em dupla vertente, para os pesquisadores e para a própria sociedade em geral, inclusa a sociedade civil e os órgãos governamentais encarregados da formulação de políticas públicas na área da saúde: de um lado, o armazenamento técnico e eticamente adequado e a transparência das informações associadas viabilizam o alcance de um alto grau de confiabilidade por parte dos pesquisadores quanto aos resultados de pesquisa; de outro, garantem à sociedade estarem as pesquisas em saúde – muitas delas estratégicas, como é o caso do já mencionado combate ao câncer – seguindo o rumo certo.

Além do mais, essa dupla relevância traça os caminhos das pesquisas em determinada área, refletindo-se, consequentemente, em todos os aspectos a elas relacionados, tais como alocação de recursos humanos e econômicos, o que não é questão de pouca monta, pois, há mais de uma década, a falta de material biológico humano para pesquisa, adequadamente armazenado, bem como o registro confiável das informações associadas, têm sido motivo de recorrente preocupação para os cientistas. Neste sentido pronunciou-se Carolyn C. Compton[14], patologista norte-americana do *National Cancer*

---

[14] A palestra de COMPTON, Carolyn C. , denominada Welcome and Opening Remarks of Bethesda Forum Agenda, 2007 (http://biospecimens.cancer.gov/practices/forum/

Os Biobancos e a Doação de Material Biológico Humano: Um Ensaio de ... 259

Institute, Diretora do *Office of Biorepositories and Biospecimen Research (OBBR)*, integrante do *National Institutes of Heath-NIH*, dirigindo-se aos cientistas reunidos no Fórum Sobre Boas Práticas no Armazenamento de Material Biológico Humano[15]:

> "Em particular, a qualidade do material biológico humano armazenado para pesquisa e informações associadas é um tema crítico e de impacto global para as pesquisas de câncer e transacional. Em uma lista de dez razões principais, consideradas barreiras para a cura do câncer, apontadas por cientistas, destaca-se como primeiro na lista a falta de material biológico humano de boa qualidade e altamente caracterizado para pesquisa translacional."

Tão autorizado depoimento induz a questionar e a reavaliar muitos dos resultados das pesquisas para a cura do câncer, divulgados nos últimos anos, e que tem servido de parâmetro para o direcionamento de políticas sociais de saúde em muitos países. Induz, igualmente, a considerar os biobancos uma verdadeira guarita para o armazenamento de material biológico humano de alta qualidade técnica e para o adequado registro das informações a ele associadas, possibilitando, conforme aponta Compton[16], identificar, diagnosticar, tratar ou prevenir doenças; desenvolver diagnósticos para auferir a eficácia ou a toxidade de medicamentos; validar novas terapias; elucidar mecanismos moleculares de tumores; desenvolver uma taxonomia com base molecular para o câncer; identificar biomarcadores para suscetibilidades, triagens e recorrência de doenças, etc.

Para que os biobancos realizem essas atividades, a que estão predispostos finalisticamente, é preciso que recebam material biológico humano. Costuma-se afirmar que, para tanto, o sujeito da pesquisa "doa" seus dados pessoais ao biobanco. A questão é saber: qual é a qualificação jurídica desse ato? A qualificação é, no Direito, a pedra de toque para a determinação das eficácias ligadas a determinada previsão normativa, legal ou consensual. O ato de doar material biológico humano para a realização da pesquisa

---

bethesda2007/default.asp#agenda) pode ser assistida na íntegra, no seguinte endereço: http://videocast.nih.gov/Summary.asp?File=13907; acessada em 02 de janeiro de 2011. Ressalta-se que as autoras fizeram uma seleção, no trecho citado, não literal da palestra referida, mas certas de terem fielmente respeitado o sentido da linguagem.

[15] Ocorrido em Bethesda, Estados Unidos da America, em 2007.

[16] A palestra já mencionada é acessível em: http://biospecimens.cancer.gov/practices/forum/bethesda2007/default.asp#agenda) pode ser assistida na íntegra, no seguinte endereço: http://videocast.nih.gov/Summary.asp?File=13907

e autorizar o seu armazenamento em URBs ou biobancos de instituições públicas ou privadas sem fins comerciais, está imbuído de um sentimento de solidariedade humana e tem como fim o benefício comum. Caberia, assim, tratá-lo com as regras atinentes ao contrato de doação, tal qual previstas no Código Civil?

B. A qualificação jurídica da 'doação' de material biológico humano

Os biobancos recebem material biológico humano que lhes é 'doado'. Ao empregarmos esta palavra estamos já a fazer uma qualificação jurídica, a saber: o ato de entrega do material biológico humano, e o seu recebimento, importam em um *contrato*. Dessa qualificação decorrem eficácias típicas, ligadas ao modelo jurídico "contrato de doação" tal qual apreendido no Código Civil brasileiro (arts 538 a 564). É preciso, no entanto, refletir: trata-se, efetivamente, de uma doação, como negócio contratual típico? Ou seria necessário cogitar de uma qualificação diversa, mais próxima das notas caracterizadoras do objeto "doado"?

Como todo conceito jurídico o de *contrato* designa uma abstração, uma construção da ciência jurídica destinada, no caso, a englobar e a categorizar distintos tipos contratuais, apontando-se, com essa denominação, a uma forma jurídica e a um veículo de determinadas funções atadas, historicamente, aos específicos e diversos processos de produção, experiência e poder estruturantes das sociedades[17]. Essa observação, conquanto trivial, serve a enfatizar ter a palavra "contrato" designado, no curso do Direito Moderno, primeiramente, o *intercâmbio entre consentimentos* – intercâmbio entre manifestações de vontade, recobrindo a noção, mais antiga, do contrato como sinalagma ou *intercâmbio entre prestações*[18]. Posteriormente, já no alvorecer do séc. XX,

---

[17] Por essa razão escreveu-se em outra sede não defender a idéia da existência de "um" conceito de contrato, empregando o termo para designar um instrumento proteiforme cuja unificação conceitual opera pela interligação de três pontos ou perspectivas, a saber, a sua função, a sua estrutura e a sua eficácia. (In: MARTINS-COSTA, Judith. O Método da Concreção e a Interpretação dos Contratos: Primeiras Notas de uma Leitura Suscitada pelo Código Civil In: NANNI, Giovanni Ettore. Temas Relevantes de Direito Civil Contemporâneo. São Paulo, Atlas, 2008, pp. 475-506. As observações que são feitas neste item sintetizam o que está em: MARTINS-COSTA, Judith. Contrato. Conceito e Evolução. In: Tratado de Direito Contratual. (org). NANNI, Giovanni Ettore, no prelo.

[18] GHESTIN, Jacques. Le Contrat en tant qu'échange économique. In: Rev. D'Économie Industrielle n. 92, 2000, p. 83.

Os Biobancos e a Doação de Material Biológico Humano: Um Ensaio de ... 261

plasmou-se a noção do *contrato como espécie de negócio jurídico* (*Rechts-geschäft*[19]) assim a estampando, dentre outros, o BGB, de 1900, o Código Civil italiano, de 1942 e o Código Civil brasileiro, de 2002.

O negócio jurídico é uma *categoria sistematizadora* devida pela Ciência Jurídica à Pandectística germânica. Não constitui uma categoria comum às várias culturas jurídicas. Adotou-a o Direito brasileiro, primeiramente por via doutrinária, e, agora, de modo expresso, o Código Civil[20]. Essa categoria, dotada de alto grau de abstração e veículo da autonomia privada[21], é apta a operar distinções de inestimável interesse prático. Duas distinções são básicas: a existente entre negócios jurídicos e atos não-negociais[22], e a entre negócios jurídicos bilaterais e negócios jurídicos unilaterais[23].

---

[19] Para uma síntese do desenvolvimento histórico dessa categoria veja-se FLUME, Werner El Negocio Juridico. Parte General del Derecho Civil. Tomo II, 4ª ed., tradução espanhola de José Maria Miquel Gonzalez e Esther Gomes Calle, ed. Fundación Cultural del Notariado, 1998. MENEZES CORDEIRO, A. Tratado de Direito Civil Português. I. Parte Geral, Tomo I. Coimbra, Almedina, 2000, 2ª ed., pp. 293-345; PONTES DE MIRANDA. Tratado de Direito Privado. Rio de Janeiro, Borsoi, 1954, Tomo III, par. 250, p. 08; AZEVEDO, Antonio Junqueira de. Negócio Jurídico e Declaração Negocial – Noções Gerais e Formação da Declaração Negocial. São Paulo, 1986, ed. do Autor; MELLO, Marcos Bernardes de. Teoria do Fato Jurídico. Plano da Existência 13ª ed. São Paulo, Saraiva, 2007, p. 166 e ss.

[20] Código Civil, Livro III, Título I (arts. 104 a 184).

[21] O conceito de negócio jurídico responde ao princípio da autonomia privada, diz Flume. (FLUME, Werner El Negocio Juridico. Parte General del Derecho Civil. Tomo II, 4ª ed., tradução espanhola de José Maria Miquel Gonzalez e Esther Gomes Calle, ed. Fundación Cultural del Notariado, 1998, p. 48).

[22] A primeira distinção (entre negócios jurídicos e atos jurídicos não-negociais) tem como critério a criação das eficácias ligadas à ação humana. Em comum, ambas essas categorias têm a circunstância de conter, em seu suporte fático, um ato volitivo dirigido a obter um resultado juridicamente regulado. Separa-as, fundamentalmente, a particularidade de, nos negócios jurídicos, haver o poder de escolha e de formatação da categoria jurídica (ainda que com amplitude variável) enquanto nos atos não-negociais esse poder ser ralo, quase inexistente. Pode-se, assim dizer que a distinção serve a separar, quanto à escolha da categoria jurídica e das eficácias que lhes serão conexas, o que é espaço de atuação da autonomia privada e o que é espaço da lei, que as predetermina. (Vide: PONTES DE MIRANDA. Tratado de Direito Privado. par. 249. Rio de Janeiro, Borsoi, 1954, Tomo III, p.03; Werner Flume chega a falar no "conceito de ato jurídico como oposto ao conceito de negócio jurídico" (in: FLUME, Werner El Negocio Juridico. Parte General del Derecho Civil. Tomo II, 4ª ed., tradução espanhola de José Maria Miquel Gonzalez e Esther Gomes Calle, ed. Fundación Cultural del Notariado, 1998, p. 139). Ver ainda: MELLO, Marcos Bernardes de. Teoria do Fato Jurídico. Plano da Existência. 13ª ed. São Paulo, Saraiva, 2007, p. 155.

[23] O critério é o da possibilidade de ser realizado o intento prático buscado com o negócio apenas por ato do agente ou por meio da cooperação ou concordância de outras pessoas. No primeiro caso (de que é exemplo paradigmático o testamento), há negócio unilateral. No segundo caso estão os contratos, que podem ser unilaterais (como a doação),

O principal traço distintivo entre os atos não-negociais e os negócios jurídicos está em que, nestes, há, conectada à ação humana, uma *destinação voluntária* polarizada pelo *sentido de uma finalidade.* Portanto, sob a rubrica 'negócio jurídico' estão compreendidos apenas os tipos de atos humanos que, estruturados pelo Ordenamento como suportes fáticos normativos, estão *dirigidos teleologicamente* para a constituição, modificação ou extinção de uma relação jurídica *mediante o estabelecimento de uma regulamentação*[24] *juridicamente vinculativa* aos sujeitos que se qualificam como suas 'partes'. O caráter finalista da ação subjacente ao negócio jurídico deve, pois, ser devidamente sublinhado.

Considerada a categoria dos negócios jurídicos distingue-se entre os negócios jurídicos unilaterais e os bilaterais (e os plurilaterais). O critério é o da possibilidade de ser realizado o intento prático buscado com o negócio apenas por ato do agente ou por meio da cooperação ou concordância de outras pessoas. No primeiro caso (de que é exemplo paradigmático o testamento), há negócio unilateral. No segundo caso estão os contratos, que podem ser unilaterais (como a doação), bilaterais (como a grande maioria deles, e.g, a compra-e-venda, o mandato, a locação), ou plurilaterais (como o contrato de sociedade). No fundo da distinção está o reconhecimento de que o indivíduo apenas pode configurar relações jurídicas *unilateralmente* por meio de uma atuação jurídico-privada quando se trata do exercício de um direito ou de uma relação jurídica referida ao *seu próprio patrimônio* (como ocorre ao se fazer um testamento) ou à *esfera de sua personalidade*; ou quando, para o outro, surja apenas uma vantagem jurídica, mas não uma obrigação (como no caso da oferta de contrato, que o destinatário pode aceitar ou não)[25]. Trata-se do princípio da incolumidade das esferas jurídicas pelo qual a eficácia do negócio *limitada à esfera de quem o praticou*[26].

Diferentemente, porém, quando estabelecida uma ação comunicativa entre os sujeitos que *atinge ambas as esferas* diz-se haver bilateralidade (ou plurilateralidade). Forma-se o negócio no momento em que as distintas

---

bilaterais (como a grande maioria deles, *e.g,* a compra-e-venda, o mandato, a locação), ou plurilaterais (como o contrato de sociedade).

[24] FLUME, Werner El Negocio Juridico. Parte General del Derecho Civil. Tomo II, 4ª ed., tradução espanhola de José Maria Miquel Gonzalez e Esther Gomes Calle, ed. Fundación Cultural del Notariado, 1998, p. 139).

[25] FLUME, Werner El Negocio Juridico. Parte General del Derecho Civil. Tomo II, 4ª ed., tradução espanhola de José Maria Miquel Gonzalez e Esther Gomes Calle, ed. Fundación Cultural del Notariado, 1998, p. 31-32.

[26] MELLO, Marcos Bernardes de. Teoria do Fato Jurídico. Plano da Existência 13ª ed. São Paulo, Saraiva, 2007, p. 202.

Os Biobancos e a Doação de Material Biológico Humano: Um Ensaio de ... 263

manifestações de vontade[27] se colam "com a cola da concordância". Nos negócios bilaterais, diz Pontes de Miranda, "há atribuição de algum bem da vida ao patrimônio do figurante ou dos figurantes do outro lado", daí resultando "a essencialidade dos dois lados, mesmo em se tratando de contratos unilaterais, que são negócios jurídicos bilaterais (quanto a haver manifestações de vontade de dois lados) em que só um dos lados recebe prestação"[28].

A subespécie dos negócios jurídicos bilaterais (ou plurilaterais) abarca os contratos. A questão é saber se os contratos esgotam ou não essa subespécie. Entende-se por "contratos" aquele negócios formados, em regra[29], pelo encontro de duas ou mais declarações negociais que se combinam para o estabelecimento de um mútuo regulamento de interesses. Porém, aí está somente o *dado estrutural* do conceito de contrato, o que não esgota, analiticamente, o conceito, já que, ao lado do elemento estrutural (acordo) põe-se o *elemento funcional* que terá particular relevância na resposta às questões que acima propusemos.

Para detectar o elemento funcional do conceito de contrato é preciso, antes de tudo, afastar o pensamento essencialista, infelizmente com tão largo curso na doutrina jurídica. Na realidade, para determinar os limites do espaço atribuído aos negócios bilaterais qualificados como *contratos* é tarefa em que se combinam, em larga medida, a tradição e a legislação, o Direito Comparado auxiliando, pelo contraste, a esta tarefa de distinção.

Em alguns sistemas, como o italiano, a lei expressamente correlaciona o campo do contrato ao âmbito das *operações patrimoniais* entre

---

[27] Expressão ampla que inclui as declarações negociais, os comportamentos concludentes e, quando permitido pela lei, também o silêncio qualificado.

[28] As expressões entre aspas são de Pontes de Miranda, que explica: "A bilateralidade, quando se fala de negócios jurídicos bilaterais, concerne às manifestações de vontade, que ficam, uma diante da outra, com a cola, digamos assim, da concordância. Há uma corda só que prende, que vincula, as pessoas que estão nos dois lados. Mas há a bilateralidade da prestação, que é outro conceito: o negócio jurídico pode ser bilateral, e só haver uma prestação. São os acordos unilaterais (quanto à prestação, entenda-se) e os contratos unilaterais, de que é exemplo a doação". Os grifos são meus. (PONTES DE MIRANDA. Tratado de Direito Privado. Rio de Janeiro, Borsoi, 1954, Tomo XXXVIII, par. 4.184, p. 07).

[29] A ressalva diz respeito à circunstância de, inobstante os contratos serem normalmente formados por declarações negociais (seja qual for a sua forma: expressas, tácitas, e, no caso da aceitação contratual, podendo se realizar até pelo silêncio), pode decorrer, também, de comportamentos concludentes, averiguando-se a concludência por diversos meios, dentre os quais os usos. (Sobre o tema: MOTA PINTO, Paulo Cardoso C. Declaração Tácita e Comportamento Concludente no Negócio Jurídico. Coimbra, Almedina, 1995. FLUME, Werner El Negocio Juridico. Parte General del Derecho Civil. Tomo II, 4ª ed., tradução espanhola de José Maria Miquel Gonzalez e Esther Gomes Calle, ed. Fundación Cultural del Notariado, 1998, p. 73 e ss.

vivos. A palavra 'contrato' indica, assim, para aquele sistema, o acordo que visa regular, entre as partes, uma relação de conteúdo patrimonial[30]. O Código Civil alemão (BGB) disciplina expressamente o instituto do negócio jurídico, de modo que o contrato é uma espécie integrante do gênero negócio jurídico. A amplitude conferida à figura do 'contrato' (*Vertrag*) apanha, fundamentalmente, os contratos obrigacionais e os acordos mediante os quais é transmitido um direito real[31]. O Direito português acolhe, igualmente, a noção de negócio jurídico e adere à orientação ainda mais genérica, denominando 'contrato' qualquer negócio bilateral pelo qual se constitua, transmita, modifique ou extinga obrigações, bem como atue como fonte de direitos reais, familiares ou sucessórios. Consequentemente, naquele sistema são coincidentes os conceitos de contrato e de negócio jurídico bilateral[32]. No sistema da *Common Law*, que ignora o conceito de Negócio Jurídico, maiores são as diferenças: no Direito norte-americano, por exemplo, o termo *contract* não tem valor unívoco, sendo definido por seus efeitos e tendendo a indicar o vínculo, mais do que o 'acordo', razão pela qual se distingue entre *contract, agreement, convention, bargain* e *promise* (que não significa propriamente "promessa", tal qual entendemos esse termo, mas um elemento do contrato, ou da declaração contratual), reservando-se o uso de *contract* para os ajustes dotados de comutatividade, englobando a *promise* e a *consideration*. Naquele sistema, contratos benéficos e unilaterais, como a doação simples, ou o comodato e o depósito gratuito, estão, portanto, de fora do âmbito conceitual do termo *contract*, conceito tendente a aproximar-se do que consideramos uma troca (em sentido amplo, como intercâmbio entre prestações). No sistema francês – que também ignora a noção de negócio jurídico e é causalista[33] –, distingue-se entre o contrato e a convenção: *le contrat* é uma 'espécie particular de convenção' (*convention*) que, por sua vez, é todo o ato jurídico que consista num acordo[34], tendo cará-

---

[30] O art. 1174 precisa: a prestação que forma o objeto da obrigação deve ser suscetível de avaliação econômica, ainda que corresponda a um interesse não-patrimonial.

[31] FAUVARQUE-COSSON, B., e MAZEAUD, D. (org.). Terminologie Contractuelle Commune. Projet de Cadre Commun de Référence. Association Henri Capitant – Societé de Législation Comparée. Paris, 2008.

[32] ALMEIDA COSTA, Mário Julio. Direito das Obrigações 10ª ed. Coimbra, Almedina, 2006, par. 24.2, p. 220.

[33] Por todos: GHESTIN, Jacques. Cause de l'engagement et validité du contrat. Paris, LGDJ, 2006.

[34] MAZEAUD, MAZEAUD e CHABAS. Leçons de Droit Civil. Obligations. Tome II, 1ᵉʳ vol. 9ª ed. Paris, Montchrestien, 1998, p. 49 que, entretanto, anota não ser essa terminologia técnica "rigorosamente respeitada" mesmo no próprio Código Civil onde o termo 'convenção' é utilizado frequentemente como sinônimo de 'contrato'.

Os Biobancos e a Doação de Material Biológico Humano: Um Ensaio de ... 265

ter patrimonial 'predominante', razão pela qual afastam-se do seu domínio os direitos de personalidade, muito embora (tal qual no Direito brasileiro) sejam considerados 'verdadeiros contratos' os acordos versando sobre as consequências patrimoniais dos direitos de personalidade[35].

Essa brevíssima panorâmica serve a apontar à grande relatividade do âmbito material subjacente ao termo 'contrato', conduzindo a perguntar: qual é a orientação do Direito positivo brasileiro? Os conceitos de contrato e de negócio jurídico bilateral seriam, efetivamente, equivalentes?

O Código Civil brasileiro não é expresso, como o é o seu congênere italiano, ao limitar os contratos às operações patrimoniais entre vivos. Admite, por outro lado, *negócios jurídicos existenciais,* como, exemplificativamente, os previstos no art. 11 e no art. 13 – ambos lidos *a contrario* – deixando-se antever a possibilidade de, licitamente, serem pactuados negócios jurídicos bilaterais cujo objeto resida em relações extrapatrimoniais, ainda que nos estreitos limites permitidos no campo dos Direitos de Personalidade, como o é, *v.g,* um ajuste pelo qual é pactuada a participação de um sujeito ("sujeito da pesquisa") em pesquisa médica não-patrocinada, com fins estritamente científicos[36] ou como experimento farmacêutico a ser, eventualmente, comercializado[37]; o casamento é qualificado por expressiva corrente doutrinária como negócio jurídico especial de Direito de Família, e não como contrato[38]; embora haja contratos no Direito Administrativo e no Direito Internacional, nesses campos é também frequente a presença de acordos

---

[35] MAZEAUD, MAZEAUD e CHABAS. Leçons de Droit Civil. Obligations. Tome II, 1ᵉʳr vol. 9ª ed. Paris, Montchrestien, 1998, p. 51.

[36] Examinou o tema, qualificando essa participação como negócio jurídico bilateral, não contratual, MULLER DA ROSA, Carla. Pesquisadores e indivíduos capazes em situação de vulnerabilidade sociodemográfica: o papel da informação no processo de consentimento informado para a pesquisa biomédica em seres humanos e a sua regulação pelo direito civil brasileiro. Dissertação de Mestrado. Programa de Pós-Graduação em Direito, UFRGS, (orient.) MARTINS-COSTA, Judith. Porto Alegre, 2009, no prelo.

[37] Examinou o tema, qualificando essa participação como negócio jurídico bilateral, não contratual, CESAR, Denise Oliveira. Obrigação de Fornecimento do Medicamento após a Conclusão de Pesquisa. Tese de Doutorado. Programa de Pós-Graduação em Direito, UFRGS, (orient.) MARTINS-COSTA, Judith. Porto Alegre, 2009, no prelo.

[38] AZEVEDO, Antonio Junqueira de: Negócio Jurídico e Declaração Negocial – Noções Gerais e Formação da Declaração Negocial. São Paulo, 1986, ed. do Autor. Porém, na doutrina há autores que defendem a qualificação do casamento como contrato. Assim a chamada corrente "contratualista", de que é exemplo Silvio Rodrigues, *in verbis*: "o contrato de direito de família que tem por fim promover a união do homem e da mulher de conformidade com a lei, a fim de regularem suas relações sexuais, cuidarem da prole comum e se prestarem mútua assistência" (RODRIGUES, Silvio. Direito Civil vol. 6, 28.ª ed., São Paulo, Saraiva, 2004, p. 19).

266   *Judith Martins-Costa* e *Márcia Santana Fernandes*

(negócios bilaterais ou plurilaterais) considerados não-contratuais, como convênios e tratados que não importam em circulação interpatrimonial[39].

Parece conveniente e adequado ao Direito brasileiro, assim, não superpor os conceitos de contrato e de negócio jurídico bilateral (com o que um deles perderia a razão de ser), mas considerar a relação de gênero (negócio jurídico bilateral ou plurilateral) e espécies daquele gênero (contratos, de um lado, e, de outro, acordos não-contratuais). Remanesce, ainda assim, a questão: o que distingue ambas as espécies, isto é, os contratos e os acordos não-contratuais?

Não hesitamos em apontar como um traço diferenciador entre ambas as espécies o *escopo*, próprio aos contratos e que lhes é conotado *imediatamente*, de *viabilizar a circulação da riqueza*, atual ou potencial, entre patrimônios, *por ato voluntário e lícito, conduzindo à imediata transformação das situações subjetivas patrimoniais.* Conquanto não exista, no sistema brasileiro, regra específica sobre esse tema, é possível operar a distinção a partir da estrutura do Código Civil, de modo a afirmar que, tal qual no Direito italiano, entre nós o termo "contrato" deve ser reservado ao âmbito das *operações patrimoniais entre vivos*[40].

Alinhemos as razões que sustentam essa conclusão.

Primeiramente, é a estrutura do Código Civil que empurra a essa direção. A Parte Geral contém o conceito de maior extensão (negócio jurídico), abrigando os princípios e regras atinentes às suas condições gerais de validade e de licitude, as condições para o seu exercício e regras sobre a sua interpretação (arts. 104 a 188), com o que se há de admitir o estabelecimento de negócios jurídicos em quaisquer das áreas de que é composto o Direito Privado e mesmo – em alguns casos – no Direito Público[41]. Já o tema do contrato – conceito de menor extensão relativamente ao negócio jurídico

---

[39] O convênio é considerado o acordo entre o Estado e particular, ou entre dois entes públicos de idêntica natureza, para a realização de objetivo comum. Conquanto o critério distintivo comumente utilizado pelos administrativistas leve com conta uma concepção superada e redutora de "contrato" (equiparando-o unicamente à uma "contraposição de interesses" e não se cogitando dos "contratos de cooperação" ou "de comunhão de escopo"), haverá distinção entre convênio e contrato se, no primeiro, o ajuste de interesses não comportar operação de circulação de riquezas. Um consórcio, diversamente, configurará negócio plurilateral, podendo caracterizar contrato plurilateral quando importar – como comumente ocorre – em circulação de riqueza.

[40] GOMES, Orlando. Contratos. 26.ª Ed. Rio de Janeiro, Forense, 2008, p. 19.

[41] AZEVEDO, Antonio Junqueira de: Negócio Jurídico e Declaração Negocial – Noções Gerais e Formação da Declaração Negocial. São Paulo, ed. do Autor, 1986, pp. 53 a 67.

Os Biobancos e a Doação de Material Biológico Humano: Um Ensaio de ...   267

bilateral (ou plurilateral) – fica reservado para o Título V do Livro I, atinente ao Direito das Obrigações, como a mostrar que o contrato é, precipuamente, (embora não exclusivamente[42]), instituto dos Direitos de Crédito, direitos patrimoniais por excelência.

O âmbito precípuo dos contratos é, portanto *o campo das relações patrimoniais,* sendo sua função própria formalizar operações econômicas de circulação de riqueza, isto é, operações de circulação de bens entre um patrimônio e outro – tanto assim é que o contrato é considerado, de per si, justa causa para a circulação de riquezas entre patrimônios, configurando a estrutura jurídica *par excellence* para justificar atribuições patrimoniais. Assim já se manifestava Orlando Gomes, um dos primeiros juristas, entre nós, a atentar ao perfil funcional do contrato, afirmando constituir a sua função eminentemente econômica, esta sendo, "afinal (...) a sua causa"[43] e arrolando, ainda, além da circulação da riqueza, a funções de colaboração, prevenção de riscos, conservação e acautelatória, prevenção ou diminuição de controvérsias, concessão de crédito e constituição de direitos reais de gozo ou garantia.

Estas últimas são funções, todavia, que podem ou não existir, conforme cada particular contrato, não sendo, portanto, imprescindíveis como notas conceituais gerais. Estas se resumem à de instrumentalizar uma *operação econômica de circulação de riqueza,* em caráter voluntário, entre dois ou mais agentes, dizendo-se haver, objetivamente, uma "operação econômica"

---

[42] Conquanto a esfera dos interesses patrimoniais esteja, precípua e prevalentemente apanhada pelo Direito das Obrigações, não estão cingidos, todavia, àquele campo, habitando, por igual, os Direitos Reais, uma parte do Direito de Família e parte do Direito Sucessório. Exemplificativamente: os contratos adentram o campo dos Direitos Reais principalmente em razão do peculiar tratamento dado em nosso sistema à transmissão do domínio, expressão maior do patrimônio. É o contrato título translativo do domínio (Código Civil, art.1.245), admitindo-se ser o acordo de transmissão do domínio co-declarado com o contrato obrigacional conquanto tenha a sua própria eficácia. Outros negócios patrimoniais são especificamente previstos como 'contratos de Direitos Reais' – assim os contratos de penhor, anticrese e hipoteca a que é feita expressa alusão (Código Civil, art. 1424). Ainda outra significativa indicação sobre a patrimonialidade do contrato está no Direito de Família: o Código Civil de 2002 distingue, com nitidez, entre o Direito Pessoal (arts. 1.511 a 1.638) e o Direito Patrimonial de Família (arts. 1.639 a 1.722). É só neste último que estão previstos determinados contratos de Direito de Família, como o contrato de doação nupcial aos filhos (art. 1.647, par. único) e as doações antenupciais feitas por um dos cônjuges ao outro, além da doação, por terceiro, de bem de família (art. 1.711, parágrafo único). Na união estável, todas as relações patrimoniais entre os conviventes podem ser determinadas por contrato (art. 1.725), dito "contrato de união estável".

[43] GOMES, Orlando. Contratos. 26.ª Ed. Rio de Janeiro: Forense, 2008, p. 19.

268 Judith Martins-Costa e Márcia Santana Fernandes

quando há circulação de riqueza, atual ou potencial, de um patrimônio para outro, compreendendo-se por 'riqueza' todos os bens e 'utilidades' suscetíveis de avaliação econômica, ainda que não sejam 'coisas' em sentido próprio[44]. É a idéia de circulação inter-patrimonial que está no núcleo do conceito. *A função primordial do contrato é, pois, viabilizar a circulação de riquezas de um patrimônio para outro*[45], circulação, essa, que se dá por ato voluntário lícito[46].

Assim, conquanto função de viabilizar a circulação de riqueza não se apresente nem como um elemento *suficiente* (pois, como vimos, há o elemento estrutural, qual seja, a "cola" ou acordo contratual) nem *exclusivo* (pois operações de circulação de riqueza podem ocorrer por outras vias que não o contrato), é, porém, *nuclear e geral,* isto é: está presente em todo e qualquer contrato, seja qual for o seu campo específico.

Porém, a circulação de riqueza não estará presente (como elemento funcional) quando se tratar da doação de material biológico humano para fins de pesquisa. Cabe, assim, qualificá-lo como um *negócio jurídico de Direito da Personalidade* ou, mais simplesmente, de um *negócio jurídico existencial*, resultante de acordo entre dois ou mais sujeitos sobre objeto não-patrimonial. Trata-se de negócio (e não de ato jurídico) porque há a necessária manifestação volitiva de ambos os lados, e negócio bilateral, pois há afetação de ambas as esferas jurídicas: a do doador, que disponibiliza, condicionadamente, direito de personalidade, e do donatário (o pesquisador ou o biobanco) que resta constituído em deveres, como os de informar, de agir em vistas da obtenção do consentimento informado do sujeito da pesquisa, e o de resguardar a sua intimidade.

---

[44] Roppo, Enzo. O Contrato. Tradução de Ana Coimbra e M. Januário C. Gomes, Coimbra, Almedina, 1988, p.p. 12-13.

[45] Essa função abarca quaisquer contratos: os contratos de intercâmbio, de que é paradigmática a compra-e-venda; os contratos fiduciários, em cujo núcleo está a relação de confiança, como o mandato; os contratos de organização, como o contrato de sociedade; os contratos de colaboração, como os de agência, corretagem, distribuição, etc. Abrange, ainda, tanto contratos que se esgotam em breve lapso temporal, circunscrevendo-se a uma relação pontual e isolada quanto aqueles plasmados como contratos de longa duração, agregando elementos 'relacionais'.

[46] A circulação de riqueza entre patrimônios pode também decorrer de atos voluntários ilícitos, como o dano causado por dolo ou culpa, pois a fixação de uma indenização além de sanção acaba por ser uma forma de precificação (se tomarmos os critérios de dano emergente e lucro cessante). Há, também, as situações apanhadas pelo Direito restituitório e a circulação de riqueza por atos involuntários, como as decorrentes de atos-fatos e de fatos jurídicos em sentido estrito.

Por exclusão, podemos chegar, assim, à qualificação dogmática da "doação" de material biológico humano: não sendo a sua finalidade nem a sua causa viabilizar operação de circulação de riqueza, carece essa atividade da nota hábil a qualificá-la como contrato. Embora a presença do elemento estrutural (acordo), falta o elemento funcional. Na doação de material biológico humano não há suscetibilidade à avaliação econômica, não há patrimonialidade, nem circulação interpatrimonial de riqueza. Trata-se, pois, de negócio jurídico existencial.

Consequentemente, conquanto a regulação legal do contrato de doação possa atuar subsidiariamente, não incidem aquelas regras, como a da revogação da doação por ingratidão do donatário (Código Civil, arts. 555 a 564), cuja racionalidade só é explicável por uma lógica da comutação típica dos negócios de índole patrimonial[47].

Procedida a qualificação dogmática, cabe examinar o conteúdo do negócio pelo qual o material humano é entregue aos biobancos, então exsurgindo os deveres conectados àquela atividade.

II. DEVERES JURÍDICOS LIGADOS À ATIVIDADE DOS BIOBANCOS

A atividade de biobancos envolve diretamente os interesses dos sujeitos de pesquisa, atingindo, também – ainda que por via reflexa –, o interesse público (ou interesse da sociedade em geral). Por esta razão as políticas adotadas têm sido objeto de particular discussão, notadamente em seus aspectos sociais, jurídicos e éticos[48], seja por parte de pesquisadores[49], seja institucionalmente, por organizações internacionais[50]. O núcleo das discus-

---

[47] A propósito, a observação de ALVIM, Agostinho. *Da Doação*. 3.ª Ed. São Paulo: Saraiva, 1980, p. 279-286 sugerindo consistir a revogação da doação numa espécie particularizada de aplicação da cláusula *rebus sic stantibus*, por seguir a mesma lógica da comutação.

[48] Indicados, em inglês pela sigla *ELSI – Ethical, Legal and Social Issues*.

[49] Organização Mundial da Saúde (OMS). Internacional Agengy for Research on Câncer – IARC-Feedback on the operation of the biobank activities. Lyon, 2011. http://www.iarc.fr/en/about/index.php, acessado em 03 de Janeiro de 2011.

[50] É representativa a participação da Organização Mundial da Saúde (OMS) na coordenação da Agência Internacional para Pesquisa do Câncer (Internacional Agengy for Research on Câncer – IARC), entidade organizadora do um biobanco global para estudos do câncer (Laboratory Services and Biobank -LSB), com mais de 10 milhões de amostras, adequadamente caracterizadas, originadas de 1 milhão de pessoas de todas as partes do

sões volta-se a alcançar a padronização e/ou a harmonização, na medida do possível, entre os aspectos éticos, sociais e jurídicos, assim como na administração da atividade de biobancos. Trata-se de tarefa complexa, na medida em que muitas pesquisas, tais como as realizadas na área do câncer, na genética, na medicina molecular e translacional, devem ter um alcance global[51]. Na falta de uma Convenção internacional, é preciso buscar no interior dos particulares sistemas jurídicos os princípios e regras capazes de atuar como "materiais de construção" para o regramento adequado da atividade dos biobancos garantindo, concomitantemente, a sua eficiência e confiabilidade técnicas e a sua qualidade ética.

Para fins de sistematização, tais deveres podem ser discernidos entre aqueles diretamente ligados à proteção a bens jurídicos integrantes da esfera da personalidade (A) e os que, embora indiretamente liguem-se à personalidade, estão vinculados, imediatamente, à garantia da autodeterminação pessoal, valor subjacente à proteção da personalidade (B).

A) Deveres Diretamente Ligados à Esfera da Personalidade: A Proteção da Intimidade

Como é sabido, prevê o Direito brasileiro um verdadeiro conjunto normativo de proteção à pessoa humana e à sua personalidade, iniciando-se pela garantia dos Direitos Fundamentais, posta na Constituição da República e especificando em leis infraconstitucionais, tais como o Código Civil[52], a Lei de Transplante de Órgãos[53] e a Lei de Biossegurança[54], bem como em diretrizes e regulamentos administrativos[55], estes últimos tratando, como

---

mundo (Vide: Organização Mundial da Saúde – OMS. Internacional Agengy for Research on Câncer – IARC-http://www.iarc.fr/en/about/index.php).

[51] Alemanha. Biobanks for Research. Opinion. National Ethics Council (www.ethikrat.org) Berlin, 2004. Texto em PDF, acessado em março de 2009.

[52] Lei 10.406/2002.

[53] Lei 10.211/2001

[54] Lei 11.105/2005

[55] A atividade dos biobancos de material biológico humano para pesquisa é parcialmente regulada – ainda que indiretamente – por diretriz do Conselho Nacional de Saúde (CNS 347/05) e por resolução da Agência Nacional de Vigilância Sanitária – ANVISA (RDC-ANVISA 33/06), regulando esta última questões técnicas para o armazenamento de células germinativas e de tecidos. Como é próprio dos regulamentos administrativos, esses dois regramentos têm alcance normativo limitado às questões específicas que tratam.

Os Biobancos e a Doação de Material Biológico Humano: Um Ensaio de ... 271

lhes é próprio, apenas de aspectos marcadamente pontuais[56]. Desse conjunto normativo são dedutíveis os deveres gerais atinentes à atividade dos biobancos, pois não há lei específica a regulá-los.

Excusado dizer que nenhuma ação ou omissão dos pesquisadores e gestores de biobancos pode ferir, direta ou indiretamente, o conjunto de valores e de garantias subsumido na expressão "dignidade da pessoa humana" (Constituição Federal, art. 1.º, inc. III), nem afrontar direito de personalidade, como o resguardo da privacidade, entendida ao senso lato (intimidade e vida privada[57]).

A privacidade foi, tal qual a informação, um valor descoberto apenas na Modernidade[58] quando distinguiu-se, pela primeira vez na História, entre duas "esferas" da vida humana e das instituições sociais, a esfera pública e a

---

[56] SANTANA-FERNANDES, M.; ASHTON-PROLLA, P.; MATTE,U.; MEURER, L.; OSVALDT, A.; BITTELBRUNN, A.C.; SCHLATTER, R.; PEREIRA DA SILVA, F. M.; CLAUSELL,N.; GOLDIM, J. R.. A normativa do Hospital de Clinicas de Porto Alegre para o armazenamento e utilização de materiais biológico humanos e informações associadas em pesquisa: uma proposta interdisiciplinar. Rev HCPA 2010;30(2):169-179. Acesso em http://www.hcpa.ufrgs.br/content/view/.

[57] Conquanto não se faça, por vezes, a distinção entre intimidade e vida privada, alguns autores percebem, acertadamente, as nuances entre ambas as garantias asseguradas constitucionalmente como direitos fundamentais. A vida privada abarca maior extensão, apontando à singularidade do indivíduo frente a outros indivíduos, à sociedade e ao Estado, para o fim de assegurar-lhe um espaço de liberdade introspectivo e comunicativo, isto é, atuante nos intercâmbios sociais. Já a *intimidade* aponta ao âmbito do exclusivo que alguém reserva para si, isto é, daquela parcela da vida sem nenhuma repercussão social, nem mesmo ao alcance de sua vida privada que, por mais isolada que seja, é sempre um viver entre os outros, seja na família, no trabalho, no lazer em comum. (Para a distinção, ver FERRAZ, Tércio Sampaio. Sigilo de Dados: O direito à privacidade e os limites à função fiscalizadora do Estado. Cadernos de Direito Tributário e Finanças Públicas. n.º 01. 1992 e SAMPAIO, José Adércio Leite Sampaio, In Direito à intimidade e à vida privada. Belo Horizonte: Del Rey, 1998, p. 268 e ss; e DOTTI, René Ariel. *Proteção da Vida Privada e Liberdade de Informação*. São Paulo: Editora Revista dos Tribunais, 1980, p. 68 e ss).

[58] O tema da privacidade foi abordado, entre outros ensaios, em: AZEVEDO SOUSA, Maria Isabel. O princípio da exclusividade como nota distintiva do Direito Privado; MARTINS, Luciana Mabilia, em: O direito civil à privacidade e à intimidade; e por FLACH, Daisson, em: O direito à intimidade e à vida privada e a disciplina dos meios de comunicação (ensaios integrantes de: MARTINS-COSTA, Judith. A Reconstrução do Direito Privado – Reflexos dos Princípios, Diretrizes e Direitos Fundamentais Constitucionais no Direito Privado. São Paulo: RT, 2002, respectivamente: p. 337-371; p. 372-407) O mesmo tema recebeu excelente tratamento monográfico in: CACHAPUZ, Maria Cláudia. Intimidade e vida privada no novo código civil brasileiro: uma leitura orientada no discurso jurídico. Porto Alegre: S. A. Fabris, 2006.

privada, correlatas às duas "dimensões" (vida pública e a da vida privada)[59] partindo-se, para tanto, da compreensão da pessoa humana como "valor--fonte"[60] e ponto nuclear do Ordenamento. A importância da distinção está em permitir, segundo Tércio Sampaio Ferraz, "o estabelecimento de princípios teóricos, básicos para operar as normas de um e outro grupo, ou seja, princípios diretores do trato com as normas, com as suas consequências, com as instituições que elas referem, os elementos congregados em sua estrutura"[61].

Esta diferenciação mostra-se vital para ambas as esferas, porquanto diferentes são os princípios que as regem. Enquanto a esfera pública é dominada pelos princípios da igualdade e da publicidade, afirma Hannah Arendt ser regida, a esfera privada, pelo *princípio da exclusividade*[62]. Por

---

[59] Entre os estudos fundamentais a esta temática, consultou-se: ALPA, GUIDO. Privacy e Statuto dell'informazione. Rivista di Diritto Civile. Padova. CEDAM. 1979; COSTA JR., Paulo José da. O Direito de Estar Só: Tutela Penal da Intimidade. São Paulo: Editora Revista dos Tribunais. 1970. DOTTI, René Ariel. A liberdade e o direito à intimidade, In Revista de Informação Legislativa, ano 17, n.º 66, abril/junho 1980. ECO, Umberto. Quale privacy? 22.ª Conferenza Internazionale: "One World, one privacy". Venezia 28-30 settembre 2000. http://www.privacy.it/eco20000928.html; FERRAZ, Tércio Sampaio. Sigilo de Dados: O direito à privacidade e os limites à função fiscalizadora do Estado. Cadernos de Direito Tributário e Finanças Públicas. n.º 01. 1992, e, ainda, do mesmo autor, Introdução ao Estudo do Direito. São Paulo: Atlas. 1994. 2.ª ed. E: SAMPAIO FERRAZ, Tércio. A Liberdade como Autonomia Recíproca de Acesso à Informação. In: Estudos de Filosofia do Direito. Reflexões sobre o Poder, a Liberdade, a Justiça e o Direito. São Paulo: Atlas, 2002; HERMITTE, Marie-Angèlle. Le corps hors du commerce, hors du marché. Archives de Philosophie du Droit. Paris: Syrey. n.º 33. 1988. KAYSER, Pierre. Les Droits de Personnalité. Aspect Théoriques et pratiques. Revue Trimestrielle du Droit Civil. 1971. vol. 69. LAFER, Celso. A Reconstrução dos Direitos Humanos. São Paulo: Companhia das Letras. 1999. 3.ª reimpressão. NERSON, Roger. La protection de la vie privée en droit positif français. Revue Internationale de Droit Comparé. 1971. n.º 04. RIGAUX, FRANÇOIS. La liberté de la vie privée. L'élaboration d'un "right of privacy" par la jurisprudence américaine. Revue Internationale de Droit Comparé. 1980. n.º 04; SALDANHA, Nelson. O Jardim e a Praça. Porto Alegre: Sérgio Fabris Editor, 1986. SAMPAIO, José Adércio Leite Sampaio, In Direito à intimidade e à vida privada. Belo Horizonte: Del Rey, 1998; WARREN, Samuel D. BRANDEIS, Louis. The right to privacy. Harvard Law Review. 1890. Vol. IV, n.º 5.

[60] Miguel Reale cunhou e usou esta expressão em vários textos, exemplificativamente em: *Direitos de Personalidade*, acessível em: http://www.miguelreale.com.br/artigos/dirpers.htm

[61] FERRAZ, Tercio Sampaio. Introdução ao Estudo do Direito. São Paulo: Atlas. 1994. p. 138.

[62] Este princípio foi versado entre nós por Celso Lafer, com base em proposição de Hannah Arendt em *Reflections on Little Rock* (1959), como um princípio para a vida íntima, inconfundível com os que regem a esfera pública e a esfera social. Para Arendt, articulam--se três distintas esferas: a pública, a privada e a social. Rege a esfera pública o princípio

Os Biobancos e a Doação de Material Biológico Humano: Um Ensaio de ... 273

este princípio protege-se o direito do indivíduo de estar só, *bem como e a possibilidade de excluir do conhecimento de terceiros aquilo que a ele só se refere*, e, ainda, o que diz respeito ao seu modo de ser no âmbito da vida privada[63]. A proteção é conferida nas relações entre os particulares e o Estado e nas relações dos particulares entre si. Integrando o direito de personalidade, sua fonte está no inciso X do art. 5.º da Constituição da República, ao assegurar a inviolabilidade da a *intimidade, a vida privada, a honra e imagem das pessoas*, assim garantindo o domínio exclusivo dos sujeitos naquelas situações derivadas das escolhas que podem fazer de acordo com a sua própria subjetividade, sem a adstrição a padrões pré-definidos[64].

Tal é, exatamente, a situação em que se encontra o sujeito da pesquisa, amplamente considerado e, especificamente, o doador de material genético para fins de pesquisa: a "doação" envolve o núcleo do direito à intimidade, atingindo, a rigor, a própria esfera da exclusividade. Por isso mesmo, o tem o pesquisador o dever de manter a privacidade do sujeito de pesquisa, sejam estas informações associadas ao material biológico ou as demais informações inerentes à pesquisa, cabendo-lhe gerir estes dados e os mecanismos para a sua obtenção e guarda.

Os mecanismos para manter a privacidade dos sujeitos de pesquisa, organizar e utilizar as informações são aspectos sensíveis na atividade de biobancos. Por isso, criar sistemas informatizados, criptografados, específicos, e seguros para o gerenciamento das informações; e, que permitam o

---

da igualdade; a esfera privada é polarizada pelo princípio da diferença, a diferenciação assinalando a especificidade de cada indivíduo. Ajunta-se uma esfera híbrida, a social, que escapa à tradicional distinção entre público e privado. Na esfera social também prevalece o princípio da diferenciação, apesar dos riscos do conformismo social que busca elidir a heterogeneidade. É justamente para *assegurar ao indivíduo a sua identidade* diante dos riscos de nivelamento do social que, no mundo contemporâneo, tornou-se necessário abrir um espaço para a esfera da intimidade. (Vide: LAFER, Celso: A Reconstrução dos Direitos Humanos. São Paulo: Companhia das Letras. 1999. 3.ª reimpressão. AZEVEDO SOUZA, Maria Isabel. O princípio da exclusividade como nota distintiva do Direito Privado, in: MARTINS--COSTA, Judith. A Reconstrução do Direito Privado – Reflexos dos Princípios, Diretrizes e Direitos Fundamentais Constitucionais no Direito Privado. São Paulo: RT, 2002, p. 360--336; e CACHAPUZ, Maria Cláudia. Intimidade e vida privada no novo código civil brasileiro: uma leitura orientada no discurso jurídico. Porto Alegre: S. A. Fabris, 2006, p. 117-133).

[63] LAFER, Celso: A Reconstrução dos Direitos Humanos. São Paulo: Companhia das Letras. 1999. 3.ª reimpressão, pp. 239/240.

[64] MARTINS, Luciana Mabilia, em: O direito civil à privacidade e à intimidade; e por FLACH, Daisson, em: O direito à intimidade e à vida privada e a disciplina dos meios de comunicação. In: MARTINS-COSTA, Judith. A Reconstrução do Direito Privado – Reflexos dos Princípios, Diretrizes e Direitos Fundamentais Constitucionais no Direito Privado. São Paulo: RT, 2002, p. 337-371.

armazenamento descaracterizado de dados de informação pessoal, deve ser um dos objetivos prioritários a serem atingidos nesta atividade, inserindo-se na esfera do dever de confidencialidade.

Assim como o médico na atividade clínica, o pesquisador na área da saúde tem o dever jurídico de resguardar os fatos dos quais teve ciência em razão de sua atividade profissional, pois a confiança está na base dessa relação. O Código de Ética Médica (Res. CFM.º 1931/2009) é minucioso em apresentar situações em que o segredo é devido (Cap. IX). O valor da confidencialidade, consectário à confiança é, ao mesmo tempo, ético e jurídico, pois o Direito tutela a confiança bem como a intimidade e a vida privada dos pacientes e dos sujeitos de pesquisa, de modo que a violação desses direitos conduz à indenização por dano moral. Porém, pode-se afirmar que há, por parte do titular do direito (o sujeito de pesquisa) uma espécie de disponibilidade, não com relação aos direitos de personalidade em si, mas com relação ao objeto sobre o qual incide o direito. Por isso, é de se afastar, por exemplo, o dever do pesquisador de guardar segredo sobre as informações obtidas no decorrer do exercício da sua atividade se o sujeito da pesquisa permitir a revelação. Consequentemente, não se falará em res-ponsabilidade civil por violação à intimidade do sujeito da pesquisa se ele permitir, expressamente, que revele a terceiro e em determinada circunstância as informações que detém, pois, então, não haverá violação à relação de confiança e ao direito de personalidade[65]. Tem, assim, o sujeito de pesquisa o direito à confidencialidade que inclui o *direito de preservar o anonimato do patrimônio genético,* sabendo-se que o conhecimento da estrutura gené-tica de uma pessoa é elemento susceptível ao atingimento da intimidade[66].

Há casos, porém, em que a divulgação de um dado – se feita de forma séria, conscienciosa e responsável – pode vir a impor-se por razões de ordem pública, inclusive por força da lei, se se tratar de doença endêmica, ou altamente contagiosa. Com efeito, correlacionados aos deveres à proteção da privacidade dos sujeitos de pesquisa, se observam situações específi-cas, especialmente os casos relacionados à genética ou ao câncer. Nestas situações, será necessário, algumas vezes, compartir as informações ou de identificar os dados, pois o problema detectado não estará cingido unica-mente ao paciente (ou sujeito da pesquisa). O pesquisador deve reportar ao

---

[65] Assim escreveu-se em: MARTINS-COSTA, Judith. Introdução à Responsabilidade Civil em Gineco-obstetrícia. In: FREITAS, Fernando [et al.]. Rotinas em Obstetrícia. 6 ed. Porto Alegre: Artmed, 2011, p. 851-887.

[66] MATHIEU, Bertrand. Génome Humain et Droits Fondamentaux. Paris: Economica. 2000. p. 59.

Os Biobancos e a Doação de Material Biológico Humano: Um Ensaio de ... 275

participante os aspectos clínicos indispensáveis a sua possível condição de saúde ou a de pessoas de sua família. Da mesma forma, os mecanismos de sistemas de informação deverão equacionar, na medida do possível, duas situações, aparentemente, antagônicas: a primeira, consistente na ausência de conhecimento, pelos pesquisadores, acerca da identidade do sujeito de pesquisa; a segunda, imposta pela necessidade de o sistema de informação prever uma forma segura de cruzamento (identificação e anonimização) de dados. O paradoxo não deve levar à estranheza, pois é próprio das situações de vida regradas pelo Direito que, por seus princípios e regras, estabelece os critérios para a ponderação entre bens: no caso, de um lado o interesse público, de outro, a proteção da intimidade.

Por isso mesmo é importante que as normativas institucionais sobre biobancos – ou, na sua falta, os próprios projetos de pesquisa – estabeleçam, *a priori*, os critérios aptos a responder às questões de saber qual é, *in concreto*, a relevância a ser dada a um ou a outro bem jurídico, quais são as suas margens de relatividade, compatibilizando liberdades subjetivas com o interesse da sociedade, pois servem, justamente, para estabelecer os modos de operar a *integração das liberdades coexistentes* característica de uma sociedade regrada pelo Direito[67].

Com efeito, ao tratar do problema da proteção de dados a Corte Constitucional alemã não vem qualificando-a como um direito de domínio absoluto, ou ilimitado, do indivíduo sobre os seus próprios dados: considerando o indivíduo uma "personalidade voltada para a comunicação que, dentro da comunidade social, se expande"[68], entende que o direito à autodeterminação informacional rejeita a qualificação como "um direito de defesa privatístico do indivíduo que se põe à parte da sociedade, antes objetivando "possibilitar a cada um uma participação em processos de comunicação"[69]. Consequen-

---

[67] Assim escreveu-se em: MARTINS-COSTA, Judith. Prefácio a: CACHAPUZ, Maria Cláudia. Intimidade e vida privada no novo código civil brasileiro: uma leitura orientada no discurso jurídico. Porto Alegre: S. A. Fabris, 2006, p. 31-38.

[68] HOFFMANN-RIEM, Wolfgang. Rechtliche Rahmenbedingungen. In *Der neue Datenschutz* (org. BÄUMLER, Helmut. Neuwied/Kriftel, *Luchterland*, 1998, p. 13. Apud SAMPAIO FERRAZ, Tércio. A Liberdade como Autonomia Recíproca de Acesso à Informação. In *Estudos de Filosofia do Direito. Reflexões sobre o Poder, a Liberdade, a Justiça e o Direito*. São Paulo: Atlas, 2002, p. 134.

[69] HOFFMANN-RIEM, Wolfgang. Rechtliche Rahmenbedingungen. In *Der neue Datenschutz* (org. BÄUMLER, Helmut. Neuwied/Kriftel, *Luchterland*, 1998, p. 13. Apud SAMPAIO FERRAZ, Tércio. A Liberdade como Autonomia Recíproca de Acesso à Informação. In: *Estudos de Filosofia do Direito. Reflexões sobre o Poder, a Liberdade, a Justiça e o Direito*. São Paulo: Atlas,2002, p. 134.

276 *Judith Martins-Costa e Márcia Santana Fernandes*

temente, a liberdade protegida pelo direito à confidencialidade não pode ser orientada por uma ideia de proteção à expansão egocêntrica, antes devendo ser entendida como *exercício da liberdade em reciprocidade*[70]". Como assinala Maria Claudia Cachapuz, "a questão é saber, frente uma determinada questão concreta proposta, se se está diante de um fenômeno que revele uma circunstância da vida privada ou da intimidade de alguém – devendo, por isso, ser mantido na esfera privada – ou se é algo que mereça visibilidade pública, dado o interesse público reconhecido[71]".

A resposta há de ser dada conforme os critérios postos no Ordenamento, ou dele racionalmente dedutíveis. O dever de confidencialidade submete-se, assim, à ponderação própria à concretização dos direitos de personalidade. Estes não constituem "direitos do egoísmo"[72], mas instrumentos de *auto-desenvolvimento* e de *colaboração com os outros,* co-participes na vida comunitária[73]. Cede, pois, a confidencialidade nos casos em que afetar, danosamente, *interesses legítimos* de terceiros.

Outro aspecto importante no gerenciamento de informações na atividade de biobancos – que afeta, de certa forma, a privacidade dos sujeitos de pesquisa – é a necessidade de compartilhamento das informações entre pesquisadores da área e o estabelecimento de redes de pesquisa, globalmente,

---

[70] HOFFMANN-RIEM, Wolfgang. Rechtliche Rahmenbedingungen. In *Der neue Datenschutz* (org. BÄUMLER, Helmut. Neuwied/Kriftel, *Luchterland*, 1998, p. 13. Apud SAMPAIO FERRAZ, Tércio. A Liberdade como Autonomia Recíproca de Acesso à Informação. In: *Estudos de Filosofia do Direito. Reflexões sobre o Poder, a Liberdade, a Justiça e o Direito.* São Paulo: Atlas,2002, p. 135.

[71] CACHAPUZ, Maria Cláudia. Intimidade e vida privada no novo código civil brasileiro: uma leitura orientada no discurso jurídico. Porto Alegre: S. A. Fabris, 2006, p. 106. Nesse sentido, complementa a autora, para que se possa chegar à melhor solução jurídica no exame de um caso concreto e "reproduzir uma situação de proporcionalidade entre os interesses em conflito, uma integração das liberdades coexistentes deve ser promovida a partir da argumentação racional, possibilitada pela abertura proposta ao discurso prático" (idem, Introdução). Em outras palavras: o intérprete deve, primeiramente, perceber a estrutura formal de identificação dos espaços público e privado, confrontando-a, subsequentemente, com as específicas situações da vida civil. Ao assim proceder abre-se o sistema jurídico de forma ordenada e ordenadora à mutabilidade da vida, possibilitando a permanente reconstrução do Direito.

[72] V. LEITE DE CAMPOS, Diogo. O Direito e os Direitos da Personalidade. In *Revista da Ordem dos Advogados.* Lisboa: ano 53, abril/junho 1993. Também sublinhando esse ponto: OLIVEIRA ASCENSÃO, José. Os Direitos de Personalidade no Código Civil Brasileiro. *Revista Forense,* Rio de Janeiro, v. 342, abr./jun. 1998, p.122.

[73] MARTINS-COSTA, Judith. O Princípio do Livre Desenvolvimento Da Personalidade. In: LOBO TORRES, Ricardo; KATAOKA, Eduardo; GALDINO, Flavio (org.) Dicionário de Princípios Jurídicos. Rio de Janeiro: Elsevier, 2011, p. 816.

Os Biobancos e a Doação de Material Biológico Humano: Um Ensaio de ... 277

conectadas. Por isso, a harmonização de sistemas de informação compatíveis e de normas e diretrizes éticas são também objetivos perseguidos, prioritariamente, nesta atividade, garantindo-se, em qualquer hipótese, o uso adequado das informações, tal como, na Europa, prevê a Diretiva para a Proteção das Pessoas face ao tratamento de Dados Pessoais, de 1990, segundo a qual os dados relativos à saúde são dados "sensíveis", devendo ser salvaguardados.

A esfera da personalidade ampara-se no valor "autodeterminação", ao mesmo tempo um valor ético e jurídico. A garantia da preservação deste valor é implementada por um outro grupo de deveres, voltados à informação e ao esclarecimento dos sujeitos doadores de material biológico aos biobancos a fim de possibilitar a emissão de seu *consentimento informado*. Examinemos, pois, os deveres informativos ligados instrumentalmente à obtenção do consentimento informado.

B) Deveres Informativos e Obtenção do Consentimento Informado

Na célebre decisão proferida, em 1914, pelo Juiz Benjamin Nathan Cardozo, da Suprema Corte norte-americana, no caso *Schloendorff v. Society of New York Hospital* consagrou-se o direito de o ser humano adulto, consciente, autodeterminar-se em relação a seu próprio corpo, devendo ser responsabilizado o cirurgião que, sem o prévio consentimento do paciente, praticasse uma intervenção[74]. Desde então, não cessa de ampliar-se, em vários sistemas jurídicos e em regramentos internacionais, a "fundamentalidade" dos deveres de informação. Na Alemanha, exemplificativamente, o direito à informação é tido como "elaboração legítima" do direito geral de personalidade, considerado como direito ao respeito e à não-violação da pessoa na sua existência e atividade[75]. No que diz especificamente com a área

---

[74] *"Every human being of adult years and sound mind has a right to determine what shall be done with his own body".* (vide referências, entre outros, em: KFOURI NETO, Miguel. Culpa Médica e ônus da prova. São Paulo: Revista dos Tribunais, 2002; DIAS PEREIRA, André Gonçalo. O dever de esclarecimento e a responsabilidade médica. Revista dos Tribunais, 2005, ano 94, São Paulo, p. 69-109 (versão semelhante em André Gonçalo Dias Pereira, "Responsabilidade Médica por Violação do Consentimento Informado", Actas do 1.º Congresso Internacional Responsabilidade Civil dos Médicos, Centro de Direito Biomédico, pp. 435-497).

[75] FABIAN, C. O dever de informar no Direito Civil. São Paulo: Revista dos Tribunais, 2002. Veja-se a análise comparativa de Mota Pinto entre a extensão dada ao *"Recht auf informationelle Selbstbestimmung"* na Alemanha e em Portugal, onde resulta protegido, ao menos, em parte, por meio dos direitos de personalidade especiais, por ex., o expresso

278   *Judith Martins-Costa e Márcia Santana Fernandes*

da saúde, passo largo foi dado em 1978, também nos Estados Unidos, com o Relatório Belmont. Adotando a noção de "vulnerabilidade"[76] alavancou a exigência de um consentimento informado como condição do respeito à autonomia do paciente na clínica médica e na pesquisa com seres humanos, de modo a reconhecer-se ao paciente o *direito à autodeterminação nos cuidados de saúde*[77].

Essas construções doutrinárias e jurisprudenciais permitiram a configuração de um *direito subjetivo à informação* que, no Brasil, está acolhido de forma expressa em normas jurídicas (CDC, art. 6.º, III), deontológicas (Código de Ética Médica, Res. CFM n. 1931/2009, arts. 22, 74, 101 e ss) e administrativas (por exemplo, normas do SUS ou do CNS). É, por igual, deduzido de regras civis e penais, tais quais as relativas à intangibilidade da autodeterminação em relação à integridade física (como o art.11 do Código Civil e o art. 146 do Código Penal) e ao dever de lealdade contratual (Código Civil, art. 422), com o que a ausência ou a deficiência de informação como antecedente ao consentimento, pode configurar inadimplemento de dever obrigacional e, até mesmo crime, no caso de um atentado à integridade física ter sido perpetrado sem o consentimento da paciente[78].

---

direito à intimidade e à vida privada. (MOTA PINTO, Paulo da. In O Direito ao Livre Desenvolvimento da Personalidade. In *Portugal-Brasil ano 2000 – Studia Jurídica, 40, Colloquia 2. Boletim da Faculdade de Direito da Universidade de Coimbra,* 1999, p. 184-185). Análise similar à desenvolvida pelo ilustre civilista português nos parece correta também no Brasil, tendo em vista as regras da Constituição Federal (art. 5.º, inciso X) e do Código Civil (art. 21) (Mencionou-se o tema em: MARTINS-COSTA, Judith. O Princípio do Livre Desenvolvimento Da Personalidade. In: LOBO TORRES, Ricardo; KATAOKA, Eduardo; GALDINO, Flavio (org.) Dicionário de Princípios Jurídicos. Rio de Janeiro: Elsevier, 2011, p. 813-840.

[76] Essa noção não está cingida ao Relatório Belmont. Na França, e no terreno da Filosofia, foi agudamente percebida por Emmanuel Levinas que, em *L'Humanisme de l'autre homme* (Paris, LGF, 1972) afirma que a subjetividade só é definível de modo posterior à alteridade, de modo que toda a subjetividade é interação com o outro. Ao surgir como "resposta" ao chamamento do outro, a subjetividade se apresenta concomitantemente como vulnerabilidade (podendo ser ferida pelo outro) e como responsabilidade (o sujeito deve responder ao outro). Essa é a condição humana, diz Levinas. Esta perspectiva começa, paulatinamente, a recobrir uma acepção da vulnerabilidade como condição de todos os sujeitos, e não meramente atributo de alguns.

[77] DIAS PEREIRA, André Gonçalo. O dever de esclarecimento e a responsabilidade médica. Revista dos Tribunais, 2005, ano 94, São Paulo, p. 69-109 (versão semelhante em André Gonçalo Dias Pereira, "Responsabilidade Médica por Violação do Consentimento Informado", Actas do 1.º Congresso Internacional Responsabilidade Civil dos Médicos, Centro de Direito Biomédico, pp. 435-497).

[78] Assim escreveu-se em: MARTINS-COSTA, Judith. Introdução à Responsabilidade Civil em Gineco-obstetrícia. In: FREITAS, Fernando [et al.]. Rotinas em Obstetrícia. 6 ed. Porto Alegre: Artmed, 2011, p. 851-887.

Os Biobancos e a Doação de Material Biológico Humano: Um Ensaio de ... 279

A exigência não se configura, todavia, como um bloco homogêneo, pois a informação é, no mais das vezes, instrumental, variando o dever de informar e a medida da informação exigível consoante os dados concretos da situação em causa[79]. Não se deve esquecer que o excesso de informação pode produzir *opacidade*, isto é, desinformação, a metáfora *"sociedade da informação"* sendo, por vezes, designação enganosa, pois é a sociedade dos que, hiper-informados carecem de discernimento perante a informação, restando, assim, paradoxalmente desinformados pelo excesso, e não pela ausência[80]. A informação deve, pois, auxiliar o discernimento do sujeito, em vista da obtenção de um seu consentimento "livre" porque qualificado pelo prévio conhecimento de dados relevantes à situação em causa. Modo geral, a exigência de um dever de informar guarda relação com os seguintes postulados: (i) toda a pessoa deve poder decidir livremente sobre si própria (autodeterminação pessoal); (ii) a emissão de um consentimento só é "livre" quando fundamentada em informações sérias, criteriosas e completas permitindo o conhecimento, pelo sujeito que consente, acerca dos riscos que pesam sobre si ou seus familiares; (iii) se quem recebe o consentimento é "profissional" (por exemplo: médico, ou pesquisador) cabe-lhe auxiliar o sujeito que consente a evitar ou minimizar riscos e assegurar condições de segurança para si próprio[81]. Ao fim e ao cabo, trata-se de uma informação nitidamente instrumental, destinada à obtenção de um *consentimento informado.*

---

[79] MARTINS-COSTA, J. Um aspecto da obrigação de indenizar: notas para uma sistematizacão dos deveres pré-contratuais de proteção no direito civil brasileiro. Revista dos Tribunais (São Paulo), v. 867, p. 11-51, 2008.

[80] Assim escreveu-se em: MARTINS-COSTA, Judith. Prefácio a: CACHAPUZ, Maria Cláudia. Intimidade e vida privada no novo código civil brasileiro: uma leitura orientada no discurso jurídico. Porto Alegre: S. A. Fabris, 2006, p. 31-38.

[81] Esses postulados encontram explicação na chamada "ética da vulnerabilidade", ligada à consideração da existência de pessoas (ou grupos de pessoas) em situação de vulnerabilidade. Contrapõe-se, assim, à lógica da igualdade ("todos são iguais perante a lei"), a "lógica da vulnerabilidade", que impõe a adoção, na relação com pessoas consideradas vulneráveis, de especiais cautelas de proteção. Assim escreveu-se em: MARTINS-COSTA, Judith. Introdução à Responsabilidade Civil em Gineco-obstetrícia. In: FREITAS, Fernando [et al.]. Rotinas em Obstetrícia. 6 ed. Porto Alegre: Artmed, 2011, p. 851-887. Sobre o tema, ver: NEVES, M. Patrão. Sentidos da vulnerabilidade: característica, condição, princípio. In: Revista Brasileira de Bioética. Vol. 2, n. 2, Sociedade Brasileira de Bioética, 2006, p. 157; GOLDIM, J.R.; FRANCISCONI, C.F.; CLOTET, J. Consentimento informado e a sua prática na assistência e pesquisa no Brasil. Porto Alegre: EDIPUCRS, 2000; GOLDIM, J.R. O consentimento informado numa perspectiva além da autonomia. Revista AMRIGS, Porto Alegre, 46 (3,4): 109-116, jul-dez.2002; GOLDIM, J.R. Risco. Em: http://www.ufrgs.br/bioetica/risco. htm. Acesso em 28.09.2009. BARBOZA, Heloisa Helena. Responsabilidade civil em face das pesquisas em seres humanos: efeitos do consentimento livre e esclarecido. In: MARTINS-

280 — Judith Martins-Costa e Márcia Santana Fernandes

A expressão "consentimento informado" passou a figurar no léxico de juristas e pesquisadores desde que, em 1957, um Tribunal da Califórnia aludiu ao *"informed consent"*. As decisões de Cortes norte-americanas explicitam, então, progressivamente, o dever de informação do médico para com o doente e, de forma particular, a revelação dos riscos de tratamento. *Pari passu* ao dever de informar, de que é o objetivo principal (informa-se *para* possibilitar o consentimento informado), a exigência da obtenção desse qualificado consentimento espalhou-se noutros ordenamentos jurídicos anglo- saxões, bem como na Europa continental, tendo como suporte o valor ético da autodeterminaçãoda pessoa humana[82].

Traduz-se, sob a mencionada expressão, um verdadeiro *processo* objetiva e subjetivamente complexo[83], não limitado à assinatura em um Termo de

---

-Costa, Judith e Moeller, Leticia Ludwig. Responsabilidade e Bioética. Rio de Janeiro, Forense, 2009, pp. Especificamente quanto ao consentimento informado na pesquisa veja- -se: Oliveira Cesar, Denise. Obrigação de Fornecimento do Medicamento após a Conclusão de Pesquisa. (Tese – Doutorado em Direito. UFRGS, 2009. Orient: Martins-Costa, Judith e Goldim, José Roberto. Em vias de publicação); Muller da Rosa, Carla. Pesquisadores + indivíduos capazes em situação de vulnerabilidade sociodemografica: o papel da informação no processo de consentimento informado para a pesquisa biomédica em seres humanos e a sua regulação pelo direito civil brasileiro. 2009. Dissertação Mestrado em Direito) – UFRGS. Orient: Martins-Costa, Judith. Em vias de publicação.

[82] Assim está em: Dias Pereira, André Gonçalo. O dever de esclarecimento e a responsabilidade médica. Revista dos Tribunais, 2005, ano 94, São Paulo, p. 69-109 (versão semelhante em André Gonçalo Dias Pereira, "Responsabilidade Médica por Violação do Consentimento Informado", Actas do 1.º Congresso Internacional Responsabilidade Civil dos Médicos, Centro de Direito Biomédico, pp. 435-497). Porém, sob pena de recair-se no vício do idealismo, não se deve esquecer que hoje em dia vive- -se o "assalto à privacidade" (Rodotà). A ideia segundo a qual ninguém pode tomar conhecimento de dados de outrem sem o consentimento do sujeito, não reflete a realidade, e isto s por duas razões: (i) para obter determinados benefícios, mesmo de natureza social, a pessoa fornece espontaneamente informações de caráter reservado; e, (ii) as pessoas não têm poder de controlar o modo como as informações são recolhidas e se a sua utilização será prejudicial ou sua classificação errônea ou incompleta. Por isso mesmo cabível é a preocupação superlativa com o perigo da concentração e da indevida difusão de dados pessoais (Vide, nesse sentido: ALPA, Guido. Privacy e Statuto Dell'informazione. Rivista di Diritto Civile. 1979. p. 71. Também: Rodota, Stefano. Elaboratori Elettronici e Controllo Sociale. Bologna: Il Mulino. 1973. p. 73, ambos citados em: Martins, Luciana Mabilia, em: O direito civil à privacidade e à intimidade. In: Martins- -Costa, Judith (org.). A Reconstrução do Direito Privado – Reflexos dos Princípios, Diretrizes e Direitos Fundamentais Constitucionais no Direito Privado. São Paulo: RT, 2002, p. 337-371).

[83] Tratando-se de pesquisa diz-se subjetivamente complexo porque agrega, por exemplo, o laboratório eventualmente financiador da pesquisa; a universidade ou o hospital

Os Biobancos e a Doação de Material Biológico Humano: Um Ensaio de ... 281

Consentimento, pois indica duas realidades diversas e complementares: (i) o instrumento que formaliza o dever de informar sobre as condições do tratamento, atividade, pesquisa e os seus riscos, com o "aceite" do sujeito (Termo de Consentimento) e, (ii) um processo comunicativo concomitantemente verbal e escrito, e continuado, isto é, não restrito a um único momento na relação intersubjetiva ("princípio da informação continuada"). Na primeira acepção o "termo de consentimento informado" vai designar o documento em que listados os eventuais riscos a que está submetido o sujeito, bem como as cautelas e atitudes que deve adotar para o adequado desenvolvimento da atividade. Na segunda acepção o consentimento informado é considerado como condição ética e jurídica da relação pesquisador-sujeito, levando a uma decisão voluntária, verbal ou escrita, tomada após processo informativo visando à aceitação de um procedimento ou ato, e estando ciente de suas consequências[84].

A implementação deste processo de fornecimento de deveres informativos voltados à obtenção do consentimento informado do sujeito doador foi exemplarmente concretizada na *Normativa para o Armazenamento e Utilização de Materiais Biológicos Humanos e Informações Associadas* elaborada no ano de 2010 por pesquisadores do Hospital de Clinicas de Porto Alegre – HCPA, a primeira normativa específica e abrangente para área de biobancos e biorrepositórios no país[85].

Mencionada Normativa conta com dez capítulos e cinquenta e seis artigos, instituindo regras relacionadas a questões técnicas, éticas e jurídicas sobre coleta, processamento, armazenamento, disponibilização e descarte de materiais biológicos humanos e informações associadas, no âmbito de pes-

---

gestor do biobanco, o pesquisador responsável pelo projeto, além do sujeito da pesquisa; e é objetivamente complexo na medida em que a informação devida deve abranger as condições impostas no projeto científico, mantendo-se ao longo do projeto, para permitir que, por razões supervenientes, o sujeito possa, eventualmente, retirar o seu consentimento com o ato médico ou com a aceitação das condições da pesquisa. (Assim: OLIVEIRA Cesar, Denise. Obrigação de Fornecimento do Medicamento após a Conclusão de Pesquisa. (Tese – Doutorado em Direito. UFRGS, 2009, p. 100. Orient: MARTINS-COSTA, Judith e GOLDIM, José Roberto. Em vias de publicação).

[84] CLOTET, J.; GOLDIM, J.R.; FRANCISCONI, C.F.. Consentimento informado e sua adequação à pesquisa e assitência no Brasil. Porto Alegre: EDIPUCRS, 2000.

[85] SANTANA-FERNANDES, M.; ASHTON-PROLLA, P.; MATTE,U.; MEURER, L.; OSVALDT, A.; BITTELBRUNN, A.C.; SCHLATTER, R.; PEREIRA DA SILVA, F. M.; CLAUSELL, N.; GOLDIM, J.R. A normativa do Hospital de Clínicas de Porto Alegre para o armazenamento e utilização de materiais biológico humanos e informações associadas em pesquisa: uma proposta interdisiciplinar. Rev HCPA 2010;30(2):169-179. Acesso em http://www.hcpa.ufrgs.br/content/view/.

282   *Judith Martins-Costa e Márcia Santana Fernandes*

quisa no HCPA[86]. Dentre os temas tratados está, justamente, o consentimento informado por parte do sujeito de pesquisa, para a autorização da coleta e para a doação do material biológico humano e informações associadas[87].

É pressuposto da Normativa a consideração sobre ser o consentimento informado, nas pesquisas envolvendo seres humanos e suas partes, exigência de ordem pública relacionada diretamente aos direitos da personalidade[88]. Consequentemente, considera, sob a expressão o processo em que o sujeito manifesta a sua vontade e concordância – livre de pressões externas e a partir do recebimento de informações adequadas e suficientes inerentes a todo o processo – para participar de pesquisas científicas ou para doar material biológico para pesquisa. Considera, outrossim, dever ser este processo a expressão de uma conduta eticamente adequada, em respeito aos Direitos Humanos e em especial respeito aos princípios da confiança e da autonomia[89]. Portanto, o processo de consentimento informado, tanto na assistência como na pesquisa com seres humanos não se limita ao respeito

---

[86] A Normativa envolve os biobancos já existentes, assim como os futuros biorrepositórios e às atividades de biobanco do HCPA que serão implementadas, em 2011, pela Unidade de Recursos Biológicos (URB) do HCPA. SANTANA-FERNANDES, M.; ASHTON-PROLLA, P.; MATTE,U.; MEURER, L.; OSVALDT, A.; BITTELBRUNN, A.C.; SCHLATTER, R.; PEREIRA DA SILVA, F. M.; CLAUSELL, N.; GOLDIM, J.R.. A normativa do Hospital de Clinicas de Porto Alegre para o armazenamento e utilização de materiais biológico humanos e informações associadas em pesquisa: uma proposta interdisiciplinar. Rev HCPA 2010;30(2):169-179. Acesso em http://www.hcpa.ufrgs.br/content/view/.

[87] ANDREWS, L.. Assessing Values to set policies for consent, storage, and use of tissue and information in Biobanks, *in* New Challenges for Biobanks: Ethics, Law and Governance, 31-40, Ed. Dierickx, K.; Borry, P., Bélgica:Intersentia Publishers, 2009.

[88] O Código Civil Brasileiro, Lei 10.406, de 10 de Janeiro de 2002, em seu Capítulo II, artigo 15, reconhece o princípio do consentimento informado como integrante dos direitos de personalidade da pessoa natural e sua autonomia para decidir a submeter-se ou não a qualquer tratamento ou procedimento médico. Da mesma forma, o princípio do consentimento informado está garantido às crianças e aos adolescentes, como respeito aos direitos de personalidade, através do **Lei N.º 8.069, de 13 de Julho de 1990,** que dispõe sobre o Estatuto da Criança e do Adolescente e dá outras providências, nos artigos 16, inciso II e 17 (BRASIL. Código civil brasileiro: Lei 10. 406, de 10 de janeiro de 2002. Brasília, 2002). Consulte-se, para a interface da Bioética e do Direito: GOLDIM, J. R. O consentimento informado numa perspectiva além da autonomia. Revista da Amrigs, Porto Alegre, v. 46, n. 3-4, p.109-116, jul./dez. 2002. É importante ressalvar que o estudo envolvendo o consentimento informado é amplo e não está limitado aos aspectos jurídicos nele envolvidos, como refletido em muitos estudos.

[89] GOLDIM, J. R. O consentimento informado e a adequação de seu uso na pesquisa em seres humanos. Tese (Doutorado em Medicina) – Faculdade de Medicina, Universidade Federal do Rio Grande do Sul, Porto Alegre, 1999.

Os Biobancos e a Doação de Material Biológico Humano: Um Ensaio de ... 283

da autonomia do indivíduo, como preceitua a doutrina tradicional[90], antes pressupondo o prévio cumprimento dos deveres de informação, bem como o respeito à pessoa e a consideração das circunstâncias factuais.

A informação devida visa, primariamente, auxiliar o sujeito da pesquisa a consentir. Na atividade de biobancos o consentimento deverá estar direcionado para a doação do material propriamente dito, englobando também a permissão para a utilização das informações a ele associadas. Estas informações podem ser aquelas próprias do material biológico (morfologia, anatomia) bem como concernir a dados pessoais do sujeito de pesquisa, *v.g,* dados clínicos e genéticos. Tratando-se de consentimento para depositar material humano em biobancos, deve-se assegurar ao sujeito doador a livre manifestação da vontade para autorizar o armazenamento e o registro das informações associadas ao material biológico; o acesso às justificativas, às informações pessoais, aos objetivos e aos procedimentos relativos à utilização do material biológico e informações associadas, assim como o doador deve ter a liberdade de retirar o seu consentimento para a manutenção ou a utilização de seu material biológico armazenado e informações associadas mesmo nos casos de pesquisa em curso, sem que isso importe qualquer prejuízo pessoal, devendo o material ser descartado. Ressalva-se que o descarte de material genético e informações associadas deve observar também o legítimo interesse de terceiros, como os familiares que poderiam ser beneficiados com a informação. Estas situações devem ser analisadas casuisticamente.[91]

Assim como o dever de informação é um dever basicamente instrumental, variando a medida de sua exigência, assim também a obtenção do consentimento informado pode, em certas situações, ser relativizado e, até mesmo, afastado. Para tanto, dois pressupostos devem estar evidenciados no caso: (i) a relevância da pesquisa, a ser devidamente comprovada; (ii) e a impossibilidade de contatar a pessoa, por estar em lugar incerto e não sabido ou for falecida, sem nunca ter, em vida, manifestado, de qualquer forma, desejo contrário a doação. Nestes casos, a princípio, o material

---

[90] DOYAL, L.; TOBIAS, J. S. Informed consent in medical research. London: BMJ Books, 2001. p. 14, 20, 22.

[91] SANTANA-FERNANDES, M.; ASHTON-PROLLA, P.; MATTE,U.; MEURER, L.; OSVALDT, A.; BITTELBRUNN, A.C.; SCHLATTER, R.; PEREIRA DA SILVA, F. M.; CLAUSELL, N.; GOLDIM, J.R.. A normativa do Hospital de Clinicas de Porto Alegre para o armazenamento e utilização de materiais biológico humanos e informações associadas em pesquisa: uma proposta interdisiciplinar. Rev HCPA 2010;30(2):169-179. Acesso em http://www.hcpa.ufrgs.br/content/view/.

biológico e as informações associadas poderão ser utilizados sem o prévio consentimento ou mesmo sem nenhum consentimento.[92]

A coleta, o armazenamento e o descarte são práticas inerentes a atividade de biobancos para as quais se pressupõe a doação do material biológico humano e a permissão para a utilização das informações associadas. Portanto, a administração de URBs ou de biobancos deve estar pautada pelo princípio da responsabilidade social e respeito aos direitos de personalidade, evitando o mau uso ou mesmo a patrimonialização do material e das informações associadas, sob pena de caracterizar-se a ilicitude por exercício disfuncional, na forma prevista no art. 187 do Código Civil brasileiro.

SÍNTESE CONCLUSIVA

As perspectivas para o futuro da pesquisa e da inovação nas áreas da Biologia e da Medicina apontam, prioritária e estrategicamente, à crescente utilização de material biológico armazenado em biobancos e biorrepositórios localizados em Unidades de Recursos Biológicos (URB). A gestão dessas coleções organizadas de materiais biológicos humanos e informações a eles associadas, guardados para fins de pesquisa, está adstrita à observação de recomendações éticas, regras jurídicas e normas técnicas e operacionais pré-definidas. De modo especial os biobancos – cujas atividades, como se viu, extrapolam as desenvolvidas em biorrepositórios, por abranger inclusive o estabelecimento de redes de pesquisa, muitas delas internacionais –, devem seguir os marcos regulatórios, as diretrizes éticas e os deveres jurídicos estabelecidos para o seu funcionamento, podendo também propor normas de autorregulamentação para novas situações ainda não abordadas por outros documentos.

Tal regulação é necessária na medida em que a atividade envolve, diretamente, pesquisadores e sujeitos de pesquisa, no múltiplo papel de interessados, doadores e beneficiários dos materiais biológicos para fins de pesquisa. Interesses dignos de proteção jurídica, como o respeito à autode-

---

[92] SANTANA-FERNANDES, M.; ASHTON-PROLLA, P.; MATTE,U.; MEURER, L.; OSVALDT, A.; BITTELBRUNN, A.C.; SCHLATTER, R.; PEREIRA DA SILVA, F. M.; CLAUSELL, N.; GOLDIM, J.R. A normativa do Hospital de Clinicas de Porto Alegre para o armazenamento e utilização de materiais biológico humanos e informações associadas em pesquisa: uma proposta interdisiciplinar. Rev HCPA 2010;30(2):169-179. Acesso em http ://www.hcpa.ufrgs.br/content/view/. Assinala-se, no entanto que o fato da morte não esfacela de todo o direito de personalidade. Conquanto a personalidade jurídica desapareça com a morte, sobrevive o resguardo.

Os Biobancos e a Doação de Material Biológico Humano: Um Ensaio de ... 285

terminação e a proteção da privacidade justificam a atenção às repercussões bioéticas e jurídicas da atividade de biobancos, bem como a imposição de deveres éticos e jurídicos especificamente ligados esta atividade. O interesse público está, por igual, em causa, na medida em que, de modo indireto, a atividade de biobancos envolve o Governo, de modo especial os órgãos encarregados da formulação de políticas públicas específicas à área e a sociedade, destinatária dessas políticas.

REFERÊNCIAS

ALEMANHA. Biobanks for Research. Opinion. National Ethics Council (www.ethikrat.org) Berlin, 2004. Texto em PDF, acessado em março de 2009.

ALMEIDA COSTA, Mário Julio. Direito das Obrigações 10.ª ed. Coimbra, Almedina, 2006.

ALVIM, Agostinho. Da Doação. 3.ª Ed. São Paulo: Saraiva, 1980.

ALPA, Guido. Privacy e Statuto Dell'informazione. Rivista di Diritto Civile. Padova: CEDAM, 1979.

ANDREWS, L. Assessing Values to set policies for consent, storage, and use of tissue and information in Biobanks, in New Challenges for Biobanks: Ethics, Law and Governance, 31-40, Ed. Dierickx, K.; Borry, P., Bélgica:Intersentia Publishers, 2009.

ASCENSÃO, José Oliveira. Os Direitos de Personalidade no Código Civil Brasileiro. Revista Forense, Rio de Janeiro, v. 342, abr./jun. 1998, p. 122.

ASHTON-PROLLA, Patrícia; CLAUSELL, Nadine; SANTANA-FERNANDES, Márcia; MATTE, Ursula; BITTELBRUNN, Ana C.; HEMESATH, M.P.; KUCHENBECKER, Ricardo; GOLDIM, José Roberto. Biobanco Do Hospital De Clínicas De Porto Alegre: Aspectos Técnicos, Éticos, Jurídicos E Sociais. Rev HCPA 2009;29(1):74-79. Acesso em http://www.hcpa. ufrgs.br/content/view/.

ATIYAH, An Introduction to the Law of Contract, Oxford, 1989.

AZEVEDO, Antonio Junqueira de. Negócio Jurídico e Declaração Negocial – Noções Gerais e Formação da Declaração Negocial. São Paulo, 1986, ed. do Autor.

AZEVEDO SOUSA, Maria Isabel. O princípio da exclusividade como nota distintiva do Direito Privado. In: MARTINS-COSTA, Judith. A Reconstrução do Direito Privado – Reflexos dos Princípios, Diretrizes e Direitos Fundamentais Constitucionais no Direito Privado. São Paulo: RT, 2002.

BARBOZA, Heloisa Helena. Responsabilidade civil em face das pesquisas em seres humanos: efeitos do consentimento livre e esclarecido. In: MARTINS-COSTA, Judith e MOELLER, Leticia Ludwig. Responsabilidade e Bioética. Rio de Janeiro, Forense, 2009.

BRASIL. Código civil brasileiro: Lei 10.406, de 10 de janeiro de 2002. Brasília, 2002.

CACHAPUZ, Maria Cláudia. Intimidade e vida privada no novo código civil brasileiro: uma leitura orientada no discurso jurídico. Porto Alegre: S. A. Fabris, 2006.

CESAR, Denise Oliveira. Obrigação de Fornecimento do Medicamento após a Conclusão de Pesquisa. Tese de Doutorado. Programa de Pós-Graduação em Direito, UFRGS, (orient.) MARTINS-COSTA, Judith. Porto Alegre, 2009, no prelo.

CLOTET, J. O consentimento informado: uma questão do interesse de todos. In: ——. Bioética: uma aproximação. Porto Alegre: EDIPUCRS, 2003. p. 230.

COMPTON, Carolyn C.. Welcome and Opening Remarks of Bethesda Forum Agenda, 2007. Disponível em: ⟨http://biospecimens.cancer.gov/practices/forum/bethesda2007/default.asp#agenda⟩.

COSTA JR., Paulo José da. O Direito de Estar Só: Tutela Penal da Intimidade. São Paulo: Editora Revista dos Tribunais, 1970.

DOTTI, René Ariel. A liberdade e o direito à intimidade, In Revista de Informação Legislativa, ano 17, n.º 66, abril/junho 1980.

DOYAL, L.; TOBIAS, J. S. Informed consent in medical research. London: BMJ Books, 2001.

ECO, Umberto. Quale privacy? 22.ª Conferenza Internazionale: "One World, one privacy". Venezia 28-30 settembre 2000. http://www.privacy.it/eco20000928.html.

FABIAN, C. O dever de informar no Direito Civil. São Paulo: Revista dos Tribunais, 2002. p. 71.

FAUVARQUE-COSSON, B., e MAZEAUD, D. (org.). Terminologie Contractuelle Commune. Projet de Cadre Commun de Référence. Association Henri Capitant – Societé de Législation Comparée. Paris, 2008.

FERRAZ, Tércio Sampaio. Sigilo de Dados: O direito à privacidade e os limites à função fiscalizadora do Estado. Cadernos de Direito Tributário e Finanças Públicas. n.º 01. 1992, e, ainda, do mesmo autor, Introdução ao Estudo do Direito. São Paulo: Atlas. 1994. 2.ª ed. E:

FERRAZ, Tércio Sampaio. A Liberdade como Autonomia Recíproca de Acesso à Informação. In: Estudos de Filosofia do Direito. Reflexões sobre o Poder, a Liberdade, a Justiça e o Direito. São Paulo: Atlas, 2002.

FERRAZ, Tercio Sampaio. Introdução ao Estudo do Direito. São Paulo: Atlas. 1994.

FERNANDO, R.V; ACHATZ, M.I.W.; ASHTON-PROLLA, P.. Sub-Rede de aconselhamento genético, *in* Rede Nacional de Câncer Familial – Manual Operacional, pág. 15-23, Instituto Nacional do Câncer – INCA, Ministério da Saúde, Brasil, Rio de Janeiro. 2009

FLACH, Daisson, em: O direito à intimidade e à vida privada e a disciplina dos meios de comunicação. In: MARTINS-COSTA, Judith. A Reconstrução do Direito Privado – Reflexos dos Princípios, Diretrizes e Direitos Fundamentais Constitucionais no Direito Privado. São Paulo: RT, 2002. p. 372-407.

FLUME, Werner El Negocio Juridico. Parte General del Derecho Civil. Tomo II, 4a ed., tradução espanhola de José Maria Miquel Gonzalez e Esther Gomes Calle, ed. Fundación Cultural del Notariado, 1998.

FOBELETS, G.; NYS, H. Evolution in Research Biobanks and its legal consequences, in New Challenges for Biobanks: Ethics, Law and Governance, 19-29, Ed. Dierickx, K.; Borry, P., Bélgica:Intersentia Publishers, 2009.

GHESTIN, Jacques. Le Contrat en tant qu'échange économique. In: Rev. D'Économie Industrielle n. 92, 2000.

GHESTIN, Jacques. Cause de l'engagement et validité du contrat. Paris, LGDJ, 2006.

GOLDIM, J.R.; FRANCISCONI, C.F.; CLOTET, J. Consentimento informado e a sua prática na assistência e pesquisa no Brasil. Porto Alegre: EDIPUCRS, 2000.

GOLDIM, J.R. O consentimento informado numa perspectiva além da autonomia. Revista AMRIGS, Porto Alegre, 46 (3,4): 109-116, jul-dez.2002.

GOLDIM, J. R. O consentimento informado e a adequação de seu uso na pesquisa em seres humanos. Tese (Doutorado em Medicina) – Faculdade de Medicina, Universidade Federal do Rio Grande do Sul, Porto Alegre, 1999.

GOLDIM, J.R. Risco. Em: http://www.ufrgs.br/bioetica/risco.htm. Acesso em 28.09.2009.

GOMES, Orlando. Contratos. 26.ª Ed. Rio de Janeiro, Forense, 2008.

HERMITTE, Marie-Angèlle. Le corps hors du commerce, hors du marché. Archives de Philosophie du Droit. Paris: Syrey. n.° 33. 1988.

KAYSER, Pierre. Les Droits de Personnalité. Aspect Théoriques et pratiques. Revue Trimestrielle du Droit Civil. 1971. vol. 69.

KFOURI NETO, M. A responsabilidade civil do médico. São Paulo: Revista dos Tribunais, 1996.

288   *Judith Martins-Costa* e *Márcia Santana Fernandes*

KFOURI NETO, Miguel. Culpa Médica e ônus da prova. São Paulo: Revista dos Tribunais, 2002.

KNOPPERS, B. M.; H. ABDUL-RAHMAN, M. Biobanks in the Literature. www. p3gobservatory.org/download/.../EthicsChapter_2.doc; acessado em 03 de março de 2009.

LAFER, Celso. A Reconstrução dos Direitos Humanos. São Paulo: Companhia das Letras. 1999. 3.ª reimpressão.

LEITE DE CAMPOS, Diogo. O Direito e os Direitos da Personalidade. In Revista da Ordem dos Advogados. Lisboa: ano 53, abril/junho 1993.

LEVINAS, Emmanuel. L'Humanisme de l'autre homme. Paris, LGF, 1972.

MATHIEU, Bertrand. Génome Humain et Droits Fondamentaux. Paris: Economica. 2000. p. 59.

MARTINS, Luciana Mabilia, em: O direito civil à privacidade e à intimidade. In: MARTINS-COSTA, Judith (org.). A Reconstrução do Direito Privado – Reflexos dos Princípios, Diretrizes e Direitos Fundamentais Constitucionais no Direito Privado. São Paulo: RT, 2002, p. 337-371.

MARTINS-COSTA, Judith. Os danos à pessoa e a natureza de sua reparação. In: MARTINS-COSTA, J. (Org.). A Reconstrução do Direito Privado. São Paulo: Revista dos Tribunais, 2002. p. 408-445.

MARTINS-COSTA, Judith. Prefácio a: CACHAPUZ, Maria Cláudia. Intimidade e vida privada no novo código civil brasileiro: uma leitura orientada no discurso jurídico. Porto Alegre: S. A. Fabris, 2006.

MARTINS-COSTA, Judith. Comentários ao Novo Código Civil. Do inadimplemento das obrigações. Arts. 389 a 420. Vol. V. Tomo II. 2.ª ed. Rio de Janeiro: Forense, 2009.

MARTINS-COSTA, Judith. Um aspecto da obrigação de indenizar: notas para uma sistematizacão dos deveres pré-contratuais de proteção no direito civil brasileiro. Revista dos Tribunais (São Paulo), v. 867, p. 11-51, 2008.

MARTINS-COSTA, Judith. O Método da Concreção e a Interpretação dos Contratos: Primeiras Notas de uma Leitura Suscitada pelo Código Civil In: NANNI, Giovanni Ettore. Temas Relevantes de Direito Civil Contemporâneo. São Paulo, Atlas, 2008, pp. 475-506.

MARTINS-COSTA, Judith. Introdução à Responsabilidade Civil em Gineco-obstetrícia. In: FREITAS, Fernando... [et al.]. Rotinas em Obstetrícia. 6 ed. Porto Alegre: Artmed, 2011, p. 851-887.

MARTINS-COSTA, Judith. O Princípio do Livre Desenvolvimento Da Personalidade. In: LOBO TORRES, Ricardo; KATAOKA, Eduardo; GALDINO, Flavio (org.) Dicionário de Princípios Jurídicos. Rio de Janeiro: Elsevier, 2011, p. 813-840.

MARTINS-COSTA, Judith. Contrato. Conceito e Evolução. In: Tratado de Direito Contratual. (org). NANNI, Giovanni Ettore, no prelo.

MARTINS-COSTA, J.; GOLDIM JR.; FERNANDES, M. Lei de Biossegurança--revisitando a Medusa Legislativa. In: NICOLAU, Mauro Jr. (Org.). Novos Direitos. Curitiba: Juruá, 2007, v., p. 233-246.

MAZEAUD, MAZEAUD e CHABAS. Leçons de Droit Civil. Obligations. Tome II, 1err vol. 9.ª ed. Paris, Montchrestien, 1998.

MELLO, Marcos Bernardes de. Teoria do Fato Jurídico. Plano da Existência 13.ª ed. São Paulo, Saraiva, 2007.

MENEZES CORDEIRO, A. Tratado de Direito Civil Português. I. Parte Geral, Tomo I. Coimbra, Almedina, 2000, 2.ª ed.

MOTA PINTO, Paulo da. O Direito ao Livre Desenvolvimento da Personalidade. In Portugal-Brasil ano 2000 – Studia Jurídica, 40, Colloquia 2. Boletim da Faculdade de Direito da Universidade de Coimbra, 1999, p. 184-185).

MOTA PINTO, Paulo Cardoso C. Declaração Tácita e Comportamento Concludente no Negócio Jurídico. Coimbra, Almedina, 1995.

MULLER DA ROSA, Carla. Pesquisadores e indivíduos capazes em situação de vulnerabilidade sociodemográfica: o papel da informação no processo de consentimento informado para a pesquisa biomédica em seres humanos e a sua regulação pelo direito civil brasileiro. Dissertação de Mestrado. Programa de Pós-Graduação em Direito, UFRGS, (orient.) MARTINS--COSTA, Judith. Porto Alegre, 2009, no prelo.

NERSON, Roger. La protection de la vie privée en droit positif français. Revue Internationale de Droit Comparé. 1971. n.º 04.

NEVES, M. Patrão. Sentidos da vulnerabilidade: característica, condição, princípio. In: Revista Brasileira de Bioética. Vol. 2, n.º 2, Sociedade Brasileira de Bioética, 2006, p. 157-172.

ORGANIZAÇÃO MUNDIAL DA SAÚDE. Breast cancer: prevention and control. http://www.who.int/cancer/detection/breastcancer/en/. Acessado em 02 de novembro de 2010.

ORGANIZAÇÃO MUNDIAL DA SAÚDE. International Agency for Research on Cancer (IARC). http://screening.iarc.fr/breastindex.php. Acessado em 02 de novembro de 2010. "O câncer de mama é o câncer mais comum em mulheres em muitos países, inclusive nos países desenvolvidos, com uma estimativa de 999.000 novos casos e 375.000 mortes no ano de 2000.

PEREIRA, Andre Gonçalo Dias. O Dever de Esclarecimento e a Responsabilidade Médica. In: Responsablidade Civil dos Médicos. Centro de

Direito Biomédico. Faculdade de Direito da Universidade de Coimbra. Coimbra Editora, 2005.

PONTES DE MIRANDA. Tratado de Direito Privado. Rio de Janeiro, Borsoi, 1954, Tomo III.

PONTES DE MIRANDA. Tratado de Direito Privado. Rio de Janeiro, Borsoi, 1954, Tomo XXXVIII.

PORTER, Roy (Ed.). Cambridge Illustrated History of Medicine. Cambridge University Press: Cambridge, 2001. Também: Weatherall, D. Science and the quiet art – medical research e patient care. Oxford University Press: Oxford, 1995.

REALE, Miguel. Direitos de Personalidade, acessível em: http://www.miguel-reale.com.br/artigos/dirpers.htm

RIGAUX, FRANÇOIS. La liberté de la vie privée. L'élaboration d'un "right of privacy" par la jurisprudence américaine. Revue Internationale de Droit Comparé. 1980. n.º 04.

RODOTA, Stefano. Elaboratori Elettronici e Controllo Sociale. Bologna: Il Mulino. 1973.

RODRIGUES, Silvio. Direito Civil vol. 6, 28.ª ed., São Paulo, Saraiva, 2004.

ROPPO, Enzo. O Contrato. Tradução de Ana Coimbra e M. Januário C. Gomes, Coimbra, Almedina, 1988, p. 12-13.

SONNENBERGER, Hans Jürgen. La conclusione del contratto secondo il diritto tedesco. Cedam, Pádua,1993.

SALDANHA, Nelson. O Jardim e a Praça. Porto Alegre: Sérgio Fabris Editor, 1986.

SAMPAIO, José Adércio Leite Sampaio, In Direito à intimidade e à vida privada. Belo Horizonte: Del Rey, 1998.

SANTANA-FERNANDES, Márcia; ASHTON-PROLLA, Patrícia; MATTE, Ursula; MEURER, Luise; OSVALDT, Alessandro; BITTELBRUNN, Ana C.; SCHLATTER, Rosane; PEREIRA DA SILVA, Fernando M.; CLAUSELL, Nadine.; GOLDIM, José Roberto. A normative do Hospital de Clinicas de Porto Alegre para o armazenamento e utilização de materiais biológico humanos e informações associadas em pesquisa: uma proposta interdisiciplinar. Rev HCPA 2010;30(2):169-179. Acesso em http://www.hcpa.ufrgs.br/content/view/.

SUÁREZ, H. N., Introdução à Rede nacional de Câncer Familial, in Rede Nacional de Câncer Familial – Manual Operacional, pág. 9-13, Instituto Nacional do Câncer – INCA, Ministério da Saúde, Brasil, Rio de Janeiro. 2009.

WARREN, Samuel D. BRANDEIS, Louis. The right to privacy. Harvard Law Review. 1890. Vol. IV, n.º 5.

CÉLULAS-TRONCO HUMANAS E AS PATENTES

MÁRCIA SANTANA FERNANDES[1]

Professora da Faculdade de Direito
da Universidade Federal do Rio Grande do Sul

Resumo: As terapias celulares envolvendo células-tronco são consideradas um dos principais avanços científicos do século XX e como uma das esperanças para o futuro da medicina. Do ponto de vista das células-tronco, as questões médicas, econômicas e éticas estão todas entrelaçadas. Utilizando o modelo de bioética complexa, demonstramos que as patentes não são o instrumento jurídico adequado para garantir a promoção da pesquisa com células-tronco, visando salvaguardar a saúde pública ou até mesmo o compartilhamento dos conhecimentos gerados pelas pesquisas neste campo. O consentimento informado dos indivíduos participantes de pesquisas ou de doadores de amostras biológicas deve ser exigido em todas as pesquisas envolvendo amostras humanas que geram patentes, como uma forma de respeitar os direitos humanos.

Unitermos:Patentes; células-tronco; bioética; direito.

Na era das inovações médicas baseadas nas terapias celulares, as células-tronco representam a possibilidade de esclarecer muitos dos mistérios do corpo humano e de oportunizar novas terapias para doenças até hoje

---

[1] Laboratório de Pesquisa em Bioética e Ética na Ciência – LAPEBEC, Hospital de Clínicas de Porto Alegre. **Correspondência:** Márcia Fernandes, Laboratório de Pesquisa em Bioética e Ética na Ciência – LAPEBEC, Hospital de Clínicas de Porto Alegre, Rua Ramiro Barcelos, 2350. CEP: 90035903, Porto Alegre, RS, Brasil.

incuráveis. Por outro lado, existem os receios motivados por questões éticas na utilização de tais terapias, principalmente no que concerne à utilização de células-tronco embrionárias, o que nos faz refletir sobre *"os limites da ciência"*(1), ou de refletir sobre a necessidade de se ter uma "ciência com consciência"(2).

Na perspectiva das células-tronco, as questões ligadas à Medicina, à Economia, à Ética estão todas entrelaçadas. A ciência não pode ser impedida de se desenvolver, de buscar amenizar o sofrimento e salvar vidas. Por sua vez, os investimentos econômicos são fundamentais para que as pesquisas científicas ocorram. A relação de dependência entre a produção científica e os investimentos em pesquisa e desenvolvimento e as questões bioéticas decorrentes do possível patenteamento de células-tronco torna esta questão de interesse global (3-8).

O caso paradigmático das patentes de células-tronco animais e humanas de titularidade de WARF/WiCell (Wisconsin Alumni Research Foundation), promovidas pelo pesquisador John Thomson tem sido um tema de grande controvérsia nos Estados Unidos da América e na União Européia.

O debate torna-se central à medida que o próprio cientista John Thomson, em 28 de maio de 2008, publicou na revista Forbes a notícia que estava deixando a Universidade de Wisconsin para formar a empresa *Cellular Dynamics International*, esta tem o seu foco na realização de testes de drogas experimentais e seus efeitos colaterais na área cardíaca, utilizando para tanto as linhagens de células-tronco embrionárias como instrumentos de pesquisa. Este cientista afirmou, em outras palavras, que seria pouco provável que as linhagens celulares embrionárias pudessem ser utilizadas em terapias, como o transplante, ou mesmo curar doenças, como Câncer, Parkinson e Alzheimeir, mas sim elas seriam úteis para realização de teste de medicamentos (9). Esta prospecção à utilização das células-tronco embrionárias tem sido, já há algum tempo, comentada por outros cientistas da área e isso justifica o interesse econômico para referidas linhagens (10).

O interesse econômico e a monopolização do conhecimento é o foco na obtenção destas patentes, e nesta linha de reflexão, em 11 de Novembro de 2008, na Europa, a Corte de Apelação do Escritório Europeu de Patentes – EPO (11) decidiu não admitir a concessão de patente a um método para obter cultivos de células-tronco embrionárias procedentes de primatas superiores, inclusive o homem, e desenvolvido por WARF/Thomson.

No Brasil, a proibição do patenteamento de células e partes do corpo humano é expressa na Lei de Propriedade Intelectual brasileira, Lei n.º 9.279 de 14 de maio de 1996, artigos 10, inciso IX e 18, inciso III. No caso de

Células-Tronco Humanas e as Patentes 293

células-tronco humanas embrionárias, a proibição ao patenteamento também é expressa na Lei de Biossegurança, Lei n. 11.105 de 24 de março de 2005, artigo 5.º, §3.º, regulamentado pelo Decreto n.º 5.591, de 22 de novembro de 2005, art. 63, §3.º.

Entretanto, apesar da proibição expressa da lei brasileira ao patenteamento de células-tronco, há registro, no Instituto Nacional da Propriedade Industrial (INPI), de 102 pedidos de patentes envolvendo células-tronco animais e humanas (12).

Aliada ao incremento dos pedidos de patentes envolvendo células-tronco no país, há proposta do Poder Legislativo para alterar expressamente os artigos 10, inciso IX, e 18, inciso III da Lei n.º 9.279/1996, com o objetivo de autorizar as patentes de células-tronco, em especial as embrionárias. O Projeto de Lei 4.961/2005 é de autoria do Deputado Federal, do Partido da Social Democracia Brasileira – PSDB, Antônio Carlos Mendez Tame, atualmente arquivado.

Então, a pergunta que cala é: A patente é o meio adequado para promover os investimentos necessários às pesquisas básicas na área de células-tronco humanas, instrumentos de pesquisa tão necessárias ao desenvolvimento da medicina, ou, ao contrário, ela será um obstáculo ao desenvolvimento das referidas pesquisas?

Esses questionamentos são parte do dia-a-dia dos cientistas, dos filósofos, dos juristas, dos governantes e da sociedade em geral. Em especial, o Direito tem uma participação efetiva neste processo, a começar pela compreensão da complexidade deste tema, para, então, propor a sua adequada normatização. Entretanto, o Direito não poderá auxiliar na solução dos dilemas bioéticos somente através da criação de leis (13). A atuação do Poder Legislativo está inserida em um contexto préjurídico e conecta-se ao Direito à Política, à Ética, entre outras disciplinas. Em princípio são os Direitos Fundamentais que deveriam estabelecer os limites entre o ponderável e o imponderável na elaboração legislativo (14).

O tema é urgente e merece estar inserido em um debate socialmente amplo. Para tal fim, partimos da premissa de compatibilidade necessária entre a Bioética e o Direito sobre o tema, em uma proposta interdisciplinar (15,16). Pois bem, o Modelo de Bioética Complexa (MBC) visa a permitir uma perspectiva integrada do processo de tomada de decisão envolvido em questões bioéticas práticas (17).

FUNDAMENTOS BIOÉTICOS E JURÍDICOS PARA O NÃO PATEN-TEAMENTO DE CÉLULAS-TRONCO HUMANAS: O INTERESSE PÚBLICO

É notória a oposição de Jonas Edward Salk ao não patenteamento de sua vacina de poliomielite, que há mais de cinquenta e dois anos salva a vida de milhares de pessoas, em especial de crianças. Este posicionamento está fundado no princípio moral que a apropriação de sua vacina, através da patente, poderia dificultar a utilização pública do conhecimento e conseqüentemente poderia dificultar o seu objetivo maior – salvar vidas. O pensamento de Salk ficou registrado na sua célebre frase: *A quem pertence a minha vacina de pólio? Às pessoas. Não existe patente. Nós poderíamos patentear o sol?* (18).

O interesse público, através do reconhecimento de que as patentes podem ser limitadas por razões de moralidade e ordem pública, tem sido um dos argumentos mais significativos para limitar o patenteamento de invenções ou de descobertas que transitam na área da biotecnologia e da saúde pública, como é, justamente, o caso das células-tronco humanas.

O interesse público é a base da legitimação do sistema de patentes, denominada através da teoria da divulgação do conhecimento, isso é, descrever suficientemente a invenção para permitir à sociedade medir o seu valor e alocar adequadamente recursos para promover novas tecnologias, garantindo ao inventor ou ao detentor do direito de propriedade um período de tempo para exploração deste título. Entretanto, com limitações ao seu exercício, evita-se a caracterização do abuso de direito (1921).

Em especial, no sistema de patentes e no sistema internacional, o interesse público aparece, como denominou Overwalle, como um "mosaico do interesse geral", considerando a ordem pública, as boas maneiras, a segurança pública, a proteção do consumidor, a proteção da saúde pública, a proteção da vida, do meio ambiente, do desenvolvimento econômico e na proteção da propriedade industrial e comercial, a democratização do acesso ao conhecimento e à educação (22).

Buscando refletir sobre o interesse público e as patentes de células--tronco humanas, trataremos a sua delimitação através de quatro argumentos centrais, que consideramos fundamentais para justificar o não patenteamento de células-tronco humanas. O primeiro argumento é que as pesquisas com células-tronco humanas devem respeitar as diretrizes internacionais quanto ao adequado esclarecimento dos sujeitos de pesquisa, em especial no caso destas pesquisas serem utilizadas com fins econômicos. O segundo, as células-tronco humanas não poderão ser consideradas propriedade privada.

O terceiro, a apropriação de células-tronco humanas é contrária à saúde pública e aos Direitos Humanos. O quarto, o patenteamento de células-tronco humanas obstaculiza a realização de pesquisas na área.

AS PESQUISAS COM CÉLULAS-TRONCO HUMANAS E AS DIRE-TRIZES INTERNACIONAIS QUANTO AO CONSENTIMENTO INFORMADO

O consentimento informado é, na atualidade, um tema de preocupação corrente no que concerne às pesquisas que envolvem seres humanos e suas partes, pois é uma exigência de ordem pública relacionada diretamente aos direitos de personalidade (23). Conseqüentemente, este tema tem sido de grande interesse nos estudos concernentes à interface da Bioética e do Direito (24).

Consentimento informado é o processo em que o sujeito manifesta a sua vontade e concordância – livre de pressões externas e a partir do recebimento de informações adequadas e suficientes inerentes a todo o processo – para participar de pesquisas científicas ou de quaisquer outros procedimentos médicos.

O processo de consentimento informado deve ser a expressão de uma conduta eticamente adequada, em respeito aos Direitos Humanos e em especial respeito aos princípios da confiança e da autonomia. Portanto, o processo de consentimento informado, tanto na assistência como na pesquisa com seres humanos não pode se limitar ao respeito da autonomia do indivíduo, como preceitua a teoria tradicional (25), e, sim, deve englobar o dever de informação, o respeito à pessoa e às circunstâncias factuais.

Os Estados Unidos da América têm uma longa tradição, acadêmica, jurisdicional e legiferante quanto à necessidade da obtenção do consentimento informado nas pesquisas envolvendo seres humanos. Em 1997, o então Presidente Clinton estabeleceu a Comissão Nacional de Aconselhamento Bioético do governo norteamericano – *National Bioethics Advisory Commission (NBAC)* – com a finalidade primordial de proteger os direitos e o bem-estar dos sujeitos de pesquisas. Dentre os tópicos de relevância que deveriam ser estudados e regulamentados está o consentimento informado (26).

Por isso e por outras razões, é essencial que o pesquisador mantenha um banco de dados dos sujeitos de pesquisa atualizado e completo. Ainda, as recomendações tratam do consentimento informado prospectivo, isto é, quando o pesquisador informa aos sujeitos da pesquisa todas as possibilidades de uso da amostra coletada em pesquisas futuras e solicita o consentimento para a realização de referidas pesquisas (26).

O governo americano, em 2004, apresentou um relatório referente ao monitoramento de pesquisas com células-tronco adultas e embrionárias (Monitoring Stem Cell Research The President's Council on Bioethics) e, expressamente, exigiu o consentimento informado dos doadores para a participação de referidas pesquisas, impondoo como prérequesito para o recebimento de fundos governamentais para a realização de tais pesquisas (27).

Especificamente, quanto aos direitos de propriedade intelectual, o relatório do Conselho Nacional de Bioética americano condiciona o recebimento de fundos públicos para pesquisa ao respeito de tais direitos através de acordos realizados entre as partes envolvidas na pesquisa, entretanto, nada menciona, diretamente, sobre a comprovação do consentimento informado dos doadores em tais contratos. No entanto, este relatório aponta a problemática do patenteamento ou da comoditização destas células.

Na União Européia, o Conselho Europeu elaborou, em 1996, na cidade de Oviedo, Espanha, a *Convenção sobre Direitos Humanos e Biomedicina,* que determina, em seu artigo 5.º (28), que qualquer pesquisa envolvendo seres humanos deverá ter o consentimento informado do participante da pesquisa, e este poderá revogar o termo de consentimento a qualquer momento, sem nenhuma espécie de coerção.

Além disso, a Convenção de Oviedo, no seu artigo 22, dispõe que as pesquisas relacionadas à utilização ou à remoção de partes do corpo humano deverão ter condições de mantêlas reservadas e armazenadas. Por sua vez, estas partes não poderão ser utilizadas em outra pesquisa sem a prévia informação e o consentimento do participantedoador da pesquisa.

A Diretiva da União Européia de Biossegurança estabeleceu a determinação, de número 26 (*Recital 26 of the E.C. Directive on Legal Protection of Biotechnological* Inventions) que, em outras palavras, indica que todas as invenções envolvendo material biológico de origem humana devem, como princípio e em concordância com as leis nacionais, requerer o consentimento prévio dos doadores dos materiais utilizados, especificamente, quanto à possibilidade deste material ser utilizado posteriormente em outras pesquisas e ser utilizado com fins comerciais (29).

Nesta mesma linha, o Grupo de conselheiros sobre as implicações Éticas da biotecnologia da Comissão Européia – *Group of Advisers on Ethical Implications of Biothnology to the European Commission* – com base no *Recital 26,* propôs em sua Opinião n.º 8, que se deveria, nos casos de patenteamento de invenções ou descobertas derivadas de pesquisas que envolvessem material biológico humano, como requisito essencial para a validade da patente, exigir, como base nos direitos fundamentais, a apresentação pelo pesquisador do termo do consentimento informado dos participantes doadores nas pesquisas.

É importante pontuar que o consentimento informado nos casos de pesquisas envolvendo material biológico humano e sua genética têm despertado o interesse da própria iniciativa privada no sentido de estabelecer, voluntariamente, um Código de Conduta Moral, relacionado à realização dessas pesquisas. Observa-se, em algumas tentativas neste sentido, como relata Overwalle, que, dentre os elementos primordiais em referidos Códigos estaria o acolhimento e o respeito do consentimento informado, assim como regras específicas sobre o seu procedimento, formalização e patentes. Da mesma forma, regras relacionadas ao respeito da privacidade e proteção dos dados (22).

Na área das pesquisas com seres humanos, o Brasil adota a exigência de obtenção do consentimento informado desde 1988, através da Resolução 01/88 do Conselho Nacional de Saúde. Contudo, em novembro de 1996, estas normas foram revogadas e substituídas pelas *Diretrizes e Normas Regulamentadoras de Pesquisas Envolvendo Seres Humanos* contidas na Resolução 196/96 (24).

O consentimento informado também é exigência expressa, no caso das pesquisas com células-tronco, na Lei de Biossegurança, de 24 de março de 2005 (30), regulamentada pelo Decreto n.º 5.591, de 22 de novembro de 2005. Também, ele é estabelecido pela Portaria n.º 2.526, do Ministério da Saúde, de 21 de dezembro de 2005, que regulamenta a criação de bancos de dados sobre embriões inviáveis e congelados, produzidos com finalidade reprodutiva em centros de reprodução assistida (31).

Em 17 de fevereiro de 2006 (32), foi aprovada a Resolução RDC n.º 33, que normatiza o procedimento técnico para o funcionamento de bancos de células e tecidos germinativos e de materiais biológicos, incluindo os embriões obtidos em procedimentos de reprodução assistida (31).

Apesar de referidos diplomas legais caracterizarem-se pela incoerência sistemática, pela incompletude no conteúdo e pela imprecisão lingüística – já criticados por nós no artigo *Lei de Biossegurança – Revisitando a Medusa legislativa* (13) – a Lei de Biossegurança e demais diplomas legais, acima mencionados, exigem o termo de consentimento informado dos doadores dos embriões que serão utilizados nas pesquisas ou armazenados nos bancos de células.

Assim, o consentimento informado é requisito geral nos países ocidentais e a sua necessidade em pesquisas envolvendo seres humanos é também uma exigência histórica nestes países. Entretanto, não há, uma correlação direta, nos países que autorizam o patenteamento de partes do corpo e material biológico de seres humanos, entre o consentimento informado e a validade das patentes envolvendo células-tronco, nem mesmo há uma exigência legal no sentido do termo de consentimento informado ser requisito essencial de existência ou de validade das patentes nesta área.

AS CÉLULAS-TRONCO E A PROPRIEDADE PRIVADA

O discurso entre a Bioética e o Direito está refletido através da interpretação dos Direitos Humanos e sua introdução em políticas públicas e normas jurídicas (33). Em especial, questionar o patenteamento de células-tronco humanas reflete uma atitude contra a coisificação dos seres humanos.

Entretanto, para fenômeno tão complexo, não é apenas o Direito que tem algo a dizer, mas, certamente, ele poderá impedir, sua expansão direta ou indireta, através de proibição expressa contra a apropriação pelo sistema de propriedade intelectual dos seres humanos ou de suas partes (34, 35).

A patente é um título de propriedade. O seu titular poderá explorar os benefícios econômicos do invento por ele mesmo ou através da licença a terceiros e conseqüente recebimento dos *royalties,* por um período de tempo determinado pela lei.

Partilhamos do entendimento de que a titularidade da patente é considerada, por muitos, como um direito real de propriedade, relacionado a um bem imaterial e limitado pela sua função social, como é o caso do Brasil. Em outras palavras, as patentes possibilitam aos seus titulares direito de propriedade de bem incorpóreo (36), sendo o monopólio de exploração comercial limitado a um determinado período de tempo (37-40).

Observa-se, no entanto, que não é pacífico este entendimento por parte da doutrina jurídica internacional. Muitos justificam sua contrariedade pelo simples fato de esses direitos serem gerados a partir de bens imateriais, ou porque os direitos imanentes das patentes estariam circunscritos a direitos negativos, isso é, excluem outros da utilização da patente (41, 42).

O direito de propriedade intelectual não representa puramente a salvaguarda de um direito subjetivo, mas sim envolve uma concepção com variações múltiplas e parte de uma situação jurídica complexa, por isso as patentes devem ser essencialmente funcionais (3).

O Nuffield Council on Bioethics, ao posicionar-se sobre a ética do patenteamento de DNA, reconhece a necessidade de uma redefinição do sistema de patente na área da saúde, pois reconhece a titularidade da propriedade pelo titular da patente e seu poder. Da mesma forma, Richard Gold aponta que a preocupação está, justamente, na amplitude dos direitos, favorável a seu titular, em decorrência da propriedade gerada por uma patente. O titular de uma patente poderá impedir terceiros de usar, produzir, vender, importar uma invenção (43).

Alison Clarke e Paul Kohler iniciam sua obra sobre o direito de propriedade inglês, analisando o caso *Moore v. Regents of the University of Califórnia* (44). No contexto da obra, é indiscutível a posição dos autores quanto ao reconhecimento da natureza proprietária dos direitos decorrentes da propriedade intelectual. Estes autores são categóricos em afirmar que não há como justificar a apropriação de partes do corpo humano com base em uma definição analítica de propriedade, visto ser esta impossível. Entretanto, posicionam-se no sentido de que cada sociedade poderá justificar seu interesse em desenvolver ou não um sistema legal de apropriação de partes do corpo através das patentes por razões sociais, políticas e econômicas, ou seja, vislumbrando interesses morais e de ordem pública (45).

Portanto, quando os países autorizam o registro de patentes envolvendo partes do corpo, em especial células-tronco embrionárias, entendem relevante a proteção jurídica destas invenções ou descobertas via os direitos de propriedade intelectual. O sistema patenteário destes países autoriza que o titular de qualquer patente, seja ela relacionada a uma máquina ou a uma célula, pode ter o direito de possuir o registro da patente, o direito de usá-la, o direito de administrá-la, o direito de explorá-la economicamente por certo tempo, o direito de licenciá-la a terceiros, de incluí-la no seu patrimônio, de demandar em juízo para defender sua propriedade do uso indevido por parte de terceiros. Portanto, a pretensão destes direitos é do titular da patente pelo simples fato de ter o seu registro e, portanto, a propriedade.

Na realidade, a patente confere aos seus titulares uma propriedade, no sentido mais abrangente deste vocábulo. Portanto, as patentes de células-tronco conferem aos seus detentores uma propriedade destas células – fato que teríamos que honestamente aceitar. Em razão disso, os proprietários destas células poderão definir, em razão do poder econômico, a medida de seu uso por terceiros e mesmo sua implementação em métodos de diagnóstico e fármacos que envolvam estas células.

Por isso, devemos então perguntar, tendo em mente a teoria do *slippery slope* (46): este é o fundamento da proteção à criação humana que desejamos, ou seja, tudo pode ser apropriado, até mesmo os próprios seres humanos, suas partes e o conhecimento básico sobre sua natureza? Urge refletir e responder a esta questão, e, talvez, estabelecer os limites do sistema de propriedade intelectual ao limite do humano.

A APROPRIAÇÃO DAS CÉLULAS-TRONCO E OS DIREITOS HUMANOS

Os Direitos Humanos na atualidade ampliaram o seu espectro de atuação e de entendimento, eles estão incorporados em uma *mudança de prioridades* na prática e no discurso nacional e internacional.

A positivação dos Direitos Humanos como direitos universais foi uma conquista da humanidade não apenas no que diz respeito ao seu reconhecimento normativo, mas pelo seu reconhecimento ético e social – como precisamente esclarece Judith MartinsCosta (47).

Apesar das críticas e do ceticismo de muitos de que os Direitos Humanos não são universais, Amartya Sen relaciona os Direitos Humanos ao *valor soberano da liberdade* e que por sua vez tem como característica *acentuada a presunção universalista*. Essa *liberdade universal* se fundamenta nos seguintes argumentos, válidos em todo o mundo, independente das diferenças culturais e sociais dos povos: *1) sua importância intrínseca; 2) seu papel conseqüencial de fornecer incentivos políticos para a segurança econômica e 3) seu papel construtivo na gênese de valores e prioridades* (48).

Comparato, na mesma linha de Martinscosta e Sen, conecta os Direitos Humanos no contexto de uma compreensão universal, histórica e filosófica. Propõe um *roteiro de humanização do mundo* que tem como finalidade ulterior a busca da felicidade da humanidade, independente das múltiplas diferenças biológicas e culturais, que deverá em *prima facie* contrapor radicalmente ao capitalismo – responsável pela divisão do indivíduo em "integrante da sociedade civil e cidadão do Estado", o que corresponde à separação entre a economia e a política. Concomitante é necessário fazer valer os Direitos Humanos, o fortalecimento das Nações Unidas e alteração de sua estrutura originalmente oligárquica, visando à *construção de uma democracia no âmbito planetário* (49).

Da mesma forma, trata o tema Roberto Andorno quando responde que, de nenhuma forma, a noção de dignidade humana é superficial para a Bioética. Ao contrário, os contornos deste conceito devem ser compreendidos na sua magnitude e dinamicidade, devendo conduzir a obstaculização de práticas discriminatórias e abusivas aos seres humanos e a comercialização de seu corpo (50).

Os Direitos Humanos tem como fundamento o princípio da dignidade da pessoa humana, conseqüentemente, argumenta Perelman:

Células-Tronco Humanas e as Patentes 301

"[...] se é o respeito pela dignidade da pessoa que fundamenta uma doutrina jurídica dos direitos humanos, esta pode, da mesma maneira, ser considerada uma doutrina das obrigações humanas, pois cada um deles tem a obrigação de respeitar o indivíduo humano, em sua própria pessoa bem como na das outras" (51).

Neste contexto, a preocupação com a efetivação e o fortalecimento dos Direitos Humanos é crescente, assim como o papel fundamental das reflexões bioéticas sobre o tema. A DECLARAÇÃO UNIVERSAL SOBRE GENOMA HUMANO E OS DIREITOS HUMANOS, a DECLARAÇÃO INTERNACIONAL SOBRE OS DADOS GENÉTICOS HUMANOS e, em especial, a DECLARAÇÃO UNIVERSAL SOBRE BIOÉTICA E DIREITOS HUMANOS, todas da UNESCO, fortalecem e ratificam esta necessidade (52).

A DECLARAÇÃO UNIVERSAL SOBRE BIOÉTICA E DIREITOS HUMANOS, 2005, tem como objetivo atingir níveis universais de responsabilidade social e ética no que concerne ao desenvolvimento da ciência e no respeito à dignidade da pessoa humana, velando pelo respeito à vida e pelas liberdades fundamentais em conformidade aos Direitos Humanos. Essa declaração estabelece nos seus artigos 13, 14 e 15 a necessidade da realização das pesquisas, a garantia do progresso da ciência e da tecnologia em um espírito de cooperação e difusão das informações científicas e o estímulo da livre circulação e utilização do conhecimento (53, 54).

A Bioética e os Direitos Humanos têm um papel fundamental no processo de reflexão e ajustamento na questão central deste trabalho: a inadequação do patenteamento de células-tronco. A reflexão está centrada na *responsabilidade social* e do efetivo acesso da comunidade ao conhecimento envolvendo as células-tronco – consideradas pela medicina como ferramenta essencial a novas possibilidades de tratamento e até cura de muitas doenças.

A ética da responsabilidade social – expressa através da garantia do progresso da ciência e da tecnologia em um espírito de cooperação, da difusão das informações científicas e do estímulo da livre circulação e utilização do conhecimento não pode ser ignorada ou minimizada em razão dos interesses econômicos privados (55).

O PATENTEAMENTO E A REALIZAÇÃO DE PESQUISAS ENVOLVENDO CÉLULAS-TRONCO HUMANAS

O ciclo da inovação para a prevenção e o tratamento de doenças depende do desenvolvimento das pesquisas científicas (56). Este ciclo pode ser traduzido pelas seguintes etapas: 1) Inicia com o investimento para a realização de pesquisas básicas, partindo-se da descoberta ou de uma invenção; 2) desenvolvimento das pesquisas e se possível testar o conhecimento, no caso dos medicamentos ou terapias através de todas as fases de aprovação da pesquisa clínica; 3) após a aprovação da pesquisa clínica e que há as condições para a comercialização, visando o acesso ao público; 4) após a comercialização e utilização pelo público, provavelmente haverá uma nova demanda para promoção de melhoramentos tecnológicos e/ou desenvolvimento de novas terapias; 6) isso provocará a busca de novas descobertas ou invenções e 7) quando então o ciclo se fecha e haverá a necessidade de investir no desenvolvimento em pesquisa básica para certificar as novas invenções e descobertas (57).

Os investimentos mais arriscados e dispendiosos são os que envolvem as pesquisas básicas e justamente por isso os custos são, na maioria das vezes, assumidos por verbas governamentais (56).

As pesquisas com células-tronco de animais e humanas na sua grande maioria se encontram na fase de pesquisas básicas, sendo elas, inclusive, consideradas instrumentos essenciais de pesquisa para a *compreensão do desenvolvimento humano, da diferenciação e da proliferação celular*. Evidentemente que muitos dos objetivos que justificam estas pesquisas conectam-se à esperança da medicina de cura e de encontrar tratamento para inúmeras doenças, assim como *gerar linhagens celulares humanas para teste de drogas in vitro* – realidade ainda distante como uso regular (58).

Hipoteticamente, o interesse pelo patenteamento poderia surgir na etapa de comercialização, quando a invenção, de produto ou de processo, seria industrializada e atingiria o público. No entanto, o que se observa é que as patentes de células-tronco são solicitadas ainda em estágio preliminar de pesquisa, quando não seria possível obter qualquer comprovação da efetividade dos estudos. Além disso, e talvez por isso, estas patentes não observam o conceito de "unidade inventiva", assim como não observam o princípio da alternatividade e o processo de consentimento informado.

O fundamento primeiro que justifica a racionalidade do sistema de patentes é a divulgação e a expansão do conhecimento, e este somente é possível pela descrição suficiente do invento.

O sistema de patentes não está justificado na teoria da capacidade de inovação, não há uma correlação direta entre um sistema de patentes forte e aumento em pesquisa e desenvolvimento (P&D). Nuno Pires de Carvalho claramente comprova que historicamente o processo de estímulo à inovação e ao desenvolvimento tecnológico das sociedades não está diretamente conectado ao sistema de patentes (19).

"As patentes não são, estritamente, necessárias para promover o incentivo às atividades inventivas. A história comprova que as sociedades vivem e se desenvolvem tecnologicamente sem sistemas de patentes" (59).

Ao contrário, no caso das patentes de células-tronco o sistema opera para criação de monopólios, inviabilizando que outros realizem ou promovam invenções ou descobertas na área da tecnologia. Sendo assim, o sistema *perde o sentido* (60).

Não há uma lógica econômica subjacente que justifique as patentes como ponto fundamental de estímulo às inovações, como bem asseveram Landes e Posner, no estudo sobre os direitos de propriedade intelectual e análise econômica do direito.

"Um estudo concluiu que "mesmo que pareça que o valor agregado aos direitos de patentes são muito elevados, na verdade se estima que somente ele representa entre 10 a 15 por cento dos investimentos nacionais em P&D. Por conseguinte, é impossível que ele seja um fator importante no nível de investimento. Se esta afirmação é correta, incrementos adicionais em níveis de proteção às patentes seguramente não influenciam na atividade inventiva de forma significativa,[...] "(61).

Após estas considerações e visando a responder a questão proposta, consideramos que os investimentos ao desenvolvimento de pesquisas na área de células-tronco não serão gerados através da promoção de patentes. É fato que as pesquisas com células-tronco são geradas a partir de estímulos e políticas públicas, visto que os recursos necessários são elevados, assim como os riscos.

No caso brasileiro, por exemplo, a totalidade das pesquisas básicas com células-tronco tem se desenvolvido em instituições públicas, como Universidades e Institutos de pesquisa, ou então tem sido financiadas com verbas governamentais. Esta realidade se repete em muito outros lugares do mundo que realizam pesquisas com células-tronco, como Reino Unido e Estados Unidos da América (56).

As patentes nesta área não têm sido um estímulo, mas um obstáculo ao acesso das informações e ao desenvolvimento destes estudos. Tivemos a preocupação de destacar a experiência norteamericana no que concerne ao patenteamento de células-tronco e sua relação com o acesso e o desenvolvimento das pesquisas, em particular das pesquisas com células-tronco embrionárias humanas.

A realidade norteamericana se agrava na concepção dos cientistas, pois naquele país há restrições aos investimentos públicos na área de pesquisas com células-tronco embrionárias humanas e, por outro lado, há restrições à utilização das células-tronco pesquisáveis em razão do seu patenteamento, objeções que têm sido manifestadas tanto pela iniciativa privada como pública.

CONCLUSÃO

A lógica do sistema de propriedade intelectual não pode ser justificada pela racionalidade econômica. Deverá, sim, ser efetivamente moldada pelo jurista que deverá utilizar outras ferramentas para avaliar se os direitos de propriedade intelectual promovem o bem-estar da sociedade.

Este artigo buscou outros recursos – a Bioética – que lhe servissem de guia, para justificar que a racionalidade do sistema de patentes não é adequada para aceitar o patenteamento de células-tronco humanas e muito menos estas patentes são adequadas à própria garantia do interesse geral. A alternativa que nos parece mais adequada é a criação de um fundo de pesquisas mundial para o desenvolvimento das pesquisas nesta área, em especial na área das células-tronco embrionárias (62). Esta posição foi, posteriormente, defendida pela International Society for Stem Cell Research (ISSCR) e pelo renomado cientista Sir John Sulston.

O fundo de pesquisas mundial poderia ser patrocinado por governos e entidades, com o compromisso de que o conhecimento gerado pelas pesquisas ou os efetivos resultados fossem promotores de um bem à saúde pública mundial, livre de patentes ou outras forma de apropriação privada. Aos cientistas seria reconhecida a autoria de seu trabalho e a valorização social de sua contribuição. Pode parecer ingênuo, ou até mesmo um lindo sonho, mas como diz Amartya Sen:

> ".ª[...] o argumento em favor de aproximar mais a economia da ética não depende da facilidade em consegui-lo. Fundamenta-se, antes, nas recompensas advindas do exercício. Procurei mostrar que as recompensas possivelmente serão imensas" (55).

Procuramos mostrar que as recompensas, possivelmente, serão imensas, se o sistema jurídico não permitir o patenteamento de células-tronco.

Agradecimentos
Este artigo é fruto de tese de doutorado, defendida no Programa de Pósgraduação em Direito da Universidade Federal do Rio Grande do Sul, em 18 de junho de 2008, o qual teve como orientadora a Prof.ª Dr.ª Judith Martins Costa e coorietadora Prof.ª. Dr.ª. Lúcia Mariano da Rocha Silla, a quem agradeço as exímias e carinhosas orientações.

REFERÊNCIAS

1. Medawar P. The limits of science. Oxford: Oxford University; 1984.
2. Morin E. Ciência com consciência. Lisboa: Europa-América; 1982.
3. Barbosa DB. Uma introdução à propriedade intelectual. Rio de Janeiro: Lumen Juris; 2003.
4. Dembo D, Dias C, Morehouse W. Biotechnology and Third World: caveat emptor. Dev: J Soc Int Dev. 1987;(4):11-8.
5. Holm S. Going to the roots of the stem cell contro-versy. Bioethics. 2002;16(6):493-507.
6. Dutfield G. Intellectual property rights, trade and bio-diversity. London: Earthscan; 2000.
7. Brody B. Intellectual property and biotechnology: the U.S internal experience Part I. Kennedy Inst Ethics J. 2006;16(1):1-37.
8. Brody B. Intellectual property and biotechnology: the U.S. internal experience – Part II. Kennedy Inst Ethics J. 2006;(2):105-28.
9. Herper M. Q&A: The man behind embryonic stem cell. Disponível em: http://www.forbes.com/2008/05/28/stem-cells-biz-healthcare--cx_mh_0528medtech_thompson.html.
10. Plas JV. There´s a new dynamic in the stem cell debate – Impact of new stem cell extraction on WARF patents remains unclear." Wisconsin Technology Network 2006. Disponível em: http://www.wistechnology. com.
11. European Patent Office. Disponível em: http://www.epo.org/topics/ news/2008/20081127.html.
12. Guerrante RDS. Patenteamento de células tronco no Brasil – cenário atual. Disponível em http://www.inpi.gov.br/menu-esquerdo/

informacao/pdf-dos-estudos/Patenteamento%20de%20Celulas %20Tronco%20no%20Brasil%20%20Cenario%20Atual.pdf/ view?searchterm=tronco.

13. Martins-Costa J, Fernandes MS, Goldim JR. Lei de biossegurança: revisitando a medusa legislativa. In: Nicolau Júnior M. Novos direitos. Curitiba: Juruá; 2007.

14. Günther K. Teoria da argumentação no direito e na moral: justificação e aplicação. São Paulo: Landy; 2004.

15. Potter VR. Bioethics: bridge to the future. New Jersey: Prentice Hall; 1971.

16. O´Neill O. Autonomy and trust in bioethics. Cam-bridge: Cambridge University; 2002.

17. Goldim JR. Bioética: origens e complexidade. Rev HCPA. 2006;6(2):86--92.

18. Johnston J, Wasunna AA. Patents, biomedical re-search, and treatments: examining concerns, can-vassing solutions. Disponível em: http://www. thehastingscenter.org/uploadedFiles/Public ati-ons/Special_Reports/ patents_biomedical_research_tr eat-ments_examining_concerns_can-vassing_solutions.pdf.

19. Carvalho NP. The problem of gene patents. Wash U Global Studies L Rev. 2004;3(3): 701-53.

20. World Health Organization (WHO). Public health. Innovation and intelectual property rights. Disponível em: http://www.who.int/intel-lectualproperty/documents/ther eport/CIPIHReport23032006.pdf.

21. Nozaradan C. Brevet et intérêt général. In: Remiche B. Brevet, inno-vation et intérêt général – Le Brevet: pourquoi et pour faire quoi? Bruxelles: Larcier; 2007.

22. Overwalle GV. Study on the patenting of inventions related to human stem cell research. Luxembourg: European Group on Ethics in Science and New Tech-nologies to the European Commission; 2001.

23. Joye C. Genome Humain, droit des brevets et droit de la personnalité. Geneve: Schulthess; 2002.

24. Goldim JR. O consentimento informado numa perspectiva além da autonomia. Rev AMRIGS. 2002;46(3,4):109-16.

25. Doyal L, Tobias JS. Informed consent in medical research. London: BMJ Books; 2001.

26. National Bioethics Advisory Commission (NBAC). Ethical and policy issues in research involving human participants. Vol. 1. Disponível em: http://www.bioethics.gov/reports/past_commissions/nb ac_human_ part.pdf.

Células-Tronco Humanas e as Patentes   307

27. The President's Council on Bioethics. Monitoring stem cell research. Disponível em: http://www.bioethics.gov/reports/stemcell/index.html.

28. Convention for the protection of human rights and dignity of the human being with regard to the applica-tion of biology and medicine: convention on human rights and biomedicine. Oviedo, 4.IV.1997. Disponível em: http://conventions.coe.int/Treaty/en/Treaties/Html/164. htm.

29. European Union. Directive 98/44/EC of the European Parliament and the Council of 06 July 1998 on the le-gal protection of biotechnological inventions. Disponí-vel em: http://en.wikipedia.org/wiki/Directive_on_the_patentab ility_of_biotechnological_inventions.

30. Brasil, Casa Civil, Lei de Biossegurança. Lei nº 11.105, de 24 de março de 2005. DOU de 28.3.2005. Disponível em: http://www.planalto.gov.br/Ccivil_03/_Ato2004-2006/2005/Lei/L11105.htm

31. Brasil, Ministério_da_Saúde. Portaria nº 2526, D.O.U de 22.12.2005.

32. Brasil, ANVISA. Resolução da Diretoria Colegiada RDC Nº 33, D.O.U. de 17.02.2006. Disponível em: http://www.bioetica.org.br/?siteAcao=LeisProjetosInte gra&id=13.

33. Habermas J. Direito e democracia: entre facticidade e validade. Vol. I. Rio de Janeiro: Tempo Brasileiro; 2003.

34. Fraisseix P. La protection de la dignité de la personne et de léspècie humaines dans le domaine de la bio-médecine: L´exemple de la Convention d´Oviedo. Re-vue international de droit comparé 2000Avril-Juin(2): 372-413.

35. Edelman B. La personne en danger. Paris: PUF; 1999.

36. Miranda, P. Tratado de direito privado. TOMO XVII. Rio de Janeiro: Borsoi; 1971.

37. O'Connor S. The use of MTAs to control commerciali-zation of stem cell diagnostics and therapeutics. Berkeley Technol Law J. 2006;21(3):1017-54.

38. Miller J. A call to legal arms: bringing embryonic stem cell therapies to market. Albany Law J Sci Technol. 2003;13(2):555-92.

39. Lee PY. Inverting the logic of scientific discovery: applying common law patentable subject matter doc-trine to constrain patent on biotechnology research tools. Harvard J Law & Technol. 2005;19(1):79-109.

40. Gold ER. Making room. Reintegrating basic research, health policy, and ethics into patent law. The com-mercialization of genetic research. Ethical, legal, and policy issues. New York: Kluwer; 1999.

41. Lemley MA. Property, intellectual property, and free riding. Texas Law Rev. 2005;83(4):1031-75.

42. Rutz B, Yeats S. Patents: patenting of stem cell re-lated inventions in Europe. Biotechnol J. 2006;1(4):384-7.
43. National Council of Bioethics (USA). The ethics of patenting DNA: a discussion paper. Washington: NCB; 2002.
44. Moore V. Regents of the University Of California. Disponível em http://www.eejlaw.com/materials/Moore_v_Regents_T 08.pdf.
45. Clarke A, Kohler P. Property law. New York: Cam-bridge University; 2005.
46. Holm S. Not just autonomy: the principles of american biomedical ethics. In: Harris J. Bioethics. Oxford: Ox-ford University; 2001.
47. Martins-Costa J. Pessoa, personalidade, dignidade -ensaio de uma qualificação [tese]. São Paulo: USP; 2003.
48. Sen A. Desenvolvimento como liberdade. São Paulo: Companhia das Letras; 2001.
49. Comparato FK. A afirmação histórica dos Direitos Humanos. São Paulo: Saraiva; 2003.
50. Andorno R. La notion de dignité humaine est-elle superflue en bioé-thique. Disponível em: http://www.contrepointphilosophique.ch/Ethi-que/Som maire/Sommaire.html.
51. Perelman C. Ética e direito. São Paulo: Martins Fon-tes; 2005.
52. UNESCO. Declaração Universal Sobre Bioética e Direitos Humanos. Disponível em: http://portal.unesco.org/shs/en/file_download.php/461 33e1f4691e4c6e57566763d474a4dBioethicsDeclarati on_EN.pdf.
53. Wolinsky H. Bioethics for the world. EMBO Rep. 2006;7(4):354-8.
54. Nys H. Towards an International Treaty on Human Rights and Biomedi-cine? Some Reflections Inspired by UNESCO´s Universal Declaration on Bioethics and Human Rights. Eur J Heath Law. 2005;13:5-8.
55. Sen A. Sobre ética e economia. São Paulo: Schwarcz; 1999.
56. Thomson JA, Itskovitz-Eldor J, Shapiro SS, Waknitz MA, Swiergiel JJ, Marshall VS, et al. Embryonic stem cell lines derived from human blastocysts. Science. 1998;282(5391):1145-7.
57. WHO. Report on the the Commission on Macroeco-nomics and Health (CMH) Geneve: WHO; 2001.
58. Zago MA, Covas DT. Células-tronco, a nova fronteira da medicina. São Paulo: Atheneu; 2006.
59. Carvalho NP. The TRIPS regime of patent rights. London: Kluwer Law International; 2002.
60. Ferraz Jr. TS. Introdução ao estudo do direito. São Paulo: Atlas; 1994.

61. Landes WM, Posner RA. La estructura económica del Derecho de propiedad intelectual e industria. Madrid: Fundación Cultural del Notariado; 2006.

62. Fernandes MS. Uma abordagem jurídica e bioética sobre as patentes relacionadas às células-tronco humanas [tese]. Porto Alegre: UFRGS; 2008

ÉTICA E FÉ NAS RELIGIÕES DO LIVRO

MICHEL RENAUD

*Professor Catedrático da Faculdade
de Ciências Sociais e Humanas
da Universidade Nova de Lisboa*

ÍNDICE: § Introdução 1. Judaísmo. 2. Cristianismo. 3. Islamismo

INTRODUÇÃO

A relação entre ética e fé, entre moral e religião, preocupou sempre os moralistas assim como os teólogos. Nas religiões do Livro em particular, esta relação é bastante complexa e merece toda a atenção. Por religiões do Livro entende-se em geral as três religiões monoteístas cuja origem se situa no Médio Oriente, judaísmo, cristianismo, islamismo, embora não se possa dizer que outras religiões, por exemplo o Hinduismo, não tenham também a sua literatura de referência[1]. O que significa o termo religião? A própria etimologia da palavra latina *religio* não está clara; para alguns entre os quais se situa Cícero, ao prefixo *re* segue o verbo *legere*, com um sentido obscuro; este primeiro sentido seria o do escrúpulo religioso, da atenção escrupulosa; outros, como Lactantius (escritor cristão do tempo de Diocleciano e de Constantino, cerca 260 – cerca 325, nas suas *Institutiones divinae*), referem a etimologia *re-ligare*, o facto de se ligar aos deuses, com os sentidos de obrigação assumida para com eles e de culto prestado

---

[1] Segundo a teologia cristã, o cristianismo será compreendido mais exactamente como fé numa pessoa – Cristo – do que como uma religião do Livro.

ao Deus. Uma questão contudo de maior interesse consistiria em perguntar pela origem do monoteísmo: qual foi a experiência humana que esteve na origem da fé num Deus único, num ambiente cultural no qual predominava o politeísmo? Poderíamos avançar a hipótese da conjunção de pelo menos dois factores; em primeiro lugar, a experiência do deserto, no sentido real e figurado. Quando todos os apoios faltam e quando se esbatem todas as formas dos objectos familiares que enchem a percepção e a mente, o confronto com o nada inverte-se dialecticamente no seu contrário gerando a experiência da existência de uma única totalidade[2]. Por outro lado, este Ser, que é o Todo-poderoso, não se identifica com um elemento da natureza, por exemplo, com o sol, na medida em que se insere na história humana: é então o princípio da *Aliança* que constitui o ponto de encontro entre a Realidade absoluta e o mundo humano. É por isso que, neste envolvimento a experiência humana de Deus ultrapassa radicalmente a experiência do sagrado anónimo: o Deus da aliança é um Deus histórico, no sentido em que o mistério da sua dimensão pessoal se descobre como tal apenas no decurso de uma história humana. É neste pano de fundo da aliança que as religiões monoteístas devem aqui ser entendidas. O Deus único é pessoal, transcendente, mas é na imanência da história humana que a sua transcendência se manifesta[3]. Esta dualidade fornece precisamente a razão de ser da sua transcendência; se, com efeito, a sua transcendência se esgotasse na sua revelação imanente, inerente à história, já não seria Deus; assimilar-se--ia à dimensão do divino esparsa no universo natural e humano ou seria um ser pessoal finito ao lado das pessoas humanas. Compreende-se desta maneira, que as religiões monoteístas do Livro são religiões da aliança, na medida em que narram a história da constituição desta ligação do Deus transcendente com o mundo humano. Reciprocamente, a fé constitui-se numa relação histórica e pessoal na qual o ser humano se diz chamado, convidado e convocado a entrar na experiência humana da aliança. A ética não pode desde então desligar-se da fé. Se a ética ordena as finalidades do agir humano em função da hierarquização dos seus valores, é compreensível que o princípio da aliança, enquanto lugar de encontro entre

---

[2] Os analistas do Islão consideram contudo que foi contra o politeísmo dos Beduinos que Maomé introduziu, numa sociedade urbana, o princípio do monoteísmo.

[3] Na sua metafísica, Claude Bruaire mostra, com razão, que, logicamente, a existência de um Deus transcendente com o qual o ser humano não pode de modo nenhum entrar em relação se torna, para nós, não cognoscível e portanto irrelevante. A transcendência divina apenas pode ser respeitada se, à relação de Deus com o ser humano, corresponde uma relação do ser humano com Ele; se tal não fosse o caso, a transcendência divina, no caso de existir, identificar-se-ia, do lado do ser humano, com a posição o ateísmo.

Deus e o ser humano, dê a sua coloração especial à orientação que o ser humano imprime ao seu agir. Mas, em contrapartida, a fé não é a mesma coisa que a ética; de outro modo, a origem da religião situar-se-ia do lado do agir humano ou do olhar que o ser humano projecta sobre o mundo. A tese segundo a qual a religião se assimila a uma espécie de moral implica portanto a negação da iniciativa divina da aliança e tem como consequência, tanto virtual como real, a ignorância ou a recusa da transcendência divina. É na base destes pressupostos que é preciso abrir o processo das relações entre fé e ética nas três religiões monoteístas.

1. JUDAÍSMO

O Judaísmo em primeiro lugar, por razões cronológicas, dado que o cristianismo surgiu inicialmente como um ramo do judaísmo, antes de se tornar uma dissidência dele. Notamos imediatamente que, em meio predominantemente cristão, se ignora quase tudo da evolução do Judaísmo após o princípio da era cristã, ou mais exactamente desde a guerra na qual, no ano 70, as tropas de Tito puseram fim à revolta de Israel, destruindo o templo de Jerusalém; em geral, na nossa memória apenas permanece o episódio da conquista de Massadá, que assinala o fim de toda a resistência na Judeia. Os nossos conhecimentos desta época provêm principalmente de Philo de Alexandria (-20 – c.54) e de Flávio Josepho (c.38 – c.100). Complexa é esta história, mas em vez de traçar a linha da sua evolução, limitar-nos-emos a indicar os principais textos antigos nos quais a ética judaica nos é conhecida.

Em primeiro lugar convém citar o Targum; os Targums são «antigas traduções aramaicas da Bíblia hebraica, cuja data remonta aos meados do segundo século antes de Cristo. Duas escolas principais, que diferem do ponto de vista linguístico e interpretativo, deram origem ao Targum, respectivamente ao Targum babilónico, escrito na Babilónia, e ao Targum palestiniano ou judeo-palestiniano, na língua aramaica da Galileia. A diferença entre os Targums e a Bíblia hebraica provém da inserção, na tradução, de interpretações de textos difíceis, de harmonizações destinadas a corrigir aparentes contradições ou a comentar a legislação bíblica para a compatibilizar com a legislação ulterior, isto é, com a legislação contemporânea do tempo da tradução. Ainda hoje, é o Targum babilónico, mais literário, que é principalmente lido e comentado. Mas existem muitos Targums, os quais «constituem uma fonte importante para o conhecimento das línguas semíticas antigas e sobretudo dos diferentes dialectos aramaicos»[4]. Não há dúvida que Jesus tenha conhecido e estudado pelo menos uma versão do Targum palestiniano.

Em segundo lugar, é preciso referir a distinção entre a *Aggadah* e a *Hallakah* dos textos rabínicos clássicos. «Mais ou menos um terço do texto talmúdico» corresponde à Aggadah (palavra que significa narrativa); são histórias contadas para exemplificar uma determinada ideia filosófica, teológica ou ética; assim, as homilias dos sábios faziam parte da Aggadah. Interessa notar que, por exemplo, a narrativa dos Reis Magos no Evangelho de Mateus pode ser entendida como escrita no estilo de uma Aggadah, a qual não repousa em geral sobre factos históricos no sentido em que os entendemos hoje (podemos recordar que a maneira como Emmanuel Levinas respondia às perguntas nos debates filosóficos tomava muitas vezes o estilo da Aggadah). A *Hallakah*, por sua vez – cuja etimologia remonta ao verbo hebraico *hallak*, caminhar – pode ser entendida como o compêndio das leis e das obrigações éticas que, até hoje, governam a vida do israelita crente. É a Hallakah que condensa a interpretação que os rabinos deram a todas as prescrições que encontramos no Pentateuco. Mas «os sábios do Talmud[5] que projectaram os fundamentos da Hallakah postulavam a existência de duas leis, a lei escrita tal como a trazia o Pentateuco, e a lei oral transmitida oralmente de mestre para discípulo». A Hallakah tornou-se desde então quase o sinónimo de lei oral, cuja origem é considerada como remontando à revelação de Deus a Moisés no Sinai. Para nós, contudo, a Hallakah aparece como a lei oral, conjuntamente jurisprudência e ética, tal como a interpretaram e a codificaram vários rabinos. No Targum de Jerusalém lemos que «mais preciosas que as palavras da Torah são as palavras dos escribas; os que a desrespeitam vão ao encontro de um castigo maior do que aqueles que desrespeitam as palavras da Torah (TJ, Sanh. 11,4)».

Assim, verifica-se que o princípio hermenêutico não foi esquecido no judaísmo, embora seja necessário distinguir a posição do judaísmo conservador da do judaísmo reformado. Mesmo o judaísmo conservador em geral

---

[4] Salvo indicação em contrário, as citações, para esta breve análise do Judaismo, provêm do *Dictionnaire encyclopédique du Judaïsme*, trad. da *Encyclopaedia Judaica*, publicada sob a direcção de Geoffrey WIGODER (Jerusalem, The Jerusalem Publishing House, 1989; trad. francesa com adaptação de Sylvie Anne GOLDBERG (dir.), Paris, Cerf, 1993).Cfr. "Targum".

[5] O *Talmud* – cuja origem etimológica (*lamad*) significa estudo, tem três significações principais: 1) «as opiniões e ensinamentos que os discípulos adquiriram dos seus mestres»; 2) «o conjunto de um corpo de estudos»; 3) «o corpo dos ensinamentos contendo os comentários e as discussões dos amoraïm», destes sábios que trabalharam de 200 B.C. até 500.

não mantém uma posição extrema; por exemplo, é permitido afirmar que Deus não é a fonte da Hallakah e que «esta não é um prolongamento da lei divina». Noutros termos, é preciso articular tradição com interpretação, em função da evolução da cultura e da civilização; o estatuto da mulher foi deste modo reinterpretado na Hallakah contemporânea.

Por outro lado, no fim do século XVIII nasceu o judaísmo reformado, no qual se inscrevem o judaísmo liberal e o judaísmo progressista, segundo os quais a lei escrita deve ser considerada não como imutável, mas como «adaptada segundo as exigências e o espírito do tempo» (cfr a entrada «Judaísmo reformado», *op. cit.*, p. 599). É principalmente na Alemanha, com Moises Mendelsohn, Abraham Geiger e Samuel Holdheim, e nos Estados Unidos, com Isaac Mayer Wise, que o judaísmo reformado reinterpretou o sentido da Hallakah. «Em Israel, o movimento para um judaísmo progressista estabeleceu um conjunto de critérios para avaliar a aplicação e a aceitabilidade da tal ou tal *mitsvah* (mandamento): 1. a sua finalidade e o seu desenvolvimento histórico; 2. a sua capacidade de santificar a vida; 3. o facto de as condições actuais permitirem a sua observância; 4. as suas consequências sobre o povo judeu no seu conjunto; 5. o facto de ela não entrar em conflito com a voz da consciência» (p. 467).

Tal como se pode verificar, a vida interna do judaísmo é plural e o modo de interpretar a tradição, embora inerente a todas as correntes, toma formas muitos variadas, de tal maneira que seria um erro interpretar o judaísmo de modo monolítico. Interessa notar, além disso, que ele tem a sua própria interpretação do cristianismo, o que se pode condensar em seis traços, específicos do cristianismo e não aceitáveis no judaísmo (p. 242): a Trindade cristã versus o sentido da Transcendência judaica, a qual exclui todo o recurso a imagens; o princípio da Encarnação e a divindade de Jesus; o papel da graça necessária para a salvação cristã, por oposição à salvação judaica pelo esforço pessoal; a ideia de um messianismo meramente espiritual e não político no cristianismo, ao qual se opõe a ideia de um Messias político, restaurador do templo e unificador da diáspora judia; a existência de uma nova Aliança, o que implica na fé cristã a caducidade da Aliança judaica; enfim a ideia da Igreja que se apresenta como o novo e verdadeiro Israel, por oposição ao judaísmo, segundo o qual há apenas um «verdadeiro Israel», sendo os Judeus os verdadeiros herdeiros espirituais de Abraão. Poderíamos acrescentar um dado de primeira importância, não referido nestes seis traço: o judaísmo não desenvolve uma actividade missionária universal; trata-se nele, de certo modo, de um universalismo intensivo e não extensivo.

Cada religião teve os seus grandes nomes de intelectuais, filósofos e teólogos. Na Idade Média destaca-se o nome de Moises Maimónides, «conhecido em Israel sob o nome de RaMBaM, acrónimo de Rabi Moises Ben Maimon» (1135 (ou 1138) – 1204), rabi, médico, filósofo, teólogo, astrónomo. Poder-se-ia dizer que ele ocupou, no judaísmo, o lugar de Alberto Magno ou Tomás de Aquino no Ocidente medieval. Maimónides nasceu em Córdoba, mas teve que fugir à perseguição muçulmana e refugiou-se em Fés antes de ir viver no Egipto (Alexandria e Festat, antiga cidade do Cairo) e na Palestina; é picante notar que no Cairo foi nomeado médico pessoal do vizir de Saladin, Al-Fadil, o que mostra que até ao século XI ainda não existia um permanente ostracismo árabe contra judeus e cristãos. O que retemos aqui de Maimónides é a sua longa reinterpretação dos escritos hallakhi-cos, principalmente nos catorze livros de uma das suas obras principais, a *Michneh Torah* (*Michnah* é um termo que, «designando inicialmente a lei moral segundo todos os seus aspectos (*aggadoth* e *hallakhot*)», acabou por se identificar com a Hallakhah, ou código da vida prática, jurídica e ética). Maimónides adopta um estilo de interpretação que introduz o *princípio de razão* na interpretação das leis; por isso, «ele reagrupa a totalidade do corpo clássico da lei rabínica. Recenseia também leis que caíram em desuso, tais como as relativas ao Templo, aos sacrifícios, assim como as leis de pureza e de impureza que derivam delas, ou as leis que regiam o governo de um reino teocrático judeu como existia na época do Segundo Templo» (p. 686). Poder-se-ia dizer que seria muito oportuno que o Israel actual voltasse a entrar no espírito de Maimónides. Na sua interpretação filosófica dos escritos bíblicos, ele analisa no *Guia dos perdidos* o papel da metáfora inerente à maneira como a Torah apresenta «D.» (isto é Deus); a Torah, diz ele, «fala a linguagem do homem» e, por isso, apresenta Deus de modo antropomór-fico; a esta discussão corresponderá a longa análise de Tomás de Aquino sobre os «nomes de Deus» (*De nominibus Dei*), na questão 13 da *Summa Theologiae*, um pouco mais de cinquenta anos depois.

O judaísmo teve também os seus grandes nomes na história da filosofia; pensemos em Bento de Espinosa, embora este gigante da filosofia tenha sido em 1656 objecto da grande excomunhão (*hérem*) por parte da comunidade de Amsterdão; interessa notar o motivo: «ele teria rejeitado o facto de Moisés ter posto a Torah por escrito, duvidado que Adão fosse o primeiro homem e substituído a preeminência da lei mosaica por aquela da lei natural» (p. 1076); será que hoje ainda mereceria esta objecção? (O paralelo cristão seria sugestivo: se um teólogo cristão tivesse afirmado no termo do Concílio ecuménico de Trento, que Adão é uma figura simbólica, teria sido declarado anátema; hoje, contudo, se um teólogo acreditasse na existência histórica de Adão, seria considerado como atrasado!) Outros grandes nomes de filósofos judeus crentes mais perto de nós não podem ser esquecidos, Franz Rosenzweig, Martin Buber, Emmanuel Levinas. Contudo, em vez de indicar brevemente neles a relação entre fé e moral, consideramos mais útil para nós interrogar a ética judia sobre um problema particular, nomeadamente a bioética[6] no pensamento do judaísmo.

A bioética pensada no mundo judaico não parece trazer muitos elementos novos relativamente aos problemas com os quais estamos todos confrontados. A especificidade da fé judaica encontra-se principalmente na maneira de fundamentar as propostas de resolução dos problemas. É a santidade da vida humana, «de toda a vida humana inocente» que constitui o princípio primordial que orienta a reflexão nesta matéria; noutros termos, o fundamento é de natureza religiosa, na medida em que a Tora norteia toda a reflexão. Por outro lado, a conformidade com o Talmud exige a mediação da reflexão, uma vez que a novidade dos problemas bioéticos não se encontra explicitada no Talmud; mas na base deste, é possível sem dificuldade chegar às linhas de força que determinam as grandes orientações. Contudo em muitos casos os rabinos não concordam plenamente, de tal modo que não existe uma uniformidade nas propostas de avaliação ética. Este pluralismo é tolerado, mas deve enquadrar-se no contexto dos grandes princípios que se depreendem dos textos sagrados (p. 382): além da santidade da vida humana, citemos os mais importantes, tais como são referido sem meio judaico: «o preceito religioso impondo a preservação da vida e da saúde»; «o dever de procriação», «a santidade do laço matrimonial», «o dever de aliviar a pena e o sofrimento», «o respeito pelos mortos». O acordo sobre os princípios não implica contudo que se chegue às mesmas conclusões nas questões concretas; são os «responsa» que diferem segundo as escolas rabínicas. Por exemplo, no caso do abortamento, se todos concordam com «o valor infinito da vida humana», alguns consideram que este valor se aplica primordialmente ao ser humano depois do nascimento; no caso de conflito entre a saúde da mãe e do feto, é a preservação da mãe que tem prioridade. Mas o que se pode considerar como mais específico para nós é o argumento de autoridade; o papel que nós reservamos aos especialistas em bioética é desempenhado no judaísmo pelos rabinos, o que de vez em quando lembra a antiga casuística católica. Por exemplo, segundo um documento da Internet (Biblia.org), «se as complicações do parto se iniciaram após o surgimento

---

[6] O nosso projecto inicial era apresentar mais três temas, a relação entre justiça e amor, as grandes linhas da ética empresarial, assim como a relação entre autonomia moral e teonomia no Judaismo.

da cabeça do feto, a vida da criança é considerada igual à da mãe e, como os dois são considerados perseguidores um do outro, não é possível escolher entre uma das duas vidas (Schulchan Aruch, Hosen Mishpat 425:2)». Esta ideia de «perseguidor» que este documento refere parece-nos estranha: assim o feto pode, em determinadas circunstâncias, ser *perseguidor* da vida da mãe. Em geral, no judaísmo, o aborto livre não é aceite; há contudo rabinos que consideram que ele é aceitável nos casos de malformação, de violação, de risco para a saúde da mãe. Outras regras parecem-nos estranhas, sem que tenhamos a prova da sua aplicação habitual: em caso de adultério, chegamos a saber que «a criança tem a sua vida religiosa marcada pela condição de *mamzer*, bastardo/a, sendo proibida de se casar com judias/ /eus, entre outras proibições – esta condição também é aplicada a crianças nascidas de incesto» (*Idem*). Na verdade, assistimos a uma discussão que mistura argumentos de natureza puramente religiosa com outros que provêm de uma reflexão racional.

Quanto ao suicídio ele é proibido, sob todas as suas formas, embora não se concorde com a obstinação terapêutica. O que mais uma vez notamos, é a maneira como se procura na tradição religiosa do Talmud exemplos que se possa exportar para os problemas da bioética; do mesmo modo, são pequenas histórias que mais ilustram os conceitos éticos. «Entre os muitos casos de martírio, o Talmud conta-nos a morte de Reb Chanina ben Teradion, executado por romanos. Por ensinar a Torá, algo que era proibido, ele foi morto sendo queimado vivo, amarrado com um rolo da Torá. (Os) seus alunos estavam presentes e perguntaram-lhe o que ele via, ao que ele respondeu que enquanto o rolo da Torá se consumia, as letras flutuavam no ar. (Os) seus alunos começaram a pedir que ele inalasse mais e mais a fumaça, de forma a morrer mais depressa e sofrer menos e o rabino respondeu: "que Quem me deu a minha alma a pegue de volta – aprendemos que ninguém pode amachucar-se propositadamente". Esta, certamente, é a opinião do juda-ísmo acerca do suicídio». Muitos outros campos de bioética poderiam ser comentados, mas isso ultrapassaria o objectivo sinóptico desta apresentação.

2. CRISTIANISMO

Face a esta maneira de pensar a ética, como é que se apresenta a fé cristã? Percebemos que é impensável sintetizar vinte séculos de reflexão em poucas linhas; só a patrologia do Migne grego e do Migne latino conta várias centenas de grossos volumes. Também apenas nos últimos trinta anos a história da exegese conheceu tantos progressos que não se pode pretender ir mais além de algumas anotações. Que isso, contudo, não nos impeça de trazer umas linhas fundamentais.

Tal como no judaísmo, a fé cristã não é a ética, embora haja uma relação privilegiada entre elas. Por outro lado, tal como no judaísmo há múltiplas tendências ou escolas, os *Sefarditas* e os *Aschkenases*, do mesmo modo a fé cristã vive-se em múltiplas confissões, entre as quais, como toda a gente sabe, se destacam os católicos, os ortodoxos e os protestantes, com os seus vários ramos, luteranos, calvinistas, assim como os anglicanos, com as suas múltiplas derivações. Para não dissolver a nossa reflexão no meio de tantas correntes, fixar-nos-emos em três momentos, a visão actual dos crentes do primeiro século, a teologia medieval de São Tomás de Aquino e o pensamento de uma encíclica de João Paulo II[7].

Quanto ao cristianismo primitivo, uma das questões hoje discutidas consiste em saber qual foi o verdadeiro fundador do cristianismo, Jesus ou Paulo? A resposta tradicional não hesita, foi Jesus; mas sem Paulo, o cristianismo nunca teria adquirido a sua projecção universal; a missão de Jesus limitou-se ao seu povo; segundo Gerhard Lohfink, a intuição central de Jesus consistia em restaurar a pureza do povo de Israel, a sua autenticidade e abertura a Deus e aos outros, longe de todo o formalismo legal, de tal modo que Israel se teria tornado de novo um farol para todas as nações, exercendo uma atracção quase irresistível para todos. Mas ele próprio não encarava, senão de modo excepcional, a sua missão como devendo ultrapassar os limites do antigo Israel. É de notar que o espírito missionário, no judaísmo, nunca se virou, além da diáspora, para os não judeus, contrariamente ao cristianismo e ao Islão que desde muito cedo manifestaram a sua pujança missionária. A intuição de Paulo, convertido à fé em Cristo após ter perseguido os cristãos, percebeu, numa lógica implacável, algo que para nós, homens do século XX, parece quase banal: entre a lei e a graça, ou dom gratuito de Deus, há uma incompatibilidade. É preciso lembrar que a lei, isto é, a Torah, com os seus 613 mandamentos, era considerada como o elo de ligação com Deus, após o fim do período profético; uma vez que já não havia profetas reconhecidos, era a lei que constituía a mediação, o acesso a Deus. Ora, se a morte de Cristo, central para Paulo, tem valor, então a salvação não se pode obter pela obediência à lei; não há conciliação possível; portanto, enquanto eixo máximo da fé judaica, a lei caducava, e tornava-se mesmo um instrumento de morte. É este radicalismo que levou Paulo à conversão

---

[7] Nomeadamente a encíclica *Veritatis splendor*, de 1993, à qual conviria acrescentar a de *Evangelium vitae*, de 1995.

e, consequentemente – mas com uma tomada de consciência progressiva –, ao anuncio do dom gratuito – graça – de Deus a todos os homens. Historicamente foi a oposição dos Judeus da Diáspora que levou Paulo a virar-se para os gentios. A questão que recentes exegetas colocam é a seguinte: será que Paulo inovou totalmente nesta abertura missionária ou já em Jesus se encontrava o fermento desta universalidade?

A exegese actual fala da terceira vaga nos estudos sobre Jesus (a terceira busca acerca de Jesus, «*the third Jesus Quest*»), que começou aproximadamente no princípio dos anos 80. Em termos metodológicos, pode-se dizer que a cristologia clássica se deslocou para o estudo da «judeidade» de Jesus, aquém do nascimento da fé cristã; privilegia-se hoje a «Jesulogia», isto é, o estudo do judeu Jesus no seu meio cultural marcado pelas correntes do seu tempo, principalmente pelas correntes respectivamente apocalíptica e sapiencial (cfr, entre outras, as obras de John P. Meier, Raymond E. Brown, Daniel Marguerat, Murphy O´Connor e, mais perto de nós, Joaquim Carreira das Neves). No eterno debate concernente a descontinuidade ou a continuidade entre o Jesus histórico e o Cristo da fé – isto é, relativo à relação entre a história real do Judeu Jesus-Yeshuah, por um lado, e o retrato de Cristo influenciado e remodelado pela fé na sua ressurreição, por outro –, a atenção voltou a analisar a tensão entre a dimensão apocalíptica do seu ensino, que faria dele um visionário que se teria enganado (por exemplo, no discurso sobre o fim do mundo, em Marcos cap. 13 e paralelos sinópticos), e a dimensão de sabedoria, que teria feito dele um rabino (cfr o discurso depois das Bem-Aventuranças em Mateus; «vejam os lírios dos campos, (etc)».

Deixando de lado os meandros da exegese contemporânea, viremo-nos para a mensagem ética do Novo Testamento. Não há dúvida que esta se encontra no amor, no qual se resumem todos os mandamentos da Lei e dos Profetas. Tal como se pode ler em Marcos 12, 28-33, o primeiro mandamento é amar Deus, o segundo, amar o próximo, estando os dois intimamente ligados. Lemos na primeira epístola de S. João (1 Jn, 4,20s.): «quem não ama o seu irmão que vê, não pode amar Deus que não vê»; e reciprocamente, «amamos os filhos de Deus quando amamos Deus» (5,20). No Evangelho de Mateus, lembramo-nos também da parábola do juízo final, que tem como único critério a atitude adoptada para com os outros. E quem não se lembra de um dos mais belos hinos ao amor da literatura mundial, o hino ao amor da primeira carta de São Paulo aos Coríntios (1Cor. 13)? Mas perguntar-se-á, de que espécie de amor se trata? A especificidade do amor cristão não levanta dúvidas; ele é a resposta a um amor que o precedeu, o amor que Deus manifestou para com os seres humanos em Cristo. «O amor do próximo é portanto essencialmente religioso, ele não é uma mera filantropia.

Religioso, ele é-o ainda pelo seu modelo: o amor mesmo de Deus (…); ele é-o finalmente e sobretudo pela sua fonte, pois ele é a obra de Deus em nós: será que poderíamos ser misericordiosos como o Pai celeste se o Senhor não no-lo ensinasse ( ), se o Espírito não espalhasse o amor nos nossos corações (Rm, 5,5; 15,30)?»[8] O que impressiona neste amor é o facto de ele exigir o perdão sem limite, setenta vezes sete, diz Jesus no Evangelho.

Se tal é a mensagem central do Novo Testamento, não será ela totalmente utópica, irrealista e ineficaz? Notemos que a temática do perdão é profundamente actual, como se verifica em várias obras filosóficas tais como no livro de Paul Ricoeur, *La mémoire, l'histoire, l'oubli*, de 2000, no qual o epílogo de sessenta páginas se intitula «O perdão difícil». Contrariamente a Derrida que filosoficamente julga o perdão impossível, Ricoeur interroga-se sobre a sua possibilidade, não apenas o perdão pessoal, mas o perdão colectivo, como nos casos em que o representante de um Estado pede perdão por actos cometidos várias décadas ou vários séculos antes. Podemos pensar no gesto do papa João Paulo II, quando, na sua viagem de 2002 a Jerusalém, introduziu no Muro das Lamentações uma carta assinada por ele na qual pedia perdão aos Judeus pelo mal que os cristãos lhes fizeram durante séculos.

Uma consequência menos aparente do perdão dado é a necessária reconciliação consigo face a um prejuízo sofrido e irreparável. Noutros termos, se a fé cristã me obriga a perdoar depois de ter sido vítima e se os danos sofridos causam uma perda irreparável, por exemplo, de saúde, de prestígio ou de promoção na carreira, o perdão implica que me reconcilie interiormente com as limitações ou fracassos causados em mim pelos actos de que sou vítima inocente. Tudo depende então do modo como entendemos a finalidade primordial da nossa existência. O perdão dado implica portanto a aceitação de não absolutizar os campos nos quais fomos mais ou menos gravemente prejudicados. Será isso irrealista?

Esta questão supõe resolvida a difícil questão das relações entre justiça e amor. Se a justiça – entendida filosoficamente e não como a justificação de São Paulo – se rege pela lei da proporcionalidade entre o dano e a reparação ou punição, o amor parece fazer rebentar de dentro a lei do talião. Segundo Paul Ricoeur, são as relações de equivalência que norteiam a procura da justiça, quer distributiva, quer retributiva. Então, como é que o amor pode vir coroar a justiça? Não será que se instaura uma dicotomia entre amor e justiça? Ricoeur introduziu, desde cedo na sua análise da religião, o conceito

---

[8] Cfr a entrada «Amour» em X. Léon-Dufour (dir.), *Vocabulaire de théologie biblique*, Paris, Cerf, 1999 (9ª ed.; 1970, 1ª ed.)

de *surabondance*, sobreabundância ou superabundância. O amor faz explodir do interior as relações de equivalência inerentes à procura da justiça em proveito de um dom gratuito, que não se rege pelas estritas regras da retribuição. Já nas relações de amizade e de amor, bem pobre seria uma relação na qual um dos parceiros aceitaria amar, mas apenas na exacta medida em que se sente amado, como se a dosagem equivalente devesse, nestes domínios, ser a regra normal. O amor de Deus para com o homem, manifestado na vida de Cristo segundo a fé cristã, obedece a esta lógica diferente, lógica de sobreabundância à qual São Paulo faz eco na Carta aos Romanos: «onde o pecado abundou, a graça sobreabundou».

Verificamos portanto que também no cristianismo, a justificação primeira e última da ética repousa na resposta que o crente reserva àquilo que, para ele, é uma iniciativa divina, iniciativa que não lhe é dada apenas a ele, mas que se destina a todos os seres humanos. A especificidade desta abordagem, contudo, reside no papel da razão na descoberta das leis morais que pormenorizam o ideal ético apoiado na fé. A questão do universalismo moral tem portanto um impacto mais forte no cristianismo que no judaísmo. Onde encontrar o fundamento deste universalismo moral senão num direito natural, isto é, numa lei natural que a razão é capaz de descobrir e interpretar? Esta lei natural é o fundamento da proposta, por parte da fé cristã, de uma ética universal, lei natural que tem a sua origem em Deus, mas que não precisa do recurso a Deus para ser entendida e aceite.

Surge contudo um problema sério: qual é o direito que tem a autoridade da Igreja, nomeadamente o papa e os bispos, de propor uma filosofia ética universal? A questão levantou-se na altura da publicação da encíclica *Veritatis splendor* do papa João Paulo II, em 1993. Esta encíclica preocupou bastante os filósofos, uma vez que ela contém muitas considerações de natureza filosófica. Mas o papa não fala enquanto filósofo; portanto, se os seus argumentos devessem ser avaliados em termos de filosofia, tratar-se-ia de um diálogo de filósofos e não da recepção de um documento do Magistério católico. Esta dificuldade ilustra, em meu entender, a tensão que pode surgir no diálogo entre fé e razão. No caso presente, uma vez que a fé não é a mesma coisa que a ética, o que é que significa o recurso à filosofia do direito natural para a apresentação das linhas de força de uma ética cristã? Será que os espíritos críticos relativamente ao direito natural inerente ao pensamento escolástico não poderão aceitar, enquanto crentes, a mensagem desta encíclica sobre a ética? A minha resposta é simples: mesmo quando fala de filosofia, a mensagem do papa não é filosófica, mas tenciona indicar as linhas de força de uma ética vivida na esteira da vida de Cristo; ora, enquanto autoridade máxima da Igreja, o papa tem todo o direito e o dever de propor aos fiéis a orientação cristológica do caminho que leva a Deus. Noutros termos, para o crente, a encíclica vale não enquanto fundamentação racional única da ética, mas como indicação da finalidade da vida humana à luz da fé em Cristo. Nesta perspectiva, é compreensível que a ética seja proposta como tendo o seu «único» fundamento em Deus, o que não impede o filósofo, que ao mesmo tempo é cristão, de pensar que, mesmo sem Deus, é possível fundamentar a vida ética.

Deste ponto de vista, as grandes obras da escolástica medieval, de que destacamos o trabalho imenso de Tomás de Aquino, tão pouco estudado hoje em Portugal, são de uma preciosidade extraordinária. Com efeito, o princípio da razão foi introduzido na fé, numa relação na qual a razão conserva toda a sua autonomia, ainda que seja convidada a reconhecer o seu limite e a abrir-se àquilo que pode entrever sem o conseguir compreender. Resulta daí que os preceitos éticos da fé cristã nunca devam contradizer de frente a razão humana; podem elevá-la acima dela, mas não contradize-la. Tal é sem dúvida o maior benefício do diálogo entre razão e fé, na compreensão da ética. Mais ainda no cristianismo do que no judaísmo, o princípio *hermenêutico*, tal como já foi referido, deve respeitar os direitos da razão humana. Isso permite legitimar a autonomia da reflexão ética de um filósofo «de expressão cristã» como a de Paul Ricoeur, que não pretende recorrer a Deus como fundamento da ética[9].

Tentemos brevemente fazer uma aplicação muito limitada deste pensamento a casos da problemática bioética. Sabe-se que a Igreja católica considera como não aceitável a prática da PMA. O argumento principal provém da dissociação entre o acto unitivo (a união sexual no casal) e o acto procriativo, uma vez que se trata de um acto de procriação sem união. Esta dissociação não respeita, pensa-se, a finalidade intrínseca da união sexual. Notemos que esta maneira de encarar a questão da PMA está logicamente sobre pé de igualdade com a questão da contracepção, dado que, neste último caso, se trata de um acto unitivo sem abertura à procriação. A rejeição da PMA baseia-se deste modo num raciocínio idêntico ao da rejeição da contracepção.

Qual poderá ser a posição do crente católico diante desta tomada de posição do Magistério? Em primeiro lugar, teremos de nos lembrar daquilo que Tomás de Aquino disse do papel da consciência moral: esta é o último juízo quanto à avaliação do acto projectado. Esta tese mostra que a obediência às normas da Igreja não pode ser cega, não consiste num acto

---

[9] Em 2000 Paul Ricoeur, cristão calvinista, recebeu do papa o maior prémio do Vaticano atribuído a um intelectual cristão.

meramente externo, como se se tratasse de uma prática jurídica e formal. O sentido último da ética consiste em colocar-se no recto caminho que leva o ser humano ao fim último da sua existência. Em seguida, é preciso verificar o grau de empenhamento com o qual o Magistério apresenta a sua recomendação; no caso concreto trata-se de uma encíclica e não de um dogma. Ora, ninguém disse que uma encíclica não pode enganar-se, tal como comprovam exemplos da história passada. Portanto, com o devido cuidado e respeito que merecem os argumentos do Magistério, a consciência moral do cristão pode chegar a uma conclusão diferente. No caso concreto, considero pessoalmente que a Igreja tem uma definição filosófica do acto humano demasiadamente restritiva. Com efeito, no caso da PMA, nada impede que se considere o acto unitivo e o acto procriativo como dois segmentos de um único acto de amor, que recorre à PMA homóloga por razões de natureza médica, respeitando deste modo o princípio da subsidiariedade desta prática médica. Esta maneira de pensar não abre na vida cristã a via do relativismo e do subjectivismo moral. Mostra apenas que é também o dever do cristão honrar Deus ao respeitar o poder da razão que lhe foi dado segundo a compreensão teológica da criação.

A questão do abortamento apresenta-se de modo diferente. A rejeição do aborto por parte da Igreja apoia-se também num argumento racional incontornável, isto é, a continuidade do desenvolvimento da pessoa humana desde o princípio da sua existência embrionária. Esta continuidade é um dado filosófico racional; noutros termos, para a Igreja católica, as distinções apresentadas em geral pela morfogénese embrionária, com a passagem do embrião para o feto, são meramente metodológicas e não permitem segmentar um desenvolvimento temporal que, por sua natureza, é destinado a seguir o seu caminho. Notemos, quanto a nós, que o conceito de pessoa humana não é um conceito biológico, mas filosófico e ético antes de ser jurídico. Deste ponto de vista, a mensagem da ética cristã está em conformidade com um dado racional, ainda que as nossas sociedades permitam o abortamento em determinadas circunstâncias. Verificamos que a maneira como a ética cristã fundamenta os seus preceitos não repousa numa compreensão meramente voluntarista de Deus, como é o caso no Islão, mas incorpora sempre o diálogo da razão com a fé. Neste diálogo entra também em linha de conta a evolução da ciência (or exemplo, a moral cristã seria chamada a rever a sua avaliação moral da homossexualidade no caso de a ciência descobrir nesta uma causa de natureza genética).

Em conclusão da análise da ética no seio da fé cristã, diremos que é a própria natureza da mensagem cristã que leva a incorporar o princípio da razão interpretativa na avaliação moral. A fé cristã tem uma pretensão univer-

Ética e Fé nas Religiões do Livro

sal, apresenta-se em princípio como uma Boa Nova para todo o ser humano. Por isso mesmo, deve evitar todo o arbitrário que a faça aparecer como a imposição de uma cultura particular a todos os homens. O grande desafio das Igrejas cristãs consiste portanto em promover um diálogo positivo entre a essência da fé e a sua sempre necessária inculturação. Tarefa difícil, mais complexa hoje do que ontem, mas também tarefa na qual a Igreja católica não foi sempre feliz. Talvez o seu futuro se jogue igualmente neste domínio.

3. ISLAMISMO

O Islão constitui um continente para nós menos familiar do que o mundo judaico-cristão. Os não-muçulmanos partilham muitas vezes pressupostos ou a prioris sobre o Islão, a prioris que são liminarmente rejeitados pelos adeptos do Corão. Por exemplo, o Islão é fundamentalista na sua raiz, de tal modo que o diálogo é dificilmente possível com ele. Outros dirão, provavelmente com razão, que o mundo islâmico não conheceu dois factores que modificaram profundamente a vida do Ocidente. O primeiro é a revolução francesa, a qual introduziu, embora dificilmente como se vê na história do século XIX, o princípio da separação da fé e da política, da Igreja e do Estado. Se, com efeito, a legitimidade do poder político provém do povo, o governante já não pode justificar a sua autoridade pelo recurso directo a Deus. O outro princípio que foi ganho no Ocidente vem das Luzes, do Iluminismo ou Aufklärung, graças à intervenção do poder da razão na compreensão da existência humana. Trata-se do triunfo da subjectividade humana, triunfo que já se anunciou no humanismo renascentista e que a filosofia moderna desenvolveu de modo progressivo e constante, desde Descartes até Hegel. Hoje em dia, ainda que o princípio da subjectividade moderna seja considerado como esgotado e mesmo fracassado – tal é a tónica principal da pós-modernidade –, ele sobrevive numa nova forma de racionalidade, que se atesta no desenvolvimento da exegese histórico-crítica dos textos fundadores do cristianismo. Deste modo, apesar da crise modernista do princípio do século XX, que fez as suas vítimas (como Loisy, Dhorme, etc.), a hermenêutica triunfou e teve mesmo o aval das mais altas autoridades religiosas (veja-se a publicação pelo papa Bento XVI da sua interpretação da vida de Cristo). Ora, é este princípio hermenêutico, apoiado numa racionalidade crítica – diferente da racionalização pura – que não parece aceitável pelo Islão. Quando abordamos o Islão, os nossos dois pressupostos são portanto claros: nele não há separação entre autoridade religiosa e poder político, por um lado, e o princípio hermenêutico não pode reinar na interpretação da teologia. Com certeza existem numerosas escolas teológicas muçulmanas, mas elas parecem-nos, sem o recurso à hermenêutica, envolvidas de fundamentalismo. Um outro pressuposto frequentemente avançado em meio cristão formula-se nestes termos: como é possível que uma religião nova se tenha enraizado em tantos actos de violência política, guerras e massacres, etc. É verdade que a fé cristã também provocou guerras durante muitos séculos da sua existência, mas não na mensagem do seu fundador, que mostrou a recusa de toda a violência. Porém, não podemos esquecer que muitos cristãos viveram na admiração pela fé muçulmana: quem viu o filme «*Dos homens e dos deuses*» pode evocar uma palavra dos *sufis* repetida por um monge trapista, que viveu décadas na Argélia em meio muçulmano antes de ser assassinado em Maio de 1996 por terroristas fundamentalistas: a fé cristã e a fé muçulmana são como os dois lados de uma escada aberta, cuja subida leva ao mesmo Deus.

A revelação do Deus único veio a nós através dos seus profetas, sendo Maomé o último e definitivo, aquele que recapitula todos os outros, Adão, Noé, Abraão, Moisés, Jesus. Do ponto de vista teológico, como diz Dominique Sourdel, «três textos corânicos são frequentemente utilizados para caracterizar a concepção de Deus segundo o Islão oficial: "Tudo perece salvo o seu rosto" (eternidade); "Não há nada parecido com ele" (Transcendência absoluta, excluindo toda a analogia com as criaturas), "A ele não é pedido dar conta daquilo que fez" (Vontade arbitrária)»[10]. Desta tese, principalmente da última, resulta que não há, de certo modo, uma moral autónoma no Islão, autónoma enquanto diferente da lei. Isso parece ser uma das principais características: não é possível constituir uma ética baseada no direito natural, na esteira de Aristóteles e da Escolástica, a fortiori também não num contratualismo moderno, nem num positivismo do direito na linha de Kelsen. A moral não é autónoma, mas apresenta-se como um direito que se fundamenta directamente no Corão. Deus é soberano nas suas decisões; mais ainda do que no ocamismo do século XIV, os fiéis não podem exigir de Deus que ele aja de maneira necessariamente conforme à razão humana. Percebe-se então a natureza jurídica da Islão no que diz respeito ao agir moral.

É deste modo a Lei (*charia*), veiculando o direito, assim como a jurisprudência (*fikh*), que regula a vida moral do muçulmano. Baseia-se no Corão e na *Sunna*, termo que significa conduta, maneira de agir, inspirada da maneira de viver de Maomé. Para este efeito, «interrogou-se os companheiros do profeta sobre os seus ditos, factos e gestos e recolheu-se um conjunto de "tradições" (*hadîth*) que serviu de base para a ciência jurídica e constituiu

---

[10] Dominique Sourdel, *L'Islam*, Paris, PUF, 2004 (21ª ed.), p. 36.

Ética e Fé nas Religiões do Livro

uma "lei de tradição oral sobrepondo-se à lei escrita" (H. Massé)» (p. 45). A Sunna constituiu então «"a prática e a teoria da ortodoxia muçulmana" (H. Massé) e sunitas são os partidários da doutrina oficial» (*Idem*). Assim a Sunna é, mais ou menos, a lei oral que compreende as tradições, *hadîth*. Com efeito, a ciência das tradições já era anterior à Sunna, mas acabou por confundir-se com ela.

É desde o século IX que houve a preocupação de recolher estas tradições e seis compêndios «receberam uma sanção oficial». Escolas teológicas surgiram, em Damasco, no Irak, etc.; havia portanto escolas interpretativas, que deram origem a sistemas jurídicos (*madhab*). A constituição destes sistemas repousava em geral sobre o princípio do consenso entre os sábios. Outras vezes foi o princípio de analogia que permitiu chegar à solução de problemas novos. Porém, na escola de Abou Hanifa (+ 767), recorre-se ao princípio «escolher a melhor solução» (princípio de *istihsân*). Enfim, existe também o princípio da interpretação pessoal (*ijtihad*). Mas hoje, há quatro escolas, que em conjunto compõem o mundo sunita e são reconhecidas como canónicas; a sua apelação vem do nome dos seus fundadores: o *hanafismo*, a menos rígida (Turquia, Índia, China); o *chafiismo* (Baixo Egipto, África oriental e ocidental, Palestina, Indonésia); *malikismo* (África do Norte); *hanbaslismo* (hoje, apenas na Árabia Saudita, que se tornou wahhabismo, após o entendimento de `Aabd-al-Wahhâb e o emir Mohammad Ibn Sa`oud em 1744, que concordaram em fazer da Arábia Saudita «um principado beduíno numa teocracia canonicamente constituída» (p. 120).

Resta-nos, tal como se fez nas duas partes precedentes, comentar a maneira de trabalhar os assuntos de bioética no Islão. Para este efeito, limitar-nos-emos ao artigo *Islam et bioéthique* da *Nouvelle encyclopédie de bioéthique*[11]. Escrito na Tunísia, no seio do Comité National d´Éthique Médicale, por Fatma Haddad-Chamakh e outros colegas, este texto mostra o modo como são abordados em meio islâmico os assuntos de bioética.

A primeira impressão que se destaca desta leitura contradiz a rigidez aparente da *charia*. Com efeito, não seria difícil subscrever quase todas as argumentações apresentadas. Tal como podemos ler, «o Direito em terra de Islão não encontrou, na verdade, dificuldades dogmáticas maiores para estatuir sobre os problemas éticos suscitados pela revolução biológica e terapêutica. Temos como prova a relativa rapidez com a qual altas instâncias islâmicas competentes em matéria de legislação responderam aos desafios lançados pela biologia e pela medicina modernas. As resoluções da Aca-

---

[11] G. HOTTOIS, J. N. MISSA, *Nouvelle encyclopédie de bioéthique. Médecine, environnement, biotechnologie*, Bruxelas, De Boeck – Université, 2001, p. 545-548.

demia Islâmica do *Fiqh* (instância consultiva pluridisciplinar, específica do mundo muçulmano, especializada no estudo de questões ligadas à ciência do vivo e cuja sede se encontra em Jeddah na Arábia Saudita) mostram, com efeito, que há um seguido constante dos desenvolvimentos científicos e técnicos». O método adoptado não está longe da maneira de reflectir no mundo cristão; aceitam-se as possibilidades inauguradas pelos progressos da biomedicina na medida em que não contrariam princípios de base da fé. Pode-se desta maneira conciliar as teses do Corão com o princípio do *ijtihad* ou interpretação pessoal. A maneira de reflectir, contudo, pode parecer-nos diferente quando se aplica o princípio de analogia com exemplos diferentes provindo da jurisprudência, isto é, do *Fiqh* tradicional. Por exemplo, o Corão tem uma afirmação sobre a natureza do leite, julgando-a como sendo «de mesma natureza que o sangue: "saciamos-vos com um leite puro, delicioso para os bebedores, vindo daquilo que no ventre está entre um alimento digerido e o sangue". Ulemas considera então que (…) uma mãe de substituição pode nutrir com o seu sangue e no seu ventre o feto que lhe é entregue». Este tipo de raciocínio para legitimar a «barriga de aluguer» parece-nos estranho. Mas isto representa apenas um estilo de reflexão que procura a resposta a todos os novos problemas a partir de textos sagrados.

Em sentido contrário, assistimos no próprio Islão à emergência, principalmente nos meios cultos, da consciência da necessidade de discernimento entre uma ética religiosa e uma ética racional. Por exemplo, no caso da PMA, o Islão concorda com a PMA homóloga no caso de um casal estável, porque respeita «as estruturas institucionais do parentesco [argumento racional], armadura do cimento social tal como foi decretado por Deus ao olhar dos crentes [argumento teológico]». Mas outros pareceres indicarão que a PMA deve ser aceite para corresponder ao desejo de Maomé de ver aumentar-se a descendência dos muçulmanos, o que constitui um argumento especificamente socio-teológico.

O que concluir deste paralelismo tão sucintamente analisado? As religiões do Livro não podem admitir que a ética, assim como a bioética, esteja totalmente separada da mensagem revelada. Os critérios de adequação das novas formas de agir e dos novos comportamentos humanos devem portanto ser avaliados à luz dos princípios fundamentais de cada religião. Todavia, o que difere consiste no papel da razão na elaboração destes critérios. O que une as religiões do Livro é a afirmação da existência de um Deus único, que se revela pela mediação de um ou de vários homens, profeta ou profetas no plural, ou Filho de Deus no cristianismo. Daí decorre a existência de uma finalidade última imprimida na existência humana; o que todos os seres humanos procuram, isto é, a felicidade, só será alcançado com Deus e em

Deus. Os caminhos e as mediações divergem, mas, tal como afirmou Paul Ricoeur no princípio e no fim da sua obra, a tolerância tem uma significação especial: esperamos que nós, assim como os que não estão de acordo connosco e que nos contradizem, no fim de contas, tenhamos todos razão, embora não possamos compreender agora de que modo. Esta tese sobre a unidade escatológica da verdade, se tem a sua pertinência no mundo da filosofia, a fortiori deve estar na base do diálogo fecundo entre as religiões e, em particular, entre as religiões do Livro.

BIOÉTICA COMUM EM CONTEXTOS PLURALISTAS

Vítor Coutinho

Professor da Universidade Católica Portuguesa

ÍNDICE: § Introdução. 1. Bioética: a ambição de um projecto. 2. A bioética das sociedades seculares pluralistas. *2.1. A bioética como ética civil. 2.2. Do pluralismo à necessidade de referências éticas comuns. 2.3. Os riscos de uma bioética sem identidade.* 3. Bases para uma bioética comum. *3.1. A relevância do sujeito: da acção ao agente e dos princípios às virtudes. 3.2. O ser humano: uma referência de fundamentação. 3.3. A dignidade humana: um critério normativo. 3.3.1. A "dignidade humana" na convergência de diferentes tradições. 3.3.2. Dignidade humana: fórmula vazia ou definição com conteúdo?. 3.3.3. Valor normativo e implicações éticas da dignidade humana.* 4. O bem da pessoa como princípio englobante. 5. Conclusão

§ Introdução

A reflexão aqui proposta surge no âmbito de um debate sobre *Pessoa, educação pública, valores colectivos* no contexto da investigação bioética.[1] Nas motivações que deram origem a esta iniciativa pareceu-me que o objectivo geral seria pôr à prova a possibilidade de uma bioética em espaços públicos, com referências éticas que não sejam meramente formais, mas que possam ser indicadoras de um conteúdo necessário para uma protecção efectiva da pessoa humana. Subjacente a este objectivo geral estão diversas

---

[1] Integrado no VI Curso de Verão de Direito da Bioética e da Medicina (12-16 de Julho de 2010), promovido pela Faculdade de Direito de Lisboa e pela Associação Portuguesa de Direito Intelectual.

questões que movem a nossa reflexão: Será possível encontrar referências morais comuns para sociedades que se definem pela liberdade de opção? Que critérios são determinantes para estabelecer um núcleo ético indisponível, para identificar valores e princípios não sujeitos à oportunidade de opções político-sociais? Quando falamos de valores colectivos, referimo-nos a valores relevantes para a sociedade enquanto colectividade, capazes de proporcionar um espírito gregário, ou referimo-nos a valores partilháveis pelos membros de uma determinada sociedade?

Identificar as questões leva-nos a perceber tanto a ambiguidade das expressões que usamos, como a dificuldade em dar respostas que, num primeiro momento, nos parecem óbvias. É, por isso, importante retomar alguns temas recorrentes na bioética, porque são inúmeras as questões que se levantam neste âmbito de reflexão e porque dificilmente conseguiremos soluções definitivas para os problemas éticos ligados ao mundo da saúde e das biotecnologias. Sabemos que os consensos gerados neste campo são frequentemente provisórios, por várias razões: porque nem sempre se encontram respostas óbvias e consensuais, porque é necessário muito diálogo e muita capacidade para integrar na nossa reflexão interesses alheios, porque é uma tarefa árdua encontrar razões sempre melhores do que aquelas que já possuímos.

1. Bioética: a ambição de um projecto

A bioética nasce da necessidade de enfrentar uma nova realidade com novos paradigmas de abordagem ética, uma vez que a ética clássica, na sua metodologia e nos seus princípios de nível intermédio, se tinha tornado obsoleta. Surge como uma tentativa de encontrar respostas éticas adequadas aos novos problemas dos cuidados de saúde e das biotecnologias. Simultaneamente traduz-se num esforço por proporcionar enquadramento jurídico às inúmeras carências legislativas que se vão revelando na segunda metade do século XX. O aparecimento da bioética corresponde a desenvolvimentos de carácter diferente.

Antes de mais, deparamo-nos com um crescente movimento social de reflexão e debate sobre problemas que, devido às notícias de novos poderes biotecnológicos e de reais abusos na investigação médica, despertaram o interesse da população em geral, dominaram a opinião pública, geraram discussões políticas e sociais polarizadas.

Assistimos também à constituição de uma nova área académica, que se estrutura com as respectivas exigências metodológicas, instala-se nas

Bioética Comum em Contextos Pluralistas 333

universidades com institutos e faculdades autónomas, alastra como unidade curricular na grande maioria dos cursos universitários, produz a nível internacional um conjunto notável de instrumentos bibliográficos de elevada qualidade e dá espaço a alguns dos grandes pensadores do nosso tempo.

Por fim, a bioética surge e cresce como espaço de investigação aberto a profissionais e académicos de diversas especialidades, numa influência bidireccional: enquanto contributo das diferentes disciplinas ao crescimento da bioética e enquanto desafio da bioética a essas mesmas especialidades.

A estas diversas formas, ou concretizações, de bioética (como movimento social, como disciplina e como espaço de investigação) correspondem características comuns, distintivas do seu perfil e constitutivas da sua identidade: a sua perspectiva global e o seu procedimento interdisciplinar. São marcas que identificamos na generalidade das definições e concepções de bioética que foram surgindo. Tanto na concepção de V. R. Potter, como no modelo que seria divulgado pela Universidade de Georgetown, a bioética surge como uma proposta abrangente para enfrentar os problemas suscitados pelas novas possibilidades biotecnológicas e pela transformação operada nos cuidados de saúde ou na investigação biomédica.

Sem entrar no grande debate sobre o carácter epistemológico da bioética, não podemos deixar de recordar aquilo que deverá ser óbvio, mas que é muitas vezes ignorado: a bioética é um trabalho de investigação ética sobre os problemas em questão. O que está em causa no estudo deste vasto campo de que se ocupa a bioética é a dimensão moral dos problemas, as questões morais inerentes às ciências e às tecnologias da vida e dos cuidados da saúde. O facto de a bioética ter uma metodologia interdisciplinar não altera esta exigência. De alguma forma, ainda que nenhuma das especialidades que participam no debate bioético percam a sua identidade, há uma intencionalidade que é transversal ao trabalho disciplinar de cada interveniente: o contributo para a construção de um discurso ético (análise, ponderação e juízo, busca de indicações normativas). A racionalidade própria da bioética não pode, pois, deixar de ser ética.

Para os pioneiros da bioética isto foi sempre uma evidência. O primeiro director do *Center of Bioethics*, LeRoy Walters, diz que "a bioética é o ramo da ética aplicada que estuda as práticas e os desenvolvimentos no campo biomédico."[2] O mesmo sentido é acentuado pelos autores de um dos livros que mais cedo se impôs como manual de referência na bioética internacional, *Principles of Biomedical Ethics*, de T. Beauchamp e J. Childress: "Entende-

---

[2] L. WALTERS, Bioethics as a Field of Ethics, in: T. L. BEAUCHAMP – L. WALTERS (Ed.), Contemporary Issues in Bioethics, Belmont, Wadsworth 1978, 49-51, 49.

mos 'ética biomédica' como uma forma de ética aplicada – a aplicação de teorias gerais éticas, princípios e regras aos problemas da prática terapêutica, dos cuidados de saúde e da investigação médica e biológica."[3] A bioética divulga-se como um ramo da ética. A definição proposta pela primeira edição da *Encyclopedia of Bioethics* define desta forma a nova disciplina: "Bioética é o estudo sistemático da conduta humana na área das ciências da vida e da saúde, examinada à luz dos valores e dos princípios morais."[4]

A racionalidade ética é constitutiva da bioética, já que as intervenções na vida humana têm geralmente implicações ao nível das escolhas morais, das opções por determinados valores, dos princípios do agir moral, das referências éticas, das qualidades morais dos sujeitos envolvidos. É neste sentido que as referências morais têm relevância decisiva no trabalho de reflexão bioética. O que aqui está em causa é sempre, e apenas, avaliar as situações e os problemas na sua dimensão ética, isto é, verificar a sua relação com o bem, pôr à prova em que medida as escolhas a fazer realizam uma vida boa, ponderar os valores implicados. Naturalmente que estas questões supõem uma reflexão prévia sobre o que é decisivo para uma vida com qualidade, sobre a própria concepção da vida e do que é viver de forma humana.

Como defende E. Pellegrino, a bioética só existe enquanto uma forma de ética.[5] Não é uma reflexão de carácter jurídico, social, político ou económico, ainda que o contributo destas reflexões seja indispensável para a avaliação ética.

2. A bioética das sociedades seculares pluralistas

2.1. A bioética como ética civil

Um olhar atento para a ainda breve história da bioética e para o espaço que ela foi ocupando nas discussões públicas mostra que ela se foi conver-

---

[3] T. L. BEAUCHAMP – J. F. CHILDRESS, Principles of Biomedical Ethics, Oxford University Press, New York 1979, vii-viii.

[4] W. T. REICH, Introduction, in: Encyclopedia of Bioethics (Ed. W. T. REICH), Free Press, New York 1978, xix.

[5] Cf. E. PELLEGRINO, Bioethics as an Interdisciplinary Enterprise: Where Does Ethics Fit in the Mosaic of Disciplines?, in: R. CARSON – Ch. BURNS (Ed.), Philosophy of Medicine and Bioethics: A Twenty-Year Retrospective and Critical Appraisal, Kluwer, Dordrecht 1997, 1-23, 19.

Bioética Comum em Contextos Pluralistas   335

tendo na ética civil das sociedades ocidentais.[6] Parece oportuno o subtítulo com que M. Vidal caracteriza a sua abordagem à bioética (*Estudos de bioética racional*), bem como a tarefa que apresenta: "a bioética tem que ser colocada dentro de uma racionalidade ética demarcada pelos parâmetros da democratização, do diálogo pluralista e da convergência integradora"[7]. Na maior parte dos contextos onde se desenvolve, a bioética é vista como a procura de uma moralidade comum no seio de sociedades com pluralismo ético.

Na perspectiva deste autor a bioética entende-se como uma "ética civil" devido a dois processos que estiveram na origem da sua constituição enquanto discurso autónomo:[8]

– A desconfessionalização da ética e a secularidade da reflexão. Sem esquecermos o contributo indispensável das tradições religiosas para o desenvolvimento da reflexão bioética, reconhecemos que a bioética se configura a partir da desconfessionalização da ética. É interessante que sendo os pioneiros da bioética em grande parte teólogos, ou geralmente provenientes de contextos religiosos, são precisamente eles que acentuam e realizam a necessária autonomia da argumentação ética relativamente aos sistemas religiosos.
– A desdeontologização da ética. A bioética liberta-se do predomínio da codificação deontológica e supera a simples ética profissional. Na consideração dos problemas, não tem como perspectiva dominante a dos agentes profissionais envolvidos, mas a dos sujeitos mais directamente afectados.

O paradigma da "ética civil" pode proporcionar um enquadramento da bioética como espaço de reflexão interdisciplinar e pluralista, típico das sociedades seculares hodiernas. Por "ética civil" entende-se o mínimo moral comum de uma sociedade pluralista e secular, a convergência moral das diversas opções morais da sociedade. A ética civil é, portanto, o deno-

---

[6] Cf. L. FEITO GRANDE, Por qué bioética?, in: L. FEITO GRANDE (Ed.), Estudios de Bioética, Dykinson, Madrid 1997, 3-18, 17; D. GRACIA, The Intellectual Basis of Bioethics in Southern European Countries, in: Bioethics 7 (1993), 97-107, 97; D. GRACIA, Orientamenti e tendenze della Bioetica nell'area linguistica spagnola, in: C. VIAFORA (a cura di), Vent'anni di Bioetica. Idee, protagonisti, istituzioni, Gregoriana, Padova 1990, 269-299, 278; D. GRACIA, Planteamiento general de la bioética, in: M. VIDAL (Ed.), Conceptos fundamentales de ética teológica, Trotta, Madrid 1992, 421-438, 429.

[7] M. VIDAL, Bioética. Estudios de bioética racional, Tecnos, Madrid 1994, 20.

[8] Cf. M. VIDAL, Moral de Actitudes. II/1: Moral de la persona y Bioetica teológica, P.S., Madrid 1991, 303; VIDAL, Bioética, 19.

minador comum secular entre crentes e não crentes.[9] Uma das vantagens deste paradigma de ética civil aplicado à bioética é permitir as mais variadas teorias éticas, dando espaço às diversas correntes filosóficas.

Este paradigma de uma ética civil reconhece à bioética algumas características específicas.

1. A secularidade da reflexão. Sendo o pluralismo filosófico e religioso um dos factores que estimularam o surgimento da bioética, compreendemos que este processo de reflexão seja marcadamente secularista. A preocupação ética deixa de ser monopólio do pensamento cristão, ou de outras religiões. A perda da uniformidade religiosa das sociedades ocidentais e a desconfessionalização da ética conduziram, assim, a uma reflexão de tipo secular, que exige o desenvolvimento de uma bioética partilhável por qualquer ser humano, enquanto tal. Diversos projectos de investigação procuram "uma bioética secularizada, aberta a uma moralidade com autoridade, na qual os homens participam enquanto seres humanos, uma bioética na qual possam confiar enquanto homens"[10]. Tenta-se que a reflexão bioética seja aberta, independente da força de autoridades de carácter religioso, de sistemas ideológicos, de expressões culturais. H. T. Engelhardt vê a bioética como uma expressão privilegiada do humanismo secular, que tenta fundamentar a moralidade em argumentos racionais, partilháveis por todos os homens enquanto seres humanos.[11] Tal bioética não se fundamenta em qualquer visão religiosa nem está dependente das instituições morais religiosas, mas procura um percurso que possa ser percorrido por qualquer indivíduo independentemente da sua opção de fé. Este "ecumenismo" moral não exclui a pluralidade de sistemas morais, mas centra o debate bioético naquilo que é essencial a toda a fundamentação ética: a racionalidade da argumentação e o recurso a uma fundamentação verdadeiramente humana. Em suma, a

---

[9] Cf. M. VIDAL, Secularización y moral cristiana, in: J. EQUIZA (Dir.), 10 palabras clave sobre secularización, Verbo Divino, Estella 2002, 347-384; M. VIDAL, Ética civil y sociedad democrática, Desclée, Bilbao 2001; M. VIDAL, A ética civil e a moral cristã, Santuário, Aparecida 1998.

[10] Cf. H. T. ENGELHARDT, Il campo secolare della bioetica, in: G. RUSSO (A cura di), Bilancio di 25 anni di bioetica. Un rapporto dai pionieri, ElleDiCi, Leumann 1997, 83-97, 93.

[11] Cf. H.T. ENGELHARDT, Bioethics and Secular Humanism. The Search for a Common Morality, SCM Press, London 1991. A sua preocupação é apresentar uma base moral que possa ser partilhada por "estranhos morais" numa época de fragmentação e apatia: "Secular humanism is the attempt to articulate what we as humans hold in common without special appeal to religious or other particular moral or metaphysical assumptions." (xi) "I shall use the term bioethics in this volume to identify the general critical concerns regarding health and medicine that can be articulated from the standpoint of critical humanist reason." (10)

bioética tem que se situar no terreno filosófico buscando um paradigma que se situe além do ordenamento jurídico ou deontológico e aquém das convicções religiosas.

2. A racionalidade do discurso. Situando-se a bioética num plano filosófico participável por todos os homens, ganha legitimidade a exigência de justificar e fundamentar os princípios sem qualquer recurso à "autoridade". A bioética terá de apoiar-se na racionalidade humana secular e tem de poder ser compartilhada por todas as pessoas, ser plausível independentemente das convicções religiosas. O primado da razão exige o exercício da argumentação para elaborar um trabalho de fundamentação. Para H. T. Engelhardt, a bioética é um trabalho argumentativo crítico elaborado na perspectiva da razão crítica humanista.[12] Mesmo admitindo o valor e a necessidade da presença de éticas religiosas na constituição moral das sociedades, tem que se reconhecer que os acordos morais, para serem exigíveis a todos, devem ser estabelecidos segundo critérios racionais e não religiosos, isto é, segundo uma reflexão baseada na racionalidade humana.

3. Pluralidade de participações. Uma ética civil procura superar as antinomias entre diferentes concepções morais e religiosas. Entende-se como um projecto que procura convergências no contexto de um pluralismo ético legítimo no seio de sociedades democráticas. A força das conclusões de qualquer reflexão bioética assenta em boa parte na legitimidade proveniente de uma participação alargada de sujeitos, que possam introduzir no processo argumentativo o maior número possível de perspectivas, de aspectos a considerar, de representação dos interesses de possíveis implicados.

4. Universalidade dos princípios. Do que foi dito depreende-se que uma bioética secular, assente na argumentação racional, terá naturalmente pretensões de universalidade, condição necessária para o contexto plural em que se insere.[13] A dificuldade encontra-se precisamente na proposta de princípios ou categorias éticas que sejam suficientemente abrangentes para possibilitarem uma fundamentação sólida e, ao mesmo tempo, que não sejam dependentes de particulares mundividências ou antropologias. Pensamos que a categoria da dignidade humana pode preencher estas duas condições, como diremos mais adiante, e ser uma via para uma determinada universalidade na bioética.

---

[12] "I shall use the term bioethics in this volume to identify the general critical concerns regarding health and medicine that can be articulated from the standpoint of critical humanist reason." (ENGELHARDT, Bioethics and Secular Humanism, 10).

[13] Cf. FEITO GRANDE, Por qué bioética?, 17.

2.2. Do pluralismo à necessidade de referências éticas comuns

A bioética existe justamente como tentativa de resposta aos conflitos de valores que o progresso das ciências e da técnica provocam. A solução para conflito de valores só pode ser encontrada com uma participação plural e aberta de todos os que estão envolvidos nas situações. É do conhecimento geral que um dos factores que contribuíram para o nascimento e desenvolvimento da bioética foi precisamente a condição pluralista das sociedades modernas. A necessidade de encontrar respostas que possam ser plausíveis para homens e mulheres que não partilham as mesmas filosofias de vida ou as mesmas convicções religiosas deu origem a diversos procedimentos que estiveram na raiz de alguns paradigmas da bioética e do biodireito, e levou ao nascimento das comissões de ética, que são uma das expressões mais típicas deste novo fenómeno. Este pluralismo é consequência da passagem de um monolitismo axiológico a uma pluralidade de sistemas de valores.

O pluralismo é, desta forma, não apenas o factor de nascimento da bioética, mas também, podemos dizer, uma condição da sua própria legitimidade. A interdisciplinaridade da bioética, a nível metodológico, tem alguma correspondência com o pluralismo ao nível da fundamentação e das referências motivadoras. O facto de a reflexão bioética permitir uma pluralidade de abordagens origina também um confronto entre diferentes visões da vida, concepções fundamentais e referências inspiradoras.

Isto acontece também porque a bioética se entende como ponto de convergência de interesses sociais divergentes. O pluralismo que se verifica na bioética espelha o pluralismo das próprias sociedades. Refere-se à coexistência legítima de concepções de vida e de valores diferentes, divergentes ou opostos. A tolerância é, por isso, uma exigência do pluralismo, que motivou dois modos diferentes de fundamentação.[14] Por um lado, as perspectivas não-cognitivistas entendem que não há uma objectividade moral, sendo, por isso, a tolerância uma expressão da ausência de referências éticas que possam ser impostas a todos. Por outro lado, as perspectivas de carácter cognitivista consideram que o pluralismo não exclui a possibilidade de uma verdade moral. Afirmam, contudo, que o conhecimento e a realização prática dessa verdade não são uma aquisição definitiva nem exaustiva. As circunstâncias concretas da vida não conseguem abarcar totalmente todas as exigências éticas. Nesta perspectiva, o pluralismo e a tolerância não são

---

[14] G. Russo, Un rapporto sulla bioetica dai pionieri, in: G. Russo (A cura di), Bilancio di 25 anni di bioetica. Un rapporto dai pionieri, ElleDiCi, Leumann 1997, 5-24, 24.

justificação para cada um ficar fechado nas suas posições, mas exigem a abertura relacional ao outro.

O pluralismo assim entendido, exige o diálogo e a disposição para processos convergentes. Não se trata de determinar qual o paradigma mais apto a identificar com rigor e segurança os valores morais ou a encontrar critérios éticos mais eficazes. Trata-se, sobretudo, de assumir valores morais comuns e bases de fundamentação ética partilháveis como elementos estruturantes de cada paradigma.

D. Callahan[15] recorda que o pluralismo não pode consistir na negação de pertença a comunidades morais particulares, já que não se pode no âmbito público negar as convicções pessoais e as pertenças privadas a determinadas comunidades de fé. J. Stout diz que não existe nenhuma linguagem universal e neutra, à margem de tradições concretas, nenhum "esperanto moral".[16] No mesmo sentido, H. Doucet entende que, numa discussão bioética, cada participante tem de manter a sua identidade e desenvolver a sua reflexão a partir da sua própria tradição de fé e de pensamento.[17] Concretizando a forma desta presença com identidade, J. Gafo considera que o discurso público não pode ser construído como se se tratasse de um âmbito isolado das tradições concretas, mas como um compromisso com o diálogo civil entre as tradições existentes.[18] Uma vez que todos estamos inseridos em tradições humanas concretas, que marcam os nossos valores e as nossas atitudes, deve haver lugar para uma aceitação das diferentes identidades e para a construção de um diálogo aberto, de uma crítica mútua, de uma procura de consensos.

Dado que nas sociedades plurais a única forma de estabelecer critérios de uma ética para os espaços civis é o consenso democrático, compreende-se que "as características fundamentais do método da bioética civil são o trabalho em equipa, sob a forma de comités ou comissões, procurando encontrar um consenso entre posições divergentes e conseguindo soluções democráticas."[19] O objectivo deste procedimento típico da bioética é alcan-

---

[15] Cf. D. CALLAHAN, Religion and the Secularization of Bioethics, in: Hastings Center Report 20/4 (1990), Supl., 2-4, 4.

[16] Citado por CALLAHAN, Religion, 4; e por J. Gafo, Bioética teológica, Desclée De Brouwer, Bilbao 2003, 86. Cf. também L. CAHILL, Can Theology Have a Role in "Public" Bioethical Discourse?, in: Hastings Center Report 20/4 (1990), Supl., 10-14, 11: a tentativa de traduzir a reflexão teológica numa língua franca, num vocabulário universalmente entendido, distorce as tradições religiosas e as suas teologias.

[17] Cf. H. DOUCET, Un théologien dans le débat en bioéthique, in: Le Supplément – Revue d'Éthique et Théologie Morale 202 (1997), 17-37, 28-29; Cf. H. DOUCET, Au pays de la bioéthique. L'éthique biomédicale aux États-Unis, Labor et Fides, Geneve 1996, 202.

[18] Cf. GAFO, Bioética teológica, 87 e 95.

[19] D. GRACIA, Fundamentos de bioética, Gráfica de Coimbra, Coimbra 2008, 581.

çar consensos sociais, sempre com a consciência de que todo o consenso é ameaçado pela provisoriedade das seguranças adquiridas e, por isso, deve expor-se continuamente à prova da revisão crítica.

Sem com isto abrir caminho para qualquer forma de relativismo moral, convém realçar que uma das funções próprias da investigação ética é questionar os consensos gerados, como fazem notar vários autores: "O especialista em ética não pode evitar pôr em causa as posições recebidas, as afirmações genéricas, as tradições estabelecidas, seja quais forem as suas proveniências (médicas, religiosas, administrativas ou outras) [...] Impõe--se uma dimensão crítica que consiste, entre outras coisas, em desmascarar os diferentes reducionismos que espreitam a biomedicina e a organização dos cuidados de saúde."[20] A finalidade deste papel crítico da ética é ajudar a ir mais longe na exigência moral, alargar as bases vinculativas e elevar o nível do denominador comum. Basta um olhar superficial para a história do pensamento ético para rapidamente vermos que muitas das melhores conclusões éticas do passado nos parecem hoje muito limitadas. Acreditar que as nossas capacidades actuais nos levaram ao limite do melhor conhecimento ético e à melhor compreensão dos valores morais seria, certamente, ingénuo.

2.3. Os riscos de uma bioética sem identidade

Um olhar atento para o elevado impacto que a bioética tem tido mostra--nos o seu inegável contributo para uma participação social alargada nos debates sobre problemas éticos, o impulso que deu a uma saudável "democratização" do pensamento ético e o importante papel que ela desempenhou para uma revitalização da ética, enquanto disciplina científica.

Contudo, há uma outra vertente que não podemos ignorar: os riscos de abdicar de elementos característicos de uma identidade, inerentes a esta nova forma de reflexão marcada pelo pluralismo; e a ambivalência resultante dos intentos de pretender consensos fáceis e recursos argumentativos eficazes para situações onde não há uma instância única de referência nem uma autoridade moral comummente aceite. A preocupação por encontrar referências éticas comuns em contextos plurais levou a prescindir, nos debates públicos e nas reflexões conjuntas, do recurso às últimas fundamentações, às referências globais, às concepções de vida, às mundividências específicas.

---

[20] H. DOUCET, La contribution du théologien en bioéthique, in: M.-H. PARIZEAU (Ed.), Les fondements de la bioéthique, De Boeck, Bruxelles 1992, 49-62, 59. J. Gafo diz que a bioética deve ser profética: GAFO, Bioética teológica, 90.

Privilegiou-se a busca de princípios intermédios, para facilitar uma aceitação pelo maior número possível de pessoas, independentemente da sua matriz cultural, religiosa ou filosófica.

Consciente de que se pode analisar a situação a partir de diversos pontos de vista e com recurso a diferentes chaves de leitura, proponho três tendências predominantes para caracterizar o contexto actual de reflexão bioética e os critérios de referência moral das sociedades ocidentais: o formalismo na ética, o esvaziamento da moral e a funcionalização dos conceitos antropológicos.

Um exemplo claro do formalismo na ética pode ser visto na proposta do paradigma principialista de T. Beauchamp e J. Childress, com os seus universais quatro princípios.[21] Intencionalmente esta proposta deixa de lado as referências antropológicas e axiológicas, não assume nenhuma concepção global de vida, nem teorias éticas específicas como fundamento para os princípios enunciados. Neste carácter formal está simultaneamente a sua força e a sua fraqueza, a sua ambivalência.

A grande vantagem é prescidirem precisamente de um acordo prévio quanto a referências globais. Podem, deste modo, ser partilháveis em contextos culturais muito diversos e no seio de sociedades heterogéneas. É precisamente esse formalismo que o torna flexível e capaz de ser integrado nos diversos contextos filosóficos.

Contudo, ao não serem fundados em nenhuma antropologia e ontologia, os princípios invocados tornam-se vagos, ambíguos e, em certo sentido, estéreis. Deixa de haver uma referência prévia que possa dirimir a questão da hierarquia desses mesmos princípios, de lhes proporcionar um sentido no qual eles sejam operativos e de ter uma chave hermenêutica que os abra a significados construtivos.

Faltando uma referência externa que os hierarquize ou defina as condições de preferência, os princípios deixam de ter muita utilidade nas situações em que os conflitos de valores são acentuados e complexos. Faltam critérios para nos dizer que princípios seguir quando se trata de escolher entre respeitar a autonomia ou a beneficiência, ou quando o valor da vida biológica de uma pessoa entra em conflito com a dignidade dessa mesma pessoa. Nos próprios debates de bioética verificamos isto de forma muito concreta. Consoante a matriz filosófica de fundo, tendemos a privilegiar a beneficência ou a autonomia.

Além disso, ao serem lidos num sentido puramente formal, falta aos princípios um conteúdo que identifique claramente um bem, um valor ou

---

[21] Cf. BEAUCHAMP – CHILDRESS, Principles of Biomedical Ethics.

uma qualidade que eles protejam directamente. É, em parte, neste sentido, que referimos o esvaziamento moral do discurso bioético. Sem uma teoria ética explicativa não sabemos, por exemplo, que dimensão da pessoa humana é protegida pela autonomia, em que medida ela realiza a pessoa enquanto sujeito moral, que conteúdo antropológico lhe reconhecemos, quais os limites e o alcance dessa autonomia. Como pôr à prova, por exemplo, o princípio de beneficência se não temos uma ideia mínima do que entendemos por bem da pessoa? Que bem da pessoa é objecto da beneficência? Uma bioética que empreenda um esvaziamento da moral dos seus conteúdos de bem, de verdade, de felicidade, de beleza, de bondade, deixará de ter um conteúdo que sirva de critério de verificação de qualquer princípio ou norma.

Consequências destas opções podem ser encontradas em muitas frentes de debate bioético, onde se confrontam posições antagónicas recorrendo precisamente aos mesmos princípios éticos. A dignidade humana é invocada por defensores da eutanásia para apoiarem aquilo que designam por "morte com dignidade"; e é também citada pelos que se opõem à eutanásia, argumentando que a dignidade humana é incompatível com a eliminação directa da vida enquanto fundamento dessa mesma dignidade. A mesma dignidade humana é ainda o motivo para nalguns casos se chegar a posições de obstinação terapêutica, ou distanásia, argumentando que, enquanto valor absoluto, a vida deve ser prolongada com tudo o que estiver ao nosso alcance. Este é apenas um exemplo de como os princípios podem sugerir quase um certo relativismo e tornar-se na prática pouco operativos do ponto de vista ético, se forem vistos como indicações meramente formais. Acabam por ter uma função mais de regras procedimentais do que propriamente um papel na fundamentação moral do agir.

Também a concepção dos valores morais é afectada pelas opções referidas. Ao serem esvaziados de um conteúdo antropológico tornam-se meros álibis de justificação externa, que reduzem a ética a um modelo de racionalidade jurídica ou ao respeito dos mínimos legalmente correctos. Encontramos uma manifestação desta tendência no hábito de alguns políticos invocarem a verdade como valor moral para dizer que não mentiram, apenas porque do ponto de vista formal não houve falsa informação, mesmo quando é evidente a intenção de enganar.

A terceira tendência, que podemos encontrar, não só nalgumas propostas de sistematização da bioética, como também em diversas iniciativas no campo do biodireito ou em opções das sociedades, é a funcionalização das categorias antropológicas. Trata-se de ler as dimensões antropológicas do ser humano apenas numa perspectiva funcional, enquanto condições para desempenhar uma função ou capacidades para concretizar alguma das suas características.

Esta funcionalização manifesta-se, por exemplo, em propostas de fundamentação ética que atribuem ao ser humano um valor que depende da sua capacidade de exercício da racionalidade, ou da autonomia, ou da relacionalidade. A outros níveis podemos encontrar o mesmo tipo de interpretação ética na fundamentação que se faz de algumas opções concretas. O que acontece, por exemplo, com as categorias antropológicas de paternidade e maternidade é ilustrativo do que pretendo dizer com esta funcionalização. Reduzir a maternidade/paternidade a uma função de gerar vida ou ao exercício da capacidade educativa é esvaziar esta dimensão humana do seu conteúdo e funcionalizá-las enquanto conceitos antropológicos. A medicina reprodutiva não pode pôr de lado o seu papel de serviço a esta dimensão de parentalidade. As técnicas de procriação medicamente assistida não são substitutivas, por si mesmas, do acto materno e paterno gerador de vida humana, como pretendem algumas posições próximas do rigorismo. Contudo, também seria extremo um recurso a estas técnicas que as desligasse do contexto da parentalidade com os elementos essenciais e integrantes desta dimensão humana. O mesmo poderíamos dizer da ligeireza com que certas ideologias políticas fazem substituir as indicações de "pai" e "mãe" dos documentos oficiais, por genéricas designações de "progenitor A", "progenitor B" e, nalguns casos, "progenitor C". Trata-se de não compreender a carga simbólica, afectiva, antropológica que os conceitos de maternidade e paternidade encerram. Transpondo estas opções para o campo da argumentação bioética, assume-se como critério de discernimento apenas a simples vontade de procriar, as condições para ser progenitor, sendo irrelevante os modos e os significados humanos destes processos.

Estes são apenas alguns dos desafios que podemos identificar quando situamos a bioética perante concepções éticas desprovidas de traços marcantes de uma identidade, que renunciam a assumir referências globais, valores fundamentais ou concepções da vida e do homem. Entre as muitas consequências possíveis encontramos uma bioética perante o formalismo da ética, o esvaziamento da moral e a funcionalização de elementos éticos essenciais.

3. Bases para uma bioética comum

A constatação anterior sobre as tendências que atravessam os contextos de reflexão ética não pode deixar de nos estimular a procurar uma plataforma comum para uma bioética que não se limite ao respeito por uma convivência pacífica entre convicções divergentes ou que não seja mais que mera convenção quanto ao respeito de regras de procedimento em situações complexas. Como dissemos, o formalismo da ética, o esvaziamento da moral ou a funcionalização dos conceitos antropológicos são circunstâncias que nos desafiam a procurar conteúdos que possam preencher as nossas referências éticas.

Para além de todas as divergências filosóficas ou culturais, e aceitando que não podemos prescindir de um pluralismo ético, é perfeitamente legítimo procurar elementos para um fundamento da bioética, que seja comum a todos os intervenientes no diálogo social e partilhável pela multiplicidade de mundividências que convivem nos espaços sociais em que vivemos. Não podemos prescindir de um modelo antropológico que exerça uma função interpretativa dos princípios a adoptar ou das regras socialmente instituídas. Contudo, uma base comum exigível a todos não é um dado apriorístico, mas resultado de uma tarefa que deve implicar todas as pessoas.

3.1. A relevância do sujeito: da acção ao agente e dos princípios às virtudes

Uma via para superar o formalismo e o esvaziamento moral que referimos pode ser uma mudança de perspectiva relativamente aos elementos eticamente relevantes: trata-se de centrar a atenção não tanto nos aspectos formais do acto moral ou nos elementos externos das acções do indivíduo, mas nas raízes da própria acção, isto é, nas atitudes fundamentais da pessoa, nas qualidades morais do sujeito, nas suas motivações e objectivos, nos valores que lhe são prioritários e nos seus critérios de referência existencial.

Esta perspectiva é apresentada e defendida por uma corrente que nas últimas décadas se tem designado por "ética da virtude". Trata-se, no fundo, da recuperação de uma tradição de pensamento que floresceu num ambiente cultural de matriz católica e mediterrânica. Foi suplantada, em grande parte, pelo movimento iluminista do século XVIII, que adoptou uma ética de direitos e deveres, mais típica dos contextos culturais protestantes e anglo-saxónicos, do norte da Europa.[22]

Um impulso significativo para o desenvolvimento deste paradigma foi dado por A. McIntyre.[23] Propõe o recurso à ética aristotélica, para evitar o

---

[22] Cf. GRACIA, Fundamentos de Bioética, 782-783.

[23] Em 1981 publicou uma das obras decisivas nesta reflexão, da qual tem havido inúmeras edições: A. MacINTYRE, After Virtue. A Study in Moral Theory, Duckworth, London 2000.

individualismo e o subjectivismo da moral contemporânea. A recuperação da categoria da virtude, típica da tradição filosófica clássica e da tradição escolástica, põe o acento na experiência do homem como agente-sujeito moral, na estrutura motivacional e na disposição da pessoa que age e se revela no acto, manifestando aí as próprias qualidades morais.

Um primeiro confronto entre o paradigma principialista e o paradigma das virtudes é ampliado pelo excessivo predomínio que aquele adquiriu nos círculos de reflexão bioética. Daí que se tenha valorizado as virtudes relativamente aos princípios. Enquanto que para uma bioética dos princípios a questão central é saber se a acção é correcta, para a bioética das virtudes a questão central é a bondade do agente. Aqui a própria bondade da acção é avaliada mais em referência à qualidade moral do sujeito do que em referência às consequências (teleologia) ou ao dever (deontologia).

Para o modelo principialista as questões bioéticas podem ser reduzidas a questões de estratégia e de procedimento; enquanto que para o modelo das virtudes, são sobretudo questões de valor e de sentido. Se o agir moral coincide com o agir correcto (principialismo), então tarefa da ética é identificar as regras, as condições para que a acção seja correcta. Se o agir moral é antes de mais questão de valor e de sentido (bioética das virtudes), a ética deve fazer referência a um paradigma antropológico. Neste modelo, terá sentido aquilo que corresponder aos valores humanos contidos na visão antropológica de referência (as virtudes).

Esta oposição não é, contudo, radical, uma vez que se trata mais de acentuações do que concepções alternativas da moralidade. Como lucidamente observa D. Gracia, uma análise rigorosa do desenvolvimento das diversas tradições de pensamento pode aceitar a possibilidade de uma complementaridade, em vez de oposição, entre a "ética da virtude" e a "ética dos princípios". Não podemos deixar de observar que as virtudes precisam dos princípios para se orientarem e os princípios sem virtudes são meras fórmulas para solucionar problemas. Podemos ver entre esses dois pólos uma relação circular, na qual um remete para o outro, já que nenhum deles por si só garante todas as condições de uma vida moral sólida. Também não ignoramos os limites que pode ter uma simples "ética da virtude", se permitir reduzir os parâmetros éticos às qualidades do sujeito.

Perante o contexto antes referido faz todo o sentido e é totalmente oportuna a insistência em reforçar as perspectivas de uma ética da virtude, na qual a vida moral tenha como acento principal as qualidades de carácter e privilegie a bondade do comportamento que seja resultado de atitudes habituais. Se a virtude é a meta de toda a vida moral, o homem bom será, portanto, o homem virtuoso. "O sujeito do agir virtuoso [...] é aquele que adquire um carácter, desenvolve um estilo, isto é, orienta-se por um ethos, entendido não como código instituído de comportamentos, mas como busca aberta de autenticidade."[24]

Uma ética da virtude, prestando mais atenção ao ethos, ao carácter, à atitude, à virtude do sujeito agente, acentua a necessidade de tomar parte nos destinos do outro como expressão da empatia. Pode ser o caminho para um ethos "que permita descobrir a acção curativa da relação interpessoal"[25]. Trata-se de levar as relações humanas, seja em que âmbito for, para além de uma prática limitada ao correcto, assente numa mera correlação entre deveres e direitos. Orienta para um relacionamento marcado pela cordialidade e confiança, por uma sensibilização às necessidades do outro e uma consideração atenta do seu bem integral.

Uma ética centrada no sujeito, que tenha em conta, de forma mais consequente, as qualidades morais da pessoa, ou seja, as suas virtudes, ajudará a superar a "moral do dever", baseada numa ética predominantemente de regras e princípios. O esquecimento desta dimensão leva muitas vezes a fazer avaliações éticas tendo em consideração apenas o cumprimento formal de princípios externos, esquecendo a importância, por exemplo, das motivações que estão na base das opções. O decisivo na acção da pessoa não é apenas o cumprimento rigoroso de princípios ou a forma correcta das acções, mas também a implicação interior do sujeito nas opções que toma, o seu empenho e implicação pessoal nos actos que realiza.

3.2. O ser humano: uma referência de fundamentação

No ponto anterior indicámos um elemento que se refere à própria concepção da moralidade enquanto tal e que implica uma diferente acentuação na relevância dada a elementos estruturantes da moralidade. É preciso, no entanto, ir um pouco mais longe neste empreendimento de procurar referências éticas a que possam recorrer todos os intervenientes e que se possam situar ao nível da fundamentação da própria bioética. Sob pena de cairmos num extremo relativismo e subjectivismo, teremos de admitir a possibilidade de um fundamento comum, que constitua um núcleo indisponível para ser

---

[24] A. AUTIERO, Il contributo della teologia morale per l'etica nella medicina. Disegno storico e prospettive attuali, in: L. LORENZETTI (a cura di), Teologia e bioetica laica. Dialogo, convergenze, divergenze, E.D.B., Bologna 1994, 55-70, 69.

[25] A. AUTIERO, Der Beitrag der Theologie zu einer Ethik in der Medizin, in: O. AUSSERER – W. PARIS (Hg.), Glaube und Medizin, Meran 1993, 155-175, 165-166.

Bioética Comum em Contextos Pluralistas 347

sacrificado aos particularismos de posições éticas incompatíveis com o respeito pelo bem do ser humano. O que está em causa é afirmar a possibilidade de uma fundamentação "objectiva" e inegociável da bioética, que seja fonte de inspiração normativa, sabendo sempre que a compreensão dos dados antropológicos é também ela dinâmica e passível de ser repensada.

Como dissemos, a marcar os inícios da bioética está uma preocupação fundamental pelo homem, pela sua sobrevivência e pela globalidade da pessoa humana, no confronto com a aplicação das técnicas biomédicas. A bioética surge como uma preocupação por garantir condições verdadeiramente humanas à vida do homem. O projecto é ambicioso, na medida em que se procura uma bioética que possa ser compartilhada pela humanidade enquanto tal. O objectivo é ajudar a ir mais longe na construção de um mundo onde o homem se possa realizar em todas as dimensões constitutivas da sua existência, a integrar todos os elementos indispensáveis a um desenvolvimento orientado para a plenitude, a criar espaços de justiça onde o viver de alguns não seja possibilitado pelo preço da dignidade de outros.

A própria identidade da bioética exige que as suas fontes normativas sejam as mesmas da moralidade comum. Convergente com diversas tradições de pensamento está a afirmação de que o homem deve ser considerado o denominador comum na fonte da reflexão bioética: "a visão do homem na sua unidade e globalidade; por outras palavras, a fonte da ética e da bioética é a antropologia que se assume e sobre a qual se constrói o próprio sistema moral."[26] Subjacente à reflexão sobre problemas concretos, sobre normativas gerais ou sobre dilemas de decisões éticas, está uma concepção de homem que se quer promover, uma certa imagem da pessoa humana que se quer servir.

Toda a ética pressupõe uma reflexão antropológica. Antes de responder à pergunta sobre o que devemos fazer ou omitir, temos que saber que tipo de homem queremos ser, como entendemos uma vida verdadeiramente humana, que valores são essenciais para a pessoa humana, que indivíduos podemos e devemos considerar autenticamente humanos, quais as condições indispensáveis para podermos falar de dignidade humana. Uma reflexão ética tem, portanto, que assentar numa reflexão antropológica prévia, que determine a relevância moral do ser humano e da pessoa.

Por outro lado, a aceitação de uma determinada ideia de homem dá origem a uma tarefa, já que implica assumir uma finalidade para a vida humana, uma orientação, atitudes fundamentais, a concepção de uma vida realizada e feliz. Daqui brotam também finalidades das acções. "A concepção

---

[26] A. Autiero, *Temi di bioetica. Nascere, vivere, morire*, Roma 1990, 11-12.

de homem assumida gera um projecto, que tem a função de ser chave de compreensão e de interpretação das realidades naturais."[27] Por isso, pode--se considerar a dimensão antropológica como critério de verificação ou de sentido da argumentação ética. É o homem, na sua identidade e integridade pessoal, com a sua estrutura social e responsabilidade ecológica, que constitui sempre a referência fundamental e necessária da ética.

A antropologia fundamenta a ética a partir de duas vertentes: a primeira apoia-se no carácter autónomo do sujeito ético, que possui a capacidade de orientar a sua existência e dar razões da sua acção; a segunda brota da dimensão racional do ser humano, que implica uma estrutura argumentativa racional na análise das estruturas da acção.[28] Deste modo, insere-se na ética "uma dimensão de solidariedade que abrange natureza e cultura, gerações passadas e futuras"[29]. Esta fundação da moralidade na autonomia do homem é entendida numa perspectiva relacional, abrindo o sujeito a uma solidariedade ética com toda a família humana. O elemento argumentativo surge como condição essencial do discurso ético para possibilitar a verificabilidade da validade das conclusões. Fundamentar a ética no homem implica apelar para a liberdade e autonomia da pessoa, para a sua capacidade argumentativa e para a sua racionalidade.[30]

Se isto é já uma meta importante na identificação de um critério que se impõe a uma bioética comum, não deixa de ser ainda apenas uma etapa na identificação de referências normativas. Como salienta E. Boné, esta partilha comum do princípio não significa ainda uma partilha de convicções fundamentais: os critérios de reconhecimento da "pessoa" não são unânimes, as

---

[27] K. DEMMER, Das Selbstverständnis der Moraltheologie, in: W. ERNST (Hg.), Grundlagen und Probleme der heutigen Moraltheologie, Echter, Würzburg 1989, 9-25, 17.

[28] Cf. A. AUTIERO, Elaborazione sistematica dell'argomentare etico, in: B. MARRA (A cura di), Verità e Veracità, ATISM, Napoli 1995, 117-140, 135-136. O autor desenvolve a sua argumentação seguindo o pensamento de Tomás de Aquino, segundo o qual "somos guiados para as obras da virtude pela razão natural, que é a regra do agir humano" (S.Th., I-II, 108,2).

[29] AUTIERO, Elaborazione 136.

[30] Cf. J. P. BECKMANN, Einführung, in: J. P. BECKMANN (Hg.), Fragen und Probleme einer medizinischen Ethik, Gruyter, Berlin 1996, 1-41, 17: "Die Ethik muss auf den Menschen gegründet werden, und sie kann nur eine formale, keine inhaltliche Ethik sein. Sie muß auf den Menschen gegründet werden, d.h.: auf die Freiheit und Autonomie der Person und deren Diskursfähigkeit und Vernunfthaftigkeit". Sobre o carácter formal de uma ética fundada antropologicamente veja-se A. GETHMANN-SIEFERT, Metaphysische Voraussetzungen und praktische Konsequenzen des "Prinzips Verantwortung". Zu Hans Jonas' metaphysischer Begründung der angewandten Ethik, in: J. P. BECKMANN, Fragen und Probleme einer medizinischen Ethik, 145-205, 197-205.

expressões da dignidade são condicionadas culturalmente. "A arte da moral é aprender a respeitar o homem nas situações confusas e ambíguas."[31] Falta saber o que é constitutivo deste ser homem, o que torna humana uma vida e pessoal um ser humano. É por isso que uma fundamentação antropológica da bioética, sendo imprescindível, não fornece necessariamente respostas comuns e universais às questões concretas da bioética. Proporciona apenas uma base que pode facilmente ser partilhada por diferentes tipos de abordagens. São necessários ainda passos posteriores: identificar o que é constitutivo da vida humana enquanto tal, em que consiste a realização da pessoa, o que significa viver humanamente.

Apelar à natureza humana como fonte da bioética faz sentido apenas numa visão integrada, dinâmica e global do homem. Sem querer impor concepções particulares do homem num diálogo pluralístico, há que evitar todas as formas de reducionismo antropológico: reduzir a natureza humana à componente biológica, considerar o indivíduo isolado das suas relações, ver a pessoa apenas como uma parte da sociedade, pressupor concepções dualistas que destroem a unidade do ser humano, não considerar a unicidade de cada indivíduo. A natureza humana aqui entendida é integral e dinâmica, racional e afectiva, dialógica e discursiva, espiritual e corporal, individual e social, receptiva e criativa.

3.3. A dignidade humana: um critério normativo

Nesta procura de referências para a construção de uma bioética comum, ganhou um relevo especial o conceito de dignidade humana, que tem indubitavelmente um lugar central no debate público dos mais diversos contextos culturais a nível internacional.[32] Apesar do generalizado recurso a esta categoria ética, nas mais diferentes discussões, são também conhecidas algumas críticas. Objecta-se que não pode ser proposta universalmente, já que resulta de uma determinada opção personalista e não é compatível com todas as filosofias de vida. A ideia da dignidade humana não seria mais do que a máscara civil da doutrina cristã que afirma a imagem divina do homem.[33] Outros argumentam que esta categoria se presta a um uso

---

[31] E. BONÉ, Trente ans de réflexion bioéthique. Pluralisme et consensus, in: Revue Théologique de Louvain 32 (2001), 479-512, 508; ver também 505.

[32] Cf. P. BECCHI, Il principio dignità umana, Morcelliana, Brescia 2009, 7.

[33] Cf. N. HOERSTER, Abtreibung im säkularen Staat, Suhrkamp, Frankfurt, 1995, 121; P. SINGER, Ética prática, Gradiva, Lisboa 2002.

meramente formal, podendo, assim, ser usada para legitimar e justificar opções opostas.[34] Algumas observações sobre o conceito em causa podem ajudar-nos a recuperá-lo da suspeita que estas críticas deixam transparecer.

3.3.1. A *"dignidade humana" na convergência de diferentes tradições*

Não é aqui a ocasião para fazer uma história, nem sequer sucinta, do uso desta expressão. Pode, no entanto, ser útil a evocação de algumas estações significativas do desenvolvimento do conceito de "dignidade humana" para pôr em evidência que não se trata de uma proposta conotada exclusivamente com uma determinada mundividência ou a expressão laica de uma convicção religiosa. Foram várias as tradições de pensamento e correntes culturais que contribuíram para o desenvolvimento desta ideia: a tradição judaico-cristã, a cultura greco-romana, a filosofia estóica, o humanismo da Idade Moderna, o Iluminismo, a filosofia kantiana. Interessa, ainda que sumariamente, invocar algumas raízes deste conceito, ou marcos na história do seu desenvolvimento, de forma a ter presente as diversas acepções e perspectivas que ele pode acolher.

No estoicismo podemos encontrar as raízes de uma compreensão marcadamente universalista do conceito de dignidade humana. Para esta corrente filosófica, a razão humana integra-se numa razão cósmica e tem como função específica reconhecer a ordem existente no cosmos, de forma a libertar-se de todas as pulsões e desejos. A racionalidade confere aos seres humanos, portanto, um valor (*axia*), mas também uma tarefa: a de viver em conformidade com a sua natureza racional. O conceito deste valor atribuído ao homem, demarca-o, antes de mais, da natureza não humana, indicando o lugar especial que os seres humanos têm no contexto da natureza, do cosmos, devido à sua natureza racional. É na razão humana, pois, que se fundamenta o reconhecimento do valor diferenciado dos humanos. Daqui depreende o estoicismo que o postulado subjacente a todos os deveres morais é viver em conformidade com a natureza (*secundum naturam vivere*), entendendo-se aqui por natureza a natureza racional do homem. Por isso, agir segundo a razão (*secundum rationem agere*) é a única forma de o homem preservar o seu próprio valor. Uma vez que é a participação numa mesma natureza

---

[34] Cf. A. Wildfeuer, Menschenwürde – Leerformel oder unverzichtbarer Gedanke?, in: M. Nicht – A. Wildfeuer (Hg.), Person – Menschenwürde – Menschenrechte im Disput, Lit, Münster 2002, 19-116.

racional que confere uma dignidade ao ser humano, deve-se admitir uma igualdade fundamental de todos os homens. É indubitável que o estoicismo proporciona as raízes de uma fundamentação jusnaturalista que abre para uma concepção universalista da dignidade humana.

No uso que Cícero faz do termo *dignitas*, encontramos um dos contributos mais antigos para a constituição do conceito de dignidade humana. Num primeiro nível de significação a *dignitas* é um conceito de carácter social, com uma graduação diferenciada, não igual para todas as pessoas; Cícero vê a *dignitas* como um conceito relativo a outros conceitos, havendo, por isso, várias dignidades (a honra, o louvor, a glória); considera-a como uma característica humana entre outras, que deve ser conquistada por cada indivíduo.[35] Neste primeiro uso do termo, dignidade deve ser adquirida e pode ser perdida. Mas a esta acepção social, Cícero opõe uma outra, para caracterizar aquilo que é humano frente ao animal. Este nível de significação de *dignitas* refere-se a uma característica, ou condição, que todos os humanos têm à nascença, é inerente a todos os indivíduos. Para Cícero, esta dignidade não pode ser atribuída ou perdida, nem retirada.[36] É uma dignidade devida a todos os homens de igual forma, simplesmente por nascerem humanos, que não lhes advém da posição social, mas do lugar que possuem no cosmos, graças à sua própria natureza, à sua pertença a um grupo determinado (o grupo humano). Contudo, para Cícero, a esta dignidade, com a qual todos os humanos nascem, deve corresponder um comportamento apropriado de cada indivíduo. Ele pode preservá-la, aumentá-la ou perdê-la. Há aqui vestígios de um sentido moral de dignidade, uma vez que cada pessoa deve agir segundo a sua natureza. Nesta primeira etapa do conceito é de reter o seguinte: a dignidade é uma condição que é comum a todos os seres humanos à nascença, independentemente do seu grupo social; é uma característica gradual, já que pode ser maior ou menor consoante o comportamento e o carácter de cada um.

Com o cristianismo desenvolve-se uma fundamentação teológica da dignidade humana. O termo aparece em contexto cristão já no século II. Segundo Teófilo de Antioquia, a dignidade do homem reside na sua semelhança com Deus.[37] O valor único de cada homem assenta no facto de ser

---

[35] Cf. CICERO, De re publica I, 43, 53; De officiis I, 42.

[36] Cf. CICERO, De officiis I, 106.

[37] Cf. TEÓFILO DE ANTIOQUIA, A Autólico, 2, 18: "Com efeito, o facto de que Deus diga: «Façamos o homem à nossa imagem e semelhança» dá, antes de tudo, a entender a dignidade do homem" (THÉOPHILE D'ANTIOQUIE, Trois livres a Autolycus (= Sources Chrétiennes; 20) Cerf, Paris 1948, 100)

imagem e semelhança divina, uma vez que foi objecto da criação e salvação de Deus. A encarnação de Jesus Cristo é confirmação desta dignidade do ser humano. A fé cristã convida insistentemente cada pessoa a reconhecer essa sua condição. Por ser imagem e semelhança de Deus, o ser humano é superior a todos os outros seres vivos, já que tem uma especial relação com Deus. É interessante notar que a fundamentação da filosofia e teologia cristãs se encontra numa certa continuidade com o pensamento estóico. De facto, os autores cristãos dos primeiros séculos e da Idade Média irão interpretar a semelhança divina precisamente em referência à capacidade racional do homem e à sua possibilidade de liberdade. São, portanto, pressupostos platónicos e estóicos que estão subjacentes na argumentação cristã sobre a dignidade humana. A natureza que caracteriza o ser humano enquanto ser racional e livre torna-o na imagem divina que é referida no início do Livro do Génesis.

No século XII, as doutrinas neoplatónicas medievais consideram que todos os seres têm uma determinada dignidade. Dignidade é um predicado geral, com graus diferentes, devido a todos os seres, de acordo com a sua potência (espessura) de ser.[38] A reflexão teológica deste período distanciar-se-á das doutrinas neoplatónicas, para afirmar que o conceito de dignidade é reservado apenas para a pessoa. Alexandre de Hales designa a pessoa como uma "proprietas eminens" e considera que, enquanto indivíduo do "esse morale", a pessoa se distingue qualitativamente de todas as coisas do mundo.

A época do renascimento proporciona diversas abordagens ao tema "De dignitate hominis". A insistência na grandeza e sublimidade do homem levará ao desenvolvimento de uma ideia de dignidade humana. Neste contexto, tem especial relevo o escrito clássico de Pico della Mirandola (1463--1494), sobre a dignidade do homem.[39] Aqui o autor considera o homem como um microcosmos ordenado e rico de possibilidades, capaz de recriar a sua própria natureza. A dignidade humana encontra-se precisamente na liberdade e capacidade de escolher entre múltiplas possibilidades. Segundo este autor, a semelhança com Deus não consiste na tarefa de corresponder a uma determinada imagem, mas na liberdade semelhante à de Deus de se determinar a si mesmo.

No séc. XVII desenvolve-se na Europa uma perspectiva racionalista do jusnaturalismo, como alternativa à doutrina cristã da lei natural. Neste

---

[38] Cf. Th. KOBUSCH, Die Entdeckung der Person. Metaphysik der Freiheit und modernes Menschenbild, Herder, Freiburg 1993, 26.

[39] Cf. G. PICO DELLA MIRANDOLA, Discorso sulla dignità dell'uomo, Guanda, Milano 2003.

Bioética Comum em Contextos Pluralistas

contexto, é determinante o papel de Samuel Pufendorf (1632-1694). Na sua perspectiva, a dignidade da natureza humana não lhe vem de Deus, mas fundamenta-se na razão e na vontade livre, na liberdade natural, que coloca os humanos acima dos restantes seres vivos.[40] Cada pessoa nasce portadora de dignidade humana e como ser moralmente livre, pelo simples facto de ser humana. Além disso, Pufendorf atribui ao conceito de dignidade um sentido normativo, ao defender que deve ser alcançada por cada indivíduo através da moralidade e ao indicar consequências políticas e jurídicas deste conceito. Cada pessoa deve tratar e respeitar os outros seres humanos como iguais em natureza.

Na filosofia de Immanuel Kant (1724-1804), com a distinção entre valor e dignidade, encontramos um impulso determinante para definir e fundamentar a dignidade humana. A fórmula do segundo imperativo categórico de Kant recolhe um consenso alargado: "Age de tal maneira que uses a humanidade, tanto na tua pessoa como na pessoa de qualquer outro, sempre como fim e nunca simplesmente como meio."[41] Dignidade atribui-se àquilo que é um fim em si mesmo, corresponde àquilo que não tem preço, que não é cambiável por nada equivalente. A pessoa tem dignidade, isto é, possui um valor absoluto, enquanto as coisas têm apenas um preço, isto é, um valor instrumental. A razão (racionalidade) é a instância da autonomia ética e da dignidade humana. Há uma relação entre racionalidade e autonomia. A dignidade humana, entendida em ligação com a natureza racional do homem, exprime aquilo que torna humano o ser humano: a sua capacidade para um agir livre e para uma responsável autodeterminação moral. A dignidade só pode ser atribuída aos seres capazes de se determinarem livremente a si mesmos e, por isso, capazes de moralidade. Só o homem tem estas condições, só a ele corresponde dignidade, de forma inalienável. O fundamento e o conteúdo de tal dignidade encontram-se na autodeterminação (ou autonomia) do homem enquanto responsável de si, isto é, enquanto ser moral. Segundo a filosofia kantiana, o homem, como ser capaz de moralidade, pode autodeterminar-se, tornando-se um indivíduo autónomo, irrepetível, único. A dignidade humana baseia-se, portanto, na autodeterminação moral do homem, na sua autonomia moral. Tal autonomia é a razão da dignidade da natureza humana e de qualquer natureza racional. De facto, um ser que é capaz de se tornar lei de si mesmo não pode deixar de ter dignidade. A neutralidade e a formalidade

---

[40] S. PUFENDORF, De jure naturae et gentium, II, 1 §5; III, 2 §1, in: W. Schmidt-Biggemann (Hg.), Samuel Pufendorf – Gesammelte Werke, Bd. 4, 1998

[41] I. KANT, Fundamentação da Metafísica dos Costumes, Setenta, Lisboa 1997, 69.

deste princípio facilitaram a sua aceitação como base comum de diálogo e ponto de encontro de diversas posições filosóficas ou religiosas.

Esta sumária referência histórica permite-nos concluir que não é sustentável a crítica de que a categoria de "dignidade humana" não seria mais do que expressão de uma convicção religiosa do cristianismo (a semelhança do homem com Deus) e que, por isso, não deveria ter lugar no contexto pluralista das sociedades democráticas. É um facto que este conceito deve muito à influência do pensamento cristão, pelas razões que a história da cultura ocidental facilmente explica. A afirmação de uma semelhança do homem com Deus constituiu um contributo decisivo no desenvolvimento do conceito de dignidade humana. Mas é inegável que ela resulta do confluir de várias correntes de pensamento. Bastaria sublinhar que uma das características da concepção moderna da dignidade humana é a sua concretização em determinados direitos humanos, codificados e com expressão política, que resultam do pensamento moderno e não estão propriamente enraizados no seio de um pensamento cristão.

Pelo que aqui expomos parece-nos que não podemos considerar o conceito de dignidade humana como uma máscara secular de um dogma religioso, como alguns críticos pretendem. Para além de todas as divergências filosóficas ou jurídicas na compreensão deste conceito, parece-nos que a dignidade humana pode ser vista como o núcleo irrenunciável de um ethos racional e natural, que reclama reconhecimento universal. Ela exprime aquilo que torna humano o ser humano.

3.3.2. *Dignidade humana: fórmula vazia ou definição com conteúdo?*

Como já referimos, outra das objecções frequentes nos debates éticos actuais é precisamente a de que o conceito de dignidade humana é uma fórmula vazia, que se pode preencher com qualquer conteúdo, seja de carácter filosófico, seja do âmbito religioso, não podendo, por isso, pretender ser universalmente vinculante. Muitos bons pensadores consideram que a dignidade humana não é vista como uma referência normativa, mas como um princípio formal. Uma leitura atenta da história mostra-nos justamente que o conceito de dignidade humana oscilou, ao longo do tempo, entre a indicação de um conteúdo material e a apresentação de um critério formal. Tem toda a legitimidade, portanto, a questão sobre a real utilidade deste conceito na reflexão ética.

Numa tentativa de resposta, Eberhard Schockenhoff procura aplicar o critério da dignidade humana ao problema ético da maternidade de substituição.[42] Constata que não é fácil determinar em que medida a dignidade humana é afectada, já que o simples facto de haver uma recompensa material não é, em si, decisivo para afirmar que a dignidade da mulher em causa é desrespeitada. Entende que também não seria fácil argumentar com os direitos da criança a ser gerada por via natural. Tem mais plausibilidade, para o Autor, o argumento de que estas técnicas, ao dissociar a maternidade biológica da maternidade social, põem em causa o bem do próprio nascituro. É uma conclusão que não deriva simplesmente do conceito normativo de dignidade humana, mas que se funda também em hipóteses empíricas sobre o desenvolvimento da identidade pessoal e do processo de socialização da criança.

Em problemas concretos damo-nos conta, com frequência, que, na argumentação, o critério da dignidade humana é válido como condição necessária, mas não suficiente para a formação de juízos éticos. Neste sentido, a dignidade humana não se distingue de outras categorias que regulam a convivência e o agir humanos, tais como a liberdade, a solidariedade ou a igualdade. Inclui elementos valorativos formais e dados verificáveis descritivamente, tais como experiência histórica, conclusões da psicologia e das ciências sociais, dados da biologia, etc. O recurso a esta categoria inclui referências empíricas descritivas (o bem dos implicados) e referências formais que apelam ao sentido, aos critérios éticos dos valores. Por vezes, só se consegue um juízo ético quando a referência à dignidade humana é complementada com o recurso a outros valores morais.

Não há respostas unânimes quando se trata de identificar o conteúdo da dignidade humana. As diversas perspectivas e os diferentes acessos apontam para diferentes núcleos temáticos e para a possibilidade de variantes no conceito. Será certamente vantajoso ter presente as diferentes perspectivas para uma compreensão inclusiva da dignidade humana.

As abordagens em perspectiva ontológica e metafísica salientam a natureza da pessoa enquanto tal, reconhecendo no ser humano uma diferença qualitativamente superior em relação aos outros seres. A natureza do homem coloca-o no cume de uma comunidade biótica, correspondendo a sua dignidade ao seu lugar especial na natureza. Nesta linha, respeitar a dignidade humana implica respeitar a natureza humana. Permanece em discussão em que é que consiste exactamente a natureza humana. Geralmente são postos em realce alguns dos elementos que distinguem o homem da restante natureza, e são os pressupostos indispensáveis da sua autonomia: racionalidade,

---

[42] Cf. E. SCHOCKENHOFF, Ethik des Lebens. Ein theologischer Grundriß, Grünewald, Mainz 1993, 169-170.

liberdade, vontade, corporeidade. Não se deveria pressupor aqui o exercício efectivo ou actual de determinadas faculdades, mas simplesmente a predisposição ou possibilidade geral de possuí-las. Caso contrário poderíamos chegar a uma compreensão funcionalista da natureza humana. Outro risco comum neste tipo de abordagens, de sentido contrário ao anterior, é tender para uma concepção da natureza como sendo estática e imutável, abstracta e desligada da história, sem correlação com o conceito de cultura.

Outras perspectivas tendem a adoptar concepções morais da dignidade humana. Por sentido moral da dignidade humana entendemos aqui uma concepção que faz referência mais ao agir da pessoa do que ao seu ser. O homem torna-se digno na medida em que a sua conduta está de acordo com o que ele é, de acordo com a bondade e com o seu próprio valor. Nestas perspectivas, a dignidade exprime o valor de um indivíduo na medida em que tem racionalidade, vontade e capacidade de amar. O risco destas concepções é tender para uma "moralização" do conceito de dignidade humana e para uma concentração excessiva na racionalidade.

Tanto uma leitura da história da categoria de dignidade humana, como o valor que se lhe atribui nas diversas perspectivas de abordagem ou as diferentes funções que o conceito assume nos processos argumentativos de situações específicas, mostram-nos que não é adequado considerá-lo como uma norma moral categórica, nem parece correcto reduzi-lo a mero critério formal aplicável a qualquer situação. Uma possibilidade de evitar estes dois extremos seria situar a dignidade humana entre um princípio formal e um conteúdo normativo, como uma categoria que inclui um núcleo de que não se pode prescindir para definir o valor do humano e, simultaneamente, estimula a procurar novas expressões desse valor. Seria, assim, vista como um princípio heurístico capaz de dar origem a concretizações éticas e exigências morais, inspiradoras de diversos princípios e normas. Explicitamos este pensamento, na secção seguinte, procurando esboçar as linhas mestras de um conteúdo da categoria de dignidade humana, que revela, assim, o seu valor normativo.

3.3.3. *Valor normativo e implicações éticas da dignidade humana*

O conteúdo vinculante da dignidade humana tem expressão num conceito minimal. Isto é, não enumera todas as condições para uma existência humana bem conseguida em todos os âmbitos, mas determina os limites fora dos quais não é possível uma vida humana com as condições básicas de uma vida pessoal. O princípio da dignidade humana formula apenas alguns deveres incondicionais que não se podem pôr em causa, mas não apresenta nenhum catálogo completo de deveres a realizar. Recorda-nos aquilo que em nenhum caso nos é lícito fazer. Esta afirmação não é um refúgio formalista em critérios vazios de conteúdo. De facto, em situações eticamente problemáticas, tais barreiras normativas implicam já uma delimitação do conteúdo daquilo que é moralmente correcto e bom, uma vez que excluem determinadas opções. Neste sentido, indicamos aqueles que nos parecem ser traços imprescindíveis desse conteúdo vinculante da dignidade humana, enquanto categoria eticamente relevante.

A) *Um conteúdo mínimo: a integridade física*

Um elemento constante nas diversas definições do conteúdo do conceito de dignidade humana é precisamente a inviolabilidade do corpo, que é também o núcleo de todas as formulações dos direitos humanos. Uma vez que a pessoa concreta só se revela através do corpo e dado que a corporalidade é parte integrante da pessoa, a dimensão biológica não pode ser considerada como acidental. Percebe-se que só é possível respeitar a pessoa, se for respeitado o nível mais básico da sua existência corpórea, a integridade da existência corporal. Torna-se difícil postular direitos como a autonomia, a liberdade de expressão, a justiça, quando não se começa por afirmar o direito à vida e à integridade corporal, enquanto base de todos os outros direitos. Na realidade, o respeito pela liberdade do outro não pode visar apenas os seus desejos, as suas expectativas, as suas vontades. Exige também o respeito pela inviolabilidade da sua existência corporal, uma vez que só no respeito pela vida física garantimos aquele espaço em que a pessoa se pode realizar como fim de si mesma.

O facto de que existe um dever em simplesmente deixar que o outro exista e não atentar contra a sua vida corresponde ao conteúdo moral normativo da nossa dignidade comum, que não está ligada a outro critério senão o da nossa natureza humana. Dado que nascemos como seres humanos em virtude de um direito próprio, e não somos chamados a tornar-nos membros da humanidade através da vontade de uma maioria, precisamente nas situações de conflito pode ser determinante simplesmente a pertença natural à espécie biológica. Por isso, a ideia da dignidade humana é válida, no seu conteúdo normativo central, também para os estádios primitivos da vida humana, onde se começa a delinear o ser pessoal de seres humanos concretos e únicos. Isto exige basicamente que respeitemos as possibilidades de vida, das quais não podemos dispor.

Para uma equilibrada compreensão do valor deste conteúdo enquanto critério ético será, todavia, de evitar tanto as posições que põem em causa o significado antropológico do corpo humano, desvalorizando-o enquanto mero instrumento funcional, como aquelas que fazem depender o respeito da pessoa de uma extrema preservação de toda a integridade física. Dois critérios podem ser inspiradores, na procura de respostas: a) por um lado, ter presente que a vida biológica é o contexto da corporalidade, do ser humano e, por isso, tem valor em si mesma, enquanto possibilitadora de um existir humano; b) por outro lado, não esquecer que a vida biológica não é um valor absoluto, devendo ser incluídos outros factores relevantes na constituição de uma vida humana. No campo da bioética, estes dois critérios são aplicáveis em diversas linhas orientadoras do agir e do juízo ético: no exercício de uma responsabilidade efectiva pela vida biológica, na consideração de limites às intervenções médicas, na aceitação dos limites humanos, tais como a doença, a deficiência e a morte.

B) *Um valor absoluto: a pessoa*

A dignidade humana aponta para um valor absoluto da pessoa. Na perspectiva de Kant, que já referimos, a possibilidade que o ser humano tem de ser sujeito moral, torna-o um fim em si mesmo e, portanto, um valor absoluto, já que não há nenhum valor equivalente que possa ser medida da pessoa ou pelo qual ela possa ser trocada. A pessoa não é quantificável, nem o seu valor está dependente de qualquer atribuição externa, da capacidade de desempenhos específicos ou da demonstração de determinada qualidade. Este valor não assenta em nada externo à pessoa, mas no íntimo dela mesma. Neste sentido, este valor absoluto de cada pessoa é também a razão da fundamental igualdade entre todos os humanos. A dignidade inviolável da pessoa humana resulta, na óptica kantiana, não do facto de o homem ser um ser racional, mas por ser um ser moral. Devemos ainda acrescentar que é a pessoa no seu todo que é valor absoluto, e não cada uma das suas faculdades tomadas isoladamente: não é absoluta a sua vontade, a sua liberdade, o seu corpo, a sua privacidade ou a sua vida biológica. Isto deve ser dito para evitar reducionismos que deixam de lado dimensões antropológicas significativas, ou para não cair em visões ideológicas que absolutizam alguns aspectos da vida humana.

C) *Proibição da instrumentalização*

Já vimos o que este princípio significa em Kant. É interessante notar que nas diversas declarações de direitos humanos, desde 1948, a categoria de dignidade humana surge como expressão de um valor próprio e inalienável da pessoa, como conceito central dos direitos fundamentais do ser humano frente às possibilidades da sua instrumentalização em regimes totalitários. Os progressos das ciências biomédicas e das tecnologias modernas vieram tornar possível novas formas de instrumentalização do ser humano, nem sempre óbvias. No entanto, temos de reconhecer que, na prática, nem sempre é possível determinar com toda a segurança onde começa e termina a instrumentalização de uma pessoa. Nalguns casos isso é evidente: escravatura, comércio de crianças, procriação para fins de investigação, etc. Noutros casos, isso pode não ser tão evidente: maternidade de aluguer, prostituição consentida, etc. Precisamos, por isso, de introduzir outras referências antropológicas e morais para poder encontrar resposta aos problemas concretos.

Tanto um estudo descritivo do desenvolvimento do conceito de dignidade humana e das suas implicações com os direitos humanos, como os elementos de análise sistemática que apontámos, permitem-nos com alguma segurança afirmar que o recurso a esta categoria ética na argumentação bioética é oportuno, legítimo e necessário. Partilhamos, deste modo, a conclusão de muitos autores que adoptam esta perspectiva: "A noção de dignidade humana não é nem inútil nem supérflua. Longe disso, ela ilumina, ou melhor, deveria iluminar toda a prática biomédica. Com efeito, a ciência médica não tem outro objectivo senão o de estar ao serviço das pessoas, ou seja, de contribuir para o seu bem-estar físico e psíquico. Afinal, não é o homem que foi feito para servir a medicina; é a medicina que foi feita para servir o homem. É precisamente esta a ideia fundamental que a noção da dignidade humana nos quer trazer."[43]

É significativo que as grandes normativas internacionais recorram ao conceito de dignidade humana para enquadrar os diversos princípios que subscrevem.[44] Nas diversas codificações internacionais aparece como a categoria ética mais universal. Sabemos também, tanto pela experiência

---

[43] R. ANDORNO, La notion de dignité humaine est-elle superflue en bioéthique?, in: Revue Générale de Droit Médical, 16 (2005) 95-102, 102.

[44] Cf. R. ANDORNO, La dignidad humana como fundamento de la Bioética y delos Derechos Humanos en la Declaración Universal, in: H. GROS ESPIELL – Y. GÓMEZ SÁNCHEZ (Coord.), La Declaración Universal sobre Bioética y Derechos Humanos de la Unesco, Comares, Granada 2006, 253-270.

política internacional como pelas iniciativas legislativas que se referem a diversas concretizações do respeito da dignidade do homem, que este conceito só se torna operativo em termos bioéticos com a ajuda de outros princípios e conceitos.

4. O bem da pessoa como princípio englobante

A convicção de que a cada ser humano corresponde uma dignidade própria e determinada, na qual se funda o seu direito inalienável à vida, pertence aos fundamentos inquestionáveis da nossa civilização e constitui um dos pilares éticos das culturas modernas. Ao conceito de pessoa é reconhecida uma conotação axiológica, levando a que seja usado como título de uma dignidade. Este conceito foi-se tornando expressão de uma determinada concepção do ser humano. Pressupor a aceitação comum de um reconhecimento de cada ser humano como pessoa, não equivale a impôr uma visão uniforme do mundo e da vida, nem significa uma admissão incondicional de pressupostos ideológicos alheios. Trata-se, antes, de dispor de uma base necessária que possibilite a elaboração de posteriores discursos éticos e de uma condição irrenunciável para dar a todos os humanos um lugar de sujeitos morais numa comunidade onde os interesses de todos estejam representados. Parece-nos ser esta, aliás, a condição para fundamentar de forma abrangente e sólida uma concepção universal dos direitos humanos. De facto, no âmbito da ética, o conceito de pessoa é visto não apenas como realidade unificadora das diversas categorias fundamentais da moral (consciência, norma, responsabilidade, etc.), mas também como fundamento imprescindível do momento normativo próprio de toda a ética aplicada.

Os inúmeros debates bioéticos que se têm gerado em torno dos novos problemas que são levantados pelas modernas possibilidades da medicina e das biotecnologias têm dado origem muitas vezes a questionamentos destes pressupostos. Estas novas possibilidades das ciências biomédicas e biológicas, ao permitirem capacidades inéditas de intervenção na vida humana, colocam questões de carácter filosófico, teológico e antropológico. Muitas situações põem em causa a existência do indivíduo humano e questionam a sua forma de existir. Na reflexão sobre a licitude de aplicação de determinadas tecnologias, é imprescindível estabelecer as fronteiras da vida humana, ter consciência da concepção de homem e de pessoa que está subjacente à reflexão e ao agir.

Teorias éticas recentes põem em questão, precisamente, o consenso sobre o valor moral da pessoa humana e apresentam novas propostas que redefinem o conceito de pessoa, valorizam com novos pressupostos o ser humano, classificam com criteriologia inédita a existência da pessoa e relativizam o peso de indicadores da dignidade humana pessoal, tidos até então como inquestionáveis.

Não obstante os aspectos a reter nalgumas destas objecções, parece--nos, no entanto, que para uma sólida fundação dos princípios e normas de qualquer bioética é indispensável a referência ao conceito de pessoa. Entendemos a pessoa não simplesmente como um princípio ético, mas como a fonte dos princípios. Neste sentido, o critério de bondade moral seria a conformidade com o bem da pessoa. Importa, por isso, saber a que nos referimos quando falamos do bem da pessoa. As diferentes abordagens histórico-sistemáticas, tanto a propósito do conceito de dignidade humana como do conceito de pessoa, convergem para a indicação de dimensões essenciais da pessoa humana. Podemos enquadrá-las em três níveis:

A) A pessoa concreta e individual: individualidade e subjectividade. Trata-se de afirmar que não está em causa em primeiro lugar a espécie humana, mas o bem de cada indivíduo. Ainda que o bem da pessoa individual dependa do bem comum, o indivíduo não pode ser sacrificado em favor de uma colectividade, sem que isso corresponda à sua vontade. Neste nível incluímos também a necessidade de respeitar cada indivíduo na sua subjectividade, enquanto sujeito capaz de se autodeterminar.

B) A pessoa na encruzilhada de relações: relacionalidade e transcendência. Pessoa significa também abertura e orientação para os outros; não é um indivíduo isolado, mas supõe relações. O ser humano define-se na relacionalidade e inclui a transcendência como elemento integrante.

C) A pessoa na sua totalidade: o bem da pessoa é visto como uma realidade ampla e diferenciada, em que os diversos elementos se encontram em conexão e se estabelece uma hierarquia, dependente das concepções antropológicas fundamentais. Favorecer de forma exclusiva ou desproporcionada um só aspecto, ainda que importante, pode ser lesivo do bem da pessoa. Não é bom aquilo que promove o ser humano por um momento, mas aquilo que o pode fazer crescer e desenvolver de forma continuada, crescente e permanente.

362   *Vítor Coutinho*

Estes tópicos não são mais do que esboços para posteriores desenvolvimentos, dos quais será necessário ainda retirar as múltiplas implicações éticas.

5. Conclusão

O objectivo inicialmente apontado, de encontrar bases para uma bioética comum em contextos pluralistas, é manifestamente demasiado ambicioso e seria pretencioso da nossa parte julgar ter dado uma resposta cabal. Restringimo-nos aqui a um aspecto particular desta questão, centrando-nos numa concepção global do homem, na dignidade humana enquanto critério normativo e na consideração do ser humano como pessoa. São elementos imprescindíveis se queremos elaborar uma bioética que integre as exigências do ser humano enquanto tal. Outros elementos poderiam ser explorados para integrarem este núcleo de uma bioética comum, tais como: as virtudes enquanto qualidades necessárias do sujeito moral, o significado ético da natureza e o sentido dinâmico da lei natural, a relevância de atitudes significativas.

Mesmo que cheguemos a um consenso alargado relativamente a um conjunto de valores e de preferências morais, não temos, com isso, elaborada uma bioética comum. Ter referências comuns é já um passo importante, mas não é o fim da reflexão ética. Falta ainda perceber as sua implicações, em que medida e em que aspectos se tornam vinculativas no campo normativo, seja ético ou jurídico.

Elaborar uma bioética comum e global, mesmo que minimalista, é uma tarefa complexa e difícil. Os riscos do formalismo procedimental ou do funcionalismo são mais do que hipotéticas possibilidades. Não é apenas a hierarquia de valores e a sua percepção que estão dependentes dos contextos culturais e das filosofias de vida que os contextualizam. Os próprios valores têm uma função e um significado diferente de acordo com a perspectiva em que são vistos.[45] Não podemos pretender um único sistema compreensivo, já que sempre teremos diferentes concepções de bem, de vida realizada, de virtude. Por exemplo, embora a doença e o envelhecimento sejam processos biológicos universais, são interpretados de forma muito diferente num con-

---

[45] Cf. F. SCHÜSSLER FIORENZA, Los desafíos del pluralismo y la globalización a la reflexión ética, in: Concilium. Revista Internacional de Teología 292 (2001), 573-589, 586--588.

texto cristão ou budista, em culturas humanistas ou sociedades dominadas pela exigência do desempenho produtivo e da beleza juvenil. Apesar desta dificuldade, parece-nos que é possível encontrar uma base ética comum para uma bioética em contexto pluralista nos elementos que referimos: na valorização do sujeito, numa visão abrangente do ser humano na qual é reconhecido como pessoa, na relevância ética da dignidade humana.